新中国经济简史

(1949-2024)

本书编写组

中国财经出版传媒集团

经济科学出版社
Economic Science Press
·北京·

图书在版编目（CIP）数据

新中国经济简史：1949－2024 ／ 本书编写组著 .
北京：经济科学出版社，2024.9. －－ ISBN 978－7－5218－
6088－7

Ⅰ．F129

中国国家版本馆 CIP 数据核字第 2024VS8037 号

责任编辑：王　娟　罗一鸣　徐汇宽　李艳红
责任校对：隗立娜　郑淑艳
责任印制：张佳裕

新中国经济简史（1949－2024）

本书编写组
经济科学出版社出版、发行　新华书店经销
社址：北京市海淀区阜成路甲 28 号　邮编：100142
总编部电话：010－88191217　发行部电话：010－88191522
网址：www.esp.com.cn
电子邮箱：esp@esp.com.cn
天猫网店：经济科学出版社旗舰店
网址：http：//jjkxcbs.tmall.com
北京季蜂印刷有限公司印装
710×1000　16 开　29.75 印张　440000 字
2024 年 9 月第 1 版　2024 年 9 月第 1 次印刷
ISBN 978－7－5218－6088－7　定价：98.00 元
（图书出现印装问题，本社负责调换。电话：010－88191545）
（版权所有　侵权必究　打击盗版　举报热线：010－88191661
QQ：2242791300　营销中心电话：010－88191537
电子邮箱：dbts@esp.com.cn）

编写委员会

主　任：武　力　贺耀敏

成　员：(排名不分先后)
　　　　肖　翔　赵学军　石建国　陈东林
　　　　王爱云　郭旭红　郑有贵　李　扬

序

岁月不居，时节如流，转眼就迎来中华人民共和国 75 年华诞。这 75 年，在人类历史长河里只是瞬间，但在中华民族伟大复兴史上却是浓墨重彩的伟大历史篇章。

回顾新中国 75 年的经济发展，可以说取得了史无前例的成就。我国从一个积贫积弱、吃饭问题都不能解决的落后的农业大国，通过 75 年特别是改革开放后 40 多年的努力奋斗，经济腾飞，迅速地实现了工业化，成为世界第二大经济体和第一制造业大国及对外贸易大国，正满怀信心快马加鞭向现代化强国进军。我国不仅解决了全国人民的温饱问题，而且正在迈进世界高收入国家的门槛。中国式现代化创造了人类文明的新形态。抚今追昔，感慨万千。习近平总书记指出："重视历史、研究历史、借鉴历史，可以给人类带来很多了解昨天、把握今天、开创明天的智慧。"马克思主义的唯物史观告诉我们，我们今天的"四个自信"，也是建立在新中国经济发展成就的基础之上的。因此，系统学习和了解新中国 75 年的经济发展历史，就尤其显得重要和不可或缺。

学习经济史，首先要把握历史脉络，要透过现象看本质，要形成大历史观，这样才能真正科学总结历史经验教训。武力、贺耀敏等中国经济史专家最新力作《新中国经济简史（1949－2024）》，对新中国 75 年的经济史，作出颇有新意的概括和系统论述，不仅史料丰富、思路清晰，而且言之有理、启发性强。我认为，通过研究新中国 75 年经济发展历史，概括起来可以从以下几个方面为我们提供借鉴。

新中国 75 年的历史，从经济视角看，就是两大主线或者说两大任务：解放和发展生产力，探索、建立和完善社会主义经济体制机制。以此观察，75 年历史大致可以划分为三个时期，每个历史时期的经济发展的外部环境、内部条件和任务都有所不同，也由此形成了我们常说的三个历史时期特点："站起来""富起来""强起来"。

1949 年新中国成立时，中国还是一个经历了百年战乱、满目疮痍的落后农业国家。作为一个人口多、底子薄的发展中大国，又接连遭遇朝鲜战争等局部热战影响，保障国家国防安全问题十分突出和紧迫。正是在这个背景下，中国实行了优先快速发展重工业战略。改革开放前，虽然公有制和计划经济能够做到高积累下的社会稳定和"集中力量办大事"，保障优先快速发展重工业特别是国防工业，基本上解决了国家国防安全问题，但是这样的体制却不利于调动各种积极因素，不能有效利用资源，人民生活水平长期得不到明显改善。因此，当国际环境改善、国家国防安全问题基本解决后，经过总结"文化大革命"惨痛教训，快速发展经济和提高人民生活水平就成为最紧迫、放在第一位的中心任务。改革开放就是在这个大的历史背景下开始的。

1978 年召开的党的十一届三中全会拉开了经济改革开放的大幕。从 1978 年到 2012 年党的十八大之前，是中国经济史的第二个历史时期。党的基本路线"以经济建设为中心，坚持改革开放，坚持四项基本原则"反映了这个时期经济发展的方向和体制变革的原则。在实事求是、发展是硬道理思想指导下，通过改革开放调动了国内外一切积极因素，政府和市场共同发力，充分发挥了中国人力资源极为丰富的优势和利用了经济全球化的机遇期，创造了国民经济连续 30 多年高达 9% 以上的年均增速和社会长期稳定的两大奇迹。到 2012 年，从多个指标看，中国已经基本完成了传统意义上的工业化，并建立起社会主义市场经济体制，一跃成为世界第二大经济体，社会物质财富以惊人的速度扩张，人民生活水平显著提高。可以说，这是社会主要矛盾发生变化、中国特色社会主义进入新时代的根本前提。

2012年党的十八大召开，中国特色社会主义进入新时代。从经济发展视角看，就是中国经济发展已经由高速增长转向高质量发展阶段，产业结构优化升级，以科技创新为主要动力，大力发展新质生产力成为主要任务。而与之相应的生态文明建设和实现共同富裕，则成为与经济发展同样重要的社会发展目标。继党的二十大确定了中国式现代化的战略安排之后，今年7月召开的二十届三中全会又作出《中共中央关于进一步全面深化改革　推进中国式现代化的决定》，对于更好发挥市场机制作用和政府作用、全面建成高水平社会主义市场经济体制、实现高质量发展进行了全面详尽具体的部署。这次全会也将与十八届三中全会一样，在新中国经济史上具有重要的历史地位。12年来，在以习近平同志为核心的党中央领导下，克服经济增长速度换挡、结构调整阵痛、前期刺激政策消化、生态环境恶化、国际环境逆转等不利因素，踔厉奋发，打赢了防范化解重大风险、精准脱贫、污染防治三大攻坚战，实现了全面建成小康社会的第一个百年奋斗目标，迈上了全面建设社会主义现代化国家的新征程，中国的综合国力和人民生活水平上了一个大台阶，中华民族伟大复兴、社会主义现代化强国目标指日可待。

回顾三个经济发展历史时期，深深感到今天的成就来之不易，有太多的历史经验教训需要总结和认识。这里仅就想到的几点谈谈看法。

第一，中国共产党的领导是新中国创造经济高速发展和社会长期稳定两大奇迹的根本保障。中国共产党的宗旨使命、高度的组织性纪律性、强大的领导能力和丰富的治国理政经验，不仅被历史证明是中国式现代化的保障，也是未来经济发展、社会稳定和共同富裕的政治保障。

第二，中国是一个人口多、人均资源匮乏的社会主义大国，经济发展的自然条件并不好，区域之间、城乡之间经济发展不平衡，生态环境脆弱，还有国际环境的干扰因素，都使得中国必须走出一条以科技创新和改革开放为主要动力、调动和发挥各种积极因素、统筹好国内国际两个大局的经济现代化新路。75年的历史证明，中国已经探索出一条符合人类社会发展一般规律和中国国情的现代化道路，但是这个探索并没有终结，还需要继续深化。

第三，中国经济发展仍面临三大世界性难题：一是如何处理好政府与市场的关系；二是如何实现发展成果共享，即共同富裕；三是如何做到人与自然和谐共生。新中国在解决上述三个难题的75年历史中，有很多历史经验，改革开放特别是新时代以来有很多创新，值得我们认真研究和深入总结。

第四，经济发展是社会全面进步和国际地位提高的基础。随着中国经济持续腾飞，中国的政治（含法治）建设、科技文化建设、社会建设、生态文明建设进入快车道，国际地位和影响力大幅提高，这些又反过来推动经济的快速增长和增长质量与效益的提高。今后需要继续研究和落实好如何使这两方面更好地进入互相促进的良性循环。

武力、贺耀敏同志率领的中国经济史研究团队，继2022年撰写出版《中国经济这十年（2012－2022）》和2023年撰写出版《中国经济改革简史（1978－2023）》之后，今年又在有关领导和中国财经出版传媒集团经济科学出版社的大力支持下，为庆贺新中国成立75周年，下了很大功夫，编写了这本《新中国经济简史（1949－2024）》，令人欣慰。我从始至终都在关注这本书，从最初的提纲讨论，到近日的书稿审定，都曾参与。总的感觉，这本中等篇幅的专著，能够运用马克思主义唯物论和辩证法，采取历史主义态度，将经济发展和体制变迁放在当时的历史条件下加以分析评价，分清哪些是发展的问题，只能通过发展来解决；哪些是体制的问题，可以通过改革来解决；哪些是政策的问题，要通过调整政策来解决。中国75年经济发展和体制变迁的经验充分证明，中国共产党的领导、社会主义基本制度，是中国经济发展的必要条件，也是中国实现经济现代化、人与自然和谐共生和共同富裕的前提条件。按照75年开创的中国经济发展道路、制度和理论继续走下去，建设社会主义现代化强国和实现中华民族伟大复兴的宏伟目标一定可以实现。

回顾新中国75年经济发展历史，总结历史经验很有意义、很有价值。本书条理清晰，资料丰富，史料价值高，比较全面准确地反映了新中国75年的经济发展历史及其辉煌业绩，可喜可贺！相信本书一定能够引起人们的关注，发挥出存史、资政、育人的作用。

是为序。

张卓元

2024年9月

目录

前言 1

第一章 建立新中国和恢复国民经济（1949–1952） 13

第一节 政府经济管理机构的建立和基本方针政策 15
一、新中国的经济纲领 15
二、政府经济管理机构的建立 17
三、恢复时期的经济方针和政策 19

第二节 完成新民主主义革命的经济任务 21
一、没收官僚资本、建立国营经济 21
二、城市经济的民主改革 24
三、开展土地改革和鼓励互助合作 25
四、取消外国在华经济特权和统制外贸 27

第三节 恢复发展经济的重大举措 30
一、稳定物价与统一财经 30
二、调整工商业和"三反""五反" 33
三、开展内外合作交流 35
四、私营金融业的全行业公私合营 37
五、增产节约运动 39

第四节 国民经济的恢复发展 41
一、财政状况的根本好转 42

二、交通、水利等基础设施建设　　43
　　三、工农业的恢复发展　　47
　　四、内外贸易的恢复发展　　51
　　五、人民生活水平得到提高　　54

第二章　"一五"计划和社会主义改造（1953—1957）　　57

第一节　大规模经济建设的启动　　59
　　一、优先发展重工业战略的确定　　59
　　二、"一五"计划的制定　　61
　　三、以"156项"为核心的工业化建设　　64
　　四、统购统销缓解农产品供给短缺问题　　66
　　五、加强对外经济合作与交流　　69

第二节　社会主义公有制和计划经济体制的建立　　71
　　一、过渡时期总路线的提出　　71
　　二、农业的社会主义改造　　73
　　三、个体手工业的社会主义改造　　76
　　四、资本主义工商业的社会主义改造　　77
　　五、计划经济体制的建立　　81

第三节　党的八大的探索和国民经济的快速发展　　84
　　一、党的八大前后对社会主义建设的探索　　85
　　二、"一五"计划的顺利完成　　87
　　三、经济总量的增长和产业结构的变化　　90
　　四、人民生活水平的提高　　91

第三章　"大跃进"运动和国民经济调整（1958—1965）　　93

第一节　"二五"计划调整和"大跃进"运动兴起　　95
　　一、"二五"计划的制定和反"反冒进"　　95
　　二、权力下放和社会主义建设总路线　　98

三、农业"大跃进"和人民公社化运动　101
四、"大炼钢铁"和全民大办工业　104

第二节 "大跃进"的严重后果和调整国民经济　106
一、1958年的经济形势　106
二、初步纠"左"和"继续跃进"　108
三、"大跃进"的严重后果　110
四、调整国民经济的决策和重大举措　112

第三节 "四个现代化"目标和国民经济在调整中发展　118
一、继续调整国民经济　118
二、"四个现代化"目标和制定"三五"计划　120
三、国际形势变化和开展三线建设　122
四、国民经济在调整中的恢复发展　125

第四章 "文化大革命"时期的经济和拨乱反正（1966–1978）　129

第一节 "文化大革命"对经济建设的冲击　131
一、"文化大革命"对国民经济的严重冲击　131
二、企业大批下放和经济管理机制变动　133
三、知识青年上山下乡　135

第二节 经济建设在抵制极左错误中有所发展　137
一、"三五"计划和"四五"计划基本完成　137
二、农田水利建设和社队工业的再次兴起　142
三、国防尖端技术和工业交通的发展　145
四、对外技术设备引进和对外经济援助　148
五、1976年的经济动荡和结束"文化大革命"　151

第三节 拨乱反正和努力加快经济发展　155
一、经济领域的拨乱反正　155
二、"五五"计划和"十年规划纲要"高指标的提出　158

三、走出国门看世界和对外经济引进　　160

第五章　改革开放和经济发展的历史性转折（1978–1984）　163

第一节　开启改革开放和提出小康目标　165
　　一、思想解放与党的十一届三中全会　165
　　二、小康社会构想的提出　168
　　三、"五五"计划的调整和"六五"计划的制定　170
　　四、经济发展战略的全面调整　173

第二节　改革开放催生经济发展活力　176
　　一、农村经济改革率先突破　176
　　二、城市经济放开搞活　178
　　三、对外开放和设立经济特区　182
　　四、所有制结构出现多样化　185

第三节　经济发展的历史性转变和成就　188
　　一、农村经济的全面和高速发展　188
　　二、城镇就业的大幅度增加　191
　　三、农轻重关系的改善　193
　　四、人民生活水平大幅度提高　195

第六章　深化改革开放和经济波动前行（1984–1992）　199

第一节　社会主义经济理论和实践的突破　201
　　一、党的十二届三中全会　201
　　二、改革重心转向城市经济和扩大对外开放　204
　　三、"六五"计划的完成和"七五"计划的制定　206
　　四、党的十三大与社会主义初级阶段基本路线　209

第二节　经济体制改革的全面展开　　　　　　　　　211
　一、计划管理体制和国营企业改革　　　　　　　　211
　二、商业和价格体制改革　　　　　　　　　　　　214
　三、财政和金融体制改革　　　　　　　　　　　　218
　四、外贸体制改革　　　　　　　　　　　　　　　221
第三节　经济快速发展和在波动中前行　　　　　　　222
　一、经济快速发展中的问题和进行治理整顿　　　　223
　二、经济治理整顿中继续改革开放　　　　　　　　227
　三、"七五"计划的完成和"八五"计划的制定　　233
　四、邓小平发表南方谈话　　　　　　　　　　　　236

第七章　建立社会主义市场经济和实现小康目标（1992－2002）　　　　　　　　　　　　　239

第一节　建立社会主义市场经济和改革开放的突破性进展　241
　一、确立社会主义市场经济的改革目标　　　　　　241
　二、建立起以分税制和公共财政为标志的现代财税体制　244
　三、金融体制改革和建设取得积极进展　　　　　　247
　四、国有企业改革攻坚取得突破性进展　　　　　　249
　五、加入世界贸易组织和扩大开放　　　　　　　　252
第二节　跨世纪发展战略的制定和实施　　　　　　　254
　一、可持续发展战略　　　　　　　　　　　　　　255
　二、科教兴国战略　　　　　　　　　　　　　　　257
　三、西部大开发战略和区域协调发展　　　　　　　260
第三节　加强宏观调控和经济快速发展　　　　　　　261
　一、宏观经济调控方式和政策变化　　　　　　　　262
　二、"八五"计划的调整和完成　　　　　　　　　266
　三、"九五"计划的制定和完成　　　　　　　　　268
　四、"十五"计划的制定和实施　　　　　　　　　270

五、小康目标的实现和人民生活水平的大幅度提高　　273

第八章　全面建设小康社会和经济快速发展（2002—2012）　　277

　第一节　全面建设小康社会目标和重大方针政策　　279
　　一、全面建设小康社会和科学发展观　　279
　　二、"又好又快"和转变发展方式　　283
　　三、着力保障和改善民生　　285
　　四、建设资源节约型和环境友好型社会　　289

　第二节　加强宏观调控和促进微观搞活　　292
　　一、完善社会主义市场经济体制的决定　　292
　　二、加强宏观调控体系建设　　294
　　三、多种经济成分共同发展　　296
　　四、成功应对国际金融危机　　299

　第三节　经济快速发展和民生明显改善　　301
　　一、实行"反哺"政策和建设社会主义新农村　　302
　　二、工业化快速推进和交通运输长足发展　　305
　　三、"十五"计划的完成和"十一五"规划的制定　　308
　　四、"十一五"规划的完成和"十二五"规划的制定　　310
　　五、城镇化的快速推进和人民生活水平大幅提高　　312

第九章　进入中国特色社会主义新时代和全面建成小康社会（2012—2020）　　319

　第一节　经济新常态和加强发展改革的顶层设计　　321
　　一、经济发展步入新常态　　321
　　二、党的十八届三中全会　　323
　　三、"五位一体"总体布局和"四个全面"战略布局　　325

四、经济发展理念的创新和发展　　327
　　五、习近平经济思想的创立　　329
第二节　全面深化改革和扩大对外开放　　330
　　一、以治理体系和治理能力现代化为目标的政府机构改革　　331
　　二、以供给侧结构性改革为主的经济体制机制改革　　333
　　三、加强经济领域的反腐和防范系统性金融风险　　336
　　四、以推进"一带一路"为标志的对外开放新格局　　338
　　五、统筹发展和安全两件大事　　340
第三节　新发展理念下的经济全面发展　　341
　　一、"十二五"规划的完成和"十三五"规划的制定　　341
　　二、实施创新驱动发展战略和新兴产业迅速发展　　344
　　三、打赢脱贫攻坚战，积极推进乡村振兴　　346
　　四、促进区域协调发展和优化发展空间布局　　348
　　五、"两山"理论和加强生态文明建设　　353
第四节　全面建成小康社会目标的实现　　354
　　一、经济发展稳中求进和产业结构优化升级　　355
　　二、中国在世界经济中的地位和作用快速提升　　357
　　三、完成"十三五"规划和实现全面建成小康社会目标　　359
　　四、人民生活水平显著改善　　360

第十章　以高质量发展推进中国式现代化（2021－2024）　　363

第一节　向第二个百年奋斗目标迈进　　365
　　一、"十四五"规划的制定和实施　　365
　　二、党的二十大与中国式现代化　　366
　　三、党的二十届三中全会与进一步全面深化改革　　368
　　四、贯彻新发展理念和构建新发展格局　　371

第二节　大力发展新质生产力和实现高质量发展　373
　　一、充分发挥科技创新动力的举措　373
　　二、发展新质生产力成效明显　375
　　三、优化和提升国有企业作用　377
　　四、鼓励和规范民营经济发展　379

第三节　进一步扩大开放和保障国家经济安全　381
　　一、建设更高水平对外开放新体制　381
　　二、推动共建"一带一路"高质量发展　383
　　三、优化提升区域开放格局　384
　　四、保障产业链和国家金融安全　385

第四节　中国式现代化下的经济发展　388
　　一、大力推进乡村振兴与城乡融合发展　388
　　二、构建全国统一大市场和区域经济协调发展　390
　　三、发挥重点区域先行先试作用　394
　　四、大力推进创新型国家和治理能力现代化建设　397

附录　新中国经济大事记　401

后记　456

前言

75年在人类发展进程中只是瞬间,但中华民族却在过去的75年里创造了波澜壮阔的历史,使国家发生了翻天覆地的变化。抚今追昔,回顾新中国75年创造的经济奇迹,对于提升和坚定"四个自信"是非常必要的。

新中国75年的经济史大致可以分为三个时期:从1949年新中国成立到1978年党的十一届三中全会前,为向社会主义过渡和计划经济时期;党的十一届三中全会到2012年党的十八大前,为改革开放和社会主义建设新时期,经济上表现为建立社会主义市场经济和经济高速发展时期;党的十八大起至今,为中国特色社会主义新时代,经济上表现为经济发展由高速度转向高质量发展时期。三个历史时期一脉相承,接续完成中国经济从起步到腾飞,再到转型升级的历史过程,实现了中国人民从站起来到富起来,再到强起来的历史性飞跃。下面就三个历史时期及各自的阶段性特征作一个简要的概括。

一、1949—1978年:保障国家安全和优先发展重工业时期

1949年中华人民共和国成立,具有五千多年文明史的中华民族进入发展进步的新纪元,站起来的中国人民终于可以独立自主选择发展道路。党的七届二中全会在绘制新中国发展蓝图时提出,要"使中国稳步地由农业国转变为工业国,把中国建设成一个伟大的社会主义国家"[①]。

[①] 《毛泽东选集》第四卷,人民出版社1991年版,第1437页。

新中国成立初期，通过没收封建地主土地归农民所有、没收官僚资本归人民国家所有和保护民族工商业，建立起在国营经济领导下多种经济成分分工合作、各得其所的新民主主义经济体制，实现了国民经济的迅速恢复。1953年中国转入大规模经济建设和开始实施第一个发展国民经济的五年计划时，受朝鲜战争和惨痛的被侵略的历史教训的影响，出于国家安全的需要，中国选择了优先发展重工业的社会主义工业化道路。正如经过毛泽东亲自修订的《为动员一切力量把我国建设成为一个伟大的社会主义国家而斗争——关于党在过渡时期总路线的学习和宣传提纲》所说："因为我国过去重工业的基础极为薄弱，经济上不能独立，国防不能巩固，帝国主义国家都来欺侮我们，这种痛苦我们中国人民已经受够了。如果现在我们还不建立重工业，帝国主义是一定还要来欺侮我们的。"[1] 1963年9月，毛泽东在修改《关于工业发展问题（初稿）》时又说："这里存在着战争可以避免和战争不可避免这样两种可能性。但是我们应当以可能挨打为出发点来部署我们的工作，力求在一个不太长久的时间内改变我国社会经济、技术方面的落后状态，否则我们就要犯错误。"[2]

社会主义工业化道路具有以下五个特点：一是以高速度发展为首要目标；二是优先发展重工业；三是以增加要素投入的外延型经济发展为主；四是从备战和效益出发，加快内地发展，改善生产力布局；五是以建立独立的工业体系为目标，实行进口替代。在优先发展重工业战略的实施中，出于国家安全需要，建立现代国防工业又是重中之重。

为了尽快建立完整工业体系尤其是国防工业，中国确立了重工业优先发展战略。在选择了优先发展重工业尤其是国防工业的社会主义工业化道路后，对于贫穷落后、温饱问题尚未解决的新中国来说，为了确保低收入下实现高积累政策和社会稳定，中国选择了社会主义工业化道路，即在快速推进工业化的同时，实行社会主义改造，建立计划经济体制，从而确保

---

[1] 中共中央文献研究室编：《建国以来重要文献选编》第四册，中央文献出版社1993年版，第705页。
[2] 《毛泽东著作选读》下册，人民出版社1986年版，第849页。

了有限的资源在满足人民基本生活的前提下，最大限度地支援工业化建设，使中国在短短二十多年里建立起比较完整的工业体系，成功研制出"两弹一星"和核潜艇等尖端武器，为和平发展奠定了基础。1952—1978年，按不变价格计算，中国工业增加值增长15.9倍，年均增长11.5%，三大产业增加值在国内生产总值中的比重由50.5%、20.8%、28.7%变为27.7%、47.7%、24.6%，实现了由农业主导向工业主导的转变。

这一时期还为日后的改革与发展储备了诸多要素。在基础设施方面，新中国自成立伊始就大力兴修水利工程和进行农田基本建设。据统计，截至1978年，全国各地共建成大中小型水库84585座，建成万亩以上的灌溉区5249处，实现农田有效灌溉面积4805.3万公顷，较1949年增加3212.5万公顷。1953—1977年，交通运输业全民所有制单位基本建设投资累计完成840亿元，陆续建成了青藏公路、川藏公路、武汉长江大桥、京沪铁路、陇海铁路、宝成铁路、成昆铁路、枝柳铁路、湘黔铁路、襄渝铁路、焦枝铁路等重大项目，初步改变了交通落后尤其是内地铁路交通落后面貌。在这个历史时期，国家高度重视基础教育，1978年，基本普及小学教育，学龄儿童入学率达到95.5%；1982年，文盲率降至22.8%。这些都为改革开放后的经济腾飞准备了条件。

在优先快速发展重工业的赶超型战略下，以毛泽东同志为主要代表的中国共产党人也认识到不能忽视农业和轻工业的合理发展。1956年4月，毛泽东在《论十大关系》中明确提出："我们现在的问题，就是还要适当地调整重工业和农业、轻工业的投资比例，更多地发展农业、轻工业。这样，重工业是不是不为主了？它还是为主，还是投资的重点。但是，农业、轻工业投资的比例要加重一点。"[①] 1957年2月，毛泽东在《关于正确处理人民内部矛盾的问题》讲话中专门论述了中国工业化的道路："这里所讲的工业化道路的问题，主要是指重工业、轻工业和农业的发展关系

[①] 中共中央党史和文献研究院编：《建国以来毛泽东文稿》第十一册，中央文献出版社2023年版，第2页。

问题。我国的经济建设是以重工业为中心，这一点必须肯定。但是同时必须充分注意发展农业和轻工业。"① 同年10月，毛泽东在党的八届三中全会上又提出："在以重工业为中心任务的条件下，实行工业与农业同时并举，逐步建立现代化的工业与现代化的农业。"②

二、1978－2012年：调动一切积极因素和高速度发展时期

单一公有制和计划经济体制突破了"贫困陷阱"，保障了高积累下的社会稳定，为建立独立完整工业体系、保障国防安全、储备发展要素方面作出了历史性贡献。然而，调动各种积极因素、提高经济效益的目标还有待进一步实现。

计划经济时期，人民的生活水平改善不多，人均收入和消费水平整体上还处于贫困状态。从1957年到1976年，全国职工在长达20年的时间里几乎没涨过工资，1976年全民所有制单位职工平均工资605元，比1957年的637元不升反降，1978年也仅为644元。从消费来看，1957－1978年，人均粮食消费量由406.12斤降至390.92斤、食用植物油由4.84斤降至3.19斤、猪肉由10.15斤增至15.34斤、食糖由3.02斤增至6.84斤、布由20.47尺增至24.11尺、煤炭由170.19斤增至210.31斤，生活水平提高有限。1978年，城乡居民恩格尔系数分别为57.5%和67.7%，城市居民消费处于温饱阶段，农村居民则处于贫困阶段。按照2010年标准，1978年末我国农村贫困人口7.7亿人，农村贫困发生率高达97.5%。

从劳动生产率来看，中国与发达国家的差距更大了。从1977年下半年起，国务院安排各部委派团出国访问考察，考察结果令国人警醒。法国马赛钢铁厂，从采矿到轧钢，年产350万吨钢，职工只有7000人；而当时

---

① 中共中央党史和文献研究院编：《建国以来毛泽东文稿》第十一册，中央文献出版社2023年版，第296页。
② 中共中央党史和文献研究院编：《建国以来毛泽东文稿》第十二册，中央文献出版社2023年版，第46页。

武钢年产 230 万吨钢，职工 6.7 万人。丰田汽车厂，职工 4.3 万人，加上直接协作的工厂不过 15 万人，年产汽车 270 万辆；而长春汽车制造厂，4.3 万人，1977 年生产汽车 4.3 万辆；全国汽车行业 70 万人，1977 年生产汽车总共也只有 13 万辆。在质量方面，中国的汽车跑 10 万公里就要大修，而日本的能跑 40 万公里。中国的电视显像管按规定标准可用 1000－2000 小时，实际上有些只能用 700 小时，而日本的能用 13000 小时。1978 年 9 月，邓小平谈及这些出访带来的思想震撼时说："最近我们的同志出去看了一下，越看越感到我们落后。什么叫现代化？五十年代一个样，六十年代不一样了，七十年代就更不一样了。"①

强烈的忧患意识坚定了中国改革开放的决心。1978 年 12 月召开的党的十一届三中全会开启了改革开放的大门，邓小平率先提出"贫穷不是社会主义"这个引导中国社会主义走向创新发展的最重大命题，中国迎来了活力迸发、财富涌流的时代。在有利的国际形势下，中国对内"搞活"，通过"放权让利"和引入市场调节机制，鼓励多种经济成分并存发展，不仅形成了党的"以经济建设为中心"的基本路线，而且确立了社会主义市场经济体制。"看不见的手"不断提高资源配置效率。同时，政府这只"看得见的手"在招商引资、制度创新等方面积极作为，与市场这只"看不见的手"协同作用，将资本、劳动力、资源、技术等要素普遍调动起来。中国还通过扩大开放，特别是加入世界贸易组织，实现了充分利用国外资源和国际市场。这种政府与市场"双轮驱动"、国内国外资源市场"统筹兼顾"的方针政策，助力中国创造了经济发展的奇迹。

1978－2012 年，中国经济总量高歌猛进，年均增速接近 10%。1978 年，中国的 GDP 为 3678.7 亿元，居世界第 11 位；1986 年突破 1 万亿元，居世界第 9 位；2000 年突破 10 万亿元，居世界第 6 位；2010 年突破 40 万

---

① 中共中央文献研究室编：《邓小平年谱（1975－1997）》上，中央文献出版社 2004 年版，第 372－373 页。

亿元，居世界第 2 位。对外贸易飞速发展。1977 年中国内地的货物贸易进出口总额只有 148 亿美元，甚至低于同期香港的 196 亿美元；而到 2012 年，中国内地的货物贸易进出口总额已经达到 38671 亿美元，增长 260 倍。随着经济快速发展和工业化推进，中国的产业结构持续升级。2011 年，第三产业就业比重提高到 35.7%，首次超过第一产业，成为就业最多的产业；2012 年，第三产业增加值比重提高至 45.5%，首次超过第二产业，成为增加值最大的产业。中国的城市化率也由 1978 年的 17.9% 提高到 2012 年的 52.6%，城市人口超过了农村人口。

中国创造了经济增长的奇迹，但是传统发展方式也有不足之处。中国一直在实施赶超型工业化战略，产业结构主要满足投资和出口需求，最终消费比重长期偏低。2008 年全球金融危机使得出口骤降，2000 万打工者于 10 月提前返乡；2009 年，约 2500 万人找工作困难，加之 610 万应届毕业生，中国面临 30 年来最严峻的就业形势。在此情况下，中国启动了规模庞大的需求刺激政策，使中国经济在逆境中保持增长，国内基础设施面貌天翻地覆，民生持续改善，国家在整体上实现了富起来。

需求刺激政策尽管有效抵御了世界金融危机对国内经济的冲击，但同时也延缓了产业结构的优化升级，传统发展方式弊端逐渐凸显，难以为继。首先，在宽松的信贷环境与预算软约束下，基建、开采、冶炼、机械等行业迅速扩张，出现普遍性产能过剩，由此引发的利润率下滑使得一些企业不得不加大债务融资，甚至沦为依赖举债为生的"僵尸企业"。其次，在实体经济利润率下降而货币充裕的大环境下，房屋土地作为投资品的功能凸显，大量资金涌入刺激了房地产行业膨胀与房价暴涨。不断上升的房价抬高了实体经济成本，加剧了社会投机心理，使得资金脱实向虚，削弱了制造业和科技研发根基。高企的房价也令低收入群体望房兴叹，导致库存积压。最后，因不同企业和居民获得信贷的能力不同，信贷资源分配有失均衡，拉大了财富占有差距。而强刺激政策导致的投资激增，也加剧了国内资源消耗与生态环境恶化趋势。总的来看，需求刺激政策使中国经济维持了增长势头，但也遇到了产能过剩、库存积压、杠杆率攀升的问题。如果放任旧增长模式延续，终将导致行业亏损加剧，引发债务违约、破产失业的经济硬着陆。这些都集中表现为2012年以后出现的"三期叠加"①。

三、2012—2024年：产业结构优化升级和高质量发展时期

党的十八大以来，随着传统意义的工业化基本实现，经济发展速度换挡、结构升级势在必行，由此带来社会主要矛盾发生变化，中国特色社会主义进入新时代，中国经济已经由高速发展转向高质量发展，改革开放和科技创新成为发展新质生产力、实现产业结构优化升级的两大动力。在这12年里，中国消除了整体性贫困、扭转了生态环境恶化态势，人均收入翻了一番，实现了全面建成小康社会的第一个百年奋斗目标，并迈进全面建设社会主义现代化强国的新征程；与此同时，世界发生百年未有之大变局，面对国际经济风云变幻、美国逆经济全球化趋势和新冠疫情肆虐，中国顺应世界经济发展的规律和建设人类命运共同体的愿景，发挥越来越重要的作用。从大历史观来看，新时代这12年，不仅是新中国历史、中华民族实现伟大复兴历史上的重要转折点，也是世界历史的一个重要转折点。

党的十八大以来，面对经济发展的"三期叠加"问题和必须由高速度转向高质量发展的要求，以习近平同志为核心的党中央高瞻远瞩、审时度势，及时把握住中国社会主要矛盾发生变化这个重大历史转折，统筹中华民族伟大复兴和世界百年未有之变局，以创新为动力、以改革促发展，实现了历史性转折，取得了历史性成就。就经济领域来看，在政府与市场关系、发展理念、所有制结构、对外开放、共同富裕等重大理论和政策方面，实现了马克思主义中国化的第三次历史性飞跃。

---

① "三期叠加"是指经济增长速度换挡期、结构调整阵痛期与前期刺激政策消化期在同一时间重合出现，因而产生叠加效应。

党的十八大以来，中国经济实力、综合国力跃上新的台阶。2012—2023年，国内生产总值从51.9万亿元增加到126.1万亿元，11年间翻了一番多；2012—2023年，人均国内生产总值由39771元增加到89424元；2023年人均国内生产总值超过1.2万美元，接近世界银行的高收入国家门槛。在产业结构优化升级方面，一是农业现代化步伐加快，粮食安全得到保障。2015—2023年粮食产量连续9年保持在1.3万亿斤以上，口粮自给率在100%以上，人均粮食占有量大概480公斤，高于国际公认的400公斤安全线。二是制造业规模多年位居世界首位，占全球比重稳定在30%左右，220多种工业产品产量居世界第一。三是现代化基础设施体系加快建设并持续完善，信息基础设施加快升级，5G网络建设全球领先；国家算力网络加快构建，算力总规模居世界第二；建成了全球最大的高速铁路网、高速公路网和世界级港口群；中国的发电装机容量、互联网基础设施规模均居世界第一。

全面建成小康社会目标如期实现，社会发展成绩显著，人民获得感空前提升。2020年脱贫攻坚战取得决定性胜利，中国彻底摆脱了几千年来如影随形的绝对贫困问题。全国居民人均可支配收入由2012年的18311元，增加到2023年的39218元，年均增长7.5%，形成了世界上规模最大、成长最快的中等收入群体，总量超过4亿人。社会保障覆盖面持续扩大，建成了世界上规模最大的社会保障体系，基本医疗保险覆盖13.3亿人，基本养老保险覆盖10.7亿人。

中国紧紧抓住信息化和第四次工业革命的机遇，加大对研发和高科技产业的投入。世界知识产权组织发布的《2023年全球创新指数报告》显示，中国创新能力综合排名由2012年的第34位上升到2023年的第12位，是跻身创新能力综合排名前30位经济体中唯一的中等收入经济体；中国拥有24个全球顶级科技集群，成为拥有最多科技集群的国家，首次超过美国（21个），初步形成全方位、多层次的区域创新格局。

继党的二十大确定了中国式现代化的战略安排之后，2024年7月召开的二十届三中全会又作出《中共中央关于进一步全面深化改革　推进中国式现代化的决定》，对于更好发挥市场机制作用和政府作用、全面建成高水平社会主义市场经济体制、实现高质量发展进行了全面详尽具体的部署。这次全会也将与十八届三中全会一样，在新中国经济史上具有重要的历史地位。

新时代以来，中国社会主要矛盾已经转化为人民日益增长的美好生活需要和不平衡不充分发展之间的矛盾。为解决这个主要矛盾，中国经济已经由高速增长阶段转向高质量发展阶段，具体包含三大转变：一是推进经济增长由粗放型向集约型转变，以科技创新为动力，加快经济发展方式转变；二是推进产业结构由中低端向中高端转变，加快新质生产力发展和构建现代产业体系；三是推进城乡二元经济向城乡一体化转变，实现城乡融合发展，加快推进新型城镇化和乡村全面振兴，实现农业现代化。

毋庸讳言，中国经济的高质量发展还面临着诸多困难：一是实体经济内部结构失衡，传统中低端产能过剩和高端产能供给不足并存；二是实体经济与金融、房地产业关系失衡，房地产仍需要去库存、挤泡沫，金融风险隐患还需要防范；三是财富占有和收入分配失衡，贫富差距过大，有效需求不足，人力资本与物质资本积累失衡；四是资源和环境形势依然严峻，传统经济增长方式和外延型扩张受到约束；五是国际经济竞争趋于激烈、不确定性增加，中国经济和科技在全球产业链条中，已经从过去"学习型"为主向"创新型"为主转变，即从"跟跑者"向"并跑者"和"领跑者"转变，不仅竞争对手主要转向西方发达国家，而且一些发展中国家也因中国的环境要求提高和劳动力成本增加，在中低端产业链条中形成竞争；特别是美国对中国的遏制不断升级，给中国造成较大的外部压力。

但是，中国经济发展所具备的独特优势和有利条件，大大超过了不利因素和困难：一是中国共产党的全面领导和自我革命，确保了中国经济始终向着有利于发展生产力、增强综合国力、提高人民生活水平的方向坚定前行；二是政府与市场"双轮驱动"的体制优势，有助于避免双重失灵，继续充分利用国内国际"两个市场、两种资源"；三是中国经济规模大，创新空间大，回旋余地大；四是中国人力资本雄厚，重视教育，并可以充分利用海外教育资源；五是中国人民具有勤劳的品质和文化传统，尤其是高储蓄率传统有助于规避债务陷阱，并继续在新一轮科技革命和新型工业化中维持高积累、高投资率，使中国最终跻身全球产业链的高端。

四、结束语：历史昭示未来

凡是过往，皆为序章。党的十八大以来，以习近平同志为核心的党中央以伟大的历史主动精神、巨大的政治勇气、强烈的责任担当，回答了中国之问、世界之问、人民之问、时代之问，审时度势，统筹把握中华民族伟大复兴战略全局和世界百年未有之大变局，在实现了全面建成小康社会目标后，正带领全国各族人民向第二个百年奋斗目标勇毅前行。

当前，世界百年未有之大变局加速演进，世界之变、时代之变、历史之变的特征更加明显。我国发展面临新的战略机遇、新的战略任务、新的战略阶段、新的战略要求、新的战略环境，需要应对的风险和挑战、需要解决的矛盾和问题比以往更加错综复杂。中国作为世界上最大的发展中国家，并且是世界第一货物贸易大国、第一制造业大国，虽然中国的产业结构在世界产业链中总体上还处于中低端，但是中国12年来已经转向高质量发展，产业结构升级速度明显加快，正在由过去的"跟跑者"为主转向"并跑者"以及少数领域的"领跑者"。中国自身的变化必然深刻影响和改变着世界经济格局，因此经济发展也就必然遭到美国不择手段的全面遏制，加上西方经济进入深度调整期和科技革命带来的不确定性，中国要有充分的能力应对国际风云变幻，在新的历史条件下更好利用国际市场和国际资源。

就国内经济发展来看，中国经济发展虽然跨越了一些发展中国家曾经遭遇的产业结构升级失败和社会政治动荡的"中等收入陷阱"，进入高质量发展阶段，社会和政治空前稳定。但是受资源、环境、人口规模和生产力发展水平制约，经济发展不充分不平衡的问题依然存在，产业结构优化升级需要克服资本沉没、劳动力再就业、社会震荡和经济增速下滑的压力;区域之间、城乡之间的统筹协调发展问题,阶层之间的贫富差距问题依然突出。在经济体制机制方面,面对新型工业化和科技革命带来的新机遇、新业态、新风险等,如何同时避免"市场失灵"和"政府失灵",如何进一步完善社会主义市场经济体制机制仍然任重道远。在经济运行方面,如何驾驭国家资本、私人资本和外国资本,如何统筹协调三次产业关系,统筹协调区域经济发展,统筹协调城市经济与乡村振兴,统筹协调生态文明建设与经济发展,统筹协调国际循环和国内循环的关系;在收入分配方面,如何解决"共同富裕"这个世界性难题。这些仍然是 2035 年基本实现现代化和本世纪中叶全面建成社会主义现代化强国必须解决的经济问题。

"潮平两岸阔,风正一帆悬"。新中国 75 年的经济史证明,有中国共产党的领导和社会主义优越性,有勤劳和学习能力极强的中国人民,有丰富多样的社会生产力和规模巨大的市场,在以习近平同志为核心的党中央领导下,中国一定能够抓住机遇、克服困难、化解风险,统筹好国内国际两个大局,处理好经济发展与社会稳定的关系,运用好改革和创新两大动力,推进中国式现代化,如期实现 2035 年现代化目标,并到本世纪中叶将中国建成社会主义现代化强国。

第一章

建立新中国和恢复国民经济
（1949–1952）

1949年10月1日中华人民共和国的诞生结束了近代以来的半殖民地半封建社会的历史，中国人民从此真正站起来了，开启了中华民族伟大复兴的新纪元。领导和组织这场革命取得胜利的中国共产党，由此成为在全国范围执掌政权的政党，担负起领导全国各族人民建设新生活的重任。但新中国所继承的是一个落后的烂摊子：生产萎缩，交通梗阻，民生困苦，失业众多。特别是国民党政府长期滥发纸币，物价飞涨、投机猖獗、市场混乱。中国共产党和人民政府有没有能力制止恶性的通货膨胀和物价上涨，把经济形势稳定下来，把生产恢复起来，使自己在经济上、政治上站住脚跟，这在当时是严峻考验。中国共产党和人民政府通过统一财经、土地改革、调整工商业、打破西方经济封锁等一系列重大举措，仅用三年时间就实现了国民经济恢复，为社会主义大规模经济建设创造了良好的条件。

第一节 政府经济管理机构的建立和基本方针政策

中华人民共和国建立何种经济体制、实行什么样的经济政策？这是新中国成立初期经济工作面临的基本问题。1949－1952年在新民主主义经济思想指导下，以《共同纲领》为指针，我国建立了经济管理机构、制定了一系列推动国民经济恢复的方针政策。

一、新中国的经济纲领

在新民主主义革命中，中国共产党探索并创建了新民主主义经济思想，为制定新中国的经济政策提供了理论依据和指导方针。早在1940年，毛泽东在《新民主主义论》中就完整地提出了新民主主义革命的经济纲领。在1947年12月召开的中央会议上，中共中央全面制定了夺取全国胜利和成立新中国的行动纲领。毛泽东在《目前形势和我们的任务》的书面报告中指出，在新中国，新民主主义国民经济由三个部分构成：（1）国营经济是领导成分；（2）由个体逐步地向集体方向发展的农业经济；（3）独立小工商业者的经济和小的、中等的私人资本经济。新民主主义国民经济的指导方针，必须紧紧地追随着发展生产、繁荣经济、公私兼顾、劳资两利这个总目标。毛泽东在报告中，还明确宣布新民主主义革命的三大经济纲领：没收封建阶级的土地归农民所有、没收垄断资本归新民主主义国家所有、保护民族工商业。[①] 1949年3月，在西柏坡召开的党的七届二中全会指出中国由农业国转变为工业国、由新民主主义社会转变为社会主义社

[①] 《毛泽东选集》第四卷，人民出版社1991年版，第1253页、第1255－1256页。

会的发展方向。全会指出用乡村包围城市的时期已经完结，从现在起开始了由城市到乡村并由城市领导乡村的时期。

1949年9月29日，中国人民政治协商会议第一届全体会议通过了具有"建国纲领"和"根本大法"性质的《中国人民政治协商会议共同纲领》（以下简称《共同纲领》）。《共同纲领》规定国体、政体为："中华人民共和国为新民主主义即人民民主主义的国家，实行工人阶级领导的，以工农联盟为基础的、团结各民主阶级和国内各民族的人民民主专政""人民行使国家政权的机关为各级人民代表大会和各级人民政府""各级政权机关一律实行民主集中制"。①

《共同纲领》对新中国经济纲领、经济政策、经济所有制结构等作出了明确性的规定，完整地勾画出新中国的经济发展蓝图。《共同纲领》提出的新中国经济纲领为："中华人民共和国必须取消帝国主义国家在中国的一切特权，没收官僚资本归人民的国家所有，有步骤地将封建半封建的土地所有制改变为农民的土地所有制，保护国家的公共财产和合作社的财产，保护工人、农民、小资产阶级和民族资产阶级的经济利益及其私有财产，发展新民主主义的人民经济，稳步地变农业国为工业国。"② 新中国的经济纲领反映了各革命阶层和广大人民群众的共同利益，阐明了新中国经济的性质以及经济发展方向即实现工业化的经济建设目标。

《共同纲领》全面阐述了新中国的经济政策，明确了中华人民共和国经济建设的根本方针："以公私兼顾、劳资两利、城乡互助、内外交流的政策，达到发展生产、繁荣经济之目的。"③ 这个方针政策包括了四个方面，即公私关系、劳资关系、城乡关系、内外关系；八个对象，即公方（指党、国家和集体）、私方（指私营经济和个人利益），工人、资本家，城市、乡村，国内、国外。因此，被简称为"四面八方"政策。这个方针是《共同纲领》制定新中国经济政策的核心，给新中国成立后有利于国计

---

① 中共中央文献研究室编：《建国以来重要文献选编》第一册，中央文献出版社1992年版，第2-5页。
② 中共中央文献研究室编：《建国以来重要文献选编》第一册，中央文献出版社1992年版，第2页。
③ 中共中央文献研究室编：《建国以来重要文献选编》第一册，中央文献出版社1992年版，第7页。

民生的资本主义工商业发展提供了法律和政策依据。《共同纲领》还强调"使各种社会经济成分在国营经济领导之下，分工合作，各得其所，以促进整个社会经济的发展"①，即实行国营经济领导下的多种经济成分并存发展。具体地说，就是新中国的经济主要由社会主义性质的国营经济、半社会主义性质的合作经济、国家资本主义性质的公私合营经济、私人资本主义经济、个体经济组成。国营经济处于领导地位，应得到优先发展；积极鼓励和扶持劳动人民的合作经济和公私合营经济；利用、限制和改造私人资本主义经济，即鼓励和扶持其有利于国计民生的方面，限制和改造其不利于国计民生的方面；对个体经济，则通过互助合作的方式，积极而又慎重地引导其发展经济，走向共同富裕。《共同纲领》集中反映了当时中国共产党和全国人民关于新中国社会经济制度、经济政策和发展方向的思想精华，为国民经济全面恢复发展提供了重要指导。

二、政府经济管理机构的建立

新中国应该建立一套怎样的国家管理经济机构及管理体制，是新中国成立前夕中国共产党认真研究的重要问题之一。早在新民主主义革命即将胜利的1949年5月，中共中央就发出了《关于建立中央财政经济机构大纲（草案）》，要求：（1）成立中央财政经济委员会及下属机构（即新中国成立后政务院财经委员会及各部委的前身）；（2）建立大区、省、大中城市财经委员会。《共同纲领》规定："中央各经济部门和地方各经济部门在中央人民政府统一领导之下各自发挥其创造性和积极性。"② 根据中国经济落后、发展不平衡和国营经济处于主导地位三个主要特点，我国建立起一个以中国共产党为领导核心的、中央集权的、多层（中央、大行政区、省、市（专署）、县、区、乡）政府机构。政府对经济的管理实行了"统

---

① 中共中央文献研究室编：《建国以来重要文献选编》第一册，中央文献出版社1992年版，第7页。
② 中共中央文献研究室编：《建国以来重要文献选编》第一册，中央文献出版社1992年版，第8页。

一领导，分级管理"的原则和以政府调控经济为主的经济运行方式。与此相适应，初步形成了各行业经济主管部门——"条"与各地区经济管理部门——"块"相结合的国家经济管理机构。

新中国成立之初，中央人民政府首先在中央财经委员会的基础上，扩大并建立了中央政府管理国民经济的机构。1949年10月21日，根据《中华人民共和国中央人民政府组织法》，新中国成立了政务院财政经济委员会（简称"中财委"），负责指导政府财经各部门、中国人民银行及海关总署等一切有关经济部门的工作。其机构包括两个部分：一是财政经济委员会，通过讨论决定重大经济问题；二是日常办事机构，在中财委主任、副主任的领导下，处理日常事务。日常办事机构包括：财经计划局、技术管理局、财经统计局、私营企业管理局、外资企业管理局、合作事业管理局、财贸人事局、编译室等。在中财委之下，又设立了财政部、贸易部、重工业部、燃料工业部、纺织工业部、食品工业部、轻工业部、铁道部、邮电部、交通部、农业部、林垦部、水利部、劳动部、中国人民银行总行、海关总署。中央政府的经济职能接近于苏联，较旧中国和西方资本主义国家，中央政府的经济职能更为庞大。

地方经济管理部门也逐步建立起来。新中国成立初期，中央政府根据各地解放时间不一、政治经济形势差异较大的情况，把全国划分为六个大行政区，即华北、东北、华东、中南、西南、西北。其中，华北虽设立了中共中央华北局和华北行政委员会，但是却没有设立华北财经委员会，华北五省二市和内蒙古人民政府直接受中央政府各主管部门领导，在华北局内，成立了"华北局财经工作委员会"，实际接受中财委领导。其他每个大区下辖数省，大区的最高行政机关是军政委员会，在军政委员会内设立财经委员会，大区财经委员会受政务院财经委员会和大区军政委员会双重领导，大区财经委员会下也设立财经各部及中国人民银行区行机构，负责全区的经济管理工作。在大区之下，按中国传统的行政区划建制，设立省、市、县三级政府经济管理机构。省和大中城市一般都设有财经委员会，在省、市政府直接领导下负责经济管理工作。这些地方机构一般受中央及大区经济部门和地方党政机关的双重领导。在县以下的乡村基层，政府的主要经济职能是贯彻国家的经济方针政策，保证税收、公共工程的组织和管理。

政府经济管理部门承担了双重职能：一是按行业和部门管理整个国民经济；二是直接管理国营经济。除工业方面，中央各部、大区各部、省厅乃至下级机构都直接管理企业外，商业、外贸、交通等部也都是这样。如交通部即由两个部分组成：就公路运输来说，一是公路总局，负责行政管理（下级机关也如此）；二是运输总公司（下级机关也如此），负责管理国营运输企业。

三、恢复时期的经济方针和政策

为尽快恢复发展国民经济，中国共产党在《共同纲领》的指导下，依据国情对采取的经济方针与政策又展开了进一步的部署。1950年6月，党的七届三中全会在北京召开，这次会议的决议为三年经济恢复时期党的工作规定了明确的策略路线和行动纲领。毛泽东向全会作《为争取国家财政经济状况的基本好转而斗争》的书面报告，指出虽然我国在经济战线上取得了财政收支接近平衡、通货停止膨胀和物价趋向稳定等胜利，财政经济状况也开始好转，但这还不是根本的好转。要获得财政经济状况的根本好转，要用三年左右的时间，创造三个条件，即土地改革的完成；现有工商业的合理调整；国家机构所需经费的大量节减。[①] 七届三中全会进一步明确当前全党的主要任务，是为争取国家财政经济状况的基本好转而斗争。毛泽东在会上作了题为《不要四面出击》的讲话，指出："我们当前总的方针是什么呢？就是肃清国民党残余、特务、土匪，推翻地主阶级，解放台湾、西藏，跟帝国主义斗争到底。为了孤立和打击当前的敌人，就要把人民中间不满意我们的人变成拥护我们。"[②] 毛泽东批评了"认为可以提早消灭资本主义实行社

[①] 中央档案馆、中共中央文献研究室编：《中共中央文件选集》第三册，人民出版社2013年版，第142页。
[②] 中共中央文献研究室编：《毛泽东文集》第六卷，人民出版社1999年版，第74页。

会主义"的错误思想,强调对民族资产阶级的政策仍然是又团结又斗争,以团结为主,是节制资本而不是挤走资本、消灭资本。

党的七届三中全会以后,正当我国人民从各方面为争取财政经济状况根本好转而斗争的时候,朝鲜战争爆发使得新中国遭受外部侵略的威胁加剧。美国操纵联合国安理会通过决议,纠集以美国为首的16个国家组成"联合国军",武装干涉朝鲜,把战火烧到中朝边境。党和政府以非凡气魄和胆略作出"抗美援朝,保家卫国"的历史性决策。1950年中国被迫投入抗美援朝战争时新生的人民政权尚未满周岁,各项事业百废待兴,财力、物力极度紧缺。面对严峻的国际形势,我国在财经工作方面实行了"边打、边稳、边建"的方针:即战争第一,一切为了夺取战争的胜利;第二是稳定国内市场,力求金融物价不大乱;然后是进行各项必要的经济和文化建设。按照这一方针,市场是排在建设前面的,为此,中央财政经济委员会在制定财经工作计划时,把扩大农副土特产品的购销摆在第一位,各地围绕农副产品的购销,把占全国人口90%的农村推动起来,将城市的社会力量动员起来,成功地带动了城乡交流的活跃氛围。

1951年2月中旬,在中共中央政治局扩大会议上,毛泽东提出"三年准备、十年计划经济建设"的思想。[①] 在2月14日开始的中央政治局扩大会议上,毛泽东发表讲话,希望在三年内(包括1950年)把工作做好些,创立条件,以备由1953年之后即走入计划经济(五年计划),争取这三年内完成这些准备工作,是可能的。已过了14个月,还有22个月,要在这22个月中为此奋斗,应使全党主要干部都了解。[②] 1951年2月18日,中央政治局扩大会议通过了毛泽东起草的《中共中央政治局扩大会议决议要点》,通盘部署了1951年工作,其中第一点就提出了"三年准备、十年计划经济建设"的思想。"三年准备"即从1949年10月1日算起,三年之内争取财经形势根本好转,并做好军事、政治、文化等方面准备,为日后

---

① 中共中央文献研究室编:《建国以来重要文献选编》第二册,中央文献出版社1992年版,第39页。
② 中共中央文献研究室编:《毛泽东年谱(1949—1976)》第一卷,中央文献出版社2013年版,第302页。

的十年建设创造良好条件。这个战略思想成为党的七届二中全会决议到党的过渡时期总路线的思想发展过程的中间环节。在新民主主义经济思想的指导下，我国在农业、工业、交通、水利、商业、外贸、财政、金融等领域出台了一系列政策，促进了国民经济的恢复发展。

第二节　完成新民主主义革命的经济任务

1949—1952 年，是完成民主革命的经济任务、新民主主义经济体制和政策在中国全面贯彻实施的三年。党和政府仅用了三年时间，就没收了官僚资本，建立了强大的国营经济；推动了城市经济的民主改革；彻底铲除了根深蒂固的封建土地制度；取消外国在华经济特权和统制外贸，将对外贸易主导权控制在中国政府手中。新民主主义革命经济任务的完成，也使得国家掌握了国民经济命脉，政府的行政力量空前强大，为 1953 年以后中国迅速平稳地向单一公有制和计划经济过渡奠定了基础。

一、没收官僚资本、建立国营经济

在国民党统治的 22 年时间里，特别是抗战胜利以后，官僚资本迅速膨胀，控制了全国银行总数的 70% 和产业资本的 80%，以及全部的铁路、公路、航空运输和 44% 的轮船吨位。没收官僚资本为人民的国家所有，是新民主主义革命任务所要求的，也是国家掌握经济命脉、恢复国民经济和发展国营经济的重要前提。

中国共产党在总结东北和华北解放战争期间接管城市经验的基础上，确定对官僚资本企业按照原来的组织机构和生产系统，"保持原职、原薪、原制度"，由军管会把它们完整地接收下来，实行监督生产，然后逐步地进行民主改革和生产改革。这样，接管工作既做到了快，又防止了乱，基本上没有发生生产停顿或设备破坏的现象。

没收官僚资本大致可以分为四种情况和三个阶段。四种情况为：第一种情况，是指属于国民党政府的国家资本以及国民党等各种反动组织、系统的公产，对这部分资产，立即接管没收；第二种情况，是指国民党党政军官吏的私人资产，凡政策界限清楚、属于没收范围的，立即没收，凡等待调查审核的，则予以监管，不使资产流失破坏；第三种情况，是指国民党党政军机关及其官吏在民族工商业中的投资，对这部分暂时不动，留待以后清理没收；第四种情况，是指民族资产阶级在上述官僚资本企业中的投资，对这部分资产，凡不属于勾结官吏非法侵占或低价购买者，仍承认其所有权。三个阶段为：第一个阶段是解放战争时期，主要是没收接管国民党政府的国家资本及各种公营企业。这个阶段自1946年解放哈尔滨市开始，1948年11月攻克沈阳、东北全境解放后大规模展开。第二个阶段是在1950年镇压反革命运动中，通过没收敌产的方式，没收属于国民党官吏私人所有的那部分官僚资本，这部分资产数量不多，后来基本上转变为市、县一级的地方国营企业和公有资产。第三个阶段是1951年开始的清理公股、公产运动。主要是通过自己申报、调查审核、清理登记等办法，将国营企业中的民族资产阶级的股份和私营企业中的官僚资本、敌产清理出来，并解决前两个阶段遗留的问题。

通过没收官僚资本，1949年新中国的国有经济已在金融、现代工业、交通等领域获得主导地位。在工业方面，国营企业的产量在全国总产量中所占的比重为：发电机容量占73%，煤炭占70%，铁占60%，钢占90%，水泥占60%，工作母机占50%左右，纱锭占43%。综合起来，国营经济在现代主要工业中所占的比重为50%左右。在金融、铁路、港口、航空等产业，国有经济更是占有绝对的优势。到1950年初，合计接管官僚资本的工矿企业2800余家，金融企业2400余家，构成了新中国成立初期国营经济的主要部分。数量众多而规模不大的地方国营企业，也主要是通过没收官僚资本建立起来的。据1952年底统计，全国共有地方国营工业企业

7000多家，其中80%–90%是当地解放以后接管的中小型企业，3年内新建的企业不到10%，其余为1950年"统一财经"至1952年"三反""五反"期间接收、合并的机关团体生产企业。截至1952年，全国国营企业固定资产原值为240.6亿元人民币，其中大部分为没收官僚资本企业的资产（不包括其土地价值在内）。由于官僚资本在旧中国控制着国家的经济命脉，民族资本主义的力量单薄而又分散，官僚资本企业一经收归国家所有，实际上就改造了中国资本主义经济的主要部分。从这个意义上说，没收官僚资本既是新民主主义革命的步骤，又带有社会主义革命的性质。强大的国营经济建立，就成为整个社会经济的领导力量和新中国发展生产、繁荣经济的主要物质基础，为日后进行的社会主义改造做了重要的物质准备。

国营农场在这一时期也逐步建立起来。在抗日战争、解放战争时期，八路军和人民解放军就在根据地及老解放区开始了屯垦事业，并创办了少量农场。1949年，全国属于农垦系统的农场有26个，耕地面积3万公顷，职工和家属合计1.1万人。1949年12月5日，《军委关于1950年军队参加生产建设工作的指示》指出，人民革命军事委员会号召全军，除继续作战和服勤务者外，应当担负一部分生产任务，使我人民解放军不仅是一支国防军，而且是一支生产军，借以协同全国人民克服长期战争所遗留下来的困难，加速新民主主义的建设。1952年2月2日，毛泽东发布《人民革命军事委员会命令》，批准中国人民解放军31个师转为建设师，其中参加农业生产建设的有15个师，分布在新疆、甘肃、宁夏、江苏、山东等省、自治区，以他们为主建立了一批农场。根据中共中央关于人民解放军转入生产建设的战略决策，以成建制的人民解放军转业官兵为骨干，吸收大量城镇知识青年、移民以及科学技术人员，组成农垦大军，创建机械化国营农场。与此同时，地方国营农场也在兴建。从1949年到1952年，以人民解放军转业官兵为主，先后在黑龙江、新疆、甘肃、宁夏、江苏、山东等省、自治区建立了一批国营农场，并且在广东省、海南岛等地创建橡胶生产基地，为发展中国橡胶事业打下基础。到1952年底，全国已建立了562

个国营农场，共有职工35.9万人，耕地565万亩，天然橡胶90万亩，当年生产粮食4.52亿斤、棉花9.18万担、干胶35吨，饲养大小牲畜98万头。

二、城市经济的民主改革

党还领导了城市经济民主改革，废除了使工人群众深恶痛绝的封建把头制、侮辱工人的搜身制，建立起劳资两利的协调机制。城市民主改革成为实现工人当家作主、调动工人生产积极性的重要路径。

中国官僚资本企业的畸形发展，在不少产业、行业内形成一套由反动党团、封建把头把持生产和管理的制度，一些工厂里的封建把头专事欺压工人，对工人实行超经济盘剥。在接收官僚资本企业之初，为了避免混乱和生产中断，采取了基本上"原封不动"的接管政策，但封建把头势力还来不及彻底清除，压制了工人的政治热情和生产积极性。当政权和社会都趋于稳定，人民政府即着手对国营企业进行民主改革。

1950年，国营企业开展民主改革的主要内容是：在纺织企业废除"搜身制""工头制"；在煤炭企业废除"把头制"；各个企业进行人事调整，裁汰冗员。1950年10月，镇压反革命运动开始后，各企业通过"镇反"运动，清查处理了企业内部的反动帮会组织、历史反革命分子和现行反革命分子。为了在"镇反"运动中搞好民主改革，中共中央于1951年11月5日发出《关于清理厂矿交通等企业中的反革命分子和在这些企业中开展民主改革的指示》，要求在1952年底以前，对国营企业内的残余反革命势力加以系统清理，对于所遗留的旧制度实行适当和必要的民主改革。在民主改革中，不仅清除隐藏在企业内部的反革命分子和封建残余势力，还把一批在群众中有威信的工人和职员提拔到行政和生产管理的领导岗位，建立工厂管理委员会和职工代表会议，吸收工人参加工厂管理，实现企业管理民主化，使工人真正成为企业的主人。同时，通过运动在工人群众中进行自我教育，消除封建行帮、地域观念所造成的隔阂，加强工人之间的团结和工人同管理人员、技术人员之间的团结。这样就在企业收归人民的国家所有的基础上，使社会主义的新型生产关系在这些企业中逐步建立起来。国营企业民主改革是把官僚资本主义企业改造成为社会主义企业的必不可少的步骤，调动了广大工人群众当家作主、发展生产的积极性，使工业生产的恢复取得显著成绩。

新中国成立后，人民政权在保障工人民主权利的前提下，对私营工商业实行"劳资两利"的政策，以发展生产，恢复经济。国家规定调整劳资关系的原则为：必须确认工人阶级的民主权利；必须有利于生产；劳资间的问题，采用协商办法解决，协商不成，由政府仲裁。总之，要做到劳资两利，既要保障工人的利益，又要使资本家能获得合理利润，以利于恢复发展生产。为调整劳资关系，劳动部于1950年4月29日发布《关于在私营企业中设立劳资协商会议的指示》，要求各地根据劳资两利和民主原则，劳资双方推举同等数量的代表组成劳资协商会议，来解决企业中的劳资问题。劳资协商会议很快成立。1950年5月20日，中华全国总工会在《关于工会工作面向生产的决议》中指出，发展生产就是工人阶级的最高利益。只有发展了生产，才能更长远地维护工人的利益。各地陆续成立的劳动局制定了解决劳资纠纷的暂行办法。在调整工商业的过程中，劳资关系得以缓和。据沈阳、北京、武汉、天津四大城市劳动局的统计，1950年上半年处理的2199件纠纷案件中，经协商解决的占25.3%，调解解决的占57.6%，经仲裁解决的只占1.9%，经法院处理的占7.6%。1950年11月，中央政府劳动部根据一年来的经验，制定了《关于劳动争议解决程序的规定》，在全国范围内统一实施。新民主主义的新型生产关系和劳资关系逐步建立起来，既保障了工人的利益，又使资本家能获得合理利润，调动了劳资双方的积极性，促进了国民经济的恢复发展。

三、开展土地改革和鼓励互助合作

党根据党的七届三中全会的部署，从1950年冬到1953年春，在新解放区占全国人口一多半的农村领导农民完成了土地制度的改革。1950年6

月，中央人民政府委员会通过和颁布了《中华人民共和国土地改革法》。这部法律总结了党过去领导土地改革的经验和教训，又适应新中国成立后的新形势，确定了新政策，成为指导土地改革的基本法律依据。

《土地改革法》第一条总则就是："废除地主阶级封建剥削的土地所有制，实行农民的土地所有制，借以解放农村生产力，发展农业生产，为新中国的工业化开辟道路。"[1] 根据新形势的需要和可能，在政策上，对富农，由过去征收富农多余的土地财产改为保存富农经济；对地主，限制了没收其财产的范围；对小土地出租者，提高了保留其土地数量的标准。实行这些政策，是为了更好地保护中农，有利于分化地主阶级，减少土改运动的阻力，还有利于稳定民族资产阶级。归根到底，是为了有利于生产的恢复和发展。由于党的政策和土改法令的正确贯彻执行，涉及2.9亿农业人口的新区土地改革进行得井然有序。到1952年底，除一部分少数民族地区外，土地改革在全国基本完成。包括老解放区在内，全国有约3亿无地少地的农民无偿地获得约7亿亩土地，免除了过去每年向地主交纳的3000万吨以上粮食的地租。同时，广大农民还分得大量的其他生产资料和生活资料，计有耕畜296万头，农具3944万件，房屋3795万间，粮食100多亿斤。土地改革的完成，消灭了地主阶级封建剥削的土地所有制，从根本上铲除了中国封建制度的根基，带来了农村生产力的解放、农民生产积极性的提高、农业的迅速恢复和发展。这是近代以来中国人民反封建斗争的一个历史性胜利。

针对土改后农村因新中国成立前的长期战乱和破坏导致的农业生产资料普遍严重缺乏的情况，党和政府在农村还开展了农业生产互助合作运动，到1952年底，全国已有4536.4万户农民组成了802.6万个互助组，占农户总数的40%；由59000户农民组成了4010个农业生产合作社（其中高级社为10个）。这种以家庭所有为基础、以换工为纽带、自愿结合和散伙的小型生产组织（平均每个组有农户5家），缓解了许多农户缺乏生

---

[1] 当代中国研究所编：《中华人民共和国史编年（1950年卷）》，当代中国出版社2006年版，第464页。

产资料和劳力的困难，优化了农业资源配置。这个时期的农业生产互助组，主要有两种类型。第一种是临时互助组织，主要特点是土地、农具等生产资料私有，根据农事季节、劳畜临时变工生产，自愿结合，互助互利。第二种是常年互助组织，主要特点是在所有制不变的基础上，有简单的生产计划和管理制度，又有某些分工分业，实行劳畜评定工分的常年劳动互助，有的还有一定的公共积累。无论是常年互助组或者临时互助组，一般都是在自愿互利的基础上发展起来的。此外，从1950年开始，党和政府还在农村开展了爱国丰产运动，通过组织竞赛、奖励先进的办法，鼓励农民发展生产。

四、取消外国在华经济特权和统制外贸

鸦片战争以后的近百年时间里，西方资本主义国家凭借强权和武力，胁迫中国政府签订了一系列不平等条约，取得了在华活动的许多特权。西方资本主义国家凭借各种特权，不断扩大他们的商品输出和资本输出，形成中国进出口贸易长期逆差的局面。中华人民共和国的成立翻开了对外贸易历史新的一页。在国民经济恢复时期，中国政府取消外国在华经济特权，建立起独立自主的对外贸易体系，促进了对外贸易的恢复发展。

（一）取消外国在华经济特权

废除旧中国与外国签订的不平等条约，取消帝国主义在中国的特权，肃清帝国主义在中国的势力和影响，是党的既定方针和新中国外交的重要任务。中央人民政府成立后，立即结束长期由帝国主义国家控制我国海关和关税收支的局面。1949年10月，中国海关总署成立。在接管旧海关的基础上，1949年12月，政务院批准《中央人民政府海关总署试行组织条例》，随后又发布了《关于关税政策和海关工作的决定》《关于设立海关的原则和调整全国海关机构的指示》等文件。遵照上述指示，新中国海关经过机构、人事等整顿改革，建立了新中国的海关体系，并确立了海关工

作的基本政策。1951年4月，政务院公布了《中华人民共和国暂行海关法》，该法对海关的组织机构、任务和职权，进出口货物的监管，走私和违章案件的处理等都作了规定，成为海关执行征税、货物监管、反走私三大任务的基本法律依据。政府还有计划地取消了各地口岸私营的（包括外国人办的）公证及检验机构，由国家商检及公证机构统一负责对外贸易的公证及检验。中国海关由此完全掌握在中国人民自己手中。

国民经济恢复时期，依照"有计划、有步骤、有重点地挤掉帝国主义在华的产业而与之加强进行平等、互利的贸易往来"的总方针，本着"按照国籍、系统、行业等各种不同的具体情况，进行个别处理和区别对待"的策略，对部分外资企业，尤其是美、英两国的企业，分别采取了军管、代管、征用、租用、转让、收购等方式逐步收归国家经营。1950年7月，中财委发布关于统一航运管理的指示，规定外轮一般不准在中国内河航行，只有在特定条件下经政府有关部门批准，悬挂中国国旗，严格遵守中国的法令和规定方可驶入；同时，对在华外轮公司实行逐步接管。到1952年底，有关国计民生及带有垄断性的重要外资企业和内河航运设备已经全部收归国家经营。在房地产方面，西方国家过去凭借特权非法占领的农地、兵营、跑马场、空地等已经全部收回。教会学校等房地产，属于教会附属事业的房地大部分已经由政府接办，属于教会本身的房地随同"三自"运动收归自营。取消外国经济特权，维护了国家的独立、主权和经济利益，彻底结束了鸦片战争以来外国人在中华大地上耀武扬威的百年屈辱史。

（二）统制贸易

为了迅速改造半殖民地性质的经济，尽快恢复和发展本国的民族经济，新中国实行国家对外贸的统制政策。1949年3月，毛泽东在党的七届二中全会上的报告中指出："人民共和国的国民经济的恢复和发展，没有对外贸易的统制政策是不可能的。"[①] 统制贸易的具体办法包括实行进出口

---

① 《毛泽东选集》第四卷，人民出版社1991年版，第1433页。

商品许可证制度、管制贸易外汇、对进出口管理实行集中统一领导三个方面。

第一,实行进出口商品许可证制度。国家根据国内生产和消费的需要,对进出口商品分为准许、特许、统购、统销、禁止五类。划分的原则是,凡经济建设所必需的设备、器材和原料,或国内尚无生产的一些主要民需品等,准许进口,国内能大量生产且自给有余的一般物资准许出口;特许进出口的是一些重要物资,由国家根据情况,随时掌握和调节内外销及进出口的数量;少数战略性物资或重要资源需由国家统一经营的,由国家统购统销;凡国内生产能够自给的或非必需品禁止进口,反之,国内生产不足的物资,则禁止出口。实行许可证制度是为了对进出口商品的种类和数量以及私营进出口贸易进行有效监控,保护国内工农业生产和人民生活,并集中有限的物力、财力,确保换回有用物资,保证国家经济计划的实施。

第二,管制贸易外汇。国家管制贸易外汇的目的,是在外汇不足的条件下,配合外贸管理,按照国家计划,合理、有效地使用外汇,使有限的外汇用于进口生产必需、急需的设备、器材和原料。外汇管理主要包括:管理指定银行、私商银行、外汇交易所以及市场管理。新中国成立初期,国家管理外汇的基本措施主要有:严禁外币的计价、流通和使用,消灭外币黑市;办理外币存兑,根据公私兼顾原则,订立外币收买价,允许以自备外汇经营进口贸易;组织外汇交易所,集中进行外汇交易;指定国家银行经营外汇业务,对私营外商和华商银行采取利用与管理政策;出口所得必须结汇,即出口商输出货品所得外汇,必须移存中国银行,开取外汇存单(私商),或由银行按当日买入价兑换人民币结存(国营外贸公司);进口货品必须办许可证,申请批给外汇额度,以此管制外汇的使用;掌握外汇牌价,跟随物价变化调整汇率,以促进本国产品输出。为了适应各地区的不同情况,在国民经济恢复时期,还没有全国统一的外汇管理法令。

第三,对进出口管理实行集中统一领导。1949年10月,中央贸易部成立后,首先着手制定全国统一的对外贸易管理条例和出进口货物管制附表，于1950年12月8日由政务院通过并公布实施。为了打破帝国主义的封锁，1950年12月，在第二次全国对外贸易会议上，确定了对资本主义国家的贸易方式由结汇改为易货，并制定了易货贸易管理办法和易货出进口货物附表。对外贸易管理条例与易货贸易管理办法的制定，使国民经济恢复时期的对外贸易管理工作开始由各地的分散管理转变为国家统一集中的领导。随后，又陆续制定了一系列有关进出口管理、海关管理、外汇管理、商检管理的具体办法，使新中国的对外贸易管理由摸索逐步走向法制和规范。

国民经济恢复时期中国对外贸的统制，与当时苏联等国家对外贸的全面垄断性的统制不同。由于存在着多种经济成分，还要发挥各自的积极作用，这一时期国家对外贸的管理还是《共同纲领》所规定的"对外贸易的管制"。从进出口来看，统制贸易体制一方面有助于突破西方的"封锁"和"禁运"，减少由其带来的不利地位和损失，扩大对外贸易；另一方面可以将有限的外汇用于急需恢复发展的工业和国防方面，促进了国民经济恢复发展。

第三节 恢复发展经济的重大举措

为抑制通货膨胀，保障人民生活，尽快恢复生产，新生的人民政权在新中国成立前后实施了稳定物价与统一财经，调整工商业，开展内外合作交流，推动私营金融业的全行业公私合营，增产节约运动等一系列重大经济举措。这些举措促进了国民经济的恢复发展。

一、稳定物价与统一财经

中华人民共和国成立前后，面临着物价飞涨的压力。当时解放战争还在进行中，支援战争开支浩大；对旧政府留下来的几百万军政公教人员，一律采取包下来的政策，成为国家较重的负担；经济尚未恢复，财政收入有限；各地解放时间不一，各解放区基本上实行自收自支。这些原因使得中央政府财政困难，不得不依靠增发人民币来弥补财政赤字。在这种情况下，旧社会留下来的畸形发展的投机资本在新解放的城市中继续兴风作浪，物价继续上涨。1949年的4月、6月、11月及1950年2月，全国接连掀起四次物价大涨风。四次物价涨风有一个共同特点：粮食、棉花、纱布的价格首先上涨，其他商品价格紧跟，带动全面物价上涨。为制止由于投机资本操纵而加剧的市场混乱，党和政府依靠国营经济的力量和老区农民的支持，采取有力的经济措施和必要的行政手段，相继组织了同投机资本作斗争的"银元之战""米棉之战"两大"战役"，初步遏制了物价飞涨的局面。

先是"银元之战"。各大城市军管部门和人民政府，针对当时猖獗的银元投机，明令严禁金条、银元、外币在市场上自由流通，一律由人民银行挂牌收兑，规定人民币为唯一合法货币。投机商对政府法令置若罔闻，继续扰乱金融市场。在全国最大的工商业城市上海，有人甚至扬言：解放军进得了上海，人民币进不了上海。1949年6月10日，华东区公布金银管理暂行办法，商店也与人民政府合作，拒收银元。同日，军管会断然查封金融投机的大本营证券大楼，将投机商二百余人逮捕法办，沉重打击了破坏金融的非法活动，上海市的银元黑市在短时间内迅即消失。武汉、广州也采取相应行动，沉重打击破坏金融的非法活动，严厉取缔违法经营高利贷的地下钱庄。以上海为中心的"银元之战"取得胜利。

再是"米棉之战"。投机商又转而囤积粮食、棉纱、棉布和煤炭，哄抬价格，扰乱市场。国民党特务叫嚣：只要控制了两白（米、棉）一黑（煤），就能置上海于死地。人民政府在全国范围内组织了粮食、棉花、棉布、煤炭的大规模调运和集中。1949年11月25日物价上涨最猛的时候，全国各大城市按照中央的统一部署，一致行动，敞开抛售，使物价迅速下跌。同时又收紧银根，投机商资金周转失灵，纷纷破产。至12月上旬，物价风潮告一段落。人民政府经过这次斗争，完全掌握了市场主动权。对投机资本的沉重打击，得到了人民群众、包括愿意从事正常合法经营的资本家的广泛支持。自此，社会主义的国营经济初步取得了稳定市场的主动权。

物价初步稳定，只是治标的办法，要从根本上稳定市场和物价，治本的是解决国家财政收支平衡和市场物资供求平衡问题。为此，必须统一财经，改变新中国成立前为适应被敌人分割包围状况而采取的各解放区分散管理的办法，实现全国财政经济工作的统一管理和统一领导。1950年2月，中央人民政府召开全国财政会议，反复研究如何实现财政收支平衡、通货吐纳平衡、物资供求平衡。会议认为：三种平衡都有可能做到，关键是整顿收入、节约支出，基本条件是统一财政收支管理。统一国家财政收支管理成为这次会议确定的基本方针。1950年3月，党中央就政务院颁布《关于统一国家财政经济工作的决定》发出通知，要求各级党委必须用一切办法去保障这个决定的全部实施。为了贯彻落实这一决定，政务院陆续作出了多项具体规定，提出了统一财经的具体实施办法。统一财经的基本内容包括：第一，统一全国编制和待遇；第二，统一全国财政收支管理；第三，统一国营贸易；第四，统一国有物资的管理和调配；第五，统一现金管理；第六，对国营企业实行分级所有、分级管理等。国家实行财政经济统一管理，在很短时间就取得了显著成效。从1950年3月到6月，仅用了4个月左右的时间，就基本完成了统一财经的各项任务。从1950年4月开始，国家的财经状况出现好转，收支接近平衡。到当年年底，国家财政赤字由原概算的18.7%减少为4.4%。1952年，国家财政收入总额超过支出，达到收支平衡并略有结余。在财政赤字巨大、市场不稳、资金物资极为匮乏的条件下，"统一财经"所采取的高度集中的措施对于实现财政收支平衡、稳定市场和国民经济的初步恢复起到了保障作用。但是，由于权力集中到中央，使得经济工作的灵活性和地方政府的积极性都受到束缚。1951年5月，中央政府又重新划分了中央与地方的经济权限，在继续保持国家财政经济工作统一领导、统一计划和统一管理的原则下，把一部分适宜由地方政府管理的职权交给地方政府。

稳定物价和统一财经工作是新中国成立后在财政经济战线上一个具有重大意义的胜利。从此结束了使人民长期深受其苦的通货膨胀和物价高涨的局面，也结束了旧中国几十年财政收支不平衡的局面，为安定人民生活、恢复和发展工农业生产创造了有利条件。毛泽东对此高度评价，认为其意义"不下于淮海战役"。这个胜利，也使国内外那些怀疑共产党能否搞好经济的人们不得不表示赞佩、叹为"奇迹"，证明中国共产党不仅在军事上是无敌的，在政治上是坚强的，在经济上也是完全有办法的。

二、调整工商业和"三反""五反"

统一财经后，市场物价稳定下来，过去10余年通货膨胀造成的虚假购买力突然消失，往昔的虚假繁荣随之萎缩。上海、北京、天津、武汉、广州、重庆、西安、济南、无锡、张家口10个大中城市中，1950年第二季度开业的私营工商业户5903家，歇业12750家，歇业户超过开业户6847家。1950年3月，中共中央召开七届三中全会，部署了调整工商业工作。突出抓了三个基本环节：调整公私关系、调整劳资关系、调整产销关系，其中重点是调整公私关系。

公私关系主要围绕经营范围、价格以及市场管理三方面进行调整。第一，适当缩小国营商业的经营范围。1950年6月以后，决定减少国营商业的经营品种，让国营商业的主要力量放在批发业务上，国营零售业只经营粮食、煤炭、纱布、食油、食盐、石油6种人民生活必需品，其余的零售业留给合作社和私营商业者经营。在农副产品的收购方面，国营商业主要经营大宗农产品和外销农产品的一部分，其余的则由合作社和私商来经营。第二，价格方面。依照照顾产、运、销三方利益的原则，制定适当的地区差价、批零差价、季节差价和原料成品差价，让私营零售商和运销商有利可图，以鼓励私商的经营积极性，达到活跃市场的目的。以上海为例，曾先后两次对米、盐、糖、布等5种商品的商品批零差价进行调整，大米的批零差价每担由0.5元扩大为1.5元，一般商品的批零差价提高了

6%－20%，私营零售商一般可获2%－10%的利润。第三，市场管理制度方面。在保护正当贸易、反对投机倒把、稳定市场物价的前提下，取消初级市场上一切不利于物资交流的人为障碍。例如，中南军政委员会贸易部曾宣布取消各地规定的限制私商贸易的一切路单、采购证等。这些措施对于改善私营工商业者的经营环境，活跃城乡物资交流，是非常必要的。

经过政府的大力调整，经济环境得到改善。私营工商业从1950年6月开始有了起色，并很快进入正常的发展轨道。私营工商业户由歇业多、开业少转变为开业多、歇业少。以上海市为例，1950年8月、9月、10月3个月，工业的平均申请开业户同4月相比增加了28倍，商业的申请开业户是4月的17倍，而同期的申请歇业户仅为4月的12%。

党和政府按照《共同纲领》保护私营工商业的合法经营和适当发展。但是，资本家中的不法分子不满足于用正常方式获得一般利润，企图用偷税漏税和向国家干部行贿等非法手段获取高额利润。全国解放以后，在一些党员干部中产生了骄傲自满和贪图享乐的思想，加上在新形势、新任务面前一些干部能力不够，党和政府里出现了一些贪污、浪费和官僚主义现象，甚至出现了刘青山、张子善这样的大贪污犯。这种情况的严重发展，使党中央不得不决定在党政机关工作人员中开展一场反对贪污、反对浪费、反对官僚主义的"三反"运动；在私营工商业者中开展一场反对行贿、反对偷税漏税、反对盗骗国家财产、反对偷工减料、反对盗窃国家经济情报的"五反"运动。总的说来，"三反"运动教育了干部的大多数，挽救了犯错误的同志，有力地抵制了旧社会恶习和资产阶级的腐蚀，对于形成健康的社会风气有很大的作用。"五反"运动打击了不法资本家严重的"五毒"行为，在工商业者中普遍进行了一次守法经营的教育，推动了在私营企业中建立工人监督和实行民主改革，使我们党在对资产阶级的限制和反限制斗争中取得又一个回合的胜利。

"三反""五反"运动过后，党和政府针对新出现的公私关系和劳资关系紧张、市场萧条的情况，进一步采取措施，对私营工商业进行了第二次调整。人民政府通过扩大加工订货和收购包销保证合理利润，重新明确和调整加工订货的规格,调整公私商业以及先活跃市场后收税、先收税后退补等措施使资本主义工商业继续有所发展,私营商业营业额明显回升。据对上海191家典型户的调查,米、酱油、百货等行业上升比较显著。以1952年12月上旬与11月上旬相比,米业的营业额增加21.21%,酱油业增加10.66%,棉布业增加12.45%,百货业增加100.78%。《共同纲领》提出的在国营经济的领导下,各种经济成分并存、分工合作、各得其所、公私兼顾、劳资两利的方针得以贯彻。

三、开展内外合作交流

中华人民共和国成立时,世界已经划分为以苏联为代表的社会主义阵营和以美国为代表的资本主义阵营,世界已进入冷战时期。中国的对外贸易和经济合作转向以苏联为代表的社会主义阵营。1950年2月,中苏双方签订了《中苏友好同盟互助条约》《关于中国长春铁路、旅顺口及大连的协定》《关于苏联政府给予中华人民共和国政府以长期经济贷款作为偿付自苏联购买工业与铁路的机器设备的协定》。苏联还根据中国政府的邀请,派遣了一批专家帮助中国恢复和发展国民经济。

朝鲜战争的爆发,使得我国受到以美国为代表的西方资本主义世界的严厉经济封锁。1951年5月,美国操纵联合国大会通过《实施通过对中国禁运的决议》,向中国禁运武器、弹药、原子能材料、石油以及具有战略价值的运输器材等。中国政府坚定不移地贯彻独立自主的原则,采取一系列对策,展开了针锋相对的反对封锁、禁运的斗争,在内外合作交流方面取得重要成绩。

第一,中国的对外贸易转向以苏联和其他人民民主国家为主。以美国为代表的西方国家封锁禁运,使中国输入建设器材、原料等物资日益困难。1951年1月召开的全国贸易会议确定,要积极扩大对苏联及其他人民民主国家的对外贸易,一方面,主动并有步骤地调整国内出口物资的生产,如加强棉花、烟叶、红茶、皮毛及各种矿砂等产品生产,以逐渐适应这些国家的需要；另一方面，积极向这些国家提出今后数年中国对工业器材与原料的需求，以便其扩大这方面的生产，逐渐缓解帝国主义封锁所造成的进口物资不能满足工业需要的困难，改变长期依赖资本主义国家的外贸局面。1952年，国营贸易对苏联和其他人民民主国家的进出口比重中出口占79%，进口占66%。中国出口的全部战略物资及大部分主要物资，主要供给苏联和其他人民民主国家，如矿产100%，皮毛100%，粮食100%，丝绸85%，茶叶85%，大豆80%，桐油70%，猪鬃55%。中国所需的工矿、交通、建设器材，主要是由苏联和其他人民民主国家供应。

第二，注重打破西方国家封锁并改变贸易方式。朝鲜战争爆发后，因预计美国可能会冻结中国的财产，从1950年7月起，中央贸易部就布置大力抢购物资。到1950年12月，共订购物资约2亿美元，已抢运回国的约有半数。针对日益升级的封锁禁运，中财委于1950年12月12日制定了抢运抢购物资以减少外汇损失的具体措施：立即命令各地停开一切向美、日的购买证及许可证；命令中央贸易部限期退购一切已开出的美、日两国的购买证；将撤回的外汇经转存别国后，立即抢购任何物资运回等。贸易部系统从1950年底到1951年12月，将禁运后有被冻被扣危险的外汇和物资约24000万美元（其中外汇8000余万美元，物资16000余万美元），经抢运抢购，绝大部分运抵国内。到1951年底，仍被冻被扣的外汇和物资总数约2000万美元，不到原数的1/10。

新中国成立前，解放区的对外贸易一般采取易货方式。新中国成立后，为了扩大对外贸易，大量掌握外汇并有计划地集中使用外汇。1949年10月，中财委决定改变贸易支付方式，取消易货贸易制度，改为国际上惯用的结汇方式，一切出口贸易均应办理结汇手续。在朝鲜战争爆发以及西方资本主义国家加强对中国的封锁、"冻结"后，考虑到国际市场上战略物资日趋紧张、价格上涨的局势，为了保证能够交换到中国所需要的物资，保障公私进出口商的利益，避免因外汇贬值而遭受损失，1950年12月，中财委决定改变对资本主义国家的结汇贸易方式。总的精神是以冷货或次要货物换回热货或重要货物，以出口货换回进口货，力求交易不落空。① 坚持先进后出、易货为主的贸易原则，使中国在对资本主义国家的贸易中掌握了主动，争取了有利的物资进口。

第三，积极开拓与日本和西方资本主义国家的贸易关系。一些资本主义国家与中国有着长久的贸易关系，封锁、禁运打乱了这些国家的贸易秩序，其经济同样遭受损失。这些国家为了自身利益，不愿中断与中国的贸易。英国、法国、比利时、加拿大等国不断寻求非正面与中国进行交易的途径。香港、澳门是进行转口贸易的重要基地，中国内地对资本主义国家的贸易多集中于港澳地区。1951 年，中国内地对香港的贸易总额为 57027.4 万美元，其中进口 38785 万美元，出口 18242.4 万美元；通过香港，购进了大量的资本主义国家的物资，包括橡胶、钢铁、药品、棉花、机器、器材、轮胎等。1952 年，中国内地对香港的贸易额为 29162.8 万美元，其中进口 12867.4 万美元，出口 16295.4 万美元。

1952 年 4 月 3 日，世界和平理事会在苏联首都莫斯科举办一次民间性的国际会议——莫斯科国际经济会议，来自苏联、中国、英国、法国、美国、保加利亚、印度、越南等 49 个国家的近 500 名工商界代表出席了会议。会议期间，中国与英国、法国、瑞士、荷兰、比利时、芬兰、意大利、联邦德国、锡兰、印度尼西亚、巴基斯坦 11 个国家的 50 多个工商企业签订了总值达 22417 万美元的贸易协定。莫斯科国际经济会议成为新中国对资本主义国家展开贸易的转折点，对打破帝国主义的封锁、禁运政策起了一定作用，为之后大规模经济建设时期的对外贸易打下了舆论基础。

四、私营金融业的全行业公私合营

新中国成立前夕，中国共产党就认识到金融业是国家的经济命脉，必

---

① 中国社会科学院、中央档案馆编：《1949－1952 中华人民共和国经济档案资料选编 对外贸易卷》，经济管理出版社 1994 年版，第 951 页。

须控制在国家手中。由于旧中国长期存在恶性通货膨胀和城市经济的畸形（工不如商、商不如囤、囤不如金）发展，使旧中国私营金融业畸形繁荣，存在着数量过多、以金融商业投机为主要业务和冗员多开支浩大三大弊病，这种状况不仅是新中国成立后新民主主义体制和政策不能允许的，而且也对国民经济的恢复发展不利。各大城市解放后，人民政府即着手对私营行庄进行整顿，通过增资验资、限制经营范围、查处违法行为等行政管理措施，淘汰了一批资力小、信用差的行庄，制止了私营金融业的金融投机。《共同纲领》规定金融事业应受国家严格管理。

1950年2月召开的第一届全国金融会议确定了对私营金融业积极疏导与严格管理并重的方针。国家制定了引导办法，即"国家银行渗入少量资金，从内部进行监督与管理，依国家需要，进行投放"。[①] 同时，制定了打击地下钱庄的措施，对于私下经营存放款业务及汇兑业务的个人或钱庄"必须严格取缔"；还制定了对资本少、信用差、投机性大的行庄有计划地逐步整顿的方针。当物价稳定后，金银、外汇、商品投机的土壤不再存在，畸形的高利率开始下降，私营金融业不堪亏损。1950年8月，中国人民银行召开全国金融业联席会议，确定私营金融业"小的并，大的靠"的方针，私营金融业开始走向联营。

1952年，在"三反""五反"运动中，一些存在违纪不法行为的私营行庄被揭露后，信用扫地，业务萎缩，行庄的存款陡降50%。同时，国家贷款利率降低到月息2%以内，依赖投机和利差为生的行庄难以弥补亏损。于是，小的行庄关门，大的行庄合并图存。国家把对私营金融业的方针调整为：对资力小、信用差、作用不大而又"五毒"俱全的行庄"准其清理歇业"，对资力大又在社会上有一定作用、本身还能维持的行庄"可帮助组织联营"。[②]

为进一步推动金融体系的统一，国家制定了"坚决淘汰私营行庄，彻

[①] 中国社会科学院、中央档案馆编：《1949—1952中华人民共和国经济档案资料选编 金融卷》，中国物资出版社1996年版，第908页。

[②] 中国社会科学院、中央档案馆编：《1949—1952中华人民共和国经济档案资料选编 金融卷》，中国物资出版社1996年版，第916—917页。

底改造合营银行"的方针。① 国家启动利率杠杆,调低利率,减小利差后,私营金融业立即陷于无法弥补亏损的状态。此时,私营行庄对金融资本家来说不再是赚钱的机器,反而成了沉重的包袱。于是,金融资本家为了"甩包袱",要求实行大联营,即完全由国家领导。1952年,中国人民银行开始以行政手段全面改造私营金融业,淘汰了17个城市中的50家行庄。对资不抵债的私营银行坚决淘汰,对资产高于负债的私营银行取消行号,并入公私合营银行。

1952年12月1日,全国性的公私合营银行总管理处在北京成立,它合并了公私合营十二行联合管理处、北五行联合总管理处、公私合营上海银行、上海中小行庄第一联营总管理处及第二联营总管理处5个系统60家行庄,这些原有的银行的分支机构成为公私合营银行的分行。资本家交出人、财、物大权,工作人员都得到妥善安置,资本家可定期得到股利。国家银行完全掌握了金融市场的领导权,私营金融业全行业纳入国家计划管理体制。金融业全行业公私合营将资金市场纳入了国家计划管理之下,大大加强了国家控制经济特别是控制私营经济的能力,为国民经济恢复提供良好的金融环境,并为日后全面推进工商业社会主义改造提供了经验。

五、增产节约运动

针对新的经济体制尚不健全的状况,党和政府采用民主革命中形成的群众运动方式,充分发挥人民群众参与社会改革和生产的积极性,开展了增加生产、减少浪费、清除经济活动中的腐败违法现象的声势浩大的群众运动。

抗美援朝带来的庞大军事费用构成了开展增产节约运动的直接原因。1951年10月,中共中央召开政治局扩大会议。毛泽东在会上提出"战争

---

① 中国社会科学院、中央档案馆编:《1949—1952 中华人民共和国经济档案资料选编 金融卷》,中国物资出版社1996年版,第917页。

必须胜利，物价不许波动，生产仍须发展"的战略方针，确定了解决财政困难的五条办法，其中第三条就是"紧缩开支，清理资财"；第四条则为"提倡节约，严禁浪费"。1951年11月20日，《人民日报》发表社论《开展增产节约运动是国家当前的中心任务》，提出："因为'增产节约'是贯穿到一切方面的总方针和总任务，因此，我们必须普遍地深入地发动一个全国规模的增产节约的群众运动。"[1] 1951年12月1日，中共中央发布了《关于实行精兵简政、增产节约、反对贪污、反对浪费和反对官僚主义的决定》，指出："为了建设重工业和国防工业就要付出很多的资金，而资金的来源只有增产节约一条康庄大道……使这个运动成为真正的全体人民运动。"[2] 自此，一个群众性的爱国增产节约运动在全国开展起来。增产节约运动的具体措施大致包括：组织生产竞赛、提合理化建议与推广先进经验、开展核定资金与查定生产能力等。

生产竞赛是在企业外部市场不发达、竞争不充分的情况下，实现增产节约的重要手段。东北齐齐哈尔机床厂马恒昌小组率先向全国工人提出劳动竞赛的挑战。这个小组在1950年通过改进15种工具，创造了25项生产新纪录，提前完成了生产任务，质量达标率为99%。1950年4月，全国总工会推广了马恒昌小组的经验，在全国工矿企业掀起了学习马恒昌小组的活动。据统计，从1949年10月到1950年底，参加生产竞赛的职工达到68.3万人；1951年增长到238万人；1952年，"三反""五反"运动结束后，参加爱国增产节约运动的职工人数占到职工总数的80%以上。

增产节约在当时有效促进了国民经济的恢复发展。全国增产节约总值共317789亿元（商业部增加的销货额136769亿元不包括在内）。第一，增产：总值116608亿元，因增产国家可获利共21956亿元（其中缺中南和内蒙古增产利润数字）。第二，降低成本：由于降低生产成本节约112576亿元，由于降低基本建设成本节约24544亿元，以上两项共节约137120亿

---

[1] 《开展增产节约运动是国家当前的中心任务》，载《人民日报》1951年11月20日。
[2] 中共中央文献研究室编：《建国以来重要文献选编》第二册，中央文献出版社1992年版，第471页。

元。第三,节约资金:因加速资金周转和减少超额储备共节约流动资金64061亿元。以上三项,增产利润、降低成本和节约流动资金共计223137亿元。从全国来说,在增产节约的总产值中,增产占36.7%,降低成本占43.1%,节约资金占20.2%,效益的提高占主导地位。从中央各部经营的企业来看,增产占20.5%,降低成本占50.9%,节约资金占28.6%;从地方国营企业来看,增产占52.6%,降低成本占35.6%,节约资金占11.8%。增产节约运动不仅对缓解国家财力紧张的局面起到了重要的作用,而且对克服生产经营过程中的贪污、浪费和官僚主义等,都有积极意义。

1951年10月,在全国开展的增产节约运动中,还暴露出党政机关内部存在贪污、浪费现象和官僚主义问题以及一些干部严重贪污的事例。1951年12月,中共中央发出《关于实行精兵简政、增产节约、反对贪污、反对浪费和反对官僚主义的决定》,要求全国从中央到地方,大张旗鼓,雷厉风行,以形成有力的社会舆论和群众威力,彻底揭露一切贪污事件。"三反"运动有力地刹住了当时蔓延滋长的腐败倾向。"三反"运动中各地各部门揭发的材料说明,党政机关发生的重大贪污案件的共同特点是私商和干部中的贪污蜕化分子内外勾结,共同盗窃国家财产。鉴于这种严重情况,1952年1月,中共中央决定,在工商界开展一场反对行贿、反对偷税漏税、反对盗骗国家财产、反对偷工减料、反对盗窃国家经济情报的"五反"运动。"五反"运动打击了不法资本家的违法行为,在工商业者中普遍进行了一次守法经营教育,推动了私营企业中工人监督制度的建立和民主改革的实行,为后来用和平方式逐步改造资本主义工商业做了重要准备。

第四节 国民经济的恢复发展

1949—1952年中国国民经济恢复发展取得了巨大成功。仅仅用了三年时间,财政状况取得根本好转,交通、水利等基础设施也得到恢复发展,主要工农业产品产量超过了历史最高水平，人民生活水平也得到有效提高。三年国民经济恢复为日后大规模工业建设奠定了重要基础。

一、财政状况的根本好转

国民经济恢复时期，通过一系列增收节支措施和加强企业财务管理等办法的施行，国家财政收入大幅度增加，不合理的费用得到控制，国家财政收支实现平衡。1951年，国家财政总收入为133.14亿元，比1950年增长1倍以上。1951年预算原是一个赤字预算，但执行结果却第一次出现收支平衡、略有节余的局面。1952年的预算经过6个月的调整，收支完全平衡。从实际收支情况看，除1950年支出略大于收入外，1951年、1952年预算执行结果，收入都大于支出，新中国财政经济状况已经取得根本好转。1952年财政收入为183.72亿元，与1951年相比上涨幅度达到近38%，当年财政盈余为7.73亿元。财政状况的根本好转也为物价稳定创造了良好的条件。从批发物价指数看，如以1950年3月为100，则1950年12月为85.4，1951年12月为92.4，1952年12月为92.6。从零售物价指数看，北京、上海、天津等8大城市的零售物价指数如以1950年3月为100，则1951年12月为94.6，1952年为93.7；以1950年价格为100，全国消费品零售牌价指数1951年为112.2，1952年为112.10。从批发到零售物价均呈现稳定的态势，财政经济状况根本好转。

在财政经济状况好转的同时，国家财政也完成了从战时到平时、从农村到城市、从供给财政到建设财政的战略转变。从财政收入结构看，国营企业创造的财政收入提高很大，1950—1952年，上缴利润和折旧金达96.5亿元，超过了农业税收入。工商税为主的各项税收达到227.8亿元，比以往有较大幅度的增长，说明工商税在财政收入中的地位上升、农业税的比重有所下降，也同时说明财政收入由过去以农村为主逐步向以城市为主的方向转变。财政支出的结构也有新的变化。从三年总的情况看，军费和为保证国家和平建设所支付的国防费达138.49亿元，占总支出的37.8%；

经济建设费支出为 125.7 亿元,占财政总支出的 34.3%。经济建设支出逐年增加,1952 年达到 73.23 亿元,占当年财政总支出的 41.6%。这说明经济建设越来越成为财政支出的重点。与此同时,文教支出有所增加,三年间支出达 42.10 亿元,占财政总支出的 11.5%。行政管理费支出为 46.07 亿元,占财政总支出的 12.6%,且逐年减少,由 1950 年占财政支出的 19.3% 下降到 1952 年的 8.8%。

二、交通、水利等基础设施建设

新中国成立初期,面对资金紧缺的困境,中财委在统一财经的基础上,决定将基础设施的建设放在优先的位置。

(一) 铁路的恢复发展

在各项基础设施当中,交通运输是国民经济的命脉。交通先行的方针贯彻于国民经济恢复时期的始终,新中国成立初期交通运输业的重点在于铁路。新中国成立后,铁道事业面临的基本任务是:迅速医治战争创伤,彻底改变旧铁路的半殖民地半封建性质和技术装备非常落后的状况,使之转变成为繁荣经济、巩固国防、方便人民生活的新型的人民铁路。

1949 年 1 月,为了加强对全国铁路的领导,中共中央军委成立军委铁道部,统一全国各解放地区铁路的修建与运输管理。[①] 1949 年 5 月,中央军委将第四野战军的铁道纵队改组为中国人民解放军铁道兵团,归铁道部部长直接领导。当时的口号是:"解放军打到哪里,铁路就修到哪里。"中国人民解放军铁道兵指战员、铁路员工及沿线的广大群众为抢修铁路付出了高度热情和艰辛劳动,仅 1949 年就修复了 8278 公里线路,超过年初计划的 3 倍。1950 年元旦,京汉、粤汉全线通车。1950 年 1 月 2 日,新华社宣告:大陆铁路网已修复了。

---

① 1949 年 10 月 1 日中华人民共和国成立后,该部改隶于中央人民政府政务院,受中财委领导。

在铁路紧张修复的同时，新线的建设工作也逐步推进。毛泽东在1949年7月9日接见全国铁路临时代表会议代表的讲话中指出：现在的铁路太少了，我们将来要修几十万公里的铁路。在财政经济极其困难的情况下，中国政府决定修建成渝铁路，成渝铁路是新中国成立后建成的第一条铁路干线。1950年6月，在西南军政委员会领导下，成立西南铁路工程局，负责设计、筑路工程。当时清剿土匪的工作刚刚告一段落，人民解放军西南军区就抽调部队3万人担负施工主力，并先后动员10万民工参加筑路。成渝铁路起自四川成都，经简阳、资阳、资中、荣昌、永川、江津等县市而达重庆，全长505公里。全线于1950年6月15日正式动工，1952年6月13日铺轨至成都，1953年7月1日正式通车。仅用三年时间就实现了四川人民多年来修筑这条铁路的愿望，结束了四川没有正式铁路的历史。成渝铁路按二级铁路标准设计，所用材料物资都是就地取材或由国内各地供给。成渝铁路也是中国第一条全部以国产的器材物资修筑起来的铁路。截至1952年底，新建铁路1473公里。其中，天兰线全长354公里，1950年5月动工，1952年10月1日通车；来镇线从来宾到睦南关（当时称镇南关），全长419公里，1950年10月1日动工，1951年10月30日通车。此外，还修建了各种专用线路814公里，部分修建的有宝成路和兰新路。

由于铁路的迅速恢复和发展，营业里程的增加，线路质量的提高，设备的改善，以及各项管理工作和制度的统一与完善，保证了运输量的年年增加。1950年度全国铁路共计完成60299.5百万元换算吨公里，1951年度共计完成74473.8百万元换算吨公里，1952年度完成79279.3百万元换算吨公里，1952年较1950年增加31.48%，其中货运量增加54%，为国民经济恢复和发展创造了有利条件。

（二）公路交通与邮电业的恢复发展

新中国成立前后，为了支援战争和恢复经济，抓紧进行了公路抢修工作。1949年当年抢修了4万余公里公路，占已解放地区公路的近30%。

1949年11月,第一届全国航务、公路工作会议就1950年的工作任务、交通管理体制和一系列方针、政策进行了讨论。次年1月,交通部成立公路总局,负责全国公路的规划、建设与管理工作。在修复原有公路的同时,1950年1月交通部提出:有计划地修建公路,现在就要开始。1950年全国公路通车里程为102800公里,至1952年底,全国公路通车里程为130276公里,上涨幅度超过26.7%。到1952年底,全国公路营运里程已达93000余公里。在营业的汽车车辆中,国营车辆约占1/3。1952年国营汽车货运吨数为1951年的240%,1950年的264%;以吨公里计算,为1951年的185%,1950年的207%。1952年,全国各省地方国营及私营的汽车运输完成了货运周转量2.7亿吨公里,旅客周转量11亿人公里;货运周转量1952年比1950年提高了126%,客运周转量提高了65%。

邮电业在这一时期也得到了较快的恢复。在1950—1952年的三年中,邮电里程年平均增长率为202%,长途线路年平均增长率为3.8%,邮电局、所年平均增长率为16.3%,职工人数年平均增长率为10%,劳动生产率年平均增长11.3%。全国约有30%的县城可以与省府所在地通电报和电话。邮电业务开始深入农村,邮件传递时间三年中缩短了36%。电信服务质量也有较大的提高,电报与长途电话的传递时限几乎都缩短了一半,电报差错率已降至0.198%,电话差错率已降至0.26%。与1936年以前比较,电报业务数量增长155.9%,长途电话增长558%。电信部门陆续开放了防空、事故、天气、报汛、公益(水情、防疫)、新闻、电力调度等项通信业务。营业收入逐年增加,到1952年底,不仅不要政府贴补,而且还略有盈余。

(三)水利建设

在国民经济恢复时期,水利是基础设施建设的又一重点。经过3年的努力,中国初步解除了长期以来洪水灾害的严重威胁。治淮工程方案是新中国第一个全流域多目标治水计划。它一方面要使淮河流域将近6000万人民和22万平方公里的土地永绝水患,另一方面要利用淮河的水流发展大约5000万亩的农田灌溉，改进2000公里的航道系统，并为满足工农业动力的需要，建造一定数量的水力发电站。为了达到这个目标，1950年冬季国家启动了淮河治理的三大工程：蓄水工程、整理河道工程和发展水利工程。为了完成这些工程，同时动员了220万民工上堤兴建，这是中国历史上少见的巨大规模的水利建设。在1951年洪水到来之前，初步控制了淮河的洪水，除部分地区遭遇山洪或内涝灾害外，大多数河流安度汛期，淮河流域获得空前丰收。

1952年，为了解除长江荆江段的严重水灾，中国进行了举世瞩目的荆江分洪工程建设，一方面加强长江左岸114公里的荆江大堤，另一方面确定长江右岸虎渡河以东、荆江右堤以西、安乡河以北共921平方公里的低洼地区为分洪区，修建了长达1054.375米的进水闸和长达336.6米的节制闸，操纵和控制水流。这样，长江如遇到特大洪水，分洪区可以分蓄长江一部分流量，降低长江水位，保障荆江两岸的安全。为荆江两岸800万人民生命财产的安全、数百万良田的丰收以及长江水利和全国交通发挥了有利作用。由于在如此短暂的时间中完成了如此巨大的工程量，这项工程曾被一些国际友人称为当年的"世界奇迹"。经过努力，至1952年底，中国已经初步改变了国民党统治时期河道失修的状况。水灾面积逐年迅速缩小：1949年水灾面积在1亿亩以上；1950年为6000万亩左右；1951年为2100万亩左右；1952年为1600余万亩。同时，三年中全国共扩大灌溉面积4950余万亩。

治理大江大河的同时，全国各地还全面开展了群众性的农田水利建设。在三年多的时间里，全国共兴建灌溉工程358处，这些工程对于防止旱灾有较大的保证，其中较大的如黄河的引黄济卫工程（即人民胜利渠），至1952年，增加灌溉面积48万亩，并可补给卫河水量，使新乡到天津900公里的航道终年畅通。各地人民政府还大力推进了群众性灌溉事业的发展。据不完全统计，全国新建和整修的小型渠道和蓄水塘堰共336万处。这些工程有的扩大了灌溉面积，有的增加了蓄水容量，使可以灌溉的田亩在较长的时间内都可得到适量的灌溉用水，减少了受旱的损失。

全国修建渠道 14 万条和塘、堰、坝 120 多万处，打水井 140 多万眼，安装水车 50 多万部，安装抽水机 3 万多马力，从而恢复和增加了机械灌溉排水工具 11.75 万马力。这些农田水利工程设施，有的与大型水利工程相配套，扩大了灌溉效益；有的在丘陵山区的防洪抗旱中发挥了特别重要的作用。

三、工农业的恢复发展

1949－1952 年，中国用较短的时间实现了长期遭战争破坏的工农业的恢复发展，大多数重要工农业产品的产量都恢复和超过了历史最高水平，这一切都为以后的工业化建设奠定了基础。

（一）工业的恢复发展

在国民经济恢复时期，工业生产能力恢复并超过历史最高水平，1952 年许多重要工业产品超过历史最高水平。

在中国政府的努力下，工业经济得到较快恢复。1950 年在严峻的形势下，全国重工业生产仍然超计划完成任务，根据 21 种主要产品统计：1950 年计划总值为 70651 万元，1950 年实际生产总值为 72566 万元，完成计划率为 103%，其中钢铁工业完成 101%，有色金属工业完成 112%，化学工业完成 102%，电器工业完成 99.5%，机器工业完成 100%。上述 21 种产品在 1949 年生产总值为 22362 万元，所以 1950 年的生产相当于 1949 年的 325%，其中：钢铁工业为 394%，有色金属工业为 290%，化学工业为 194%，电器工业为 389%，机器工业为 341%。1950 年工业总产值比 1949 年增长 36.4%，1951 年比 1950 年增长 38.2%，1952 年又比 1951 年增长 29.9%。主要工业产品产量，1952 年比 1949 年有了大幅度的增长，均超过了历史最高年产量（见表 1－1）。

表1-1　　　　部分年份重要工业产品产量与指数对比

产品名称	单位	新中国成立前最高年		1949年产量	1952年产量	1952年比1949年增长（%）	指数 以新中国成立前最高年为100	
		年份	产量				1949年	1952年
纱	亿米	1933	44.5	32.7	65.6	100.6	73.5	147.4
布	亿米	1936	27.9	18.9	38.3	102.6	67.7	137.3
火柴	万件	1937	860	672	911	35.6	78.1	105.9
原盐	万吨	1943	392	299	495	65.6	76.3	126.3
糖	万吨	1936	41	20	45	125	48.8	109.8
卷烟	万箱	1947	263	178	295	65.6	67.8	112.3
原煤	亿吨	1942	0.62	0.32	0.66	106.3	51.6	106.5
原油	万吨	1943	32	12	44	266.7	37.5	137.5
发电量	亿度	1941	60	43	73	69.8	71.7	121.7
钢	万吨	1943	92.3	15.8	135	754.4	17.1	146.3
生铁	万吨	1943	180	25	193	672	13.9	107.2
水泥	万吨	1942	229	66	286	333.3	28.8	124.9
平板玻璃	万标准箱	1941	129	108	213	97.2	83.7	165.1
硫酸	万吨	1942	18	4.0	19.0	375	22.2	105.6
纯碱	万吨	1940	10.3	8.8	19.2	118.2	85.4	186.4
烧碱	万吨	1942	1.2	1.5	7.9	426.7	25.0	658.3
金属切削机床	万台	1941	0.54	0.16	1.37	756.3	29.6	253.7

资料来源：国家统计局编：《光辉的三十五年》，中国统计出版社1984年版，第74页；国家统计局编：《中国统计年鉴（1983）》，中国统计出版社1983年版，第242-248页。

1949-1952年国家共恢复和改建国营及公私合营工业企业2013个，其中属于生产资料生产的有1058个，属于消费品生产的有955个。发电厂111个，采煤采油企业73个，黑色金属开采与冶炼企业43个，有色金属开采与冶炼企业56个，机器制造厂167个，化学加工工厂89个，造纸厂63个，纺织厂341个，食品厂423个。这些恢复与改建的企业大都为规模较大的企业，职工人数在500人以上的占全部恢复和改建企业数的31%。此外，恢复时期国家新建的企业共有7438个，属于生产资料生产的有3394个，属于消费品生产的有4044个，新建企业中职工人数在500人以下的中小型企业占企业数的96%，多半为各地兴建的地方性企业。以上情况说明恢复时期国家主要集中力量于大工业，特别是重工业的恢复和改建，同时也新建了许多中小型企业，其中包括相当数量的轻工业。

新中国成立前夕的钢铁工业支离破碎、陈旧落后，1949年只生产了15.8万吨钢。但在中国共产党领导下，钢铁工人意气风发，以惊人的毅力和智慧恢复了生产，1952年钢产量超过历史最高年产量（1943年）的46.1%，生铁超过历史最高年产量（1943年）的7.1%，成品钢材超过历史最高年产量（1943年）的91.2%。到1952年底，全国共恢复和扩建高炉34座，平炉26座。

旧中国机械工业基础非常薄弱，工厂设备陈旧、技术落后，虽制造过一些产品，但主要是为进口的机器提供维修和装配业务，属于修配性质的工业，而且在新中国成立前夕遭到了不同程度的破坏。新中国成立时的机械工业，大多数工厂设备残缺，处于停产或半停产状态。1949年到1952年的国民经济恢复时期，机械工业部门迅速组织生产，为恢复国民经济和支援抗美援朝提供机械设备、配件、器材等，同时着手为国家大规模经济建设准备条件。机械工业三年中试制了上千种新产品。机器工业经过三年来的恢复与整理，已从制造零星的工具配件和小型机器进入了大量生产重型机器，1952年便有很多产品都是按照苏联的标准规格设计制造的。在金属切削机床中，有中心高500公厘的苏式1Ⅱ65型车床，这部车床机身长度计有3000公厘与5000公厘两种尺寸，打破了中国机器工业史上的生产纪录。1952年，四方机车车辆厂在技术资料、机器设备和材料、配件都很缺乏的条件下，艰苦奋斗，自力更生，制造出第一台解放型蒸汽机车，结束了中国不能生产机车的历史。

新中国成立伊始，中国政府将建立新兴的航空工业作为发展经济和巩固国防的一个重要支柱。抗美援朝战争爆发，大大推进了中国航空工业创立的进程。1951年4月17日，中央军委和政务院颁发了《关于航空工业建设的决定》，指出：中国航空工业建设在目前阶段上的任务，是全力保证中国空军所有飞机的修理，尔后再逐步向制造方向发展。1951年4月18日，中共中央电告全国各大行政区党、政、军及工业部门：为适应空军建设，根据中央决定，重工业部设立航空工业局，统一负责飞机的一切修理工作。到9月，空军按照中央决定向重工业部移交修理工厂的工作全部完成。至此，航空工业局接收空军划归的工厂16个，兵器工业局划归的工厂2个，共18个，职工近万人。航空工业局成立以后，在组织修理前线急需飞机的同时，积极进行调查研究，提出了从修理过渡到制造的实施目标和具体方案。1951年6月29日，沈阳飞机厂正式更名为国营112厂，正式成为中国第一个独立的飞机制造厂。在苏联专家的指导下，国营112厂开始研制和生产中国第一代喷气式歼击机。从低层次的修理过渡到高层次的制造，对航空工业来说是一次质的飞跃。

轻工业生产也得到了迅速的恢复和发展。1952年，纱、布、糖、原盐等轻工业主要产品产量超过了新中国成立前历史最高水平（见表1－1）。在国民经济恢复时期，随着轻工业生产的发展，新产品、新品种日益增多，如造纸工业生产的卷筒新闻纸、感光纸、绝缘纸、油毡原纸，制革工业生产的工业用轮带革和纺织工业用的皮辊、皮圈革等。在增加产量和扩大品种的同时，产品质量也在不断提高。轻工业的基本建设也取得了不少的成就。造纸工业中，齐齐哈尔造纸厂是中国第一个自己设计和制造设备的中型造纸厂。制糖工业中，黑龙江省在三年时间内，新建了和平糖厂、红光糖厂两个大、中型企业；广东的市头、紫坭、揭阳糖厂和黑龙江的哈尔滨糖厂、吉林的范家屯糖厂也都在旧有基础上恢复、重建或扩建成功；1952年又开始筹建包头糖厂。

（二）农业的恢复发展

农业也得到了较快的恢复发展。在恢复农业生产过程中，中央人民政府把恢复和发展农作物业作为重点，根据各地不同情况分别采取措施，使粮食、棉花等主要农产品生产获得了大幅度增长。1952年,全国农作物业产值达到346.6亿元,比1949年增长54.5%,平均每年递增15.6%。粮食、棉花出现了连续三年增长的喜人局面。1950年,全国粮食总产量13213万吨、棉花总产量69.2万吨,比1949年分别增长16.7%和55.9%,超过了要求1950年增长粮食500万吨和棉花24万吨的计划,明显地缩小了与历史最高水平之间的差距。1951年,全国粮食总产量14369万吨、棉花总产量103.1万吨,分别比1950年增长8.7%和49%,超过了要求1951年粮食、棉花分别增长7.1%和36.9%的计划。其中,粮食更加接近历史最高水平,棉花已经比历史最高水平高出21.4%。1952年,全国粮食总产量16390万吨、棉花总产量130.4万吨,分别比1951年增长14.1%和26.5%,也超过了要求1952年粮食、棉花分别增长8%和20%的计划,并且粮食已经超过历史最高水平9.3%,棉花则高于历史最高水平的53.6%。

国民经济恢复时期粮食供应虽然较为紧张,用于发展畜牧业的饲料不足,但是各级政府采取了多种措施,使大牲畜和猪羊等都获得较快增长。猪牛羊肉产量由1949年的220万吨,增加到1952年的338.5万吨,三年增长了53.9%,平均每年递增15.4%。大牲畜年底头数由1949年的6002万头,上升到1952年的7646万头,三年净增1644万头,增长幅度为27.4%。全国大牲畜年底头数与历史最高年1935年的7151万头相比,增长了6.9%。1952年猪年底头数达到8977万头,比1949年增长55.4%,比历史最高水平(1934年)的7853万头增长14.3%。

四、内外贸易的恢复发展

新中国成立初期,由于长期战乱和国民党政府剧烈通货膨胀政策的影响,作为社会经济运行的三大重要环节之一的商品流通,受到严重阻碍,恢复商业贸易、启动市场已经成为推动整个国民经济恢复的关键。新中国成立初期,党和政府从流通领域入手,以大力开展内外贸易作为促进生产、恢复国民经济的中心环节。

(一) 国内贸易的恢复发展

新中国成立之初,由于长期战争的影响、国统区与解放区的分割以及交通运输遭到破坏,国内商业市场受到严重破坏,主要表现就是城市商业的过度投机和城乡之间流通的阻滞。1950年3月以后物价即基本稳定下来,同时也由于物价稳定后社会的虚假购买力消失,4月以后全国出现了市场呆滞、需求不足局面。针对这种情况,国家除了实施"调整工商业",改善公私关系、劳资关系,调动私营企业的积极性外,针对市场需求不足、工业品过剩的问题,以沟通城乡交流、提高农民购买力为主要手段,来发挥商业的桥梁作用,刺激工农业生产的恢复发展。

1950年夏秋,国家不仅通过国营商业机构和供销合作社大力收购农民的土特产品,而且还采用鼓励私商下乡、鼓励出口、鼓励地区之间的物资交流等办法,增加农民收入,提高农民的购买力。时任中央财经委员会主任的陈云指出:"扩大农副土特产品的购销,不仅是农村的问题,而且也是目前活跃中国经济的关键。""扩大农副土特产品的购销,是中国目前经济中的头等大事。"[①] 与此同时,国营商业机构还采取"加工订货""统购包销"等办法维持或扩大城市私营工业的生产。1951年,中共中央又将"城乡交流"摆在当年国家财经工作六项要点的第一位,要求"要动员全党的力量去做"。[②] 从1950年至1952年,商业贸易贷款在国家银行贷款额中所占比重始终最大。

城乡交流的扩大,不仅刺激了农业生产,增加了农民收入,提高了农民的购买力,而且扩大了城市工业品的需求,刺激了工业尤其是轻工业的迅速恢复和发展,使国民经济的恢复发展走上良性循环轨道。在国民经济恢复时期,农副产品的采购量迅速增加,1950年为80亿元,1952年即达到129.7亿元,增长62.1%。由于政府高度重视商业和市场对经济恢复发

[①] 《陈云文选》第二卷,人民出版社1995年版,第118-119页。
[②] 中共中央文献研究室编:《建国以来重要文献选编》第二册,中央文献出版社1992年版,第193页。

展的重要作用以及整个国民经济的运行仍然以市场为基础,因此国内贸易逐步恢复与工农业生产呈现出相辅相成的局面。1950 年全社会商品零售总额为 170.56 亿元,1951 年增长为 208.84 亿元,1952 年增加到 246.88 亿元。三年中,商业社会总产值由 1949 年的 68 亿元,增加到 1952 年的 113 亿元,增长 66.2%。党和政府以扩大市场流通为先导,促进了城乡之间、地区之间的商品流通,推动了全国统一大市场的形成。

(二) 对外贸易的恢复发展

在国民经济恢复时期,通过贯彻"城乡互助,内外交流"的方针政策,国内经济包括外贸商品生产以及内外商业联系基本恢复,独立自主的对外贸易体系初步建立。国民经济恢复时期,我国不仅对外贸易额增加,而且进出口商品内容较新中国成立前有显著变化,摆脱了旧中国对外贸易的半殖民地的依附性。1950—1952 年,进出口贸易总额逐年增长(按人民币计算),1950 年的进出口总额已经超过了 1931 年以来的任何一年。1951 年尽管遭受封锁、禁运,但由于大力抢购抢运及开拓出口市场,进出口总值仍大幅增加,其中进口额增加较多。1950 年进出口总额为 41.5 亿元,其中出口额为 20.2 亿元,进口额为 21.3 亿元;1951 年进出口总额为 59.5 亿元,其中出口额为 24.2 亿元,进口额为 35.3 亿元;1952 年进出口额为 64.4 亿元,其中出口额为 27.1 亿元,进口额为 37.3 亿元。

新中国成立后,国家按照国内生产和消费需要,有计划地组织进出口,大力推销农副产品及国内滞销产品,大量进口国内急需的生产资料、工业原料及部分生活必需品。1950—1952 年,进口商品主要有机床、工程机械、五金材料、工具、金属器材、橡胶、棉花、化肥、化工原料、船舶、汽车及零件、农用机械、运输工具、器材仪器、燃料、农药、西药及医疗器械等。出口商品主要是农副产品及加工品,以及国内生产有余的物品,如大豆、大米、食用油、桐油、煤、矿产品、猪鬃、肠衣、皮毛、羊绒、蛋品、丝绸、茶叶、手工艺品、盐、蛋、肉等。国民经济恢复时期,我国生产资料进口比重从 1950 年的 87.2% 上升到 90.6%,进口商品大多是生产建设急需的物品，奢侈品类及国内生产能满足需要的消费品已停止进口。而在出口商品中，农副产品及加工品的比重从90.7%下降到82.1%，工矿产品的比重从9.3%上升为17.9%。在中国面临西方国家封锁禁运的严峻形势下，苏联和各人民民主国家供应了中国大量物资，如各种工作母机、机械、钢材、有色金属、电工电讯器材、精密仪器、石油、化工原料等，都是美国对中国禁运的物资。中苏贸易的建立和发展，使中国在极端困难的条件下在世界市场上有了回旋的余地，对于中国进行抗美援朝战争、加强国防建设、促进国民经济恢复发展，都具有重要意义。1952年下半年，国际贸易形势的变化使中国开展对外贸易有了新的有利条件，中国政府适时提出了扩大进出口贸易的各项措施，为今后大规模的经济建设做了准备。

五、人民生活水平得到提高

经过1949—1952年的国民经济恢复，人民生活水平得到提高。经过三年的经济恢复，农民生活有了较明显的改善。按国家规定缴纳农业税后，农民自己留用粮食（包括生产用粮和生活用粮）逐年增加。1952年与1949年相比，农民留用粮食增长26.4%。其中，农民生产用粮（种子、饲料等）增长了30.9%；农民生活消费用粮，1952年比历史上最高年份（1936年）增长了27.8%。按人均计算，1952年农民每人平均生活用粮食数量为496斤，比历史上最高年份（1936年）的人均用粮数453斤高出9.5%。农民消费品购买力由1949年的65.3亿元增加到1952年的117.5亿元，3年增长79.9%，年平均增长26.6%。每人平均消费品购买力从1949年的14.2元增加到1952年的24.6元，3年增长73.2%，年平均增长24.4%。从商业部门几种日用必需品销售量的增长中，也可以看出农民消费品购买力增长的大致情况：1951年与1950年相比，纱布增长10%，纸烟增长14%，火柴增长20%，食糖增长44%，煤油增长47%，茶叶增长70%。

1949—1952年，城镇居民生活水平也得到有效提高。主要表现在，第一，城镇职工就业面扩大。1949年全国职工总计800万人（未含合作组织雇佣的职工），到1952年，城镇职工人数达1580万人，其中工业510万人，基本建设105万人，交通运输113万人。第二，职工工资水平及购买力有所增加。1951年工业工人实际工资已达到历史上最高年份（1936年）水平，1952年工资总额约为67亿元，年人均货币工资446元（全民所有制）。在3年时间中，职工工资收入增长了60%－120%。城镇职工收入的增长直接反映为商品购买力的提高。1951年社会购买力比1950年增加了22%，1952年比1951年增加了25%左右。据统计，东北地区1952年全区职工的平均购买力比1949年提高了173.4%；解放较晚的成都市，1952年下半年一般工人的食品消费量比1949年增加了69%。1949年北京居民购买力仅为62.3元，1952年上升为182.2元。第三，国家为改善职工生活拨出款项兴办职工福利事业。至1952年底，在劳动保险设施方面，全国已有疗养院51所，休养所35处，业余疗养所374处；实行劳动保险条例的企业单位共有医院120所，医疗室1793处。除了劳动保险制度外，这个时期还建立和发展了职工食堂、托儿所、子弟学校等集体福利事业。

第二章

"一五"计划和社会主义改造
（1953-1957）

1953年到1957年，在过渡时期总路线的指引下，我国编制与实施了第一个五年计划，启动了大规模的社会主义工业化，掀起了经济建设的高潮。与此同时，完成了对农业、手工业和资本主义工商业的社会主义改造，将生产资料私有制转变为社会主义公有制，建立了社会主义公有制和计划经济体制，保证了集中资源进行社会主义工业化。"一五"计划顺利完成，初步奠定了中国社会主义工业化的基础，经济结构出现明显的变化，经济快速增长，经济建设取得良好的效益，培养了一大批经济建设人才，积累了经验。同时较为明显地提高了人民生活水平。我国在学习苏联经济建设经验的过程中，也发现了苏联社会主义经济存在的问题，认识到我国刚刚建立的计划经济体制要适应中国国情，开始自主探索适合中国自己的社会主义建设道路。

第二章 "一五"计划和社会主义改造（1953－1957）

第一节　大规模经济建设的启动

工业化是党和政府的奋斗目标。在马克思主义基本原理指导下，从本国国情出发，学习苏联的工业化经验，我国选择了优先发展重工业的工业化战略。"一五"时期，以苏联援建的"156项"重点建设项目为核心，以限额以上921个大中型建设项目为重点，我国开启了社会主义工业化进程。为解决农产品供给不能适应大规模工业建设的现实问题，国家制定了粮食、棉花等农产品统购统销政策。中国在积极争取外援，得到以苏联为首的社会主义阵营大力支持的同时，也给予一些国家力所能及的帮助。

一、优先发展重工业战略的确定

从晚清洋务运动开始，面对西方列强不断的侵略掠夺，为了救亡图存，仁人志士们已经开始探讨我国的工业化道路，但他们的设想都没能实现。

中国共产党诞生后，担起了复兴中华民族的重任。实现工业化，成为中国共产党人的奋斗目标。早在民主革命时期，中国共产党的领导人就认识到中国实现工业化的迫切性。1945年4月，在党的七大上，毛泽东指出："没有工业，便没有巩固的国防，便没有人民的福利，便没有国家的富强。"[①] 1949年3月，在党的七届二中全会上，毛泽东提出"使中国稳步地由农业国转变为工业国"[②]。1949年9月，在中国人民政治协商会议上，"稳步地变农业国为工业国"写入了具有临时宪法作用的《中国人民政治协商会议共同纲领》。

---

① 《毛泽东选集》第三卷，人民出版社1991年版，第1080页。
② 《毛泽东选集》第四卷，人民出版社1991年版，第1437页。

1952年底,恢复国民经济的任务基本完成,为开展大规模的工业建设创造了条件。但我国工业化的起步条件仍然很差。现代工业产值在工农业总产值中的比重只占43.1%,重工业产值在工业总产值中只占35.5%。许多重要工业品的人均产量,不仅远远落后于工业发达国家的水平,还低于印度这样的新兴独立国家的水平。1954年6月14日,毛泽东主席在中央人民政府会议的讲话中说:"现在我们能造什么?能造桌子椅子,能造茶碗茶壶,能种粮食,还能磨成面粉,还能造纸,但是,一辆汽车、一架飞机、一辆坦克、一辆拖拉机都不能造。"①

新中国应采取什么样的工业化战略,中共中央在国民经济恢复时期即开始绘制蓝图。1952年12月22日,中共中央发出《关于编制一九五三年计划及五年建设计划纲要的指示》,指出"我们必须以发展重工业为大规模建设的重点""首先保证重工业和国防工业的基本建设"。1954年3月3日,《人民日报》发表《发展重工业是实现国家社会主义工业化的中心环节》社论,指出"集中主要力量来发展国家的重工业,即发展冶金、燃料、电力、机器、基本化学等生产资料的工业"。

1953年12月中共中央编写《为动员一切力量把我国建设成为一个伟大的社会主义国家而斗争——关于党在过渡时期总路线的学习和宣传提纲》,首次提出中国要实现的工业化是"社会主义工业化"。社会主义工业化有两个特点,一是将发展重工业作为工业化的中心环节,二是优先发展国营经济并逐步实现对其他经济成分的改造,保证社会主义经济比重不断增长。1954年9月,第一届全国人民代表大会第一次会议通过的《中华人民共和国宪法》,将过渡时期总路线写入"序言",使之成为整个国家的统一意志。

1955年7月,一届全国人大二次会议讨论通过了《中华人民共和国发展国民经济的第一个五年计划》,宣布"我们把重工业的基本建设作为制定发展国民经济第一个五年计划的重点"。从"一五"计划开始,我国走

---

① 《毛泽东文集》第六卷,人民出版社1999年版,第329页。

上了重工业优先发展的社会主义工业化道路。

选择重工业优先发展的工业化战略,是当时保障国防安全、建立完整工业体系以及学习苏联等多种因素决定的。

第一,新中国成立后,以美国为首的敌对势力虎视眈眈。朝鲜战争的战火烧到我国边境,我国的国防安全受到严重威胁。国防建设最为急迫。国防工业建设必须依托重工业。保障国防安全,需要优先发展重工业。

第二,近代中国一再受到列强侵略,很重要的原因是没有建立相对完整的工业体系,不能生产保障国防与经济安全的现代化工业产品。以美国为首的西方国家对华封锁、禁运,使得建立独立完整的工业体系更为迫切。重工业是实现工业化的基础,能够为其他产业持续提供机器设备与原材料,促进工业体系建设。当时我国的重工业十分落后,严重影响制约着工业化,必须优先建立重工业体系。

第三,苏联工业化道路的示范作用。20世纪20年代,苏联采取了优先发展重工业的工业化战略,很快从一个落后的农业国,变为强大的社会主义工业国。苏联的工业化模式成为中国的学习榜样。

二、"一五"计划的制定

我国要在一穷二白的条件下进行大规模的经济建设,实现工业化,必须把有限的人力、物力、财力集中起来,建设一批发展工业化急需的重大项目,特别需要制定一个周密翔实的中长期计划。有计划按比例发展国民经济,也是新中国成立后实行的新民主主义经济体制的内在要求。1951年11月,全国计划会议向各地政府布置了编制国民经济长期计划的任务,五年计划编制工作启动。

1952年,恢复国民经济的任务顺利完成,我国即将转入大规模经济建设阶段,中共中央和中央人民政府决定从1953年起实施第一个五年计划,中央财政经济委员会加快了五年计划的编制工作。1952年7月初,基本上完成了由《关于编制五年计划轮廓的方针》《中国经济状况和五年建设的任务（草案）》《三年来中国国内主要情况及今后五年建设方针的报告提纲》组成的"一五"计划的轮廓草案。1952年8月，周恩来率领中国政府代表团访问苏联，带着这个轮廓草案前去，寻求苏联帮助。

1953年初，中财委会同国家计委、中央各部和各大区政府，对计划"轮廓"草案作了进一步的修改充实。1954年4月，中央成立了编制五年计划纲要的八人工作小组，陈云担任组长，开始编制详细具体的"一五"计划草案。1954年4月，国家计划委员会编制出"一五"计划初稿，而"一五"计划已实施一年了。

1955年3月，中国共产党全国代表会议专门讨论并原则通过了"一五"计划草案，并建议由国务院提请全国人民代表大会审议批准，颁布实施。

1955年7月30日，一届人大二次会议审议通过了国务院提交的"一五"计划。"一五"计划编制完成并正式向社会公布。编制与实施"一五"计划，是我国实现工业化具有重大意义的关键一步。

第一个五年计划的基本任务是：集中主要力量进行以苏联帮助我国设计的156个建设单位为中心的、由限额以上的694个建设单位组成的工业建设，建立我国的社会主义工业化的初步基础；发展部分集体所有制的农业生产合作社，并发展手工业生产合作社，建立对农业和手工业的社会主义改造的初步基础；基本上把资本主义工商业分别地纳入各种形式的国家资本主义的轨道，建立对私营工商业的社会主义改造的基础。

围绕基本任务，"一五"计划制定了12项具体的经济、文化建设任务。

在建设重工业方面，"一五"时期要建立和扩建电力工业、煤矿工业和石油工业；建立和扩建现代化的钢铁工业、有色金属工业和基本化学工业；建立制造大型金属切削机床、发电设备、冶金设备、采矿设备和汽车、拖拉机、飞机的机器制造工业。

在建设轻工业方面，"一五"时期要相应地建设纺织工业和其他轻工业，建设为农业服务的新的中小型的工业企业。

在发展交通运输业、邮电业方面，"一五"时期主要开展铁路建设，同时发展内河和海上的运输，扩大公路、民用航空和邮电事业的建设。

在发展农业方面,"一五"时期要推动农业生产的合作运动,对农业进行初步的技术改良,加强国营农场的示范作用,逐步地克服农业落后于工业的矛盾。要兴修水利,植树造林,广泛地开展关于保持水土的工作。要促进畜牧业和水产业的发展,增加农业特产品的生产。

在稳定市场方面,"一五"时期,要继续保持财政收支的平衡,增加财政和物资的后备力量,发展城乡和内外的物资交流,扩大商品流通,对供需存在缺口的主要的工业农业产品,逐步地实施计划收购和计划供应。

在促进文化教育方面,"一五"计划提出,要发展文化教育和科学研究事业,提高科学技术水平,积极地培养为国家建设特别是工业建设所必需的人才。要继续加强国内各民族之间的经济和文化的互助和合作,促进各少数民族的经济事业和文化事业的发展。

"一五"计划还制定了在发展生产和提高劳动生产率的基础上,逐步地改善劳动人民的物质生活和文化生活等多方面的任务。

"一五"计划将社会主义改造列入了基本任务,提出必须对农业、手工业和资本主义工商业逐步实行社会主义改造,在优先发展社会主义经济的原则下,对各种经济成分统筹兼顾。

为完成这些经济、文化建设任务,"一五"计划制定了相应的发展指标。五年基本建设投资总额为427.4亿元,其中工业部门投资248.5亿元,占投资总额的58.2%。工农业总产值计划增长51.1%,平均每年增长8.6%。工业总产值平均每年增长14.7%,其中生产资料的生产平均每年增长17.8%,消费资料的生产平均每年增长12.4%。农业及副业总产值计划平均每年增长4.3%,其中粮食平均每年增长3.3%,棉花平均每年增长4.6%。运输和邮电投资总额为89.9亿元,占国家经济文教事业支出总额的11.7%,铁路货运量增长85.9%,货物周转量增长101%,客运量增长51.3%,旅客周转量增长59.5%,邮路总长度增长45.2%。社会商品流转额增长80%左右。教育方面,在校高等学校学生增长127.4%,高中学生增长180%,初中学生增长78.6%,小学生增长17.9%,派遣留学生10100人(其中9400人派往苏联),培养熟练工人92万余人。在人民生活方面，工人、职员的平均工资月增长33%，农民的生活也将得到进一步的改善，农村购买力比1952年提高1倍。

三、以"156项"为核心的工业化建设

"一五"计划的核心内容是启动社会主义工业化。"一五"时期，中国以苏联援助的"156项"建设项目为核心，以限额以上921个（"一五"计划确定的是694个）大中型建设项目为重点，加上地方政府建设的上万个建设项目，启动了新中国大规模的工业化。

中华人民共和国成立前，中共领导人已与苏联政府磋商引进苏联资金与技术问题。中华人民共和国成立后，1950年，中苏双方协商，苏联援建我国50个工业建设项目。此后，中苏双方经过多轮协商，到1954年10月12日，苏联援建我国的工业建设项目确定为162项。1954年底，再度调整后，最终确定的援建项目为"156项"，并写入了"一五"计划。"156项"成为苏联援建我国工业建设项目的标志，最终实际施工建设的为150项。"156项"建设项目集中在煤炭、电力、石油、钢铁、有色金属、化工、机械、医药、造纸、航空、电子、航天、船舶等14个行业。"一五"时期，施工的"156项"有146个项目。

在150个建设项目中，造纸业1项，制药业2项，其余12个重工业行业的建设项目有147项，重工业建设项目占98%。其中，煤炭工业25项，石油工业2项，电力工业25项，钢铁工业7项，有色金属工业13项，化学工业7项，机械工业24项，航空工业12项，电子工业10项，兵器工业17项，航天工业2项，船舶工业3项。

"156项"建设项目分布在黑龙江、吉林、辽宁、山西、河南、江西、湖北、湖南、安徽、陕西、甘肃、内蒙古、云南、新疆、河北、四川、北京17个省、市、自治区。"156项"建设项目主要布点在哈尔滨、齐齐哈尔、吉林、沈阳、抚顺、太原、洛阳、武汉、西安、兰州、包头、成都、北京、株洲等18个重点城市中，占实际施工的150项工程的58%以上。

"156项"建设项目打下了改革开放前我国产业体系发展的技术基础。我国引进了重型机器设备、机床、量具刃具、动力设备、发电设备、矿山机械、采油设备、炼油设备、汽车、履带式拖拉机、仪表、轴承、开关、整流器、胶片、重型火炮、坦克、坦克发动机、米格式喷气式战斗机、飞机发动机、火箭等产品的设计及制造技术,以及合金钢、石油产品等加工技术。我国得到了机床、汽车、拖拉机、动力机械、铁路机车、电工器材、兵器等产品的设计或制造工艺资料。

"156项"建设项目对我国基础工业体系建设起了奠基性作用,我国形成了比较完整的钢铁工业、有色金属工业、机械工业、化学工业、能源工业、制药工业等基础工业体系,建立了航空工业、航天工业、船舶工业、电子工业、兵器工业等国防工业体系。

除了苏联援助我国的"156项"重点建设项目外,民主德国、捷克斯洛伐克、波兰、罗马尼亚、匈牙利、保加利亚等东欧国家也给予我国技术援助,援助了成套设备项目109项、单项设备81项,提供了工业、卫生、林业、农业等方面的技术资料。

"一五"时期,施工的工程还有限额以上921个建设项目,以及上万个其他工矿业建设项目。其中,黑色金属工业312个、电力工业599个、煤炭工业600个、石油工业22个、金属加工工业1922个、化学工业637个、建筑材料工业832个、造纸工业253个、纺织工业613个、食品及其他轻工业约5000个。这些重要的建设项目,绝大多数都发展成为中国现代化工业体系的骨干企业。

为了建设这些工业项目,从1950年到1959年,中国从国际社会主义阵营的国家及一些资本主义国家订购了成套设备415项,个别项目和设备158项,约值人民币191.97亿元。其中,向苏联订购成套设备304项,个别项目和设备65个,约值人民币158.97亿元。向东欧国家订购成套项目108个,个别项目和设备83个,约值人民币32.51亿元。从瑞士、瑞典、比利时、丹麦、英国等西方国家引进3个成套项目,10个个别项目和设备订货,约值人民币0.49亿元。

依托于"156项"建设项目及921项限额以上建设项目,"一五"时期,我国建立了一批重要的工业基地,如大同、阜新、抚顺的煤炭工业基地,鞍山、包头、武汉、本溪的钢铁工业基地,抚顺、吉林、哈尔滨、株洲、个旧、白银的有色金属工业基地,吉林、太原、兰州的化工工业基地,沈阳、长春、哈尔滨、齐齐哈尔、洛阳、武汉、株洲、西安、兰州、成都的机械工业基地,石家庄的医药工业基地,兰州、抚顺的石油化工基地。这些工业基地持续为我国的工业化提供着动力。

总体而言,"一五"时期我国开展大规模的工业建设,在苏联及东欧国家援助下,我国发挥独立自主精神,完成各项配套建设项目,初步建立起工业体系。

四、统购统销缓解农产品供给短缺问题

新中国成立后,短期内还不能解决农业生产落后问题。大规模工业化建设实施后,城市农副产品需求增加,农业生产跟不上经济建设的需要,对工业建设形成了制约。

1953年,在大规模工业化建设中,生活消费品市场出现紧张情况,特别是农副产品市场供需缺口扩大,供不应求。

据粮食部报告,1952年7月1日至1953年6月30日,国家共收入粮食547亿斤,支出粮食587亿斤,收支相抵,动用库存40亿斤。1953年小麦受灾,预计减产70亿斤,粮食形势相当严峻。1953年10月是粮食大量上市的季节,国营公司收购只完成了月计划的72%,而销售却达到月计划的120%。10月底全国粮食库存比上年12月减少了39%。粮食供销出现紧急情况。

当时出现粮食市场供给紧张,是多种因素造成的。

从需求方面看,随着大规模经济建设的展开,非农业人口增长过快,对农副产品的需求增加。一是大规模工业化启动后,工业和基本建设增长迅猛,职工与城市人口增长过快,工资总额增长较快。与1952年相比,

1953年城市人口增加了663万人，增长9.3%，与此同时，非农业人口消费水平增长了15%，对农副产品的需求提高了。二是为满足工业原料的供应，一些农村开始增加工业原料作物的种植面积，减少粮食作物种植面积，国家又需要给种植工业原料的农村供给粮食，结果农村的粮食返销量大幅度增加，1953年比1952年增加1.3倍。三是农民改善自己的生活，增加了粮食消费。

从农副产品供给方面看，粮食、油料、棉花等农产品增产幅度有限，一时无法满足突然增长的需求。土地改革后，农民生产积极性提高，解放了农业生产力，但农业投入不足，仍未摆脱靠天吃饭的窘境。国民经济恢复时期，农业产量增长很快，到1952年，主要农产品总产量达到了历史最高水平。与1952年相比，1953年农业总产值仅增长3.1%，其中粮食仅增长1.8%。中国农民还有储粮的传统，家中存粮以备不时之需。因此，1953年粮食市场需求量虽比上年有大的增长，但粮食的商品率却没有相应地提高。

另外，国家要依靠出口农产品赚取经济建设急需的外汇。为了筹集更多的用于发展工业的外汇，我国增加了农产品出口，导致国内供给减少。国民经济恢复时期，虽然国内农产品供求达到基本平衡，但只是在非常低水平上的脆弱的平衡。大规模基本建设展开后，带动了农产品需求的增加，农产品市场供给趋于紧张。

这一时期，计划经济体制尚未建立，农产品流通的市场机制与国家计划管理的矛盾也凸显出来。

当时，农产品的流通是市场机制。农产品的供给者是上亿农户，购买者是国营公司、合作社和私商。粮食市场价格由国营公司调控，国营公司利用雄厚的力量，根据社会需求和经济政策制定出一个市场牌价，当粮食市场价格高于牌价时，国营公司就大量抛售；当市场价格低于牌价时，国营公司就大量收购，达到平抑粮价的目的。这种调控粮食价格的办法必须以市场供求基本平衡为前提。

在粮食市场需求大于供给的情况下，粮食价格看涨，农民惜售，国家粮食公司无法收购到足够的粮食。1953年春又遇到华北等地小麦受灾，农民争购粮食，一些农村粮价甚至高于城市，私商从国营粮食公司购粮，再到农村销售，以牟取暴利。尽管国营粮食公司动用了大量的库存，粮食销售量远远高于收购量，但仍然供不应求。

粮食问题事关国计民生、社会安定，事关工业建设。听任粮食价格大幅度上涨，会带动物价全面上涨，冲击市场。面对这种复杂的粮食供需问题，客观上要求尽快建立国家主导的农产品流通的计划管理体制。

1953年上半年，中财委会同粮食部草拟了《粮食收购办法》《粮食计划供应办法》《加强粮食市场管理办法》《节约粮食办法》等系列文件，经全国财经会议粮食组讨论、修改后，确定了"只配不征""只征不配""原封不动""动员认购""合同预购""又统又配"等八种方案，选定了其中最合乎国情的农村征购、城市配售的办法。在反复权衡各种措施的利弊后，中共中央、国务院决定实行农产品统购统销政策。

1953年10月16日，中共中央作出了《关于实行粮食的计划收购和计划供应的决议》。该决议提出：（1）在农村向余粮户实行粮食计划收购（简称统购）的政策；（2）对城市人民和农村缺粮人民，实行粮食计划供应（简称统销）的政策，即实行适量的粮食定量配售的政策；（3）实行由国家严格控制粮食市场，对私营粮食工商业进行严格控制并严禁私商自由经营粮食的政策；（4）实行在中央统一管理之下，由中央与地方分工负责的粮食管理政策。

中共中央主要从国家需要掌握的粮食数、农民能够拿出的粮食数来确定1953年粮食的征购数量。根据1953年的粮食供求情况，国家需要掌握700亿斤商品粮，才有把握控制市场，才能满足城市居民和农村缺粮居民的基本需要。1953年计划征购431亿斤粮食，加上缴纳的农业税收的275亿斤粮食，国家可掌握706亿斤粮食。

1953年11月23日，政务院发布了《关于实行粮食的计划收购和计划供应的命令》，开始实施统购统销政策。1953年7月1日到1954年6月30日国家计划获得粮食709亿斤，实际收入粮食784.5亿斤。粮食征购任务如期、超额完成。库存大幅度增加，粮食供求紧张的形势缓和下来。

中央在部署粮食统购统销的同时，鉴于食用油、棉花、棉布供求也趋于紧张，且短期内难以缓和，1953 年 11 月 15 日中共中央发布《关于在全国实行计划收购油料的决定》，对油料实行计划收购、食油实行计划供应。1954 年 9 月，国家又决定对棉花、棉布也实行统购统销。

统购统销政策保障了城乡居民基本的生活需求，有效缓解了农副产品供需的尖锐矛盾，化解了可能引发的社会冲突，为社会主义工业化建设创造了较为稳定的社会环境。

五、加强对外经济合作与交流

为了获得经济建设急需的资金、设备与技术，我国积极争取外援，加强对外经济合作与交流。苏联及东欧社会主义国家给了我国巨大的支持，我国也给予越南、朝鲜、蒙古等国力所能及的帮助。

1950 年 2 月，苏联给予我国 3 亿美元长期优惠贷款，用于购买苏联的设备器材。1951 年至 1955 年，苏联给予我国 10 笔贷款，其中 1 笔为无息，9 笔为年息 2%，用于从苏联购买军事装备物资、经济建设物资以及苏联移交给我国的设施、物资等费用。这 11 笔贷款总金额合计 12.74 亿卢布，折合人民币为 53.68 亿元，其中，用于购买军事装备物资和支付苏联移交旅大军事基地等设施、物资的费用占 76.1%；用于购买经济建设设备物资的费用占 23.9%。

1953 年 5 月 15 日，中苏双方签订了《关于苏维埃社会主义共和国联盟政府援助中华人民共和国中央人民政府发展中国国民经济的协定》和议定书，苏联承诺援助我国新建和改建 91 个工业建设项目。1954 年 10 月，中苏双方又签订了关于苏联向中国提供 5.2 亿卢布长期贷款协定、关于苏联政府帮助中华人民共和国政府新建 15 项中国工业企业和扩大原有协定规定的 141 项企业设备的供应范围的议定书。苏联向我国提供了建厂和生产所必需的工厂设计图纸、产品设计图纸、工艺设计和其他技术资料，1957 年我国已经得到了 3646 种资料。同时，我国也给予了苏联 84 套技术资料。

我国与东欧国家在互惠互利的基础上,获得了这些国家的帮助。我国分别与民主德国、匈牙利、波兰、捷克斯洛伐克签订了关于加强科技合作和互相提供援助的协定,引进了一批成套设备。

我国也向其他国家提供了援助。1950年到1960年,我国对外无偿援助和贷款达52.09亿元人民币,约合54.84亿卢布,相当于同期苏联对我国贷款的96.6%。在我国对外援助和贷款总额中,经济援助和贷款共计42.86亿元人民币,约合45.11亿卢布,几乎等于苏联对我国经济援助贷款5.28亿卢布的3倍。

我国经济援助最多的国家是朝鲜和越南。从1950年6月朝鲜战争爆发到1953年底,我国向朝鲜提供了总值为72952万元人民币的各种物资和器材。抗美援朝战争停战后,我国又为朝鲜医治战争创伤、恢复和发展国民经济提供了大量援助。我国派遣技术人员,提供建筑、交通器材和机器,帮助朝鲜恢复工农业生产和交通运输,接受朝鲜留学生和技工来华学习和实习。

我国积极援助越南抗击法国殖民侵略者的斗争。从1950年至1954年,我国政府向越南政府提供了16700万元人民币的援助。1955年6月,我国政府决定无偿赠送越南民主共和国8亿元人民币,用于医治战争创伤、恢复和发展国民经济,并派遣技术人员帮助越南恢复和新建工矿交通事业,越南也派遣工人到中国实习。1956年7月,中越两国又签订了中国援助越南的议定书和中国给予越南技术援助的议定书,我国供应越南成套设备和钢材、机床、机车、车辆、船只以及其他发展工农业生产和交通运输业所需要的器材,派遣工业、农业、林业、水利、交通运输、邮电等方面的专家和技术人员到越南进行技术援助,越南派遣实习生到我国有关厂矿实习。1958年3月,两国政府又签订了中国援助越南建设和改造18个工业企业项目的协定。

我国也给予蒙古人民共和国大量的经济援助。1956年至1959年内,我国无偿援助蒙古1.6亿卢布(合人民币1.5亿元),用于帮助蒙古建设成套项目。1958年12月和1960年5月,两国政府又签订了两个经济技术援助协定，我国向蒙古提供了两笔长期低息贷款，用于援建成套项目。到 1964 年，共帮助蒙古建成了发电厂、毛纺厂、造纸厂、玻璃厂等 21 个项目。

另外，我国还向阿尔巴尼亚、柬埔寨、尼泊尔、也门等国家提供了经济技术援助。

第二节　社会主义公有制和计划经济体制的建立

1953 年，在中国开始大规模经济建设并实施第一个五年计划的同时，中国共产党提出了党在过渡时期总路线，要求中国在工业化的同时，也开始向社会主义过渡，二者可以同时实现。二者的关系为：工业化是"主体"，对农业、手工业和资本主义工商业的社会主义改造是"两翼"。到 1956 年底，社会主义三大改造任务基本完成，建立起单一公有制和计划经济体制。

一、过渡时期总路线的提出

过渡时期总路线是经过较长时间酝酿之后形成的，有较为复杂的国内外社会背景。

中华人民共和国成立后，确立了新民主主义经济体制，公有制经济处于领导地位，取得了快速发展，在经济结构中所占比重持续上升。国民经济恢复后，工业化成为党和政府的发展目标。我国在贫穷落后的基础上推进工业化，需要集中力量，计划手段配置资源则是一个有效的方式。而在新民主主义经济体制下，多种经济成分并存，占较大比重的个体经济、私营经济仍然在市场机制下运行，这与以政府为主导、计划性配置资源的趋势不相适应。

中国共产党创建的新民主主义理论认为，新民主主义社会只是一个过渡性的社会。中国共产党领导的中国革命，包括新民主主义革命和社会主义革命两个阶段。第一阶段的任务，是变半殖民地半封建的社会为新民主主义的社会。中华人民共和国的成立，标志着第一阶段的基本结束。中国革命第二阶段的任务，就是建立社会主义社会。1949年3月，中共七届二中全会决议就指出，新民主主义革命胜利以后的任务是，由新民主主义国家转变为社会主义国家。

当时的国际环境也推动了从新民主主义社会向社会主义社会的转型。中华人民共和国成立后，受到以美国为首的西方敌对势力的封锁禁运。为打破西方封锁，我国运用政府力量，集中管理对外贸易，计划色彩越来越浓厚。朝鲜战争爆发后，我国的国家安全受到威胁，与苏联等社会主义阵营国家的关系更为密切。中国共产党明确宣布新中国的发展方向是社会主义，在建设社会主义理论与模式上，需要学习苏联。在苏联的社会主义建设史上，苏联共产党创立了过渡时期理论，经历了过渡时期，积累了值得中国学习的经验。

在上述背景下，中国共产党逐渐形成了过渡时期总路线。

1953年6月15日，毛泽东在中央政治局会议上首次全面地论述了过渡时期总路线。他指出："从中华人民共和国成立，到社会主义改造基本完成，这是一个过渡时期。党在过渡时期的总路线和总任务，是要在十年到十五年或者更多一些时间内，基本上完成国家工业化和对农业、手工业、资本主义工商业的社会主义改造。"他还指出，有人认为过渡时期太长了，发生急躁情绪。这就要犯"左"倾的错误。有人在民主革命成功以后，仍然停留在原来的地方。他们没有懂得革命性质的转变，还在继续搞他们的"新民主主义"，不去搞社会主义改造。这就要犯右倾的错误。[①]

1953年12月，中共中央正式向全党和全国人民公布了党在过渡时期总路线："从中华人民共和国成立，到社会主义改造基本完成，这是一个

---

① 中共中央文献研究室编：《毛泽东年谱（1949-1976）》第二卷，中央文献出版社2013年版，第116页。

过渡时期。党在这个过渡时期的总路线和总任务，是要在一个相当长的时期内，逐步实现国家的社会主义工业化，并逐步实现国家对农业、对手工业和对资本主义工商业的社会主义改造。这条总路线是照耀我们各项工作的灯塔，各项工作离开它，就要犯右倾或'左'倾的错误。"

过渡时期总路线的主要内容：一是实现社会主义工业化；二是通过对农业、手工业与资本主义工商业的社会主义改造，过渡到以单一公有制、计划经济为特征的社会主义社会。1953年12月，中共中央宣传部印发的《为动员一切力量把我国建设成为一个伟大的社会主义国家而斗争——关于党在过渡时期总路线的学习和宣传提纲》（以下简称《宣传提纲》），详细阐释了过渡时期总路线。

《宣传提纲》重新解释了民主革命与社会主义革命之间的关系，强调新民主主义革命的结束就是社会主义革命的开始。《宣传提纲》指出，过渡时期总路线的实质是实现生产资料的社会主义改造。《宣传提纲》号召为社会主义工业化而斗争，指出社会主义工业化具有两个重要特点：一是将发展重工业作为工业化的中心环节；二是优先发展国营经济并逐步实现对其他经济成分的改造，保证国民经济中的社会主义比重不断增长。

1954年6月，第一届全国人民代表大会通过了《中华人民共和国宪法》，将中国共产党在过渡时期的总路线写入宪法，上升为国家意志。

二、农业的社会主义改造

中国共产党领导的土地改革，彻底废除了农村封建土地制度，广大无地、少地的农民分到了土地，生产积极性空前高涨，但也面临新的生产问题。许多尚未摆脱贫困的农户缺乏耕牛、农具和生产资金，有的农户还缺乏劳动力。连年战争，农田水利失修，农业生产条件很差，农户抵御自然灾害的能力很弱，一家一户又无力开展农田基本建设。新中国刚刚建立，国家也没有经济力量给予大力援助。许多农户要求组织起来，相互帮助，共同发展生产。

在革命战争时期，党和人民政府积累了互助合作促进农业生产的丰富经验。新中国成立后，面对广大农户互助合作的积极性，党和政府因势利导，1951年9月召开第一次农业互助合作会议，发出《关于农业互助合作的决议（草案）》，引导互助合作。1953年2月15日，中共中央发出通知，要求各地根据可能和需要，按照积极发展、稳步前进的方针和自愿互利的原则，采取典型示范、逐步推广的方法，推动农业互助合作，提出以临时互助组、常年互助组和初级农业合作社三种形式，引导农民走互助合作道路。这一时期的农业合作化，以建立互助组为主，一些地方也试办了初级形式的农业合作社。从互助组到农业生产合作社，是合作化的升级。农业生产合作社建立在农民土地私有的基础上，农户以土地入股，收益按土地和劳动力比例分配。

过渡时期的总路线提出后，农业的社会主义改造成为中心工作之一。大规模的工业化展开后，为解决粮食等农副产品的供给不足问题，政府制定了粮食、棉花、油料等农产品统购统销政策。在推行粮食统购统销政策时，地方干部感觉到组织起来的互助组、合作社比个体农户更容易落实统购工作，工作重心自然转到推进互助合作方面。另外，一些中农为摆脱粮食统购时因过多交售粮食而留粮不足的处境，从原先抵触互助合作，转而愿意加入互助组、合作社。

1953年12月16日，中共中央讨论通过了《关于发展农业生产合作社的决议》，总结了农业合作社的十大优越性，提出"必须采用说服、示范和国家援助的方法使农民自愿联合起来"，要求到1954年秋，合作社要从1953年的1.4万个发展到3.58万个。该决议下达后，农业互助合作运动的重心由发展巩固互助组转变为发展巩固初级社。1954年至1955年上半年，全国农村普遍建立与发展了初级社。1955年1月初，在短短两个月内，全国农村办起了38万个新的农业合作社。

随着农业合作化的高速发展，由于缺乏办社经验，有的地方违反了自愿互利原则，有的地方合作社的经营管理出现问题，农村出现了非正常杀猪、宰牛、砍树现象，社员退社，新社散伙垮台。1955年1月中共中央发出《关于整顿和巩固农业生产合作社的通知》《关于大力保护耕畜的紧急指示》，初级农业合作社才得到巩固。

1955年10月党的七届六中全会扩大会议之后，农业合作化运动急剧加速。1955年底，全国初级农业合作社的数量即由年中的65万个增加到190多万个，入社农户已占全国农户总数的63.3%。

1956年1月中共中央提出《一九五六年到一九六七年全国农业发展纲要（草案）》，强调"对于一切条件成熟的初级社，应当分批分期地使它们转为高级社，不升级就妨碍生产力的发展"[①]。毛泽东主编并亲自写了两篇序言和大量按语的《中国农村的社会主义高潮》也公开出版，进一步推进了农业合作化运动。到1956年3月底，全国高级农业合作社增长到26.3万个。1956年底，高级农业合作社发展到54万个，入社农户占农户总数的87.8%，基本实现了高级形式的农业合作。仅用了4年时间，实现了预计15年完成的农业生产合作化。

从初级社升级到高级社，土地等生产资料转变为集体所有，实现了土地私有制向土地公有制的根本性转变，完成了由农民个体所有制向社会主义集体所有制的转变。农业社会主义改造后建立了农村集体经济，为农村实现共同富裕打下了社会经济基础。

当然，农业社会主义改造也存在着"要求过急，工作过粗，改变过快，形式过于简单划一"的问题，一定程度上影响了后来农村经济的发展。邓小平同志总结说："农业合作化，一两年一个高潮，一种组织形式还没有来得及巩固，很快又变了。从初级合作化到普遍办高级社就是如此。如果稳步前进，巩固一段时间再发展，就可能搞得更好一些。"[②]

[①] 国家农业委员会办公厅编：《农业集体化重要文件汇编（1949—1957）》上册，中共中央党校出版社1981年版，第529页。
[②] 《邓小平文选》第二卷，人民出版社1994年版，第276页。

三、个体手工业的社会主义改造

个体手工业是国民经济的重要组成部分。我国的个体手工业通常分为三种类型：一是依附于农业自然经济的家庭手工业；二是独立经营的个体手工业；三是雇工经营的工场手工业。第一种纳入农业社会主义改造范畴，第三种则纳入资本主义工商业改造范畴，本节论述的个体手工业社会主义改造指的是从事小商品生产的独立经营的个体手工业。

新中国成立初期，现代工业不发达，手工业在国民经济中占有重要的地位，1949年手工业产值占工农业总产值的6.9%。国民经济恢复时期，政府积极推动手工业发展，同时重视通过合作组织来促进手工业走向现代化和集体化，1950年底，全国手工业生产合作社发展到1326个，社员26万人，但基本符合手工业合作社原则的仅占总数的十分之一左右。1951年6月，全国合作总社召开全国合作社第一次手工业生产会议，提出有重点地选择几个行业，就地取材、就地加工，组织一些手工业生产合作社。1952年底，全国共建立手工业生产合作社2678个，社员达到25.24万人，年产值将近3976万元。此时合作社的规模已经壮大，社员在20人以上的合作社已占总的合作社数的80%，集体所有制组织初具规模。

1953年11月20日召开的第三次全国手工业合作会议，确定了对个体手工业进行社会主义改造的方针和政策，即"在方针上，应当是积极领导，稳步前进；在组织形式上，应当是由手工业生产小组、手工业供销生产合作社到手工业生产合作社；在方法上，应当是从供销入手，实行生产改造；在步骤上，应当是由小到大，由低级到高级"。手工业合作化逐渐被纳入国家计划指导，逐步与国营工业、国营商业和合作商业建立供、产、销联系，以加工订货、统购包销等方式进行生产经营。个体手工业的改造一般经过手工业生产小组、手工业供销合作社和手工业生产合作社三个过渡阶段。

1954年手工业合作化进入普遍发展的阶段，合作社（小组）达到4.1

万个，社（组）员达到 113 万人，分别比 1953 年增加了 8 倍多和 2.7 倍多。1955 年 12 月底，全国共有手工业生产合作社 7 万多个，社员 200 多万人，约占手工业从业人员 785 万人的 25%。

1956 年 1 月起，全国掀起手工业合作化的高潮。1956 年 1 月 12 日，北京市率先全部实现手工业合作化。其他城市纷纷学习北京的经验，改变了原来以区为单位、按行业分期分批分片改造的办法，采取全市按照行业全部组织起来的措施推进改造。1956 年 1－2 月，全国新发展的合作社（组）员达 200 多万人，等于新中国成立几年来发展的社（组）员的总数。到 6 月底，全国组织起来的合作社（组）已超过 10 万个，社（组）员达 470 余万人。在改造的高潮中，全国有 144 个大中城市（占当时全国 161 个大中城市总数的 90%），882 个县、市（占当时全国 2150 个县、市总数的 41%）的手工业全部或基本上实现了合作化。1956 年底，全国组织起来的手工业合作社（组）调整为 9.91 万个，社（组）员达到 509.1 万人，占归口手工业部门改造人员的比重达到 92%。手工业基本上实现了从个体经济到集体经济的变革，初步建立起了社会主义集体工业经济。

手工业合作化后，经济效益提高，产品质量不断上升，成本和价格逐步降低。但手工业合作化也出现一些问题，如原有的生产关系如师徒关系、手工技艺家族传承关系等受到冲击，手工业产品传统风格受到影响，一些技艺甚至失传，造成了无法衡量的损失。

四、资本主义工商业的社会主义改造

国民经济恢复时期，党和政府依据《共同纲领》规定的"公私兼顾，劳资两利"和在国营经济领导下"分工合作，各得其所"的政策，对资本主义工商业"利用、限制、改造"，利用其有利于国计民生和恢复发展经济的积极作用，限制其不利于国计民生的消极作用，改造其不符合新民主主义社会要求的弊病。国家鼓励资本主义工商业转变为国家资本主义经济，推动其公私合营。1953 年之前，中共中央对于资本主义工商业的公私合营十分谨慎，严格遵循迫切需要发展、符合国家投资计划、资本家真正自愿三个原则进行。

将资本主义私有制转变为社会主义公有制，是建立社会主义公有制经济制度的大趋势。苏联树立的改造资本主义私有制的样板，毛泽东等领导人认为不适合中国国情。中共中央第一代领导集体根据中国的历史条件，创造性地开辟了一条"赎买"与"国家资本主义"结合起来，将资本主义私有制改造为社会主义公有制的中国道路。

1953年春，李维汉率领调查组赴武汉、上海、南京、济南等城市考察资本主义工商业的变化和国家资本主义发展情况，随后向中共中央、毛泽东报送了《资本主义工业中的公私关系问题》的报告，提出了改造私营资本主义工商业的道路，即通过国家资本主义（主要是公私合营形式）来改造资本主义所有制，逐步完成由资本主义到社会主义的过渡。李维汉还提出了资本主义工商业社会主义改造中"双重改造"的方法：把对企业的利用限制和改造与对资产阶级分子的利用限制和改造结合起来，以企业为基地，把企业改造和人的改造紧密结合起来，互相促进。这一报告提出了和平改造资本主义工商业可行的路径。中共中央和毛泽东接受了该报告提出的政策。

1954年《中华人民共和国宪法》颁布，规定"国家对资本主义工商业采取利用、限制和改造的政策""利用资本主义工商业有利于国计民生的积极作用，限制其不利于国计民生的消极作用，鼓励和指导它们转变为各种不同形式的国家资本主义经济，逐步经全民所有制代替资本家所有制"。

1953年大规模工业化启动后，中共中央认识到必须同时改造私营批发商。一是因为市场紧张，农副产品供不应求导致物价波动；二是因为私营批发商业不利于推行计划管理。在实施粮油统购统销政策时，粮油私营批发商被淘汰。国营商业控制了重要生产资料和工业原料，禁止私商自营一般商品的进出口业务，又迫使一批私营大批发商转业或停业。从1954年下半年起，国家对剩下的小批发商采取"留、转、包"等措施进行改造。"留"，就是继续保留一部分私营批发商，其业务变为国营商业和供销合作社委托的代理批发;"转",就是引导有转业条件的批发商,把资金和人员转入其他行业;"包",就是国家将无法继续经营而又不能转业的批发商及职工包下来,逐步安排工作。到1954年底,基本完成了私营批发商的改造工作。

对私营工业的改造经历了从低级形式的国家资本主义到高级形式的国家资本主义的发展阶段。

国民经济恢复时期,政府或国营企业向私营工业企业加工订货、统购包销,从流通领域将私营工业与国营经济联系起来,实行低级形式的国家资本主义。一些私营工业企业也开始公私合营,进入高级形式的国家资本主义。1953年到1955年,国家通过各种合同控制了原料供应与产品销售,私营工业的生产、销售、产品价格都纳入国家计划。私营企业的资本主义性质不变,利润实行"四马分肥",即所得税占30%,工人福利占15%,企业公积金占30%,资方股息占25%。1949年到1952年,公私合营工业企业由193家增加到997家,1953年后单个企业的公私合营迅速增长。

1954年底前,私营企业的公私合营都是单个企业分别进行的,当时称之为"吃苹果"。这些合营企业通常是有发展潜力、产品有市场的大型企业,合营之后国家增加投资,劳动生产率和利润通常明显高于合营之前。1954年国家推行经济计划管理后,尚未合营的私营企业遇到很大的困难。一是原料缺乏,开工不足,设备利用率低;二是资金不足,难以得到银行贷款;三是原有供销渠道被打乱,产品销售不畅;四是规模很小,技术落后,效益差,缺乏竞争力。

公私合营成为大势所趋,私营企业主出于早合营早占据有利地位的考虑,积极要求全行业公私合营。

1955年11月,中共中央召开资本主义工商业改造问题座谈会和七届七中全会,会议确定了资本主义工商业实行全行业公私合营的方针、政策和计划,推进全行业公私合营,开始"吃葡萄"式的社会主义改造。这一阶段实行的国家资本主义分为个别企业的公私合营和全行业的公私合营两种形式。个别企业的公私合营为半社会主义性质,在企业内部实现社会主义经济与资本主义经济的联系与合作，企业利润仍然以"四马分肥"方式进行分配，但资方只能按私股所占比例得到红利的一部分，另一部分红利转为国家所有。实行全行业公私合营的企业，资本家的生产资料转为国家所有，资本家得到基于核定私股额度的定息，企业已成为社会主义性质的企业了。

1956年1月10日，北京市仅用了10天时间，就实现了全市资本主义工商业全行业的公私合营。北京的资本主义工商业改造方式迅速推广到全国各个城市。到1956年1月底，上海、天津、广州、武汉、西安、重庆、沈阳等私营工商业集中的大城市，以及50多个中等城市，相继实现了资本主义工商业全行业公私合营。到1956年底，全国99%的私营工业企业、85%的私营商业企业都实现了全行业的公私合营，基本上完成了对资本主义工商业的社会主义改造。

1956年2月8日，国务院通过《关于在公私合营企业中推行定息办法的规定》，决定在公私合营时期，企业不论盈亏，按季付给私股股东以股息，即定息。大多数资本家原来都是抱着"坐三望四"的思想，估计自己能够得到3厘定息，但盼望得到4厘定息。1956年7月28日，国务院发出《关于对私营工商业、手工业、私营运输业的社会主义改造中若干问题的指示》，规定不分工商、不分大小、不分盈余户亏损户、不分地区、不分行业、不分老合营新合营，统一付给年息五厘的定息。资本家喜出望外，皆大欢喜。

国家在公平合理、实事求是的原则上，核定私营工商业的私有股份。全国公私合营企业私股约24亿元，其中，工业企业有17亿元，商业、饮食和服务业有6亿元，交通通信业有1亿元。国家按照股额每年发给5%的定息。从1956年1月1日起，国家每年付给114万私股股东的定息为1.2亿元。原定定息发放到1962年，后延长到了1966年。

对企业进行社会主义改造的同时，国家也开始了对资本家的教育和改造。按照"量才录用，适当照顾"的原则，安排私方人员。安排方法一般是"私提公批，公私协商"，即先由工商联、同业公会与私方人员协商提出初步方案，然后与企业职工商量讨论，再由公方代表将安排方案报请政府有关部门审批。在步骤上,则是"自上而下,逐级安排"。据1957年的统计,全国拿定息的71万在职私方人员、10万左右的资本家代理人,政府全部安排了工作。据几个大城市的统计,安排直接参加生产经营的占40%–65%,安排为管理人员的占35%–40%。公私合营企业内部的"劳资对立关系"变成了"公私共事关系"。

马克思主义经典作家曾设想对资产阶级采取和平赎买的方式,将资本主义经济转变为社会主义经济。中国共产党创造性地开辟了和平赎买资产阶级的理论和实践路径,发展了马克思主义。

五、计划经济体制的建立

计划经济体制需要建立在单一公有制基础之上,以一整套计划管理制度为手段,编制和实施通过各级、各类及不同期限的计划,实现资源的计划配置与国民经济运行的管理。计划经济主要运用行政手段配置资源,根本上转变了原来新民主主义经济的计划与市场并行的运行机制。

(一) 单一社会主义公有制的建立

社会主义改造完成后,中国的经济体制发生了彻底变革,建立了单一的社会主义公有制经济。

1952年,在国民收入结构中,全民所有制经济占19.1%,集体所有制经济占1.5%,公私合营经济占0.7%,三者合计约为21.3%,个体经济占71.8%,私营经济占6.9%。1956年底,公有制经济成为绝对主体,资本主义经济不复存在。1957年,在国民收入结构中,国营经济占33.2%,合作社经济占56.4%,公私合营经济占7.6%,个体经济仅占2.8%,社会主义公有制经济占比达到了新的高度。

全民所有制经济与集体所有制经济占绝对主体,标志着单一社会主义公有制经济制度的建立。

（二）计划经济体制的建立

1953年，我国在政府主导下，集中资源进行大规模的经济建设，客观上要求建立与之相适应的计划管理体制。过渡时期总路线颁布后，计划经济体制成为新民主主义经济体制的变革目标。

早在解放战争时期，党领导的东北人民政府已开始探索经济的计划管理，成立了东北经济计划委员会及下属机构。新中国成立后，中央财经委员会承担了经济计划管理与行政管理任务。1952年11月，为了适应大规模经济建设的需要，国家成立了计划委员会，直属中央人民政府。国家计划委员会建立之初，主要任务是制定国民经济发展的年度计划和中长期计划。

1953年，我国启动大规模的工业建设，国家是基本建设的投资主体，加强计划管理成为当务之急，国家计划管理体系需要强化。1954年，全国逐步建立、充实了上至中央各部，下至县政府、基层企业的计划管理机构。

编制经济计划是实施经济计划管理的核心任务。国民经济恢复时期，中财委制定了"两下两上"的经济计划编制程序，即先由地方或基层自下而上地提出编制计划的建议数字，然后由中财委自上而下地颁发编制计划的控制数字，再由地方自下而上地呈报根据控制数字编制的计划草案，最后由中央政府自上而下地批准和颁布计划。

1954年之后，形成了"两上一下"计划编制程序。

一是提出和下达计划控制数字。国家计委提出控制数字，经国务院审查批准后，下达到各部门和省、市、自治区，以指导他们编制计划。控制数字主要包括：对基期计划执行情况的预计，国民经济发展速度，工农业主要产品产量，建设规模和投资方向，人民生活水平提高幅度以及其他一些主要指标的初步设想，等等。

二是编制和上报计划草案。各计划基层单位依据国家下达的控制数字，结合本单位的实际情况，制定出本单位的计划草案，上报上级主管单位。各省、市、自治区计划委员会和国务院各部门将本地区、本部门所属单位上报的计划草案经过汇总平衡后，制定出本地区、本部门的计划草案，报送国家计划委员会。与此同时，各省、市、自治区将其计划草案的有关部分抄送国务院各部门，国务院各部门将其计划草案的有关部分抄送省、市、自治区。

三是批准和下达正式计划。国家计划委员会综合平衡、统筹安排，制定出全国国民经济和社会发展计划草案，提交国务院审定后，报请全国人民代表大会审议批准，按隶属关系逐级下达到基层单位执行。

国民经济恢复时期，在管理方面，指令性计划与指导性计划并行，只对大中型国营企业和国家基本建设单位实行指令性计划，而对广大个体经济、私营经济和合作社经济实行指导性计划。1956 年，我国单一的社会主义公有制经济建立后，全面、全方位推行计划管理成为可能，不断扩大指令性计划的范围，形成了以指令性计划为主、指导性计划为辅的计划经济管理体制。

（三）经济运行机制的深刻转变

国民经济恢复时期，我国实行的是新民主主义经济体制，多种经济成分并存，国营经济居于领导地位。当时党和政府认识到，要促进经济的恢复和发展，必须让市场机制发挥重要作用。这一时期的国民经济是在计划管理和市场调节的共同作用下运行的，市场机制在国家宏观计划管理下发挥了基础性调节作用。由于新民主主义经济实际上是一种政府主导型的经济体制，国家对国民经济实行宏观计划管理是题中应有之义。

在 1953 年开始实施"一五"计划并向社会主义过渡之后，在国家计划委员会领导下，对财政、金融、物价、商业贸易等经济领域逐步实施计划管理，经济运行机制出现根本的转变。

对农业、手工业和资本主义工商业的社会主义改造持续推进，多种经济成分并存的经济结构很快转向了单一的社会主义公有制经济，计划管理制度不断强化，市场机制在经济运行中的作用也越来越小，市场的调节作用逐渐衰微。在政府管理下，从资金市场开始，市场的作用逐渐退却，之后有序扩展到生产资料市场、劳动力市场，最后延伸到了部分生活消费品市场。

新中国成立后，私营金融业首先受到清理整顿，最早进行全行业公私合营，到1952年底私营金融业完成了全行业社会主义改造，组建为一家由国家管理的公私合营银行，金融业已完全实行计划管理。中国人民银行建立了计划信贷资金管理体制，实行"统存统贷"。国家还禁止了国营经济的商业信用。资金市场不复存在。

劳动就业受到严格的计划管理。1953年4月政务院发出通知，禁止农民随意流入城市寻找工作，城市公私企业非经政府有关部门批准，不得自行招雇农民工，禁止了城乡之间劳动力自由流动。在第二次全国工资改革后，国营企事业单位、公私合营企业的工资归国家直接管理，集体经济（手工业合作社和合作商店）工资也由国家控制。计划用工制度得到强化。

国家实行农副产品统购统销制度后，主要工农产品之间的市场调节基本消失。在生产资料市场，煤炭、钢材、木材、水泥等重要物资实行计划调拨。国家统配物资通过市场交易的数量在总量中所占比重逐年下降。对外贸易实行统制贸易，市场调节几乎没有余地。

社会主义改造基本完成后，城市中的集体经济（主要是手工业合作社和合作商店）按照系统纳入国家计划管理，农村集体经济的主要产品被国家统购统销，工业品由国家商业系统供应，市场机制只能在农村副业及城市的个体经济中发挥有限的调节作用。

第三节　党的八大的探索和国民经济的快速发展

我国建立社会主义单一公有制和计划经济体制后，特别是苏共二十大揭露出其存在的问题后，党和国家领导人发现了苏联模式存在的问题，开始探索适合中国国情的社会主义建设道路，以毛泽东的《论十大关系》和党的八大为代表，形成了许多符合中国国情的正确思想。1957年"一五"计划顺利完成，取得良好的经济效益和社会效益。"一五"时期实施的大规模工业化建设，促进了我国国民经济的快速发展，经济总量增长显著，产业结构变化较大。人民生活水平明显提高，但城乡居民收入与消费差距有所拉大。

一、党的八大前后对社会主义建设的探索

新中国成立后，如何建设社会主义，我国没有经验，苏联成为可以学习的对象。在全面学习苏联的过程中，很快发现一些不尽如人意的地方。1956年2月召开的苏共二十大揭开苏联存在问题的"盖子"后，中国共产党吸取苏联的教训，努力探索自己的发展道路。

苏联模式的社会主义，以单一社会主义公有制和计划经济为特征。1953年斯大林去世后，苏联国内开始讨论、揭露斯大林时期的经济问题与苏联模式经济体制的弊端，1956年，苏共二十大将存在的问题呈现给国际社会主义阵营，引发震动。毛泽东指出，苏共二十大关于斯大林问题的秘密报告表明，"苏联、苏共、斯大林并不是一切都是正确的"[1]。

1956年底，我国建立了以单一公有制和行政性计划管理为特征的计划经济体制，在取得重大成绩的同时，这种体制内在的弊病也开始暴露出来。毛泽东等党和国家领导人觉察到苏联模式的局限性，认识到苏联社会主义建设中的缺点和错误。毛泽东指出："不要再硬搬苏联的一切了，应该用自己的头脑思索了。应该把马列主义的基本原理同中国社会主义革命和建设的具体实际结合起来，探索在我们国家里建设社会主义的道路了。"[2] 中国共产党提出要以苏联的经验教训为鉴戒，独立探索中国自己的

---

[1] 中共中央党史和文献研究院编：《毛泽东年谱》第五卷，中央文献出版社2023年版，第545页。
[2] 中共中央党史和文献研究院编：《毛泽东年谱》第五卷，中央文献出版社2023年版，第550页。

社会主义建设道路。党对苏联经济建设模式的反思及对自己经验的总结，主要集中在以下两个方面：一是对工业化战略和政策的反思和探索，即对农轻重关系、积累与消费关系、经济增长速度、对外经济关系的再认识；二是对经济体制的反思和探索，即对所有制结构、计划与市场关系、中央与地方关系、政府与企业关系、企业内部的党政关系的再认识。

在党的八大召开前，为了总结社会主义革命和建设的经验，毛泽东展开大量的调查研究，用43天听取国务院35个部委关于工业生产和经济工作的汇报。1956年4月25日，他在中央政治局扩大会议上作了《论十大关系》的讲话，5月2日又向最高国务会议作了报告。《论十大关系》成为党独立探索社会主义建设道路的重要成果。

在《论十大关系》中，毛泽东提出国家和社会必须处理好十大关系：重工业和轻工业、农业的关系，沿海工业和内地工业的关系，经济建设和国防建设的关系，国家、生产单位和生产者个人的关系，中央和地方的关系，汉族和少数民族的关系，党和非党的关系，革命和反革命的关系，是非关系，中国和外国的关系，其中，前五个关系主要探索经济问题，后五个关系主要探索政治问题。毛泽东强调，今后要更多地注意发展农业、轻工业，更多地利用和发展沿海工业，尽量降低军政费用，多搞经济建设，要充分调动各方面积极性。他特别论述了中央与地方的关系，指出：应当在巩固中央统一领导的前提下，扩大一点地方的权力，给地方更多的独立性，让地方办更多的事情，不能像苏联那样，把什么都集中到中央，把地方卡得死死的。

1957年2月，毛泽东在《关于正确处理人民内部矛盾的问题》的讲话中，又专门论述了关于农轻重关系的问题，提出："我国是一个大农业国，农村人口占全国人口的百分之八十以上，发展工业必须和发展农业同时并举，工业才有原料和市场，才有可能为建立强大的重工业积累较多的资金。""在第二个五年计划和第三个五年计划期间，如果我们的农业能够有更大的发展，使轻工业相应地有更多的发展，这对于整个国民经济会有好处。农业和轻工业发展了，重工业有了市场，有了资金，它就会更快地发展。这样，看起来工业化的速度似乎慢一些，但是实际上不会慢，或者反而可能快一些。"①

1956年9月，党的八大召开。周恩来在大会上提出了划分中央与地方关系的七条原则，如给予地方一定范围的计划、财政、企业、事业、物资、人事的管理权；中央管理全局性、关键性、集中性的企业和事业，其他尽可能地多交给地方管理；中央管理的主要计划和财务指标，由国务院统一下达，等等。体现了大权集中、小权分散，既要统一领导，又要因地制宜的精神。

党的八大肯定了陈云提出的"三个主体，三个补充"的思想，即以国家经营和集体经营、计划生产、国家市场三者为主体，而以个体经营、自由生产、自由市场三者为补充。这在理论上突破了苏联计划经济模式，是探索经济体制改革的重要尝试。

党的八大召开后，国家开始探索计划管理体制的改革。国务院公布了《关于改进工业管理体制的规定（草案）》《关于改进商业管理体制的规定（草案）》《关于改进财政管理体制的规定（草案）》三个文件，并决定从1957年开始施行。文件总的精神是调整中央与地方、国家与企业的关系，把工业、商业、财政方面的一部分管理权力下放给地方和企业，以便充分发挥他们的主动性和积极性，因地制宜地完成中央的统一计划。文件也对地方权限做了适当的限制。由于这次经济体制改革没有触动单一公有制和政企不分的计划管理体制，中央下放权力并没有达到预期的目的。

二、"一五"计划的顺利完成

1956年底，我国基本上完成了社会主义改造。1957年"一五"计划制定的经济建设任务也顺利完成。

"一五"时期，国家完成基本建设投资总额588.47亿元，施工的工矿

---

① 中共中央文献研究室编：《毛泽东文集》第七卷，人民出版社1999年版，第241页。

企业单位达到一万多个，其中，黑色金属企业 312 个，电力企业 599 个，煤炭企业 600 个，石油企业 22 个，金属加工企业 1921 个，化工企业 637 个，建筑材料企业 831 个，造纸企业 253 个，纺织企业 613 个，食品及其他企业约 5000 个。这些项目建成后，形成了飞机、汽车、发电设备、重型机器、新式机床、精密仪表、电解铝、无缝钢管、合金钢、塑料、电子器材等基础行业的骨架，改变了新中国成立前我国工业门类残缺不全的面貌，奠定了我国工业化的初步基础。

工业发展迅速，结构发生明显的变化。"一五"计划期间，工业总产值的年平均增长率达到 18%（"一五"计划规定的指标为 14.7%），其中，生产资料生产平均每年增长 25.4%（"一五"计划规定的指标为 17.8%），手工业产值比 1952 年增长 83%（"一五"计划规定的指标为 60.9%），平均每年增长 12.8%（"一五"计划规定的指标为 9.9%）。在"一五"计划规定的 46 种主要工业产品产量中，有 27 种提前一年达到五年计划规定的指标。没有完成计划指标的产品有原油、机车、食用植物油、火柴、卷烟、糖。1957 年，我国钢材自给率达到 86%，机械设备自给率达到 60% 以上。

这一时期，工业建设取得重大成就。鞍钢大型轧钢厂、无缝钢管厂、七号高炉首批竣工并投产；新增发电设备容量 247 万千瓦；航空工业获得重大发展，我国成为世界上少数几个能造喷气式飞机的国家；我国具备制造电子管、磁控管、多种雷达、坦克电台、飞机电台、无线电广播发射机的能力，等等。"一五"时期，工业领域出现了我国历史上的许多"第一"：1953 年中国第一根无缝钢管在鞍钢试轧成功；1954 年南昌试制成功中国第一架飞机初教-5；1955 年沈阳制造出中国第一台新式机床；1956 年沈阳制造出中国第一架喷气式飞机歼-5，长春制造出中国第一辆载重汽车；1957 年江南造船厂制造出中国第一艘鱼雷潜艇，等等。

农业生产有较快的增长。1957 年农副业总产值达到"一五"计划规定指标的 101%。其中，粮食产量为计划的 102%，棉花产量为计划的 100.3%。其他经济作物大多没有完成计划，如黄红麻产量为计划的

82.5%，烤烟产量为计划的65.6%，甘蔗产量为计划的78.9%，甜菜产量为计划的70.3%。生猪1957年年底头数为计划指标的105.5%，水产品总量为计划指标的111%。农业生产条件也有较大改善，扩大耕地5867万亩，为计划指标的101%，新增灌溉面积1.1亿亩，为计划指标的152.8%。农用机械总动力由1952年18万千瓦增加到1957年的121万千瓦，农村用电量由1952年0.5亿千瓦增加到1957年的1.4亿千瓦。化肥使用量（折纯）由1952年7.8万吨增加到1957年的37.3万吨。

交通运输事业取得显著成绩。1957年底，全国铁路通车里程达到2.67万公里，比1952年增加16.6%。"一五"时期，新建铁路33条，恢复铁路3条，新建、修复铁路干线、复线、支线及企业专用线约1万公里。标志性工程宝成铁路、鹰厦铁路、武汉长江大桥先后建成，穿越世界屋脊的康藏、青藏、新藏公路建成通车。与1952年相比，1957年全国内河航运里程增长51.6%，空运线路增长101.5%，现代化运输工具的货运量和货物周转量分别增长144%和142%，客运量和旅客周转量分别增长159.1%和100.6%，邮路总长度增长72.3%，邮电业务量增长72%。

国内商业外贸方面，1957年社会商品零售总额比1952年增长71.3%（计划指标为80%左右），猪肉、食用植物油、糖、棉布等许多生活消费品的社会零售额都比计划规定的指标低。"一五"计划期间，物价比较稳定。对外贸易方面，1957年进出口贸易总额比1952年增长62%，工矿产品在出口贸易额中的比重，已由1952年的18%上升到1957年的28%。

"一五"计划期间，财政收支大幅增长，总的收支接近平衡，财政赤字仅占总支出的2.2%。

"一五"计划时期，我国社会总产值平均每年增长11.3%，工农业总产值平均每年增长10.9%，国民收入平均每年增长8.9%，成为我国增长最快、效益最好的五年计划（规划）时期之一。与同期世界其他国家相比，尤其是与发展中国家相比，"一五"计划时期我国经济增长速度也是非常快的。

美国学者费正清对"一五"计划的成就给予极高的评价，认为：

"'一五'计划是一个令人吃惊的成功。国民收入年平均增长率为8.9%（按不变价格计算），农业和工业产量的增长每年分别为3.8%和18.7%。由于人口的年增长率为2.4%，人均生产增长6.5%，按此速度国民收入每11年将翻一番。中国在20世纪前半叶的生产增长勉强赶上人口增长（两者每年各约为1%），与此类型相比，第一个五年计划的特征是明显的加速度。中国的经验与大部分新的独立的发展中国家相比也是值得称赞的。在50年代那些国家年人均增长率为2.5%。"[1]

"一五"计划的顺利完成，离不开广大人民群众的无私奉献。为保证大规模工业建设的展开，中共中央从各方面抽调大批干部到工业部门工作。广大工人以主人翁的责任感忘我地投入到生产建设之中，积极参加劳动竞赛，涌现出一大批劳动模范。如，鞍钢技术能手王崇伦发明和改进了"万能工具胎"，一年完成三年的劳动定额；大同煤矿工人马六孩和工友们创造出一套多孔道循环掘进工作法，大大提高了劳动生产率；青岛青年女工郝建秀摸索出了细纱工作法，在纺织系统全面推广，产生了巨大的经济效益，各地棉纺厂不断刷新生产纪录。农业生产方面，涌现出以李顺达为代表的一大批劳动模范，为提高粮食产量作出了突出贡献。在新中国的劳模身上，反映出全国经济建设者们高昂的精神状态。

三、经济总量的增长和产业结构的变化

"一五"时期，我国经济总量增长比较快。1952年国内生产总值为679.0亿元，1957年增加到1068亿元，年均增长9.2%。这一时期我国工业建设正在展开，农业国的特征基本没变，因此，这样的增长速度难能可贵，略低于苏联当时10%的年增长速度，远高于资本主义国家的发展速度。

工业、建筑业、农业、运输邮电业的国内生产总值的快速增长，支撑

---

[1] J. R. 麦克法夸尔、费正清：《剑桥中华人民共和国史（1949—1965）》，中国社会科学出版社1990年版，第161—162页。

了经济总量的增长。1952 年工业、建筑业国内生产总值为 141.8 亿元，1957 年增加到 317 亿元。1952 年农业国内生产总值为 342.9 亿元，1957 年增加到 430 亿元。1952 年运输邮电业国内生产总值为 29 亿元，1957 年增加到 49 亿元。

"一五"时期，我国经济总量取得显著增长，但从人均方面看，仍然处于很低的水平。1955 年，中国国民收入仅相当于苏联的 27%、美国的 15%；中国人均国民收入为 129 元人民币，按汇率折算，同期苏联为 1516 元，美国为 3806 元。

伴随着大规模工业化的推进，"一五"时期我国产业结构发生明显变化。在工农业总产值中，农业所占比重明显下降，工业所占比重显著上升，特别是重工业所占比重有很大的增长。1953 年农业产值与轻工业、重工业产值的比例为 52.8∶29.6∶17.6，到 1957 年三者的比例变为 43.5∶29.2∶27.3。

推动产业结构发生重大变化的原因，是"一五"时期重工业、轻工业的发展速度远远高于农业的发展速度。这一时期，农业的平均增速为 4.5%，而轻工业的平均增速为 12.8%，重工业的平均增速为 25.4%。

令人瞩目的是，"一五"时期我国工业总产值平均增速远高于苏联及西方资本主义发达国家。这一时期，我国工业总产值平均增速为 18.0%，苏联为 11.6%，美国为 3.6%，英国为 3.8%，联邦德国为 10.1%，法国为 7.9%，日本为 15.0%。

四、人民生活水平的提高

"一五"时期，随着经济的快速发展，人民生活水平明显提升，生活质量显著改善。

从收入方面看，这一时期全国职工货币平均工资增长了 42.8%，实际平均工资增长了 30.8%。1952 年全国全民所有制职工年平均工资为 446 元，1957 年提高到了 637 元。农户的收入也随着农业发展而增长。五年中由于国家农产品收购价格的提高，农户多增加了110亿元的收入。1952年农民人均纯收入为57元，1957年增加到73元，提高了28.1%，其中，人均货币收入从26.8元增加到36.8元，涨幅达37.3%，年均增长7.46%。

从消费方面看，1952年城镇居民人均消费水平为148元，1957年达到205元，5年内提高了26.3%，年均增长4.8%。城市居民消费"吃"的部分支出在下降，"用"的部分支出在上升。以北京为例，1957年消费品零售额提高了89.8%，其中，呢绒增长95.3%，绸缎增长129.3%，缝纫机增长151%，手表增长179.5%，自行车增长152.8%，收音机增长1220%。城镇居民购买手表、自行车、收音机"三大件"成为新时尚。

1952年农民人均消费水平为63.3元，1957年提高到74.1元，实际增加17.1%，年均增长3.42%。1952年，农民的人均实物消费中，粮食消费为192公斤，1957年提高到205公斤，增长了6.8%。1957年农民人均食用油为1.2公斤，食糖为1.1公斤，棉布为6米，分别比1952年提高了11.8%、79%和28.8%。大多数农户的生活水平与国民经济恢复时期相比，有了一定程度的提高。

第三章

"大跃进"运动和国民经济调整
（1958-1965）

在"一五"计划顺利推进的情况下,"二五"计划的编制工作提上日程。1956年9月,《中国共产党第八次全国代表大会关于发展国民经济的第二个五年计划(一九五八——一九六二)的建议》在会上通过。在当时社会主义阵营建设高潮的影响下,中共中央在1957年冬提出15年赶超英国的发展目标,反冒进受到批评,"二五"计划指标也进行相应调高,超出了实际可能,并出现了层层加码的现象。中共中央在1958年正式制定社会主义建设总路线,发动"大跃进"和人民公社化运动,力图在探索社会主义建设道路中打开一个崭新的局面。但实践证明,这个努力不仅没有成功,反而致使国民经济出现严重困难局面。中共中央经过认真调查研究,纠正错误、调整政策,决定对国民经济实行"调整、巩固、充实、提高"的方针。到1965年底,国民经济继续调整的任务顺利完成。鉴于我国经济将进入一个新的发展时期,三届全国人大一次会议郑重提出了实现"四个现代化"的历史任务。

第三章 "大跃进"运动和国民经济调整（1958－1965）

第一节 "二五"计划调整和"大跃进"运动兴起

在反冒进背景下，"二五"计划建议在党的八大上通过。在反冒进与反"反冒进"的较量中，"二五"计划不断调整。1958年5月，党的八大二次会议制定了社会主义建设总路线。在批评反冒进和酝酿、制定总路线的过程中，"大跃进"运动逐步兴起。

一、"二五"计划的制定和反"反冒进"

总体而言，我国的第一个五年计划制定和执行得都比较好。以"156项工程"为中心的"一五"计划的建设稳步推进，我国建立了一批现代化的大型骨干企业，许多工业部门从无到有，独立的工业经济体系已具雏形，社会主义工业化的初步基础已奠定。

在国际上，1955年的万隆会议标志着我国已经打破以美国为首的西方孤立封锁，与苏联的关系也更密切。斯大林逝世以后，接任苏共总书记的赫鲁晓夫逐步开展了非斯大林化运动，暴露了苏联工业化模式的弊病，中国人对苏联经济建设模式的迷信开始逐步消除。

在此国内国际背景下，我国加快了关于社会主义建设道路的独立探索。1956年4月，毛泽东在中共中央政治局扩大会议上作了《论十大关系》的讲话，之后又在最高国务会议上作了报告。1957年2月，毛泽东在《关于正确处理人民内部矛盾的问题》的讲话中又专门论述了工业化道路问题，关于农轻重的关系，毛泽东提出："在第二个五年计划和第三个五年计划期间，如果我们的农业能够有更大的发展，使轻工业相应地有更多的发展，这对于整个国民经济会有好处。农业和轻工业发展了，重工业有了市场，有了资金，它就会更快地发展。这样看起来工业化的速度似乎慢一些，但是实际上不会慢，或者反而可能快一些。"①

为迎接即将到来的大规模的社会主义建设时期，中共领导人在一系列调查研究和取得共识的基础上，开始着手第二个五年计划的起草工作。

1955年8月，在"一五"计划正式颁布以后不到一个月，国家计委开始制定第二个五年计划和十五年规划。经过多次修改，中共中央决定将"二五"计划建议稿提交党的八大。1956年9月，周恩来在党的八大上作了《关于发展国民经济的第二个五年计划的建议的报告》。他提出：第一，应该根据需要和可能，合理地规定国民经济的发展速度，把计划放在既积极又稳妥可靠的基础上，以保证国民经济比较均衡地发展。第二，应该使重点建设和全面安排相结合，以便国民经济各部门能够按比例地发展。第三，应该增加后备力量，健全物资储备制度。第四，应该正确地处理经济与财政的关系。该报告说明了"二五"计划的基本任务，在投资分配方面，工业投资在投资总额中所占的比重，将由"一五"计划的58.2%提高到60%左右，其中轻工业投资占工业投资的比重比"一五"计划的11.2%将有所提高；农业投资占投资总额的比重将由"一五"计划的7.6%提高到10%左右。"二五"计划仍然是优先发展重工业，努力建设工业中薄弱和缺乏的门类，争取在1962年实现国内经济建设所需要的机器设备70%左右能够自给。该报告对"二五"计划期间的经济增长指标定得比较高，工农业总产值五年内计划增长75%左右，其中工业总产值增长1倍左右，农业总产值增长35%左右。另外，周恩来还特别提出，由于国际形势趋于缓和，应该扩大对外经济交流。

可以说，在1956年至1957年拟定"二五"计划时，中共中央虽然没有改变优先发展重工业和高速增长战略，但是已经注意调整农轻重的发展关系、外延型增长与内涵型增长的关系。可惜的是，1957年底开始的反"反冒进"，打断了上述思路和计划。

1955年7月，随着对农业社会主义改造"右倾保守主义"的批评，社

---

① 中共中央文献研究室编：《毛泽东文集》第七卷，人民出版社1999年版，第241页。

会主义改造速度大大加快，经济建设高指标和"大干快上"的急躁冒进倾向抬头，财政收支平衡局面被打破，财政开始出现赤字，市场供求关系紧张的状态加剧。在一线主持中央日常工作的刘少奇、周恩来、陈云等人判断较为一致，主张反冒进，压缩1956年的经济计划指标。1956年9月召开的党的八大，继续肯定了既反保守又反冒进，在综合平衡中稳步前进的方针。毛泽东不认同反冒进，但他当时尊重中央领导集体的决定，没有提出自己的不同意见。1957年，在开展反右和社会主义教育运动之后，广大干部和群众的社会主义热情高涨，这使毛泽东更加相信反冒进是错误的，给群众的积极性泼了冷水。1957年11月2日，毛泽东率领中国代表团赴苏联参加十月革命胜利40周年庆典并参加第一次莫斯科会议。会上，由于对世界局势作出两大阵营和平竞赛的判断，并肯定优先发展重工业的赶超战略，一些社会主义国家的领导人提出了各自的赶超目标。苏共中央总书记赫鲁晓夫提出，苏联要在15年时间，在工农业最重要产品的产量方面赶上和超过美国。毛泽东也在会上提出，中国在15年后可能赶上或者超过英国。鉴于国内国际新形势新变化，1957年底至1958年初，毛泽东对1956年以来的反冒进进行了严厉的批评。

为适应上述情况的新变化，国家计委对"二五"计划的指标进行了调整。"二五"计划指标的修订与年度计划的改变是相辅相成的。1958年2月，一届全国人大五次会议批准1958年国民经济计划主要指标为：工业总产值为747.4亿元，比1957年预计增长14.6%，其中钢产量624万吨，增长19.2%；农业总产值688.3亿元，比1957年增长6.1%；基本建设投资145.8亿元，比1957年增长17.8%。2月12日，国务院将1958年计划指标下达各地区和各部门。国务院指出，这是国家的第一本账，各省、市、自治区和各个部门要在此基础上再编制第二本账①。3月21日，成都

---

① 当时中央和地方的生产计划分别有必成和期成两本账，中央的第一本账为必成账，第二本账为期成账，中央的第二本期成账是地方的第一本必成账，而地方的第二本期成账则指标更高。生产计划实际上四本账的工作方法是导致各地区、各部门在制订计划时层层加码、追求过高指标的一个重要因素。

会议通过1958年年度计划的第二本账，4月5日中央政治局批准国家经委《关于1958年度计划第二本账的报告》。第二本账与全国人民代表大会批准的1958年计划相比，工农业总产值增加223亿元，钢产量增加75万吨，基本建设投资增加29.2亿元。在批评反冒进和破除迷信、解放思想的气氛下，会议还就加快农业机械化问题作出决定，要求在7年内，争取5年内基本实现农业机械化和半机械化；并且提出，5年或者7年的时间内，使地方工业产值赶上或超过农业产值。1958年5月召开的党的八大二次会议，充分肯定已出现的"大跃进"形势，会议把"二五"计划纳入了"大跃进"的轨道，会议通过的"二五"计划指标均大幅提高。

1958年6月，在汇总各地区、各部门所报指标后，国家计委向中央提出了《第二个五年计划要点》。该要点提出，"二五"计划各项指标以1962年生产6000万吨钢为中心来安排，以钢和机械为纲，带动其他指标，到1967年生产钢1亿吨；第二个五年工业生产年均增长45%左右，农业生产年均增长21%左右；初步计算，五年经济建设总投资约3000亿元。1958年8月，北戴河会议号召全党全国为生产1070万吨钢而奋斗，会议还作出《中共中央关于1959年计划和第二个五年计划问题的决定》。该决定指出，经过1958年、1959年、1960年这三年的苦战，再加上此后两年的继续努力，即到1962年完成第二个五年计划的时候，我们就完全可能使粮食产量达到1.5万亿斤或者更多一些，钢产量达到8000万吨至1亿吨，并且提前5年实现十二年科学规划，在主要的科学技术部门赶上世界的先进水平。为了实现上述指标，第二个五年必须进行巨大规模的建设。初步估算，第二个五年合计的基本建设投资约需3850亿元，比第一个五年增长6.8倍左右。这些指标，大大超过正常发展所能达到的增长幅度，实行的结果只能导致国民经济的比例失调和全面紧张。

二、权力下放和社会主义建设总路线

早在1955年毛泽东外出视察工作期间，所到各省的负责同志纷纷向他反映中央对经济统得过死的弊端，要求中央放权。毛泽东对这些要求很重视，在以后的多次会议上提出要改革经济管理体制，注意发挥中央和地方两个积极性。毛泽东作了《论十大关系》的讲话后，国务院根据讲话精神，开始着手制定相关经济管理体制改革方案。1957年11月，国务院制定了《关于改进工业管理体制的规定》《关于改进商业管理体制的规定》《关于改进财政管理体制的规定》等文件，并决定自1958年起施行，由此中央给了地方更多的权力。此后随着"大跃进"运动的开展，中央又陆续下放了计划管理、基本建设审批、物资财税管理、招工及文教等方面的权力，以充分调动地方的积极性。

在经济管理权下放的同时，中央还将部分中央所属企业也下放给地方管理。1958年4月11日，中共中央和国务院通过了《关于工业企业下放的几项决定》，要求国务院各主管工业部门，除一些主要的、特殊的以及"试验田"性质的企业仍归中央继续管理外，其余企业原则上一律下放。到1958年6月15日，中央各部门陆续下放了885个单位，中央各工业部所属企事业单位80%左右交给了地方管理。中央直属企业的工业产值占整个工业总产值的比重由1957年的39.7%降为1958年的13.8%。[①]

为了适应建设完整的工业体系以及企业下放后新的协作关系的需要，中共中央提出从组织上加强经济协作区。1958年6月1日，中共中央发出《关于加强协作区工作的决定》，正式把全国划分为东北、华北、华东、华中、华南、西南、西北7个协作区，要求各协作区根据各个区域的资源等条件，按照全国统一的规划，尽快分别建立大型的工业骨干和经济中心，形成若干个具有比较完整的工业体系的经济区域。8月，北戴河会议通过了《中央关于经济协作的几项具体规定》，对国家计划的完成和各地区、各部门间的协作作了规定。

经济管理权力和工业企业的下放，以及经济协作区的建立，推动了

---

① 国家经济体制改革委员会历史经验总结小组编：《我国经济体制改革的历史经验》，人民出版社1983年版，第71页。

"大跃进"运动的兴起。

1958年元旦,《人民日报》发表题为《乘风破浪》的社论。社论再次强调"多快好省"的方针,并提出"鼓足干劲,力争上游"的口号。1958年1月和3月,毛泽东在南宁会议和成都会议上,在继续批评反冒进的同时,多次谈到社会主义建设总路线的问题。他在成都会议上说:"搞社会主义有两条路线,我们做工作要轰轰烈烈,高高兴兴,不要寻寻觅觅,冷冷清清。"[①] 他把"多快好省,鼓足干劲,力争上游"并提,称之为"总路线"。他还讲道:"社会主义建设的总路线,还在创造中,基本点已经有了。"[②] 一个多月后,这条总路线在党的八大二次会议上被正式确定下来。

1958年5月,在党的八大二次会议上,刘少奇代表中央对"鼓足干劲、力争上游、多快好省地建设社会主义"的社会主义建设总路线作了说明。他指出,现在中国共产党的主要任务是进行社会主义建设,要实行技术革命和文化革命,"建设速度的问题"是"摆在我们面前的最重要的问题"[③]。他还提出为了提高建设速度,鼓励采取工业和农业、中央工业和地方工业、大型工业和中小型企业同时并举的两条腿走路的方针。通过实施社会主义建设总路线,尽快地把我国建成为一个具有现代工业、现代农业和现代科学文化的伟大的社会主义国家。

社会主义建设总路线的提出,反映了中共中央和广大人民群众迫切要求尽快改变我国经济文化落后状况的普遍愿望,体现了中共中央、毛泽东关于社会主义建设的思路。但是,由于这条总路线是在批评反冒进的过程中形成的,是在急躁冒进、急于求成的思想指导下制定的,忽视了经济发展的客观规律和计划工作的综合平衡,并且夸大了主观意志的作用,提出高指标,遂导致了"虚假浮夸"和"强迫命令"之风盛行起来。在宣传和经济工作中,实际上又片面强调一个"快"字,提出"速度是总路线

[①②] 中共中央党史和文献研究院编:《毛泽东年谱》第六卷,中央文献出版社2023年版,第320页。
[③] 中共中央党史和文献研究院、中央档案馆编:《建国以来刘少奇文稿》第九册,中央文献出版社2018年版,第96页。

的灵魂"。于是,在贯彻落实的过程中,盲目求快的倾向就压倒了一切。

三、农业"大跃进"和人民公社化运动

1958年5月5日至23日,党的八大二次会议召开。会议认为,我国正处在"一天等于20年"的伟大时期,我国社会主义建设事业的发展也完全能够达到一个极高的速度。因此提出,社会主义建设总路线和积极实现科学技术革命,将使我国的社会生产力大大地发展起来,将要大大地提高我国的劳动生产率。会议提出的目标是:"使我国工业在15年或者更短的时间内,在钢铁和其他主要工业产品的产量方面赶上和超过英国;使我国农业在提前实现全国农业发展纲要的基础上,迅速地超过资本主义国家;使我国科学和技术在实现'12年科学发展规划'的基础上,尽快地赶上世界上最先进的水平。"[①] 毛泽东在会议上多次讲话,号召全党解放思想,破除迷信,批判了所谓"观潮派""秋后算账派",提出要插红旗,辨风向,把白旗拔掉,从而助长了经济建设脱离实际的"左"的错误倾向。

党的八大二次会议的召开,标志着"大跃进"的全面发动。会后,"大跃进"运动在全国范围内从各个方面开展起来,并进入高潮。此时,农业"大跃进"已是一马当先,开展得如火如荼。

早在1957年10月,中共中央公布了八届三中全会通过的《一九五六年到一九六七年全国农业发展纲要(修正草案)》,各地区、各部门为贯彻文件精神,纷纷召开会议,批判"右倾保守"思想,制定各自的"跃进"计划,提出新的高指标。1957年冬到1958年春,全国掀起以兴修水利、养猪积肥和改良土壤为中心的农业生产高潮,拉开了农业"大跃进"的序幕。农业"大跃进"的主要特征是产量指标的严重浮夸。这种浮夸风集中体现为虚报农作物单位面积产量,竞放高产"卫星"。在虚报浮夸的气氛

[①] 中共中央党史和文献研究院、中央档案馆编:《建国以来刘少奇文稿》第九册,中央文献出版社2018年版,第96页。

和背景下，夏收期间，全国各地普遍掀起竞放高产"卫星"的热潮。1958年6月8日，河南省遂平县卫星农业社放出小麦亩产达到2105斤的高产"卫星"。7月，河南省西平县和平农业社小麦亩产达到7320斤。8月，湖北省麻城县麻溪河乡早稻亩产3.69万斤。全国最大的水稻高产"卫星"出现在广西环江县红旗农业社，宣称亩产高达13万多斤。许多离奇的农作物高产典型，实际上是采用"并田"的方法，即将多块地里成熟或基本成熟的农作物移栽到一块地里假造出来的，也有的甚至是估算出来的。

在农业"大跃进"氛围影响下，一些地方开始要求合并农业生产合作社，扩大其规模，以解决统一规划和集中劳力、物资、资金等方面的问题。当时，四川泸县在春耕前夕，把全县3000多个中小型农业社合并成700多个大社，合并后的社规模在250户左右，增强了集体的力量，在加强农田基本建设和水利建设方面，办了不少以前想办却办不到的事情。

泸县的做法引起了中央的重视。1958年3月，毛泽东在成都会议上提出把小型的农业生产合作社有计划地适当地合并为大型的农业生产合作社的建议。成都会议通过的《中共中央关于把小型的农业合作社适当地合并为大社的意见》指出：我国农业正在迅速地实现农田水利化，并将在几年内逐步实现机械化，在这样的情况下，农业生产合作社如果规模过小，农业的组织和发展方向势将发生许多不便。为了适应农业生产和文化革命的需要，在有条件的地方，把小型的农业合作社有计划地适当地并为大型的合作社是必要的。此时，中共中央领导人已开始酝酿改变农村基层组织结构、实现乡社合一的问题，并在不同场合谈到办"公社"的意见。

7月1日，《红旗》杂志发表题为《全新的社会，全新的人》的文章，在介绍一个农业生产合作社办工业的情况后说："把一个合作社变为一个既有农业合作又有工业合作的基层组织单位，实际上是农业和工业相结合的人民公社。"7月16日，《红旗》杂志又发表了《在毛泽东同志的旗帜下》的文章。该文指出："毛泽东同志说，我们的方向，应该逐步地有秩序地把工（工业）、农（农业）、商（商业）、学（文化教育）、兵（民兵，即全民武装），组成一个大公社，从而构成我国社会的基层单位。"实际上，这是在向全国传达毛泽东关于人民公社的思想。

河南省最先行动起来。该省在兴修水利、小社并大社中行动比较快，搞得比较早。1958年4月，遂平县和平舆县最早出现6000户至7000户的大社。4月20日，全国第一个人民公社——河南遂平县嵖岈山卫星农业社，由27个高级农业社合并而成，共6566户，30113人。随后又改为卫星人民公社。

8月上旬，毛泽东视察河北、河南、山东三省，沿途与当地负责同志谈到办公社的问题。8月4—5日，他在河北徐水县了解到办社的情况后称赞当地的"组织军事化，行动战斗化，生活集体化"，并指示要搞人民公社。8月6日，中央农村工作部负责同志在徐水传达了中央关于在徐水搞共产主义试点的指示。县委立即号召全县成立人民公社，向共产主义过渡。几天之内，全县便实现了人民公社化。同日，毛泽东来到该公社视察，听完当地负责人汇报后说：看来"人民公社"是一个好名字，包括工、农、兵、学、商，管理生产，管理生活，管理政权。"人民公社"前面可以加上地名，或者加上群众喜欢的名字。8月9日，他在山东视察。当中共山东省委负责人在汇报中提到历城县北园乡准备办大农场时，毛泽东说："还是办人民公社好，它的好处是，可以把工、农、商、学、兵结合在一起，便于领导。"8月13日，《人民日报》把毛泽东上述谈话的内容在报纸上公开发表。于是，"人民公社好"迅速传遍了全国。

8月下旬，北戴河会议通过《中共中央关于在农村建立人民公社问题的决议》。该决议对办公社的步骤、办法等作了具体规定。此后，全国掀起大办人民公社的高潮。

到10月底，全国农村建立的人民公社达到26000多个，入社农民占农户总数的99%以上，至此，全国农村已实现人民公社化。"大跃进"初期建立起来的人民公社，既是一种经济组织，也是一级政权机构。公社的基本特点被概括为"一大二公"。所谓"大"，就是规模大，基本上是一乡一社，甚至数乡一社。所谓"公"，就是生产资料公有化程度高。公社内部统一核算，实际上是刮"一平二调"的"共产风"，搞平均主义，无偿调拨生产队包括社员个人的财物和劳动力。公社不但负责农业生产，而且对工、商、学、兵等进行统一管理。公社组织军事化、行动战斗化、生活集体化，大搞公共食堂，实行工资制和供给制相结合的分配制度。

农业"大跃进"和人民公社化运动的出发点是为了把社会主义建设得快一点、好一点，但由于经验不足，加上不够谨慎，背离了中国共产党一贯倡导的实事求是原则，凭主观愿望和意志办事，带有浓厚的平均主义和军事共产主义色彩，大办人民公社的过程不仅造成对农民的剥夺，而且使农村生产力受到灾难性的破坏。

四、"大炼钢铁"和全民大办工业

"大跃进"运动在全国范围内从各方面开展起来后，特别是农业方面提出"以粮为纲"口号，给工业方面的"大跃进"带来很大的压力。

1958年6月18日晚，毛泽东召集中央负责同志开会，他问到：现在农业已经有办法了，办法就是"以粮为纲，全面发展"；"以粮为纲"，带动其他，农林牧副渔全面发展。我现在就是要拿农业来压工业，农业的问题解决了，你工业怎么办？负责分管工业的同志回答：那工业就是"以钢为纲"，带动一切吧。毛泽东说：对，很对！就按照这个办。于是，"以钢为纲"的口号就提出来了。① 在此口号的鞭策和鼓舞下，中央先后要求7年、5年以至3年内提前实现原定15年钢产量赶上或者超过英国的目标。

1958年6月，各大协作区召开钢铁规划会议，把钢铁产量指标向上提高。华东区首先提出1958年钢产量要达到600万–700万吨，其他各大区也纷纷提出了各自的高指标。在争先恐后提高指标的气氛下，中共冶金部党组向中共中央提出，1959年全国钢产量可以超过3000万吨，1962年的生产水平则可能达到八九千万吨以上。根据上述报告，毛泽东认为，1958年钢产量可以比1957年翻一番，即由1957年的535万吨提高到1958年的1070万吨。按照毛泽东的意见，中共中央内部决定1958年的钢产量为

---

① 《薄一波文选》，人民出版社1992年版，第350页。

1100万吨,北戴河会议后公开宣布为1070万吨。为完成钢的生产任务,北戴河会议提出由第一书记挂帅,大搞群众运动,全党全面办钢铁工业的方针。8月底,投入大炼钢铁的劳动力达到几百万人,9月底猛增至5000万人,10月底又增至6000万人,年底则达到9000多万人,直接和间接参加大炼钢铁的人力占全国人口总数的1/6左右。小高炉、土高炉的数量也迅猛增加。8月底为17万座,9月底增至60多万座,10月底猛增至几百万座。全国范围的工厂、公社、机关、学校和部队,到处建起土高炉,办起炼铁场,甚至中央和国家机关的大院里,也建起了小高炉。

在开展"大炼钢铁"的同时,1958年还兴起了全民"大办工业"的热潮。"机器到处响,工厂遍城乡"成为当时从上到下追求的目标。1958年3月23日,成都会议通过的《中共中央关于发展地方工业问题的意见》提出:"各省、自治区应该在大力实现农业跃进规划的同时,争取在五年或者七年的时间内,使地方工业的总产值赶上或者超过农业总产值。"[①] 这对工业基础比较薄弱的内地省份造成了较大压力,于是在后来不断批评所谓"右倾保守"气氛下,加上中央从1958年初开始实施权力下放改革和提出"苦战三年,使大部分地区的面貌基本改观"的口号,工业落后省份就产生了大干快上的迫切心情。

1958年3月,国家经委在给中央的报告中就说:现在看,各地方的干劲比中央各部门还要足一些,特别是甘肃、陕西、云南、贵州、湖南、安徽、河南7个省,都计划把今年的工业总产值比去年提高50%以上。这又反过来促进了其他省份领导也不甘或不敢落后。而要迅速提高工业比重,唯一的办法就是全民大办工业。因此,就出现了"县县办工厂,乡乡办工厂,规模之大,声势之壮,前所未有"[②] 的现象。比如轻工行业的造纸,1958年小型纸厂遍地开花,连日产5吨的圆网纸机也大量推广,全国企业个数由1957年的164个增加到1960年的1500个左右。

---

① 中央档案馆、中共中央文献研究室编:《中共中央文件选集》第二十七册,人民出版社2013年版,第275-276页。
② 国家经委党组:《关于1958年度计划第二本账的报告》,1958年3月7日。

由于自 1958 年初以后各种高指标和浮夸风愈演愈烈，特别是夏粮产量的严重虚报，给人们造成一种假象，似乎我国工农业生产等各条战线的形势比以往任何时候都好。当年 8 月中下旬召开的中共中央北戴河会议也趁此东风，大幅提升钢铁生产指标，掀起了全民大炼钢铁和全党大办工业的热潮。于是，"大跃进"再次出现"新局面"。

第二节 "大跃进"的严重后果和调整国民经济

1958 年 8 月，中共中央政治局扩大会议（即北戴河会议）确定把 1958 年钢的生产指标由 1957 年的 535 万吨提高到 1070 万吨。为实现这个脱离实际生产能力的目标，全国集中了大量人力、物力、财力，不仅导致基本建设规模和职工人数急剧膨胀，而且严重冲击和挤占了农业、轻工业生产，致使社会上供需矛盾加剧，困难局面不断加重。

一、1958 年的经济形势

北戴河会议结束时，1958 年已经过去了 8 个月，当时全国只生产出钢 400 万吨，要在剩下的 4 个月内生产 670 万吨钢，靠既有设备和按部就班的生产方法是根本完不成的。钢铁企业即使一再加紧生产，所能增加的产量也有限。新增加的设备虽然可以增加一部分产量，但大部分当年不能投入生产。例如，鞍钢在 1951—1957 年的基本建设项目都在 10 个月以上。而且需要较多投资，每一立方米高炉容量的投资额都在 1 万元以上。不管是在时间上还是建设成本上，按照原有的建设思路已经很难完成生产任务。

在北戴河会议召开之前，当中方告诉来访的苏共中央总书记赫鲁晓夫，中国将于 1958 年生产 1100 万吨钢时，苏方对此表示怀疑。为实现这个高指标，回应各方质疑，毛泽东于8月16日提出书记挂帅、全民全党搞钢铁的号召。9月1日，《人民日报》发表社论《立即行动起来，完成把钢产量翻一番的伟大任务》。与此同时，中共中央还先后4次召开电话会议催促落实。

在舆论鼓动和中央催促下，在1070万吨钢铁生产任务的压力下，越来越多的小高炉被建立起来。在大炼钢铁运动中，各地为了完成任务，就大造舆论，开展所谓大放"高产卫星"活动。河南鲁山县曾放出钢铁战线上最早的高产卫星，据1958年9月3日《人民日报》报道，鲁山县已经建成1300多座炼铁炉，并在最近创日产生铁1068.65吨的记录。中共中央确定，9月29日为放"卫星"日。这一天，各种"卫星"一齐上天，全国钢的日产量近6万吨，铁的日产量近30万吨。中共中央又确定，10月15日到21日为"钢铁生产高产周"，钢铁"卫星"越放越大。《人民日报》宣称：在这一周内钢的平均日产量比以前增加了303%；其中，钢的最高日产量曾达到10万多吨，生铁的最高日产量曾达到37万多吨。

经过几个月的盲目蛮干，加上相当程度的虚报，到1958年底，全国宣布钢产量达到1108万吨，生铁产量达到1369万吨，超额实现了翻番的目标，但是其中"洋钢"产量仅为800万吨，仅比1957年增长49.5%。钢铁产量高指标的实现，相当一部分是依靠土法炼钢完成的。由于小高炉技术落后，生产成本居高不下，据国家统计局估计，1958年生产的1000多万吨土铁和烧结铁，仅多消耗的煤炭就约4000万吨。大型洋法生产的生铁成本当时每吨平均92.16元，国家统一规定生铁出厂的调拨价格每吨为150元。在土铁生产成本远远超过这一水平的情况下，各省不得不制定大大高于国家统一价格的临时价格。各省的生产成本远高于国家规定的价格150元，其中，浙江生铁平均生产成本为650元，陕西为700元，青海更是高达971元。即使这样，绝大部分小高炉炼出的生铁都不合格。据后来统计，1958年仅炼铁补贴一项，国家财政的支出就高达40亿元，超过当年财政总收入的1/10。为完成钢铁生产指标，钢铁及相关产业的基本建设项目迅速增加，1958年国有单位固定资产投资总额比1957年增长了

84.53%，职工总人数在一年之内增加 2000 多万，比 1957 年增加超过 2/3，加剧了财政支出、商品粮供应的负担。同时，因大炼钢铁挤占的轻工业，因大砍树木造成森林资源的破坏，因大规模抽调劳动力造成的农业生产损失，更是无从细考。各地在大炼钢铁的同时，还大办电力、交通、水利、文教等各项事业。这种"以钢为纲，全面跃进"的良好愿望并没有带来"一马当先，万马奔腾"的美好局面，反而浪费了大量的人力物力，给当时的人民生活和后来的经济发展造成了严重困难。

二、初步纠"左"和"继续跃进"

对"大跃进"和人民公社化运动中出现的普遍性问题，中共中央开始重视并力求在社会主义的理论和实践方面，努力加以完善和纠正。从 1958 年 11 月在河南郑州召开中央工作会议（第一次郑州会议）开始，到 1959 年 7 月，中共中央相继召开武昌会议、党的八届六中全会、第二次郑州会议、上海会议、党的八届七中全会等一系列会议，试图纠正已经察觉到的"大跃进"和人民公社化运动中出现的"浮夸风"、"强迫命令风"和"共产风"。

毛泽东在 1958 年 11 月上旬召开的第一次郑州会议上，批评了急于想使人民公社由集体所有制过渡到全民所有制、由社会主义过渡到共产主义，以及企图废除商品生产等错误主张。在 11 月下旬召开的武昌会议，延续郑州会议的思路，继续批评急于过渡的倾向以及工业生产上的高指标和浮夸风。武昌会议结束后，紧接着召开的党的八届六中全会通过了《关于人民公社若干问题的决议》《关于改进农村财政贸易管理体制的决议》《关于一九五九年国民经济计划的决议》等文件，批评并开始纠正"大跃进"运动开展以来所出现的"左"的错误。1959 年 2 月末召开的第二次郑州会议，主题是解决人民公社所有制和纠正"共产风"的问题，提出人民公社实行权力下放，三级管理，三级核算，队为基础的体制；在公社内部，承认队与队、社员与社员的收入之间的差别，实行按劳分配、等价交换的原则等。会议起草了《关于人民公社管理体制的若干规定（草案）》。

第二次郑州会议后，中共中央又召开了上海会议和八届七中全会。会议对人民公社的管理体制作了原则规定，除了重申第一次郑州会议以来提出的方针政策外，八届七中全会还对上年武昌会议拟定的计划指标作了调整，压缩工农产品的产品指标，压缩投资数额，削减限额以上项目，但调整后的指标仍然很高。

1958年冬以后对1959年国民经济计划多次进行调整，虽然在计划安排上仍未摆脱急于求成、盲目"大跃进"等"左"的思想影响，尤其是在粮食、棉花方面仍保持过高的指标，其他一些指标也有过高的情况，但是，钢铁等产量指标和基建投资总额等指标，经过几次压缩，已接近实际。这对于缓解1958年"大跃进"造成的国民经济困难，起了重要作用。

1959年7月2日至8月16日，中共中央先后在庐山召开了政治局扩大会议和八届八中全会。会议初衷是为了进一步纠正"大跃进"运动以来"左"的错误。毛泽东希望全党结合工作中遇到的实际问题，认真读书，以进一步探索中国社会主义建设规律。但随着彭德怀给毛泽东写信陈述自己的意见并引发毛泽东的强烈不满后，会议发生了从纠"左"到反右的逆转。这对党和国家的政治生活以及国民经济的发展造成了严重后果。

彭德怀于7月14日给毛泽东写了一封信，陈述自己的意见。信中指出，过去一个时期，在我们的思想方法和工作作风方面，也暴露出不少值得注意的问题，主要是，"浮夸风气较普遍地滋长起来""小资产阶级的狂热性，使我们容易犯左的错误""一些左的倾向有了相当程度的发展……把党长期以来所形成的群众路线和实事求是作风置诸脑后了""纠正这些左的现象，一般要比反掉右倾保守思想还要困难些，这是我们党的历史经验所证明了的"。①

7月16日，毛泽东批示将彭德怀的信印发给会议。毛泽东认为，彭德怀等不是跟他一起去纠正工作中的缺点错误，而是怀疑、反对"大跃进"和

---

① 《彭德怀自述》，人民出版社1981年版，第284－286页。

人民公社，是向他和中共中央的领导"下战书"，是右倾的表现。8月2日至16日，在毛泽东提议下，中共中央举行八届八中全会。会议继续揭发批判所谓"彭德怀为首的右倾机会主义反党集团"，并通过《关于以彭德怀同志为首的反党集团的错误的决议》《为保卫党的总路线、反对右倾机会主义而斗争》等文件，会议认为"右倾机会主义的进攻，已经成为当前党内的主要任务"。这样，庐山会议后期不但错误地批判了彭德怀等人，而且更进一步把"反右倾"斗争扩大到全国各地区党政机关和基层干部中去。从此，纠"左"进程不仅被打断，而且鼓励了"左"倾错误在其他方面的发展，并导致了1960年的"继续跃进"。庐山会议的转向，实际上使中共中央失去了一次纠正"大跃进"以来日益蔓延的"左"倾错误的机会。

三、"大跃进"的严重后果

持续三年的"大跃进"和人民公社化运动，动员了规模空前的人力、物力、财力，建设规模大大超过了国家和社会承受能力，并且经济效益很低，造成大量人力、物力的浪费。但是从某种意义上说，它也使我国的工农业生产在一个短时期内，即使扣除虚假浮夸，仍有了迅速的发展和变化。比如，建成了一批重要工业项目。当时中央和地方先后施工的大中型工业项目达到2200个左右，其中完成和部分完成并投入使用的有1100个。施工的小型工业项目约9万多个。新建了石油化工设备、拖拉机制造、精密仪器制造、有机合成等过去没有的重要工业部门。这段时期，农村工业也有了迅猛的发展。到1960年，社办工业企业总数达到11.7万个，占工业企业总数的46.1%。虽然这些企业的大部分都在后来的调整中下马了，但是为后来社队企业的发展奠定了基础、积累了经验。

特别值得一提的是，这段时期我国农田基本建设和水利工程取得了一定成效。1958年8月29日，中共中央在发出的《关于水利工作的指示》中提出："只要再苦战两冬两春，全国现有耕地，基本上完成水利化是完全有可能的。"从1958年冬到1959年春，全国每天出动六七千万人，用

"大兵团"作战的方法,修筑了一些中型甚至大型水利工程。安徽省的淠史杭灌溉工程、内蒙古自治区的三盛公水利枢纽、北京市的京密引水渠等以灌溉为主的大型枢纽骨干工程,都是在这一时期建成的。这场全民动员、规模宏大的群众性治山治水运动,对我国以后农田水利事业的发展产生了深远影响。

"大跃进"虽取得一定成就,但它和农村人民公社化运动使以高指标、瞎指挥、浮夸风和"共产风"为主要标志的错误严重泛滥开来,使国民经济遭受严重破坏。

首先,国民经济各部门的比例严重失调。由于大炼钢铁、大办工业和大办其他事业,基本建设规模不断扩大,积累率急剧提高,造成积累与消费、工业内部等重大比例关系严重失调。"一五"计划时期,在国民经济收入使用额中,积累率只占24.2%。而1958年至1960年三年,积累率分别提高到33.9%、43.9%、39.6%。1957年至1960年,工业与农业的产值比例由5.7∶4.3变为8∶2。1959年我国粮食产量只有3400亿斤,比1958年的实际产量4000亿斤减少600亿斤。1960年全国粮食产量下降为2870亿斤,低于1951年的2874亿斤。1957年到1960年,轻工业总产值所占比重则从55%下降到33.4%,重工业总产值由45%增加到66.6%。

其次,国家财政收支严重不平衡。由于财政全力支持"大炼钢铁",1958年到1960年三年,财政赤字分别为21.8亿元、65.8亿元、81.8亿元;在财政总支出中所占比重分别为5.3%、11.9%、12.5%。三年财政赤字共计169.4亿元。1961年仍有赤字10.9亿元。用增发钞票的办法弥补赤字,结果造成通货膨胀。

再次,严重地影响人民群众的生活。1959年至1961年,我国连续发生严重的自然灾害,粮食产量受到很大影响。1959年初春,有15省出现春荒,其中河北、山东等5省出现严重缺粮情况。由于严重缺粮,有相当一部分城乡居民患了浮肿病,少数地区甚至出现了人口非正常死亡的现象。人民群众不仅吃的不够,穿的、用的也很紧张,在大炼钢铁和大办工业氛围下,各地从事小商品生产的许多劳动力、技工和机具设备被抽走发展工业,轻工日用品产量下降，加剧了市场供应的紧张。

最后，在1960年，苏联突然单方面中断与我国的全部经济合作项目协议，撤走全部援华专家，带走援建图纸和资料，停止供应物资设备。上述因素同"大跃进"的严重后果相叠加，使我国国民经济面临新中国成立以来前所未有的严重困难。

四、调整国民经济的决策和重大举措

在1959年至1961年，我国粮食、食油、肉类等供应持续紧张，形成了全国性危机。许多地区由于严重缺粮发生浮肿病，一些省份农村非正常死亡人口急剧增加。严峻的经济形势，使得中共中央面临着如何正确认识和解决国民经济的严重困难问题。

1960年7月5日至8月10日，中共中央在北戴河召开工作会议。会议初步议论了对国民经济实行调整问题。会议批准《1960年第三季度工业交通生产中的主要措施》，制定《关于全党动手，大办农业，大办粮食的指示》《关于开展以保粮、保钢为中心的增产节约运动的指示》《关于全党大搞对外贸易收购和出口运动的紧急指示》等文件。会议确定坚决压缩基本建设战线，保证钢铁等工业生产；强调认真清理劳动力，加强农业第一线，保证农业生产等措施；并决定以后计划不再搞两本账，只搞一本账，不搞计划外的东西，不留缺口。9月30日，中共中央批转的国家计委党组《关于1961年国民经济计划控制数字的报告》，正式提出调整国民经济的"调整、巩固、充实、提高"的"八字方针"。

国民经济的调整首先从农村开始。1960年10月，中央发出指示，着手部署整风整社，坚决扫除共产风、浮夸风、强迫命令风、生产瞎指挥风和干部特殊化风"五风"。11月3日，《中共中央关于农村人民公社当前政策问题的紧急指示信》（以下简称《紧急指示信》）发出。《紧急指示信》提出，"共产风"必须坚决反对，彻底纠正，并为此制定了十二条重大措施，如三级所有、队为基础，是现阶段人民公社的根本制度；坚决反对和彻底纠正

"一平二调"的错误等。

1961年1月14日至18日，中共中央在北京举行八届九中全会。全会听取和讨论了李富春《关于1960年国民经济计划执行情况和1961年国民经济计划主要指标的报告》，正式批准了"调整、巩固、充实、提高"的八字方针。全会要求在编制国民经济计划工作中，要按照农、轻、重的次序安排经济，即先安排农业，再安排工业；先安排好轻工业，再安排重工业；在安排重工业时，又必须先安排好与农业生产直接有关的农业机械、农具、化肥、农药等行业，再安排其他行业。

全会根据当时经济工作中出现的严重不平衡的问题，决定从1961年起，根据"调整、巩固、充实、提高"的方针，调整国民经济各部门间失衡的比例关系，巩固生产建设取得的成果，充实新兴产业和短缺产品的项目，提高产品质量和经济效益。这个方针以调整为重点，具体内容是适当调整国民经济各部门的发展速度，即尽可能提高农业的发展速度，提高轻工业的发展速度，适当控制重工业的发展速度，特别是钢铁工业的发展速度，同时适当缩小基本建设的规模；在劳动力的安排方面，要求有计划地精简和下放国营企业、事业和行政机关的职工，以加强农业生产第一线。

以1960年11月的《紧急指示信》发出和党的八届九中全会召开两件事为标志，中共经济指导方针发生了重要转变，历时三年的"大跃进"运动实际上已被停止，国民经济开始转入调整的新轨道。

尽管党的八届九中全会正式批准实行以调整为中心的八字方针，但在三年"大跃进"和1959年"反右倾"那种经济过热和政治气氛紧张的形势下，人们对于调整国民经济的思想认识，并不是一下子就能形成广泛共识的。有些人还对经济形势持盲目乐观态度，不甘心后退。有些人则因害怕犯右倾错误而受批判，不敢后退。这样，经1960年12月召开的中共中央工作会议讨论确定的1961年国民经济计划指标，尽管放慢了重工业的发展速度，但是钢、铁、煤、电等主要工业生产指标，仍然维持在上年的过高水平上，没有坚决降下来；基本建设规模仍然过大。比如，同1960年11月中下旬国家计委在京召开全国计划会议所定指标相比，钢由以前拟定的2010万吨调低到

1900万吨,当年施工建设的大中型项目由1200个左右再减少到900个。① 但这些生产建设指标仍然过大。至于在实际经济工作中,各部门、各地方对经济调整更是决心不大、行动迟缓。不少地方在国家计划之外仍有很多大中型项目。所以,调整方针在具体实施时被延误了。这一徘徊的直接后果是,1961年第一季度的工业生产不但没有实现"开门红,月月红",反而出现了严重滑坡。在25种重要工业产品中,除食糖外,其余24种分别比上年第四季度下降30%-40%,只完成全年计划的10%-20%。大批企业被迫停产,人民吃穿用的生活状况继续恶化,职工生产积极性下降。4月2日,国家计委不得不再次调整基本建设计划,将预算内投资由167亿元减少到129亿元,当年施工的大中型项目控制在771个(不包括国防工业)。② 但是,第二季度工业各主要产品的计划仍然完成得不好。

为了统一全党的认识,中共中央于1961年5月21日召开工作会议、国家计委于7月17日召开全国计划会议、中共中央于8月23日召开工作会议,调整过高指标。

1962年1月11日至2月7日,中共中央在北京召开扩大的中央工作会议(七千人大会)。刘少奇代表中央提出的书面报告,总结了"大跃进"以来经济建设工作的经验教训,分析了产生缺点错误的原因。毛泽东在大会上带头作了自我批评,他说:"凡是中央犯的错误,直接的归我负责,间接的我也有份,因为我是中央主席。""第一个负责的应当是我。"③ 他还在讲话中强调了调查研究、社会主义建设长期性的问题。邓小平、周恩来分别代表中央书记处和国务院在大会上作自我批评,并提出了恢复党的优良传统和克服目前困难的主要办法。中央领导人带头发扬民主,并对几年来发生的问题作自我批评,认真总结经验和教训,这给全党以鼓舞,增强了中国共产党的凝聚力,在动员全党团结奋斗战胜困难方面起了积极作用。

---

①② 薄一波著:《若干重大决策与事件的回顾》下卷,中共党史出版社2008年版,第627-628页。
③ 《毛泽东著作选读》下册,人民出版社1986年版,第822页。

1962年2月，刘少奇在中南海西楼主持召开中央常委扩大会议。陈云作了长篇讲话，提出了六条克服严重困难的重要措施。一是把今后十年经济规划分为两个阶段。从1960年算起大约五年时间为恢复阶段，后一阶段是发展阶段；二是减少城市人口，"精兵简政"；三是采取一切办法制止通货膨胀；四是尽力保证城市人民的最低生活需要；五是把一切可能的力量用于农业增产；六是计划机关的主要注意力应从工业、交通方面，转移到农业增产和制止通货膨胀方面来，并且要在国家计划里体现出来。[①] 会后不久，中央成立以陈云为组长的财经小组，统一管理经济工作。

5月7日至11日，中共中央工作会议召开。会议同意中央财经小组报告中提出的实行调整工作的具体方针，这就是：要退够，争取快，准备慢。从1961年8－9月庐山中央会议到这次北京中央工作会议，前后历时9个月，终于统一了全党对经济调整工作的认识，下定了坚决后退的决心。正是这一点，使得1962年的经济调整工作进入了决定性阶段，并成为国民经济摆脱困境的重大转折点。

经济调整工作主要围绕以下几个方面进行。

第一，降低工业生产计划指标。对1962年工业生产建设计划，特别是对原煤、钢、铁等主要工业品生产指标，一再进行减低性调整。5月的中央工作会议提出，工业总产值由950亿元降到880亿元，原煤、钢分别由2.51亿吨、750万吨降到2.39亿吨、600万吨。工业品主要指标的坚决下调，为工业本身乃至整个国民经济的各方面的调整创造了基本前提。

第二，压缩工业基本建设规模。1962年初安排的基本建设投资为67亿元，退到只能维持简单再生产的程度。年末实际完成的基本建设投资额为71.26亿元，比1961年减少56.14亿元。在压缩国家预算内的基本建设投资的同时，还采取各种措施严格控制地方和企业用自筹资金进行基本建设。1960年，全国自筹资金投资占全部投资额的22.6%，1962年进一步压缩至15.5%。以工业建设为主的全国施工的基本建设项目，从1960年

[①] 《陈云文选》第三卷，人民出版社1995年版，第200－206页。

的82000多个，进一步削减至1962年的25000多个。

第三，继续精减职工、压缩城镇人口。至1962年底，全国共精简职工900万人，城镇人口1200万人，相应减少工资总额31亿元，商品粮少销81亿斤。到1963年6月，精减职工的工作基本结束。全国职工人数从1960年末的5043.8万人，下降为3183万人。全国城镇人口共计减少了2600万人。

第四，关停并转部分工业企业。1962年内，全民所有制工业企业数由上年底的7.1万个减至5.3万个。如果加上1961年已经减少的，共减少4.3万个，为1960年末总数9.6万个的44.8%。1962年末全民所有制企业数已经低于1957年末的5.8万个。通过关、停、并、转、缩，全国骨干企业所需的原材料、燃料、动力的供应基本上得到保证。

第五，加强支农工业。1962年10月，党的八届十中全会再次提出，工业部门的工作要坚决地转移到以农业为基础的轨道上来，要制定计划，采取措施，面向农村，把支援农业，支援集体经济放在第一位；要有计划地提高直接为农业服务的工业的投资比例；要适应农业技术改革的要求，帮助农业有步骤地进行技术改造。工业加强对农业的支援，对农业生产的恢复和发展，调整农业与工业的比例关系起了积极的作用。

第六，积极恢复和发展轻工业特别是日用工业和手工业产品生产。在计划的安排上，尽可能增产以工业品为原料的日用品。合理分配原材料，争取用有限的原材料多生产出好的产品。迅速恢复和发展手工业传统产区和传统产品的生产，特别是大量生产市场奇缺的锄、镰、镐、锨、锅、碗、罐、缸、盆、桶、勺等小农具和日用品。

第七，加强采掘、采伐工业的建设。增加的投资，优先解决采掘、采伐工业简单再生产的资金需要，主要用于采掘采伐工业的开拓、延伸工程，补偿报废的生产能力，维修损坏的机器设备。

第八，进一步调整农村政策。1962年9月，党的八届十中全会通过了《农村人民公社工作条例（修正草案）》，正式规定了农村以生产队为基本换算单位的政策。1962年11月，中央又发出《关于发展农村副业生产的决定》，对迅速恢复和发展农副业生产，尽快摆脱国民经济困境，起到了重要的作用。

第九，进一步搞好外贸。进口方面，增加了粮食、化肥和一些短缺原材料。1961年、1962年两年共进口粮食215亿斤、化肥237万吨、糖218万吨、橡胶20万吨和各种铜材50万吨。这些举措对于支援农业，稳定和繁荣市场起到了很好的作用。

在经济管理体制改革方面，为贯彻"调整、巩固、充实、提高"方针，尽快恢复和发展国民经济，特别是工业经济，客观上要求改变当时的管理体制。这种改变的指导思想是强调全国一盘棋，实行高度的集中统一，以克服生产中的分散、无序状态。1961年1月，中共中央正式作出《关于调整管理体制的若干暂行规定》，从财政预算、货币发行、生产基建等方面，重点强调集中统一，经济管理大权应集中到中央、中央局和省、市、自治区，以克服经济困难。1964年初，全国工业交通工作会议决定在工业交通部门自上而下地建立相应的政治工作机构，以加强思想政治工作，保证中共对工业交通等部门的绝对领导。

在农村经济体制调整过程中，在毛泽东主持制定"农业六十条"的同时，一些地方的干部和农民也进行了积极探索。1961年安徽省率先试行"包产到户"，因效果很好又在全省推广。与此同时，在甘肃、浙江、四川、广西、福建、贵州、广东、湖南、河北、辽宁、吉林、黑龙江等省份也都实行了各种形式的生产责任制，受到了农民和基层干部的欢迎，也得到刘少奇、陈云、邓小平、邓子恢等中央领导的赞成和支持。但是由于毛泽东担心由此冲击社会主义集体经济，并且认为退回到一家一户的小农经济是没有前途的，对此持否定意见。因此到1962年9月党的八届十中全会以后，包产到户被作为"单干风"被叫停并受到批判。但是这次探索为1978年以后的农村改革积累了经验。

到1962年底，我国经济形势开始好转，主要表现在：农业生产扭转了前三年连续下降的状况，开始回升。国家财政扭转了前四年出现大量赤字的被动局面，实现了收支平衡，略有节余。工业内部的比例关系以及工业与其他经济部门之间的比例关系得到调整。市场供应紧张的情况有所缓和，城乡人民的生活水平略有回升。

第三节 "四个现代化"目标和国民经济在调整中发展

经过1962年的大幅度调整，国民经济最困难的时期已经渡过，"调整、巩固、充实、提高"八字方针的贯彻已经初见成效。但是，经济严重困难的局面仍未彻底改观，特别是国民经济中的各种比例关系远未理顺，经济调整和经济恢复的任务仍然很繁重。为此，中共中央于1963年9月召开工作会议，决定再用三年时间，即从1963年到1965年，对国民经济继续实行"调整、巩固、充实、提高"，作为以后发展国民经济的过渡阶段。

一、继续调整国民经济

在1963-1965年的继续调整阶段，工业部门除了继续加强前一时期已经进行的支农工业以外，还加快发展了轻工业生产，使得轻工业从1963年起产值逐年增加，1963年为404亿元，1964年为476亿元，1965年达到703亿元。同时，中央加快了燃料、原材料工业建设。1963年，全国施工的大中型新煤井有67处，多分布在煤炭产量较少的华东、中南、西北各省。大规模的煤矿建设，保证了原煤产量的稳定增长。1965年，原煤产量为2.32亿吨，接近1958年的水平。1963年建设的有色金属和黑色金属矿山有60多个重点工程，使国民经济急需的有色金属工业迅速恢复和发展。

这一时期，中央除了在生产恢复和发展上下功夫外，在生产的组织方式和管理方式上也尝试进行改革，当1963年国民经济开始好转时，中央决定对工业管理体制进行改革，逐步减少行政管理办法，增加经济管理办法，在工业交通企业试办托拉斯①。参照借鉴当时世界各主要国家做法的同时，1964年6月，国家经委在反复调查研究的基础上，草拟了《关于试办工业、交通托拉斯的意见报告（草稿）》。7月17日，正式向中共中央提交了这个报告。8月17日，中共中央、国务院批转了经委党组的这个报告，并要求各中央局，各省、市、自治区党委，中央各部、委，国家各部委党委、党组参照执行。

由于情况不同，组建起来的托拉斯各具特色。第一批获准试办的12个托拉斯中，烟草公司和医药公司具有全行业的性质，集中管理全国所有的烟厂和药厂；地质机械仪器公司仅限于管理原有的中央直属企业；其余6个全国性托拉斯，除管理原有中央直属企业外，还上收了数量不等的地方企业。如盐业公司集中了全国的大盐场和盐业销售机构；汽车公司从全国169个地方专业汽车配件厂中上收了42个，在全国汽车配件产量中占39%；橡胶工业公司成立后，从全国205个地方橡胶企业中上收了103个；拖拉机、内燃机配件公司从全国122个地方拖拉机、内燃机配件厂中上收了23个；纺织机械公司从全国36个地方纺织机械企业中上收了3个；制铝工业公司从地方铝厂中上收了两个较大的铝厂。先后共有300多个地方企业收归托拉斯管理。与此同时，部分省、市也试办了一些由地方管理的托拉斯。如黑龙江的糖业公司，辽宁的柞蚕丝绸工业公司，北京的玻璃总厂和塑料总厂，天津的机床工业公司、造纸公司和染料化学公司，上海的轻工业机械公司、标准件公司和丝绸公司，浙江的糖业公司，重庆的皮革工业公司等。

创设托拉斯的探索，建立适合社会化大生产和专业化分工协作的经营管理方式，促进了设备的利用和生产技术水平的提高。虽然试办的时间不长，但却收到了较好的经济效果，产品产量和利润都有提升。但在试办托拉斯过程中，也遇到了一些问题，主要有以下三个方面：第一，全国或跨地区性的托拉斯与地方的矛盾；第二，托拉斯内部统一经营与所属企业分

---

① 托拉斯（trust）是按行业或根据生产性质组织联合经营的大型公司。

级管理的矛盾；第三，托拉斯同原有经济管理体制的矛盾。试办托拉斯，在中国是一件新事情，是中国工业经济管理体制改革史上新的尝试，因而在试办过程中不可避免地与原有体制产生一些矛盾。

托拉斯经过一年的试办，一方面由于采用经济的办法来管理工业交通生产，取得了一定的成绩；另一方面由于是试办，遇到了一些问题。因此，需要对经验加以总结，对出现的问题，找到应有的对策。1965年5月10日至6月7日，国家经委党组召开了托拉斯试点工作座谈会。但不久，因为"文化大革命"的爆发，这一具有深远意义的探索就终止了。

除了对农业农村体制、工业管理体制进行调整外，这一时期，国家还对商业体制、科技体制等进行了调整，形成调整合力，共同促进国民经济的恢复发展。

二、"四个现代化"目标和制定"三五"计划

1964年12月，周恩来在三届全国人大一次会议上的《政府工作报告》中指出："我国的国民经济，经过一九五八年到一九六〇年的大发展，从一九六一年起，进入了一个调整时期。""现在，调整国民经济的任务已经基本完成，工农业生产已经全面高涨，整个国民经济已经全面好转，并且将要进入新的发展时期"。

周恩来在提出1965年继续完成国民经济调整工作中某些尚未完成的任务、为1966年开始的第三个五年计划作好准备的具体安排后，第一次明确提出了对后来影响颇大的"四个现代化"目标和任务。

周恩来提出："今后发展国民经济的主要任务，总的说来，就是要在不太长的历史时期内，把我国建设成为一个具有现代农业、现代工业、现代国防和现代科学技术的社会主义强国，赶上和超过世界先进水平。为了实现这个伟大的历史任务，从第三个五年计划开始，我国的国民经济发展，可以按两步来考虑：第一步，建立一个独立的比较完整的工业体系和国民经济体系；第二步，全面实现农业、工业、国防和科学技术的现代

化，使我国经济走在世界的前列。"①

"三五"计划本应在1963年到1967年执行，由于"大跃进"挫折和自然灾害造成了经济困难局面，后来根据经济恢复较快的情况，毛泽东提出，1963年至1965年这三年作为一个过渡阶段，贯彻调整方针，打下底子，从1966年起搞"三五"计划。这个主张得到中央其他领导人的一致赞同。

1962年2月和3月，陈云在讲话中指出："增加农业生产，解决吃、穿问题，保证市场供应，制止通货膨胀，在目前是第一位的问题"，必须"在国家计划中把这些事情摆到头等重要的位置"。周恩来插话说：可以写一副对联，上联是"先抓吃穿用"，下联是"实现农轻重"，横批是"综合平衡"。② 12月，中共中央提出编制国民经济长期计划的要求，国家计委主任李富春在给毛泽东的信中，明确地表示，"根据按照农轻重的次序""根据首先解决吃穿用的原则"来安排国民经济计划的方针。③

1963年初，由李富春、李先念、薄一波等8人组成的中央计划领导小组研究编制长远国民经济计划和"三五"计划问题，提出了集中力量解决人民的吃穿用的意见，获得中央书记处同意。为了加强农业，邓小平还提出："三五"计划要建设五亿亩稳产高产农田。他强调说，"三五"期间就是要努力解决吃穿用问题。这样，在制定"三五"计划之前，处在一线的中央主要领导人已形成了共识。

根据这个精神，1964年4月底，国家计委提出了《第三个五年计划（1966—1970）的初步设想（汇报提纲）》，规定这一计划的基本任务是："一、大力发展农业，基本上解决人民的吃穿用问题；二、适当加强国防建设，努力突破尖端技术；三、与支援农业和加强国防相适应，加强基础工业，继续提高产品质量，增加产品品种，增加产量，使我国国民经济建设进一步建立在自力更生的基础上。相应地发展交通运输业、商业、文

---

① 《周恩来选集》下卷，人民出版社1984年版，第439页。
② 《陈云文选》第三卷，人民出版社1995年版，第205、210页。
③ 《李富春选集》，中国计划出版社1992年版，第304页。

化、教育、科学研究事业，使国民经济有重点、按比例地向前发展。"① 这个计划将农业投资提高到总投资额的 20%，大大高于前两个五年计划的 7.1% 和 11.3%。

1964 年 5 月 10 日至 13 日，国家计委领导小组向毛泽东汇报"三五"计划的初步设想。毛泽东插话，主要讲两方面内容：一是要从实际出发。二是订计划要留有余地。他基本同意这个计划，但是对计划把基础工业放在最后考虑，砍掉一些项目，也流露出一些不安。当汇报到工业、铁路、交通在"三五"计划内只能搞那么多时，毛泽东说："酒泉和攀枝花钢铁厂还是要搞，不搞我总是不放心，打起仗来怎么办？"② 当谈到基础工业、交通同各方面还不适应时，毛泽东说："没有坐稳，没有站稳，是要跌跤子的。"他认为："两个拳头——农业，国防工业；一个屁股——基础工业，要摆好。要把基础工业适当搞上去；其他方面不能太多。"③ 关于农业投资，毛泽东指出："要自力更生，要像大寨那样""至于农业，我们要靠陈家庄和大寨"。④

早在 1959 年庐山会议前期，毛泽东就曾指出，过去安排国民经济计划是重轻农，现在是否提农轻重，重工业要为轻工业、农业服务。但这时，毛泽东却改变了看法，对以农轻重为序编制的"三五"计划提出不同意见，原因在于他认为当时国际环境在急剧恶化，为此，中国的"三五"计划的制定思路也应改弦更张。

三、国际形势变化和开展三线建设

20 世纪 60 年代，国际上新技术革命仍在深入发展。以苏联为首的社会主义阵营特别是其中的欧洲国家，以及以美为首的西方资本主义阵营国家的经济均有了很大发展。中国大陆周边的一些国家和地区利用这种国际

---

① 国家计委档案：《第三个五年计划（1966-1970）的初步设想（汇报提纲）》第二部分。
②③④ 中共中央党史和文献研究院编：《毛泽东年谱》第八卷，中央文献出版社 2023 年版，第 348-349 页。

形势，抓住时机，经济社会实现快速发展，如韩国、新加坡，以及中国的台湾和香港地区等，都实现了经济起飞。

但中国的外部局势却在恶化。在中国南面，从20世纪60年代初期起，美国插手越南的侵略战争逐步升级，由出钱出物支持南越政权，发展到直接派出军事人员参与。中国对越南人民的坚决支持，使美国领导人加紧了对中国的封锁和敌视，甚至考虑采取直接军事行动。

在中国的北面，形势也越来越严峻。1962年，苏联在中国新疆伊犁地区插手煽动了居民外逃事件。此后几年之中，苏联向邻近中国边境地区派驻的军队增加到近百万人，战略导弹直接指向中国。

在中国的西南面，1962年印度军队大规模入侵中国被击退后，中印边境局势尚未得到缓和。在祖国大陆的东南面，盘踞台湾的蒋介石政权从1961年到1965年，一直在叫嚣反攻大陆，多次派出飞机、军舰和武装特务进行骚扰。

在两极格局对峙和周边形势恶化的情况下，如何统筹国家安全与经济发展成为当务之急。1964年4月25日，军委总参谋部作战部根据副总参谋长杨成武的指示进行调查研究后，在一份报告中认为，在国家经济建设如何防备敌人突然袭击方面，"问题是很多的，有些情况还相当严重"。主要是：一是工业过于集中。14个100万人口以上的大城市就集中了约60%的主要民用机械工业、50%的化学工业和52%的国防工业。二是大城市人口多，大部分都在沿海地区，易遭空袭，如何防空尚无有效措施。三是主要铁路枢纽、桥梁和港口码头多在大中城市附近，易遭轰炸破坏，缺乏应付措施。战争初期，交通可能陷于瘫痪。四是所有水库紧急泄水能力都很小。不少位于主要交通线和重要城市附近。一旦遭到破坏，洪水将冲击北京、天津等附近，造成严重损失。[①] 5月27日，中共中央政治局常委会议对上述部分问题作了回应，讨论了进行三线建设和加强基础工业的问题。

外有强敌，内有隐患，这些因素都促使毛泽东下决心调整"三五"计

---

① 《总参作战部的报告》（1964年4月25日），载《党的文献》1995年第3期。

划原来要解决"吃穿用"的指导思想。1964年8月5日，美国制造北部湾事件，对北越实行军事封锁和轰炸。战火烧到中越边界，对中国构成了严重威胁。1964年8月12日，毛泽东对总参谋部作战部《关于国家经济建设如何防备敌人突然袭击的报告》作了批示，并要求有关方面精心研究，逐步实施。8月19日，国务院将研究意见报告中央，初步提出三线建设的若干部署和实施意见。严峻的国际环境，终于使中共中央下决心改变原定的国民经济建设部署。抓战备成为"三五"计划的中心任务，并且一直影响到20世纪70年代的"四五"计划。

1965年初，毛泽东决定成立一个专门制定计划的新班子，由石油工业部部长余秋里等人组成，称为小计委，专门研究战略问题，进行"三五"计划的编制，不久开始主持国家计委的工作。

6月16日，毛泽东在听取国家计委关于编制第三个五年计划的汇报和国家建委关于三线建设的汇报后表示：计划要考虑三个因素，第一是老百姓，不要丧失民心；第二是打仗；第三是灾荒。五年基本建设投资控制在800亿元到900亿元，建设项目不要搞那么多。农轻重次序要颠倒一下，吃穿用每年略有增加就好。

根据这个精神，9月14日，国家计委向中央报送的《关于第三个五年计划安排情况的汇报提纲（草稿）》（以下简称《汇报提纲》）提出："三五"计划必须立足于战争，从准备大打、早打出发，积极备战，把国防建设放在第一位，加快三线建设，逐步改变工业布局。在具体安排上，设想"三五"期间基本建设投资总额为850亿元，计划施工的大中型项目共2000个左右；预期到1970年的各项指标是：粮食4400亿－4800亿斤，钢产量1600万吨，原煤2.8亿－2.9亿吨，发电量1100亿度，原油1850万吨；工农业总产值2700亿－2750亿元，每年平均递增7%；农业递增4%－5%，工业递增8%。

与1964年5月的"吃穿用计划"相比，《汇报提纲》将基建投资安排顺序由农轻重转变为重农轻。按部门分，重工业、国防工业、交通运输共628亿元，比例占74%；农业120亿元，由原来的20%下降为14%；轻工业 37.5 亿元，占 4.4%。按地区分，三线建设总投资为 360 亿元，占 42%。原来没有安排的大项目如攀枝花、酒泉钢铁工业基地，成昆、湘黔铁路，都成为重点项目，要求在 1970 年以前基本建成。原定 1972 年建成的国防工业体系提前到 1970 年。而原定的 4.5 亿亩稳产高产农田目标被留置到"四五"计划考虑。这个计划所定的指标是比较低的，反映了"留有余地"的考虑，还体现了毛泽东不要把人民搞得太紧张了的精神，尽可能地照顾人民生活的需要。

9 月至 10 月，中央工作会议讨论通过了《汇报提纲》。由于第二年"文化大革命"的突如其来，这个提纲没有来得及形成正式的"三五"计划，也没有付诸批准，但以后几个年度计划都是据其方针安排的。

四、国民经济在调整中的恢复发展

在继续调整阶段，工业部门在继续加强支农工业生产以外，还加快发展了轻工业生产。同时，加快了燃料、原材料工业建设，到 1965 年，燃料、原材料产量已经超过历史最好水平。

此外，各部门还主要抓了以下几个方面具有"充实、提高"意义的工作。

一是加强设备修理和生产能力配套。为了充分发挥已有设备的能力，并使新建的、扩建的企业能得到成套设备，尽快地投入生产，把设备的维修和配套列为调整的主要内容之一。

二是努力提高产品质量和增加产品品种。首先，采取了保重点企业的方针，发挥那些产品质量高、品种多、原材料消耗低的重点企业的生产能力。其次，加强生产技术指导，有重点地对"小洋群"企业进行技术指导和改造。最后，整顿工业企业管理，对企业的技术管理工作提出了严格要求，要求企业的技术工作必须由总工程师负全面责任。经过上述努力，产品品种有了比较快的增加，产品质量有了显著的提高。

三是积极引进新技术。从 1963 年到 1966 年，我国先后与日本、美国、法国、意大利、联邦德国、奥地利、瑞典、荷兰等国签订了 80 多项工程的合同，用汇 2.8 亿美元。同期，我国还从东欧各国引进成套设备和单项设备，用汇 2200 万美元。

1965 年，全国工农业总产值为 1984 亿元，其中农业总产值 590 亿元，工业总产值 1394 亿元。与 1957 年相比，工农业总产值增长 59%，农业增长 10%，工业增长 98%。经过调整，国民经济中各种结构和相互比例实现了较为协调的态势。具体表现在以下几方面。

工农业结构得到改善。1960 年工业与农业的产值比是 4∶1，到 1965 年这个比例下降到 2∶1，基本上接近当时我国工农业发展的客观要求。

农业内部结构也有较大改善。1965 年粮食总产量达 1945 亿公斤，比 1960 年的 1435 亿公斤增产了约 500 亿公斤，基本上同 1957 年的 1950 亿公斤相等。1965 年，主要经济作物如棉花、烤烟、甜菜等也大幅度增产。棉花生产 4195 万担，比 1957 年增产 27%；甜菜生产 3.968 万吨，增产 32%。

在工业方面，比例改善明显。轻重工业产值的比例从 1960 年的 33∶67 上升到 1965 年的 51∶49，大体上各占一半。化肥、农药和农机等支农性工业产值在工业总产值中的比例，由 1957 年的 0.6% 上升到 1965 年的 2.9%，重工业内部的采掘与加工工业间的比例也回到 1957 年的水平。

在工业产品品种方面，也有新进步。机械工业在 5 年中共发展新产品 4000 多种，提高了成套能力，形成了冶金设备、采矿设备、石油化工设备、金属切削机床、工程机械、仪器仪表等十几个基本行业，组成了门类比较齐全的机械制造体系。其中，1962 年 6 月在上海制成的 12000 吨水压机，标志着中国重型机器制造能力达到了新的水平。1964 年，我国主要机器设备的自给率已达 90% 以上。

特别突出的是，这一时期，我国能源工业获得了很大发展，石油工业已成为这个时期的支柱产业。我国建设完成了大庆油田，随后又开发了胜利油田和大港油田，到 1965 年，我国国内需要的石油已全部自给。

为了更好开发利用石油资源，通过从西方引进成套设备和技术，我国石油化学工业开始加快发展。鉴于大庆原油的轻油含量比较低，而且国内交通运输需要大量轻柴油，所以当时国家急需破解将重油作裂解原料的技术难题。经过考察，我国从联邦德国引进砂子炉裂解重油制烯烃技术和成套设备。1964年，在砂子炉装置建设的同时，我国又从英国引进5套石油化工、化纤装置。以上设备装置均安排在兰州化学工业公司，兰州也由此成为新中国第一个石油化工基地。

在传统的机械工业方面，国家也加大了投入。1964年中国机床品种达到540种，比1957年增加了1.8倍。我国不但能够生产车、铣、刨、钻、磨、镗等小型通用机床，而且具备了制造万吨水压机、床面为6.3米的大型立式车床等大型、成套精密机械设备的能力。

电子工业在这个时期已成为国民经济中的重要工业部门。国家对新兴的电子工业的发展非常重视，1963年至1965年三年里共投资5.29亿元，新开工项目57个，建成投产38个，其中有22个是大中型骨干企业，形成了初具规模的电子工业。

不仅工业战线取得了重大成果，这一时期，我国科学技术发展成就也很显著。"两弹一星"等尖端科技取得突破性的进展。1964年10月16日，我国第一颗原子弹爆炸成功。同年，我国中近程导弹发射成功。1970年4月24日，我国自行设计、制造的第一颗人造地球卫星"东方红一号"发射成功。"两弹一星"对于我国安全和发展具有战略意义，它填补了许多学科空白，推动了我国现代科学技术的跨越发展。基础科学研究方面，1965年我国在国际上首次人工合成牛胰岛素结晶。

特别让中国人民感到自豪的是，我国克服重重困难，在经济建设方面取得巨大成就的同时，在精神文明领域上也获得了巨大丰收。在社会主义建设的各条战线，涌现出大量先进典型经验和英雄模范人物，形成了跨越时空、历久弥新的时代精神。以"两参一改三结合"（即工人参加管理，干部参加劳动，改革不合理的规章制度，实行工人群众、技术人员和领导干部三结合）为基本精神的"鞍钢宪法"，体现了全心全意依靠工人阶级管理企业和建设社会主义的思想，激发了中国工人阶级的主人翁精神和非凡创造力。以铁人王进喜为代表的石油工人,以焦裕禄为代表的人民公仆,以钱学森、钱三强、邓稼先为代表的科学家,以河南林县人民为代表的中国农民,以雷锋为代表的解放军战士等,在中国共产党的领导下,自力更生、艰苦奋斗,为建设繁荣富强的新中国,与时间赛跑,同困难斗争,成为中华民族的时代精神楷模,极大地激发了中国人民的斗志,坚定了中国人民奋发图强建设社会主义的强大信心。

第四章

"文化大革命"时期的经济和拨乱反正
（1966-1978）

1966年到1976年的"文化大革命",使国民经济遭受严重的冲击,造成了重大的损失。经济发展速度下降,经济效益降低,人民生活水平没有得到应有的提高。我国经济建设失去了十年宝贵的快速发展机遇。但是,我们也应当把"文化大革命"与"文化大革命"时期区别开来。由于中国共产党内的正确力量和广大干部群众对"文化大革命"错误的抵制、纠正,特别是周恩来、邓小平主持进行的两次国民经济调整和整顿,使得"文化大革命"时期的经济仍然取得了一定的发展。"三五""四五"计划基本得到完成,"两弹一星"等国防尖端科技取得突破,三线建设建成了两千多个企业和工业交通设施,农田水利建设取得较大进展,杂交水稻良种试验成功提高了粮食产量,同时也开始了新中国成立以来的第二次大规模技术引进。当然,这些绝不是"文化大革命"的成就,如果没有"文化大革命",中国的经济发展将取得更大、更多的成就。结束"文化大革命"以后的两年中,在经济领域开展了"拨乱反正",批判清理了极左思潮,恢复了经济建设的合理规章制度,进行了解放思想、"走出国门"和对外大规模引进的探索。这些都为党的十一届三中全会提出以现代化建设为中心,开启改革开放和社会主义现代化建设新时期准备了条件。

第四章 "文化大革命"时期的经济和拨乱反正（1966–1978）

第一节 "文化大革命"对经济建设的冲击

20世纪50年代后期，毛泽东开始寻找一条适合中国国情的社会主义道路，尽早改变中国"一穷二白"的落后面貌。由于缺乏经验，当时党内对什么是社会主义，怎样建设社会主义，认识并不是很清晰。1958年，毛泽东提出了"大跃进"和人民公社构想，试图用改变生产关系推动生产力，通过战争年代惯用的群众运动，激发群众热情，达到物质生产飞速发展。"大跃进"遭受挫折后，毛泽东纠正了一些错误，但对超越阶段的设想仍然没有放弃。他试图用政治大革命的方式，扫除前进道路上的障碍，实现生产关系的强行变革，促进经济建设的大发展。

一、"文化大革命"对国民经济的严重冲击

1966年5月，中共中央政治局会议通过"五一六通知"，标志着"文化大革命"的正式发动。随着批斗"黑帮""破四旧""大串连"和打倒所谓的"走资本主义道路当权派"等活动推向社会，工农业生产开始受到严重的冲击和影响。各地学生纷纷到全国进行串连，给交通运输造成了巨大压力。

以周恩来为首的国务院领导人，先后发出了要求工矿企业"抓革命、促生产"、不搞"串连"的通知和社论。但是，中央文革小组的江青、康生、张春桥等人却极力想把动乱扩大到经济领域。1966年11月至12月，全国计划、工业交通会议在北京召开，国务院冶金、化工、水电、铁道、机械等部和北京、上海、天津、沈阳等7个大城市及各大区的负责人出席。围绕工业交通企业如何进行"文化大革命"及"抓革命、促生产"，大多数与会者对中央文革小组组长陈伯达所提出的"允许工厂成立派系组织""允许学生到工厂串连"等主张表示强烈反对，认为工厂生产不能中

断。但是,毛泽东赞成了张春桥先斩后奏支持工人造反的行为。会议结束后发出的"十二条",允许工厂成立派别组织和进行串连。以此为转折点,"文化大革命"的动乱扩大到整个工业交通企业,农村的运动也由"四清"转入造反夺权。由于经济领域受到的冲击主要是在1966年第四季度开始的,因此全年的经济仍然有较大的增长,各项国家计划都得到完成,工农业总产值比上年增长13.4%。

1967年1月,在上海"一月夺权"的带动下,全国都掀起了夺权浪潮。各级政府、党组织陷入瘫痪,生产建设处于混乱状态,武斗和停工停产现象普遍发生。7月,在中央文革小组借武汉事件的煽动下,全国又掀起了冲击军队的浪潮,群众组织分裂为几大派,武斗流血事件更加剧烈。国家和社会出现了失控的"全面内战"局面,一直持续到1968年。

严重的动乱给国家经济建设事业造成了巨大损失。各种合理的规章制度被批判砸烂,大批经济管理干部受到冲击和迫害,国民经济基本处于无计划、无政府状态。在动乱最严重时期,国务院各部委和各省、市、区经济部门一度陷入瘫痪,只由周恩来和少数中央领导干部组成国务院"业务组"起"救火队"的作用。1967年年度计划到当年2月,绝大多数地区仍没有安排进行。1968年连年度计划也无法制定,成为新中国成立以来唯一没有国民经济计划的一年。

全国工业交通生产动乱状况,以1967年8月至10月三个月最为严重。据国家计委1967年8月、9月工业生产和铁路运输情况简报反映:交通运输方面,全国铁路干线除北京至山海关、徐州、武汉、包头,郑州至西安及黑龙江省内各线尚能保持基本通车外,其他干线都堵塞或经常不通或时通时断。煤炭方面,生产节节下降,停产、半停产的部属煤矿有16个。冶金方面,到9月中旬全国钢铁行业有26个重点企业因武斗停产。电力方面,发电量连续下降,8月日均发电比7月下旬下降16%。原油方面,8月日均产量比7月下降50%以上。化工方面,全国共有33个制药厂停产。1967年,全国工农业生产总值比上年下降了9%。1968年又进一步下降4%,仅为1966年的87.3%。

第四章 "文化大革命"时期的经济和拨乱反正（1966－1978）

严重的局势使毛泽东下决心采取了一系列控制局势的强制性措施。他命令军队介入地方，实行"三支两军"（支左、支工、支农、军训、军管）；又在视察南方中呼吁各派群众组织要实现大联合，要抓革命、促生产、促工作、促战备；还下令逮捕了煽动动乱的中央文革小组的一些成员。中共中央多次发出解散跨行业、系统的群众组织，严禁武斗、抢夺枪支、破坏国家财产的通令、布告，并出动军队强制执行。1968年8月，毛泽东派出大批工人、解放军宣传队进驻动乱严重的各基层单位。随后，同年9月，全国各省市（除台湾外）都建立了革命委员会，全面动乱的局面才得到缓和。

二、企业大批下放和经济管理机制变动

1969年至1972年，我国经济管理体制发生了一场大变动。究其原因，既有复杂历史根源，又有现实政治需要。1966年3月，毛泽东在给刘少奇的信中说：一切统一于中央，卡得死死的，不是好办法。他在中央政治局扩大会议上说：中央还是虚君共和好。中央只管虚，只管政策方针，不管实，或少管点实。他要求中央部门企业下放到地方上去。[①] 1969年，全国进入"斗批改"[②] 阶段，在"改革不合理的规章制度"口号推动下，经济管理体制变动被推上了前台。

第一，下放企业、精简机构。1969年2月，全国计划会议提出，企业要以地方管理为主，中央直属企业可以分为地方、中央和双重管理三种形式。1970年3月，国务院拟定通知，要求国务院工业交通各部把直属企事业单位的绝大部分下放地方管理。下放企业以地方管理为主，少数由中央和地方双重领导；极少数大型或骨干企业，实行以中央为主的双重领导。武钢、包钢、太钢、大庆油田、长春汽车制造厂、洛阳拖拉机厂、第一和第二重型机床厂等2600多个中央企事业单位下放地方。一些下放到省、市、

---

① 中共中央文献研究室编：《毛泽东年谱（1949－1976）》第五卷，中央文献出版社2013年版，第546、569页。
② 指斗争"走资派"、批判"资产阶级"、改革不合理的规章制度。

自治区的企业被继续下放到地区甚至县、市。中央各部属企业事业单位只剩下 500 家，比 1965 年减少 86.5%，工业产值只占国营工业总产值的 8%。

这些下放企业的行动带有较大的盲目性，造成了管理混乱。一些重点大型企业下放后，地方无法解决生产计划、原材料和设备供应等问题，名义上多头领导，实际上是上无人统，下无人接。下放过快、过深又打乱了原有的协作关系，使经济效益进一步下降。

企业下放的同时，国务院各直属经济部委机构也进行了精简、归并、撤销。1970 年 6 月，中共中央同意国务院各部委由 80 多个精简为 27 个。人员编制仅占原来的 18%。如国家计委、经委、国务院工交办、国家物委、物资部、地质部、劳动部、统计局、中央安置办公室合成国家计委；国家建委、建工部、建材部、中央基建政治部合成国家建委；一机部、八机部合成一机部；石油部、化工部、煤炭部合成燃料化工部；铁道部、交通部、邮电部的邮政部分合成交通部；等等。

第二，下放财政收支、物资分配、基建投资权力，实行地方大包干。1971 年 3 月，财政部决定，从本年起实行财政收支包干，主要是定收定支，收支包干，保证上缴，结余留用，一年一定。包干以后，又产生了新矛盾：收入指标难以符合实际，各地苦乐不均；地方机动财力不稳定，各年差异较大；短收地区不能保证上缴，仍要国家补贴等。1972 年 3 月，又采取各省、市、区分成办法，但是仍没有解决问题，当年国家亏空 29.8 亿元。1973 年，再次作出修改后，华北、东北地区和江苏省试行"收入按固定比例留成"的办法。这些为解决当时下放问题的临时过渡措施，缺乏整体安排，助长了地方分散资金、盲目建设。

1971 年 4 月，国家计委提出关于物资分配大包干的报告，在华北和江苏试行。一是国家集中管理的物资种类，由 1966 年的 579 种减少到 1972 年的 217 种；二是下放企业的物资分配和供应权，对部分重要物资试行地区平衡、差额调拨办法。在当时物资紧缺的情况下，层层下放物资分配权实际上难以实行，1973 年以后不得不逐步恢复原状。1970 年，还提出了基建投资大包干，由于缺乏整体规划和统一监督，助长地方纷纷上马基建项目。

第三，简化税收、信贷、劳动工资体制。1972年3月，国务院颁发新的《工商税条例》，把多个税种合并为工商税，简化税目、税率。简化信贷制度是指合并机构、下放权力，改变信贷方式、调低利率等。简化劳动工资制度是指将全国临时工中的一半转为固定工，将企业综合奖改为附加工资，取消奖金制度和计件工资制度。简化税收、信贷制度削弱了税收、利率等经济杠杆的调节作用，减少了国家财政收入。简化工资制度使得平均主义进一步发展，也不利于提高劳动生产率。

这场经济管理体制变动，虽然针对原有经济体制中的弊病，调动了一些地方的积极性。但是，由于违反经济规律和缺乏稳定的政治环境，更带来了严重的消极后果。原有弊病不仅没有得到实质改善，反而又增加了乱与散的新问题。

三、知识青年上山下乡

"文化大革命"开始后，"停课闹革命"和大学停止招生造成应届大、中学生积压，不能毕业和升学。其中，1966—1968届初、高中毕业生（通称"老三届"）有1100万人。经济停滞不前甚至下降使城市就业问题空前严重，无法容纳如此多的就业人口。在极左思潮影响下，青年学生又被当作接受"再教育"的对象，于是到农村去就业成为主要出路，当时被称为城市知识青年上山下乡。

1968年12月22日，《人民日报》发表毛泽东的指示："知识青年到农村去，接受贫下中农的再教育，很有必要。要说服城里干部和其他人，把自己初中、高中、大学毕业的子女，送到乡下去，来一个动员。"[①] 全国知识青年上山下乡的高潮达到了顶点。各地敲锣打鼓，动员和欢送学生上山下乡。到1969年底，全国城镇初中、高中各届毕业生共有467万人上山下乡，主要途径有：插队，即个人到生产队安家落户，或集体设立"知

---

① 《我们也有两只手，不在城里吃闲饭!》，载《人民日报》1968年12月22日。

青队""知青点";军垦,到边疆生产建设兵团;农场,到内地的地方农场等。大学的应届毕业生也多数被安排到农场去接受锻炼。从此,这种上山下乡方式成为安排中学毕业生的一种固定做法,延续多年。从1967年到1979年,共有1647万知识青年上山下乡。

广大城镇知识青年来到农村、边疆,用自己的宝贵年华为改变农村的落后面貌作出了贡献,在艰苦的环境中经受了锻炼,在一些不发达地区起到了传播文化、普及科学知识的作用,涌现出一批英雄模范人物和事迹。上海知识青年金训华在黑龙江逊克县插队,为抢救国家财产,奋战山洪,英勇牺牲。在内蒙古草原插队的天津女知识青年张勇,为抢救落水羊只不幸牺牲。到陕西延安插队的北京知识青年孙立哲通过勤学苦练,当上"赤脚医生",十年中为农民做大小手术3000多例,治疗病人8万多人次。他们的奋斗精神,永远值得肯定和发扬。

但是,在"文化大革命"的特定环境中,上山下乡运动这种"逆城市化"行为也产生了严重的负面作用。一方面,大批的知识青年失去了继续升学接受正规教育的机会,造成了国家各行各业的人才断层,使"文化大革命"时期我国少培养了100多万大专毕业生和200万以上的中专毕业生。另一方面,由于对上山下乡缺乏系统、具体的安排,发生了各种各样的问题。有的地方人多地少,经济不发达,即使知识青年长年劳动后仍然生活困难,甚至不能解决口粮,社队和农场也亏损严重,加重了知识青年和当地农民的负担,国家不得不拿出大批资金来补贴。还有的地方对知识青年照顾管理不善,甚至因坏人掌权,发生迫害知识青年的情况,加剧了社会矛盾尖锐化。

1973年4月25日,毛泽东对福建一个小学教员反映这些问题的来信作出复信说:"全国此类事甚多,容当统筹解决。"[①] 当年6月至8月,国务院召开了全国知识青年上山下乡工作会议,制定了一些政策和规划。但是,由于政治环境不稳定,国家经济状况未能改善,上山下乡的根本问题

[①] 中共中央文献研究室编:《毛泽东年谱(1949—1976)》第六卷,中央文献出版社2013年版,第476页。

始终没有得到解决,路越走越窄。

"文化大革命"结束以后,1978年3月,邓小平在谈话中指出,要研究一下,使我们的城市能容纳更多的劳动力。现在是搞上山下乡,这不是长期的办法。① 随着改革开放的进一步发展,到1983年底,历时近20年的全国知识青年上山下乡运动宣告结束,绝大多数上山下乡的城市知识青年重新回到了城市就业。

第二节　经济建设在抵制极左错误中有所发展

从1969年到1976年,国家政治上稍趋稳定,围绕努力召开四届全国人大,国民经济在相对有序运行中,基本完成了"三五""四五"国民经济计划。同时,经济建设也受到了林彪事件、"批林批孔"和"反击右倾翻案风"等政治风波及唐山大地震的严重影响,造成了较大的经济起伏波动。周恩来、邓小平在毛泽东的支持下,先后进行了纠正极左错误的经济调整和1975年全面整顿,使得国民经济仍然取得了一定的发展。

一、"三五"计划和"四五"计划基本完成

1969年党的九大召开之后,国家政治局势稍趋稳定,经济有了缓慢复苏。经过三年动乱,正常社会秩序遭到破坏,工农业生产和科教文卫事业损失严重,人民群众普遍受到冲击,他们也渴望早日恢复安定,进行正常的经济建设。1969年3月,中苏边境珍宝岛武装冲突发生后,战备需要也在一定程度上促使国家内部趋向稳定,以强制手段结束了国内部分地区的混乱状态。

1969年国民经济计划完成较好,扭转了1967年、1968年连续两年出

---

① 中共中央文献研究室编:《邓小平年谱(1975—1997)》上,中央文献出版社2004年版,第288页。

现倒退的趋势，经济有了较大的恢复。工农业总产值比上年增长23.8%，比1966年增长7.2%。其中，工业比上年增长34.3%。但钢产量、铁路货运量、粮食产量都低于1966年，财政收入比1966年减少31.9亿元。

1970年是"三五"计划的最后一年，为了尽快扭转"文化大革命"造成的计划进度滞后状况，从年初起，经济建设掀起了一场"跃进"。到年底，工农业生产取得了大幅度的增长，各项主要经济指标大部分完成或超额完成了年度计划和"三五"计划。工农业总产值为计划的114%－116%，比1969年增长25.7%。国家财政收入结余13.5亿元。

"三五"计划是在1970年的高投入下完成的，也暴露出许多严重问题：基建规模过大，积累率过高，由上年的23.2%急剧上升到32.9%。投资总额比上年增加55.6%，但投产率却从上年的18.1%下降到16.7%。原材料工业特别是钢铁工业跟不上加工工业的发展。职工人数增加较快，给国家财政支出和市场供应造成很大压力。急剧下放企业和经济管理权，为地方盲目追求大而全、小而全的建设项目打开了闸门。

1970年2月，全国计划会议拟定的《第四个五年计划纲要（草案）》提出：这是一个战备的计划、跃进的计划。制定的指标是：到1975年，全国钢产量3500万到3800万吨，原煤4亿至4.3亿吨，江南各省要在1972年做到煤炭自给，扭转北煤南运状况。五年中合计基建投资1200亿至1300亿元。该纲要还提出：各省、市、区要在最短时间内，做到粮食、油料自给有余；一般轻纺产品逐步做到自给。这个起点过高的计划指标在执行中又被各地区、部门层层加码，比赛翻番。1971年，原有的问题没有得到重视和调整，反而又要求在制定"四五"计划期间"继续跃进"。国民经济建设出现了两年的过热，盲目追求高速度、高指标。例如1970年，包括工业在内的基建投资额比上年已经增长58.5%，1971年又继续增加。

1970年至1971年的两年经济过热导致1971年国民经济出现了"三个突破"，即职工人数突破5000万人，工资支出突破300亿元，粮食销量突破800亿斤。1970年和1971年原计划增加职工306万人，实际增加了983万人，超出计划两倍以上。全国工资总额和粮食销售量也随之突破。1972

年,"三个突破"仍在继续,年底职工人数又超计划招收 183 万人;职工工资总额比上年又增加 38 亿元;粮食销售量达到 927.2 亿斤。

"三个突破"超过了国家财力、物力的承受限度。招工过多过快减少了农业劳动力,不利于农村经济的发展。短时间内大量增加吃商品粮人口,也加剧了粮食供应的紧张,1972 年不得不动用库存和进口。1971 年、1972 年两年共增发货币超计划 12.6 亿元,到了最大警戒线,出现了"第四个突破",市场商品供不应求的矛盾更加突出。

经济过热使得国民经济比例出现了严重失调。积累率在国民收入中的比例逐年上升,1969 年为 23.2%,1970 年为 32.9%,1971 年为 34.1%。农业投资 1971 年只占总投资额的 10%,工业投资高达 65.2%,相差悬殊,超过了 1958 年"大跃进"时期。工业投资中轻工业仅占 5.8%,是新中国成立以来除 1963 年外最低的。这种依靠高积累高投资来保证工业增长高速度的做法,给以后的经济建设造成严重的欠账。

经济过热造成的另一个后果,是各种经济效益降低。1971 年计划投产 356 个项目,实际只建成 115 个;39 种主要产品新增生产能力,有 36 种没有完成计划。1972 年计划投产大中型项目 260 个,实际只完成 120 个;计划投产单项工程 700 多个,实际只完成 370 多个。41 种产品新增生产能力完成计划的只有 2 种。劳动生产率 1971 年比上年降低 0.8%,1972 年又比上年降低 5.4%。由于盲目求多,产品质量日趋下降。

1971 年"九一三"事件后,周恩来开始主持中央日常工作,随后的两年中对国民经济采取了多方面的调整措施。1972 年 4 月至 6 月,国家计委和国务院先后发出文件,规定未经国务院批准,新增职工人数不得超过计划。凡未经批准超计划招收及违反政策增加工资的,银行有权拒绝支付。8 月,国家计委提出报告,指出当前存在的基建战线长、职工人数增加过多,建议重新审查 1972 年基建计划,严格控制职工人数,努力提高产品质量,降低物资消耗。1973 年 2 月,国家计委在周恩来支持下又起草了《关于坚持统一计划,加强经济管理的规定》,提出 10 条原则,如加强统一计划领导,搞好综合平衡,反对各行其是;严格控制基建规模,不许乱上项目；中央集中控制职工总数、工资总额、物价等，各地无权自定；中央下放的大中型企业不能再层层下放；企业实行党委领导下的厂长负责制；坚持按劳分配原则，广泛推行计时工资加奖励、计件工资等。这个文件和1972年计划会议纪要虽然被张春桥阻挠没有下达，但在经济领域起到了一定的影响，使广大经济管理干部统一了认识。

1973年5月，中央工作会议对"四五"计划主要经济指标进行了调整，将计划规定的工业年平均增长速度由12.8%下调到7.7%。1973年，全国计划会议确定本年大中型建设项目比上年减少280个，轻工业投资由3.7%提高到6%左右，农业财政投资和支农工业投资比上年增长19%。

经过两年的调整，国民经济各个领域都出现了好转。1973年国民经济计划完成较好，安排也大体符合实际。工业总产值比上年增长9.5%，农业总产值比上年增长8.4%。经济效益也有了提高，全民工业劳动生产率在连续两年下降后，比上年提高3.3%，固定资产交付使用率比上年提高13%。"三个突破"基本得到控制。全民职工人数和工资总额增长率大大低于前两年的平均数。由于农业丰收，国家粮食库存比上年增加93.5亿斤。1973年成为"文化大革命"以后经济效益最好的一年。

1974年8月，毛泽东指示"以安定为好。全党全军要团结"。11月，他又指示要"把国民经济搞上去"。这对纠正"文化大革命"的错误是个极为有力的支持。

1975年1月，第四届全国人民代表大会在北京隆重召开，周恩来抱病代表国务院作了《政府工作报告》，重申了1964年12月三届全国人大提出的"两步走"和"四个现代化"国民经济发展宏图。邓小平等一批老同志的复出和获得重任，大大增强了党和国家纠正"文化大革命"错误的领导力量。邓小平以第一副总理身份主持国务院工作，全国人大和国务院的主要权力仍然没有落到江青集团手中。

1975年，邓小平主持对各个方面进行了整顿。整顿的高潮是经济领域，首当其冲的是国民经济的命脉——铁路。当时，徐州、南京、郑州等铁路局被造反分子、野心分子把持，猖獗地煽动动乱，京广、湘桂两条干线一度全部瘫痪。京沪、陇海干线面临堵死危险。运输长期陷入堵塞,严重影响了工业生产。于是,整顿工作的关键一仗就在铁路打响。1975年2月至3月,中共中央召开了全国主管工业党委书记会议,着重解决铁路运输问题。邓小平在讲话中严厉地说:现在闹派性已经严重地妨害我们的大局。要把这个问题摆到全体职工面前,要讲清楚这是大是大非问题。[1] 会后,中共中央发出了《关于加强铁路工作的决定》(9号文件),雷厉风行地召开万人群众大会,大张旗鼓地宣传中央文件,调整领导班子,逮捕坏人,使铁路面貌很快得到改观。4月,20个局有19个完成计划,煤炭日装车量58个月来、卸车量57个月来第一次完成计划。

经济整顿的第二仗在"老、大、难"的钢铁行业打响。当时,钢铁企业事故频出不穷,1974年全国钢产量比上年减少410万吨。1975年5月,邓小平在全国钢铁工业座谈会上讲话强调说:必须建立一个强有力的领导班子,克服软、懒、散状况,不称职的立即撤换;必须和派性、闹派性的人进行坚决斗争;要认真落实政策,调动群众特别是老工人、老劳模的积极性;必须建立必要的规章制度。[2] 6月4日,中共中央发出了《关于努力完成今年钢铁生产计划的批示》(13号文件),对钢铁行业进行了全面整顿,重点是包头、武汉、太原等大钢铁公司。到6月已初见成效,全国每天的钢产量超过了全年计划水平。

1975年8月,工业战线整顿全面铺开。冶金、煤炭、石油、化肥、电力、机械、森林工业、水产、建材、纺织、交通、铁道、邮电13个部门确定了需要调整领导班子的379个单位,工交系统的经济形势出现了明显好转,而且一个月比一个月更好。原油、原煤、化肥、发电、铁路货运等5月、6月都创造了每月产量的历史最高水平。

农业整顿从全国农业学大寨会议开始。1975年9月15日,邓小平在开幕会上讲话说:四个现代化,比较起来,更加费劲的是农业现代化。如

---

[1]《邓小平文选》第二卷,人民出版社1994年版,第6页。
[2]《邓小平文选》第二卷,人民出版社1994年版,第8–11页。

果农业搞不好，很可能拉我们国家建设的后腿。农业要整顿。①

到1975年9月底，整顿在军队、工交、科技领域已经见效，文艺、农业领域也揭开序幕，教育、财贸及党的整顿工作正在准备之中。

经过1975年经济领域的整顿，到年底，工农业总产值比上年增长11.5%，其中工业总产值增长15.1%，农业虽然部分地区遭受特大洪水仍增长4.6%。这一年是"四五"计划的最后一年，主要是由于1975年整顿带来的变化，才使"四五"计划的多数指标基本得到完成。对照调整降低后的"四五"计划，工农业总产值完成计划的101.7%。列入计划的41种主要工业产品，有20种如原煤、原油、发电量等完成和超额完成，7种如铁路货运量、棉纱等接近完成。4种主要农产品中，粮食、生猪、水产品达到指标。

二、农田水利建设和社队工业的再次兴起

"文化大革命"的前三年，农业也遭受了严重冲击，主要表现在：农村人民公社"三级所有，队为基础"体制受到冲击，部分地区刮起了生产队核算向生产大队核算升级的"穷过渡"风；破坏"按劳分配"政策，推广按"政治思想"评工分的平均主义；限制和取消农村集市贸易和社员自留地，等等。1968年，农业总产值比上年下降2.45%，粮食减产4%，糖料减产18.1%，使农村经济自20世纪60年代初期三年经济困难时期之后又出现了一次波折。

党的九大召开后，全国形势渐趋稳定。1970年8月至10月，国务院在大寨、北京召开了以推广"农业学大寨"运动为主要内容的北方地区农业会议，讨论了实现《农业发展纲要》的措施和农村政策问题，对于纠正当时肆意破坏农村政策的混乱状态，起到了重要的作用。会议提出，农村人民公社"六十条"中的基本政策仍然适用，三级所有、队为基础和自留地的制度，一般不要变动；允许社员经营少量的自留地和副业；要坚持按

---

① 中共中央文献研究室编：《邓小平年谱（1975—1997）》上，中央文献出版社2004年版，第98页。

劳分配原则，反对平均主义；允许生产队因地制宜种植等。

1971年12月26日，中共中央发出《关于农村人民公社分配问题的指示》，针对当时农村存在的"分光吃尽"，集体增产个人不增收，分配不兑现，以及劳动计酬上的平均主义等现象，强调指出：应在发展生产的基础上逐步增加积累，公共积累不要一下子增加过多，要使农民在增加生产基础上增加个人收入；口粮分配要做到有利于调动最大多数社员的积极性；要坚持"按劳分配"原则，学习大寨的劳动管理方法要从实际出发，不能生搬硬套。同时还提出：要注意农业的全面发展，不能把党的政策允许的多种经营当作资本主义去批判。从1972年起，《人民日报》发表了多篇落实农村政策的社论和文章。农业方面出现了两个高潮。

第一个高潮是农田基本建设高潮。从北方农业会议起，全国农村开展了治山造田、治河修渠的大搞农田水利基本建设运动，取得了一系列重要成就。在兴修水库、引水治河、改善农田条件方面：长江中下游水利建设取得重大成绩，兴建了荆江汉江分洪等工程，共建成500多座大中型水库；全面治理黄河取得重要进展，扭转了黄河历史上"三年两决口"的险恶局面；治理淮河共开挖11条大河道，建成30多座大水库、2000多座中小水库，灌溉面积相当于1949年的5倍以上；根治海河，治理了子牙河等五大河系，排洪能力比1963年提高5倍；大规模治理辽河，建成水库220座，灌溉面积由63万亩增加到1100万亩。在打井抗旱、兴建水电站方面，这一时期也取得了重要成就。据统计，1977年和1965年相比，我国农田灌溉面积增长41%，机电排灌面积和水电站机电总装机容量分别增长355.58%和643%；1975年我国机井数比1965年增长935.89%。这些农业条件的较大改善，为20世纪80年代农村家庭承包责任制抗御旱涝灾害的侵袭，提供了重要的保证。

同时，在"文化大革命"的特殊历史环境下，这次农田基本建设高潮也带有严重偏差。大搞"一刀切""大会战"，大寨开山修梯田的改造自然行动被宣传为全国不分南方北方、山地平原都应该采用的方式。有些地区不顾本地种植特点和自然条件，盲目开展"移山造田""填湖填海造田""菜农种粮""经济作物上山"等大规模活动，违反保持生态平衡的自然规律，带来了不良后果。著名的大湖泊如洪湖、洞庭湖、鄱阳湖、太湖、滇池、乌梁素海等在这一时期都遭到不同程度的破坏。

第二个高潮是突破了 20 世纪 60 年代初期社队一般不办企业的规定，农村社队工业（主要指农村公社以下的集体工业）再次兴起。1970 年，北方农业会议提出，要大办地方农机厂、农具厂以及与农业有关的其他企业。江苏、浙江、广东等历史上有传统手工业的省份首先行动起来，纷纷创办各种规模的农具、粮油加工、建材、编织、服装等社队工业。如江苏省社队工业总产值 1975 年比 1970 年增长 2.22 倍，社队工业在全省工业总产值中所占比重由 3.3% 上升到 9.3%。1975 年 9 月 5 日，浙江省永康县人民银行一个干部写信给毛泽东，建议改变 1962 年中央关于社队"一般不办企业"的规定，积极发展农村工业，为农村剩余劳动力寻找出路。毛泽东和邓小平先后作了批示，引起了重视。10 月 11 日，《人民日报》发表了调查报告《伟大的光明灿烂的希望》和评论文章，对社队工业予以明确的肯定和积极的支持，指出其发展方向主要是为农业和人民生活服务，有条件时也要为大工业、出口服务。此后，社队工业得到了更快的发展。

1965 年至 1976 年期间，按不变价格计算，全国社办工业产值在全国工业产值中的比重由 0.4% 上升到 3.8%。社队工业的发展，为 20 世纪 80 年代乡镇企业的大发展准备了一定条件。

这一时期，我国的粮食生产和农业总产值基本保持了稳定增长。20 世纪 70 年代前期的全国农业总产值，只有 1972 年由于遭受严重的自然灾害比上年下降 1.04%，其余各年与上年相比，1970 年增长 5.76%，1971 年增长 4.2%，1973 年增长 8.3%，1974 年增长 3.55%，1975 年增长 3.1%。1975 年粮食产量比 1964 年增长 57.1%，全国人均粮食产量也由 531.9 斤增长到 615.7 斤。但总体上来说，在"文化大革命"的特定历史环境下，这一时期，我国农业的发展只能在较低的水平上进行。农民生活得不到较大的改善，到 1978 年仍有 2.5 亿人口的农村地区没有解决温饱问题，占当时世界贫困人口的 1/4。

三、国防尖端技术和工业交通的发展

1964年10月，中国第一颗原子弹装置爆炸成功后，中共中央、中央军委作出了加速发展国防尖端技术的战略部署。

1966年10月27日，中国第一枚导弹核武器发射成功，实现了原子弹、导弹"两弹结合"。12月26日，第一枚中程地地导弹发射成功。1967年6月17日，中国进行了首次全当量氢弹空爆试验，采用飞机投掷方式，取得了圆满成功。中国成为世界上第四个掌握氢弹制造技术的国家，标志着中国核武器发展进程有了一个质的飞跃。

1970年4月24日，中国第一颗人造地球卫星"东方红一号"发射成功，卫星重173公斤，运行轨道距地球最近点439公里，最远点2384公里，轨道平面与地球赤道平面的夹角68.5度，绕地球一周为114分钟。卫星在重量和一些技术上超过了美国、苏联的第一颗卫星。这是中国航天空间技术的一个重要里程碑。

1967年，鱼雷核潜艇工程总体方案被国防科委审定通过，先后建成了鱼雷、水声、潜地导弹三个试验场。1970年4月，研制核动力装置的关键设备——陆上模式反应堆建成，7月进行提升功率试验成功。1970年12月26日，中国自主研制的第一艘核潜艇成功下水，中国成为世界上第五个拥有核潜艇的国家。1971年8月和1974年4月，中国第一艘鱼雷核潜艇的泊系试验和航行试验相继完成，结构证明性能良好，可以交付海军使用。

就在全国进入战备高潮、核武器发展不断取得突破的1970年，根据毛泽东、周恩来的指示，中国毅然迈出了和平利用原子能的第一步，组织科研力量大会战，进行30万千瓦的"七二八"设计工程（即后来的秦山核电站）[1]。这是中国核电事业的前驱。

---

[1] 当代中国丛书编委会编：《当代中国的核工业》，中国社会科学出版社1987年版，第87页。因周恩来1970年2月8日指示而定名，后定名秦山核电站。

这一时期，其他科技研究也取得了突破。中国中医研究院接受抗疟药研究任务，屠呦呦任科技组组长。1972年，成功提取出一种新型抗疟药青蒿素，在全球特别是发展中国家挽救了数百万人的生命。2015年，屠呦呦获得诺贝尔生理学或医学奖，这是中国科学家在中国本土进行的科学研究首次获诺贝尔科学奖。1964年，湖南安江农业学校教师袁隆平开创了杂交水稻研究，1972年由中国农科院和湖南省农科院牵头列为全国农林重大科研协作项目，1973年育成籼型杂交水稻优良品种，1976年在全国进行大面积推广应用，大幅度提高了产量，被国际上誉为"第二次绿色革命"。1973年，中国第一台每秒百万次集成电路电子计算机设计研制成功，把中国计算机技术推向第三代。

这些重大突破，为国家安全和现代化建设提供了重要保障。邓小平在1988年说："如果六十年代以来中国没有原子弹、氢弹，没有发射卫星，中国就不能叫有重要影响的大国，就没有现在这样的国际地位。"①

由于国际形势的严峻，这一时期中国的工业交通建设的重点主要放在中西部的三线建设上。从1964年开始到1980年，全国三线地区共投入2052.68亿元，相当于1953年至1964年投资的3倍。根据1984年普查，在大三线的八省一市（川、贵、云、陕、甘、湘西、鄂西、豫西、重庆）建成了1945个大中型企业、科研设计院所。三线建设无论规模还是时间跨度，都是前所未有的。

由于涉及国防安全，三线建设当时不见诸报端。几百万工人、干部、科技人员、解放军官兵，从全国四面八方来到人迹罕至的深山峡谷、大漠荒原，发扬"艰苦创业，无私奉献，团结协作，勇于创新"的三线精神，人拉肩扛，风餐露宿，建设起现代化企业和交通设施。如成昆铁路，沿线地形险峻、地质复杂，被外国专家断定为"筑路禁区"。建设者开凿隧道427座，架设桥梁上千座，桥梁隧道竟占了全线总长的40%，有些车站只能建造在桥梁上、隧道中。如攀枝花钢铁基地，选址在金沙江边的狭隘空

---

① 《邓小平文选》第三卷，人民出版社1993年版，第279页。

地，建设者"三块石头支口锅，帐篷搭在山窝窝"，靠人力把成千上万吨的大型器材设备和生活物资运过来，又经科学安排，在深山峡谷建起了被誉为"象牙微雕"的现代化大型钢铁企业，首创当时世界先进水平的钒钛冶炼技术。三线人扎根三线，一干就是几十年、几代人，献了青春献终生，献了终生献子孙，彰显出崇高的报国情怀。

三线建设初步改变了我国工业布局不合理状况。攀枝花、酒泉、重庆等钢铁基地，六盘水、渭北等煤炭基地，成昆、襄渝、湘黔、阳安、青藏（西格段）等铁路干线，第二汽车厂、陕西汽车厂、四川汽车厂、德阳东方汽轮机厂等大型制造企业，刘家峡、八盘峡、葛洲坝、乌江渡等水电站，四川、长庆等油气田，都成为中西部发展的产业支柱。到1978年，中西部工业固定资产原值已经占全国的56%，超过了东部沿海地区。与1964年相比，职工人数由325.65万人增加到1129.5万人；工业总产值增长3.92倍。这为改革开放初期国家实施优先发展东部外向型经济的战略，提供了能源、原料和交通运输等方面的支持。

三线建设成功地建设起一个比较完整的国防战略后方，极大地增强了我国的国防实力。三线地区先后建成400多个军工企业、80多个国防科研院所，包括常规兵器工业基地、电子工业基地、核工业基地、航空航天工业基地、船舶工业基地等。我国自行研制的第一颗原子弹、氢弹，第一个军用核反应堆，第一颗人造地球卫星，第一枚地对地导弹，第一艘核潜艇，第一批喷气式歼击机，第一门远程火箭炮等，绝大部分研制、试验基地都布局在三线地区。

三线建设推动了中西部地区经济、社会、科技、文化发展进步，促进了偏远山区和少数民族地区文化繁荣。通过新建和扩建，攀枝花、绵阳、六盘水、十堰、广元、乐山、德阳、金昌、都匀、凯里、汉中、天水等60多个新型工业科技城市拔地而起，闻名全国。如攀枝花号称"钒钛之都"，绵阳号称"科技城"，德阳号称"重装城"，六盘水号称"江南煤都"，金昌号称"中国镍都"。成昆、湘黔等铁路和沿线工业群使过去不通公路不通电的凉山、乌蒙山、川陇等少数民族落后山区有了"飞跃五十年"的进步，也为改革开放时期优先发展东部地区解除了后顾之忧。

由于对国际形势估计过于严重和受"文化大革命"的冲击，三线建设也出现了铺开过急过大、选址过于强调战备、注重经济效益不够等弊病，留下了一些后患。这些都在1983—2006年实施三线企业调整改造时基本得到了解决。

四、对外技术设备引进和对外经济援助

20世纪60年代末至70年代初，世界经济形势发生了较大变化。一方面，西方资本主义国家面临着新的一轮经济危机，原有的社会主义和资本主义阵营两大经济体系逐渐松解，发达国家和发展中国家之间的经济往来日益增多。另一方面，中国重返联合国，大批西方国家纷纷与中国建交，打破了国际敌对势力长期以来对中国的经济封锁。中国国内在林彪事件以后，开始纠正部分的极左错误。这些都为中国扩大对外经济交流创造了有利条件。1972年2月，毛泽东邀请美国总统尼克松访华，在中美上海联合公报中，双方同意为逐步发展两国间的贸易提供便利。

1972年1月，根据周恩来指示，国家计委召集有关部委负责人研究，决定抓住西方资本主义国家在经济危机中急于出口的有利时机，针对国内需要，进口成套化纤、化肥技术设备。国家计委提出《关于进口成套化纤、化肥技术设备的报告》，建议引进我国急需的化纤新技术成套设备4套、化肥设备2套，以及部分关键设备和材料，约需4亿美元。2月5日，经周恩来批示呈报，毛泽东立即圈阅批准了这个报告。随后，周恩来等人以此为突破口，将对外引进交流规模进一步扩大。5月5日，冶金部提出《关于进口一米七连续式轧板机问题的报告》。8月21日，毛泽东、周恩来予以批准。11月7日，国家计委再次提出《关于进口成套化工设备的请示报告》，建议进口6亿美元的23套化工设备。

1973年1月2日，国家计委向国务院提交《关于增加设备进口，扩大经济交流的请示报告》，对前一阶段和今后的对外引进项目作出总结和统

一规划。该报告建议，利用西方处于经济危机，引进设备对我有利的时机，在今后三五年内计划引进43亿美元的成套设备。其中包括：13套大化肥、4套大化纤、3套石油化工、10个烷基苯工厂、43套综合采煤机组、3个大电站、武钢一米七轧机，及透平压缩机、燃气轮机、工业气轮机工厂等项目。这个方案被通称为"四三方案"，是继20世纪50年代的156项引进项目后的第二次大规模引进计划，也是打破"文化大革命"时期经济贸易领域"闭关自守"局面的一个重大步骤。以后，在此方案基础上，又陆续追加了一批项目，计划进口总额达到51.4亿美元。利用这些设备，通过国内自力更生的生产和设备改造，兴建了26个大型工业项目，总投资额约200亿元。到1982年，26个项目全部投产，其中投资额在10亿元以上的有：武钢一米七轧机、北京石油化工总厂、上海石油化工总厂一期工程、辽阳石油化纤厂、黑龙江石油化工总厂等。这些项目取得了较好的经济效益，对我国经济建设的发展起到了重要的促进作用。

"四三方案"带动了对外引进工作的全面开展。毛泽东、周恩来审时度势，在国务院领导人的积极努力下，又果断地进行了开拓整个对外经济工作新局面的部署。除"四三方案"外，重要的引进项目还有：从美国引进彩色显像管成套生产技术项目；利用外汇贷款购买新旧船舶，组建远洋船队；购买英国三叉戟飞机，增强民航运输力量等。1972年9月，国家计委成立了进口技术设备领导小组，负责审查进口设备和综合平衡及长期计划衔接工作，还组织有关部委派出多个考察小组，到国外考察检查进口设备。同时，在国内恢复举办先进科技国家的技术贸易展览会，学习吸收国外先进技术。

协助周恩来研究指导外贸工作的陈云在1973年6月与中国人民银行负责人的谈话中，提出了"对资本主义要很好研究"的思想。他指出：现在我们外贸主要面向资本主义国家这个趋势"是定了"，不研究资本主义，我们就要吃亏，就不要想在世界市场中占有我们应占的地位。[①] 他亲自拟订了了解世界经济状况的10个重要问题。中国人民银行积极开展筹措外汇和利

---

① 中共中央文献研究室编：《陈云年谱（1905－1995）》下卷，中央文献出版社2000年版，第176页。

用外资工作，1973年筹措到外汇资金10亿多元，支持了对外引进需要。

在恢复建立国内出口生产基地、扩大出口贸易方面，经过周恩来、李先念部署，工艺美术品、农产品等出口生产基地得到了较快恢复。1972年9月，新中国成立以来规模最大的全国工艺美术展览会在北京开幕，历时4个多月。

在党的十大后结成"四人帮"的江青集团，对这次对外经济开拓工作竭力反对，设置重重障碍。1974年2月，江青讲话说引进美国康宁公司的彩色显像管生产线是"屈辱于帝国主义的压力"，是"崇洋媚外"。这个引进项目被迫中断。周恩来、李先念、邓小平等人对"四人帮"的破坏进行了针锋相对的斗争。

经过两年多的努力，我国对外经济工作取得了开拓性的进展。1973年我国对外贸易总额是1970年的2.4倍，1974年是3.2倍。1973年全国出口总额是1970年的2.58倍，1974年更达到3.07倍。成套设备和先进技术的引进，促进了国内基础工业，尤其是化肥、石油化学、冶金工业的发展，为我国20世纪80年代经济建设的腾飞提供了必要的物质条件。所以邓小平在回顾时指出："说到改革，其实在一九七四年到一九七五年我们已经试验过一段。"[①] 胡乔木具体地解释说："当时主要是指对外贸易，首先是引进国外先进项目。"[②]

"文化大革命"时期对外经济工作的另一个特点，是中国对外援助的急剧增加。其中，额度最大的是支援越南人民的抗美救国战争。在越南抗美救国战争期间，中国为越南提供了大量的武器装备、资金和生活物资。其中包括：165架飞机、810辆坦克和装甲车、3万余门火炮、各种汽车35035辆、各种船舶686艘、各种拖拉机4730台、铁路机车127台、铁路客货车厢3290节、粮食539.66万吨、棉布26960万米、化肥61.06万吨、钢材60.11万吨、煤炭191万吨、动力油料189.55万吨；此外还有大量棉

---

① 《邓小平文选》第三卷，人民出版社1993年版，第255页。
② 《胡乔木文集》第二卷，人民出版社1992年版，第248页。

花、棉纱、棉毯、服装甚至牙膏等日用生活品。到1978年止，按当时国际价格计算，中国援越总值达200亿美元左右，绝大部分是无偿的。对朝鲜、阿尔巴尼亚及非洲国家的援助，如援助修建坦赞铁路等，也在中国的援助计划中占有相当大的比例。

在当时的历史条件下，这些援助多数是必要的，起到了打破外国敌对势力孤立中国阴谋、支援第三世界人民解放斗争的作用。但是，由于极左思潮的严重干扰，援外工作中也存在着较大的偏差。如认为援助越多、越不讲条件就越革命。在国家和人民经济生活水平还很低的情况下，造成了超越国力的困难。仅1973年对外援助总支出就占国家财政支出的7.1%。这也养成了一些受援国的依赖思想。从1974年起，国家开始减少不适当的援外项目，到1977年9月，过去对外答应尚待支付的援款仍有174亿元。

五、1976年的经济动荡和结束"文化大革命"

毛泽东晚年对社会主义社会经济基础进行了反复思考。1974年10月20日，他会见外宾时说：总而言之，中国现在属于社会主义国家。以前跟资本主义差不多。八级工资制，按劳分配，货币交换，这些跟旧社会没有多少差别。所不同的是所有制变更了。[1] 之后他又说：这些只能在无产阶级专政的条件下加以限制。所以，林彪一类如上台，搞资本主义制度很容易。[2] 这些言论，被称为"毛主席关于无产阶级专政的理论"。

毛泽东的这些观点，错误理解了马克思关于"资产阶级权利"和列宁关于"小生产者"的一些论述，认为社会主义社会的商品制度、货币交换、按劳分配原则等必然导致"资本主义复辟"，从而混淆了不同社会制度的本质区别。

---

[1] 中共中央文献研究室编：《毛泽东年谱（1949－1976）》第六卷，中央文献出版社2013年版，第553页。
[2] 中共中央文献研究室编：《毛泽东年谱（1949－1976）》第六卷，中央文献出版社2013年版，第572页。

毛泽东虽然支持了邓小平的整顿工作，但他不能允许系统地纠正"文化大革命"的错误。1975年9月和11月，毛泽东两次听取汇报后说："有两种态度，一是对文化大革命不满意；二是要算账，算文化大革命的账。"① 他要政治局会议"帮助"邓小平。根据他的指示，发动了"反击右倾翻案风"的运动，邓小平先是被不点名批判，后又被停止工作。

1976年4月，全国悼念周恩来、声讨"四人帮"的"四五运动"被压制后，邓小平被撤销党内外一切职务。在"反击右倾翻案风"的冲击下，刚有好转的经济形势急转直下，生产秩序又陷入混乱，许多地区的领导人被批斗，被打跑。1976年1月至2月，铁路货运量计划没有完成，3月上中旬，全国20个铁路局有9个没有完成装车计划。郑州、兰州等帮派分子控制的铁路枢纽又严重堵塞，京广、陇海、津浦等干线通过的物资，都比实际需要少1/3到1/2。煤炭不能运出，使中南省区被迫减产停产，上海存煤一度只够4天。1月到5月，钢产量欠产123万吨，化肥、棉纱等也没有完成原定计划。到年底，全年工农业总产值比上年只增长1.54%，远低于原计划的7%－7.5%，工农业总产值指数（以上年为100）比上年还下降了9.12%。主要工农业产品中有多种没有完成计划，其中棉花完成计划的79%，钢完成计划的79%，比上年下降14.4%。发电量完成计划的96.3%，棉纱完成计划的88%，铁路货运量完成计划的93%。棉布、硫酸、矿山设备、发电设备、机床、汽车、拖拉机的产量比上年都有较大幅度的下降。国家基本建设投资比上年减少32.3亿元，固定资产交付使用率比上年下降5%，建成大中型项目比上年减少82个。进出口贸易总额比上年下降9%。全国国营企业亏损额177亿元，国家财政收入比上年减少39亿元，出现财政赤字29.6亿元。

1976年7月28日，河北省唐山、丰南一带发生7.8级强烈地震，波及天津、北京。人民的生命财产蒙受极为严重的损失，242769人死亡，164851

---

① 中共中央文献研究室编：《毛泽东年谱（1949－1976）》第六卷，中央文献出版社2013年版，第619页。

人重伤，唐山市几乎夷为一片废墟。国家直接经济损失近百亿元。地震发生后，中央领导人立即组织人民解放军和各方力量，赶赴现场抗震救灾。

1976年9月9日，中国共产党和中华人民共和国的缔造者、领导者毛泽东因病逝世。江青集团以为篡夺党和国家最高领导权的时机已经到来，加快了他们的阴谋活动。人民共和国处在危机之中。早就警惕和焦虑地注视着"四人帮"猖獗活动的华国锋、叶剑英经过反复商议，并与中央政治局部分人通过各种方式交换意见，在10月6日代表党和人民的意志，采取断然措施，一举粉碎了江青集团，挽救了国家，挽救了党。

十年"文化大革命"给经济建设带来了巨大损失，这主要反映在以下四个方面。

第一，政治动乱冲击和破坏生产建设，造成了有形的巨大物质损失。如大串连、"停产闹革命"使铁路运输中断，工厂农村停止工作和生产；武斗、造反、打砸抢毁坏大批国家和人民的财产设施；经济管理秩序遭到破坏，生产难以进行，等等。

第二，经济发展速度缓慢，失去了正常情况下应该取得的成就。从1967年至1976年，社会总产值年平均增长6.8%，其中1967年、1968年出现倒退，分别比上年下降9.9%和4.7%，1974年和1976年比上年分别只增长1.9%和1.4%。工农业总产值年平均增长7.1%，国民收入（净产值）年平均增长4.9%。

与"文化大革命"之前的1953年至1966年14年，与之后的1977年至1982年6年经济指数相比，这一时期社会总产值年平均增长6.8%，分别低于前者的8.2%和后者的8.9%，国民收入年平均增长4.9%，分别低于前者的6.2%和后者的7.5%。"三五""四五"计划虽然基本完成，但这些计划最后确定的指标并不高，"三五"计划本可以提前两年完成，"四五"计划原定指标较高，后来也大大压缩。

第三，经济效益大幅度下降。"文化大革命"时期国民经济收入总额虽然有增加，但是企业管理制度的破坏和比例失调也使消耗、浪费现象严重，经济效益降低。以1966年和1976年的全民所有制独立核算工业企业各项指数相比，每百元资金实现的税金和利润减少44.1%，每百元固定资产净值实现的税金和利润减少37.8%，每百元工业总产值实现的利润减少42.5%。相反，每百元总产值所占用的流动资金却由23.5元增加到36.9元。大中型建设项目周期，"一五"时期为6.5年，"三五""四五"时期分别延长到8.8年和10.7年。大中型项目建成投产率也由"一五"时期的15.5%下降到"三五""四五"时期的11.5%和9.4%。

第四，人民生活水平长期没有提高甚至有所下降。1976年，我国人均年消费粮食只有381斤，低于1952年的395斤。住宅、教育、文化、卫生保健等方面也造成了严重欠账。1965年，商品供应本已有不少取消了配给票证，"文化大革命"时期又不得不恢复甚至增加。据不完全统计，供应居全国之冠的北京，城镇居民消费生活用品中凭票证供应的有：粮食、食油、肉类、食糖、糕点、蛋类、水产、蔬菜、烟酒、火柴、火石、牙膏、肥皂、布匹、线、灯泡、胶鞋、皮棉帽、自行车、缝纫机、手表、收音机、电视机、书包、家具等，几乎包括了全部生活用品。在住房方面，据1978年底资料，全国182个城市中，平均每人住房面积只有3.6平方米，有6891万户缺房户，占总数的38.6%。其中，北京、上海、天津、沈阳、长春、哈尔滨、南京、广州、武汉、成都、重庆、西安、太原13个百万人以上的大城市缺房户达43.1%。老少三代同居一室，甚至"四世同堂"的现象也十分普遍。

总之，"文化大革命"时期国民经济发展的总体评价是：国民经济建设蒙受了政治动乱带来的巨大损失。与"文化大革命"前正常的经济建设时期相比，与世界上发展较快国家相比，我国失去了十年的快速发展时间，国家综合实力没有得到应有的提高。

同时，还必须看到，这十年中经济建设仍然有所发展。1967年至1976年的10年，社会总产值年均增长6.8%；工农业总产值年均增长7.1%，其中工业为8.5%、农业为3.3%；工农业总产值指数（以上年为100），除1967年、1968年外，其余各年均为正增长。国民收入年均增长4.9%，其中工业为7.2%、农业为2.5%。

工业方面，1976年全国主要工业产品年产量与1966年相比，钢2046万吨，增加33.6%；原煤4.83亿吨，增加91.7%；原油8716万吨，增加499%；发电量2031亿千瓦小时，增加146%；化肥524.4万吨，增加117.7%；水泥4670万吨，增加131.8%；机床15.7万台，增加186%；汽车13.52万辆，增加141.9%。1976年全国工业总产值比1966年增长128%。

农业方面，1976年粮食产量5726亿斤，比1965年增加1836亿斤。在人口迅速增长的情况下，人均粮食产量由544斤增加到610斤，增长了12.1%。全国农业总产值1976年比1966年增长24.5%。

所有这些成就，当然不是"文化大革命"本身的成就，而是"文化大革命"时期排除"文化大革命"干扰而取得的成就。如果没有"文化大革命"，我们将取得更大的成就。这个观点是完全正确的，也是我们估算"文化大革命"造成巨大经济损失的基本出发点。

第三节 拨乱反正和努力加快经济发展

1976年10月粉碎"四人帮"以后，中共中央部署的中心任务是"抓纲治国"。所谓"纲"就是"揭批四人帮"。中央进行了一系列的拨乱反正部署，恢复被"四人帮"和"文化大革命"搞乱了的经济思想和经济管理秩序。

一、经济领域的拨乱反正

1977年和1978年，中央和国务院先后召开了农业、计划、铁路、基建、工业、财贸、煤炭、电力、运输、粮食等一系列经济部门会议，部署被"文化大革命"搞乱了的工农业生产。

1977年2月，全国铁路工作会议对铁路运输再度进行整顿，调整铁道部和各地铁路枢纽的领导班子，肯定了1975年铁路整顿发出的9号文件是一个好文件。到1978年，铁路货运量和总货运量分别达到11亿吨和24.9亿吨的历史最高水平，铁路平均日装车数为62234车，比1976年增长28.2%。

1977年4月，国务院批转了全国基本建设会议纪要，指出这几年基本建设战线长，人力、物力、财力使用分散混乱，必须进行整顿，维护计划的严肃性，保重点、保投产，把基本建设纳入统一计划。同月，国务院还批转了全国冶金工作会议纪要，要求下决心把钢铁工业搞上去，结束新的徘徊。主要措施是整顿企业秩序，把岗位责任制、考勤制度、技术操作规程、质量检验制、设备管理和维修制、安全生产制、经济核算制健全起来。

1977年4月至5月，有7000人参加的全国工业学大庆会议先后在大庆和北京召开。会议明确提出，要把重点企业的领导班子整顿好，以大庆为榜样，学习解放军，广泛开展劳动竞赛和增产节约运动，使各项技术指标在短时期内达到历史最好水平和国内先进水平。7月，有1000多人参加的全国农业基本建设会议先后在昔阳和北京召开，提出各地要迅速掀起大搞农田基本建设的高潮。

1978年4月20日，中共中央颁发了加快工业发展的"工业三十条"，对整顿企业提出了具体标准，明确规定了企业的任务、制度、工作方法和管理政策。这个文件是在1975年邓小平指示制订的"工业二十条"基础上修订的。至此，"文化大革命"时期遭到破坏的各项经济制度基本得到恢复和落实。

在经济政策方面，重要举措有以下两点。

第一，提高城镇职工的工资和生活福利待遇。1977年8月10日，国务院发出《关于调整部分职工工资的通知》。"文化大革命"十年中，工资一直被冻结，只在1971年底对占总数30%的职工提高过一次工资。这次调整，范围比较大，使占全国职工总数60%的3000多万人的工资都得到了提高。1978年2月21日，国务院又批准发出通知，为法定节假日加班的工人发给两倍的标准工资。5月7日，国务院发出通知，决定实行奖金和计件工资制度。

第二,在农村实行免税和提高农产品价格政策。"文化大革命"结束后的农村,与城镇相比,穷困的状况更为严重,有2.5亿农村人口没有解决温饱问题。造成这种情况的原因,除了"平均主义"和极左政策之外,工农业产品价格"剪刀差"过大,也是一个重要因素。新中国成立20多年来,农业产品收购价格虽然提高了1倍,工业产品零售价格只上升了28%,但是由于农村的绝对生产能力(包括亩产和可耕种土地面积)没有随人口增加得到相应的提高和扩大,征购粮食指标却不变甚至提高,家庭副业的萎缩甚至使农村购买力下降,而城镇人口虽然平均工资提高较少,但是随着就业人数和工资总额的增加,多数家庭的生活水平比农村还是增长较大。再加上城镇企业和居民的基本工业品和生活用品可以凭计划、票证得到一定保证,而农村不得不用黑市的高价格购买生活和生产资料,在这种不等价交换的政策控制下,城乡生活差别比数字反映的要大得多。这种状况严重压抑了农民的生产积极性。

针对这些问题,1978年12月,党的十一届三中全会通过了《关于加快农业发展若干问题的决定(草案)》,规定粮食统购价从1979年夏粮上市起提高20%,超购部分再加价50%,粮食征购指标在今后一个较长时期内,稳定在1975年的基础上,并减少50亿斤。还规定国家对农村实行免税或低税政策,大力发展社队企业,发展小城镇建设。

这个重要政策和文件中同时制定允许生产队包工到作业组、联产计酬的规定,形成了刺激农村经济发展、提高农民生产积极性的两个基本点,为以后农村的大发展起到了共同的历史作用。

经过近两年的整顿,1977年和1978年的经济形势有了明显的好转。

工业方面,1977年工业总产值达到3728.3亿元,比上年增加14.3%,1978年又达到4230.8亿元,比上年增长13.5%。80种主要产品产量有65种完成和超额完成了计划。其中,钢达到3178万吨,比1976年增长55.3%。煤炭增长到6.18亿吨,比1976年增长20%。原油达到1.04亿吨,比1976年增长19.4%。发电量为2566亿度,比1976年增长26.3%。

货运量达到24.9亿吨，比1976年增长23.4%。轻工业中，布产量为110.3亿米，比1976年增长24.8%。化纤产量为28.46万吨，比1976年增长94.8%。基本建设总投资，1978年达到500.99亿元，比1976年增长33%。在数量增加的同时，效益也有提高。工业部门物质消耗占总产值的比重，由1976年的66.3%下降到64.9%。社会劳动生产率，1976年比上年下降4.5%，1978年则比上年增长10.5%。

农业方面，虽然因为遭受了一定自然灾害，1977年粮食产量比上年下降1.3%，1978年又达到6095.3亿斤，比1976年增长6.4%。棉花1978年达到4334万担，比1976年增长5.5%。油料1978年为10435.8万担，比1976年增长30%。这几项指标都超过了新中国成立以来的最好水平。1978年农业总产值（按1970年不变价格计算）达到1459亿元，比1976年增长10.8%。

人民生活水平也有了一定提高。全民所有制企业中有40%的职工增加了工资，全国居民平均消费水平由1976年的161元增加到1978年的175元，是1961年以来增长幅度最大的。

上述情况说明，结束"文化大革命"以后，广大干部和群众热情高涨，国民经济各个方面都有了恢复和发展。

二、"五五"计划和"十年规划纲要"高指标的提出

粉碎"四人帮"以后，广大干部和群众中普遍存在着要求加快建设，"把'四人帮'耽误的时间夺回来，把'四人帮'造成的损失补上去"的良好愿望，大多数中央领导人在这个问题上的意见也是一致的。经济形势在原来低起点上的较快好转，也使当时的中央主要领导人头脑中产生了急于求成的情绪。1977年4月19日，粉碎"四人帮"刚刚过去半年，《人民日报》就发表了题为《抓纲治国推动国民经济新跃进》的社论，提出"一个新的跃进形势正在形成"，要求"赶超'三个水平'"，即"首先达到和超过本单位历史最高水平，再赶超全国同行业的最高水平，进而赶超

世界先进水平"。

"五五"计划的制定始于1974年,是包含在当年开始着手编制的《1976－1985年发展国民经济十年规划纲要(草案)》里,同"六五"计划一起提出的,并没有另行编制。这是新中国成立以来编制五年计划的唯一特例。1975年12月,在全国计划会议期间,中央政治局审议了国家计委编制的《1976－1985年发展国民经济十年规划纲要(草案)》,决定略加修订后试行一年,再作进一步修订。但是1976年因政治动荡和唐山大地震的影响,上述十年规划草案未能如期修订和公布。而且1976年作为实施"五五"计划的第一年,由于"四人帮"的破坏,经济发展严重受挫,国民收入下降2.7%,未能完成原订1976年计划指标。

1977年的急于求成表现在规划上,是修改和执行"十年规划纲要"中提出了一大批超过国家综合国力的经济建设高指标。表现在方法上,是继续采用投入大量资金人力搞大会战运动。1976年12月召开的第二次全国农业学大寨会议,进行了"普及大寨县"运动的强力再发动,要求集中更大的人力、物力来突击完成1980年全国1/3的县建成"大寨县"的目标。

1977年11月18日,国家计委向中央政治局汇报了1978年到2000年的设想和"六五"计划,经过讨论,得到批准。11月24日至12月11日,全国计划会议研究了长远规划,向中央政治局提出了《关于经济计划的汇报要点》,建议:今后到2000年的23年中,分三个阶段打几个大战役,到20世纪末使我国的主要工业产品产量分别接近、赶上和超过最发达的资本主义国家,各项经济技术指标分别接近、赶上和超过世界先进水平。具体安排是:1981－1985年,展开基本建设的大计划,工业方面要建成120个大项目,包括30个大电站、8个大煤炭基地、10个大油气田、10个大钢铁基地、9个大有色金属基地、10个大化纤厂、10个大石油化工厂、十几个大化肥厂,新建和续建6条铁路干线,改造9条旧干线,重点建成秦皇岛、连云港、上海、天津、黄埔5个港口。粮食生产要达到8000亿斤,钢铁产量要达到6000万吨,原油要达到2.5亿吨。在2000年以前全面实现四个现代化,使我国国民经济走在世界前列。

1978年2月，中共中央政治局批准了高指标的《关于经济计划的汇报要点》，并写进了五届全国人大政府工作报告。2月9日，在讨论政府工作报告时，邓小平提出：还是说稳当一些好。我们的总产值达到美国的水平，按人口平均也比美国差得多。到那个时候，农民的比重仍然会这么大。就是160元，生活也不怎么高。1978年3月，五届全国人大一次会议通过了高指标的《1976—1985年发展国民经济十年规划纲要》。华国锋在政府工作报告中说：实现了十年规划，我国经济技术水平将发生巨大变化，物质基础会雄厚得多，就有把握再经过三个五年计划的努力，使我国国民经济走在世界的前列。十年规划和二十三年设想提出的任务是宏伟的，也是完全能够做到的。

从当时的经济状况看，要实现这一系列高指标是不符合实际的。1978年国民经济虽然比"文化大革命"时期有了较大好转，但多年积淀的问题没有得到根本解决，主要反映在农轻重比例失调上。农业方面，农产品严重不足，很多农村地区还存在着吃饭问题，需要国家救济，外出逃荒讨饭现象严重。为了保证供应，国家全年进口粮食139.1亿斤、棉花1901万担、油5.8亿斤、食糖123.8万吨，共用外汇21亿元。当时全国只有1600个农机制造厂、2700个农机修造厂，进行低规模的简单农机制造修配。在这样的条件下，三年实现农业机械化显然是不可能的。工业方面，重工业虽然得到一定发展，但内部比例也很不协调，机械加工能力超过了钢铁工业所能提供的原材料，不得不进口解决。能源工业与其他工业比例严重失调，建设十几个"大庆"并没有得到地质勘探结果的论证，况且能源工业的单方面发展，并不能直接带动钢铁、机械制造等基础工业的同步发展，对电子、纺织等轻工业的影响更小。科技力量和工艺、管理水平方面也没有可能对全面跃进予以足够的支持。

三、走出国门看世界和对外经济引进

为了完成高指标计划，第一个办法是继续提高积累率，扩大基本建设投资规模。1976年积累率为30.9%，已经不低，1977年提高到32.3%，1978年又猛增到36.5%，是新中国成立以来仅次于1959年、1960年的第三高度。1976年基本建设投资为376.44亿元，1977年提高到382.37亿元，1978年剧增为500.99亿元，比上年增长31%。农轻重在基建投资中的比例是10.6∶5.8∶48.7，而1978年农轻重总产值结构却是27.8∶31.1∶41.1。施工中的大中型项目，1977年为1433个，1978年达到1723个，当年建成投产率又从1977年的8.4%下降到5.8%。这种高指标和投资规模显然是当时国力不能支撑的。

第二个办法是扩大引进外国资金和设备。为了借鉴国外经验，1978年5月，谷牧率领中国经济代表团访问了欧洲5国。同时期，还有其他代表团访问日本、调研港澳地区。他们回国后，都向中央做了汇报。6月下旬，谷牧在向中央政治局汇报时提出三点：一是我们比欧洲已经落后很多，他们有很多经验值得借鉴；二是西方发生经济危机，欧洲许多国家希望与中国发展贸易关系；三是许多国际经济通行办法我们可以采用。

华国锋听取访欧代表团汇报时说：原来认为到20世纪末的22年很快就过去了，一考察，日本搞现代化只有13年，德国、丹麦也是十几年。我们要想开一点，谈判时间过长不行，要早点把项目定下来，把大单子开出来，然后一批一批地去搞。1978年7月，国务院务虚会又提出：要组织国民经济新的大跃进，要以比原来的设想更快的速度实现四个现代化，要在本世纪末实现更高程度的现代化，要放手利用外国资金，大量引进国外先进技术设备。1978年全年共签订了78亿美元的引进项目合同，都要用现汇支付，确定的1978年至1985年引进规模由原来的65亿美元增加到180亿美元。这些都超过了我国的承担和消化能力。而且引进过急，仅1978年12月的最后10天就签订了以化工项目为主的31亿美元的协议，可行性研究和综合平衡不够，给未来造成了隐患。

当时大力引进和利用外国资金的方向是正确的，问题是除了摊子铺得过大之外，没有同时进行改革经济管理体制的积极尝试，没有从改变束缚中国生产力发展的生产关系上去解决根本问题。

为了落实加快引进外资，进行更快速度建设，1978年7月6日至9月9日，国务院在北京召开了务虚会。国务院有关部门的60多位负责人根据各期讨论内容分别参加并做汇报。会议提出，要进行经济管理体制改革，发挥经济手段的作用，坚决实行专业化，发展合同制，贯彻按劳分配的原则，扩大企业的自主权。会议还提出了对外开放的思想，强调要放手利用中国资源，利用外国资金，大量引进国外的先进技术设备。

1978年9月召开的全国计划会议进一步确定，经济战线必须实行三个转变。一是从上到下都要把主要注意力转到生产斗争和技术革命上来。二是从那种不计经济效果、不讲工作效率的官僚主义管理制度和方法，转到按照经济规律办事、把民主和集中很好地结合起来的科学管理轨道上来。三是从那种不同资本主义国家进行经济技术交流的闭关自守或半闭关自守状态，转到积极地引进国外先进技术、利用国外资金、大胆地进入国际市场上来。[①] 这实际上已经开始考虑把工作中心转变到经济建设，并要求进行经济改革和对外开放。

国务院务虚会议和全国计划会议的讨论和思想交流，对以后的经济改革起到了重要的启迪作用。会议提出的许多新鲜建议，在20世纪八九十年代逐步付诸实施。这样，党的十一届三中全会前夕，在经济决策部门和理论研究领域，已经有一股呼吁改革开放的春潮在涌动，配合政治和哲学领域的"实践是检验真理的唯一标准"大讨论，即将汇成汹涌澎湃的改革大潮。

[①] 《当代中国的计划工作》办公室编：《中华人民共和国国民经济和社会发展计划大事辑要（1949—1985）》，红旗出版社1987年版，第398页。

第五章

改革开放和经济发展的历史性转折
（1978–1984）

"文化大革命"结束后,随着拨乱反正的开展,经济领域开始出现思想解放的局面,开展了关于按劳分配、价值规律等的讨论,开始探索经济管理改革思路。1978年5月开始的真理标准问题讨论,9月邓小平发表北方谈话,更进一步促进了经济领域的思想解放。在1978年11月至12月召开的中央工作会议上,党和国家工作重点转移成为一项主要议题。1978年12月,党的十一届三中全会果断地把党和国家工作中心转移到经济建设上来,作出实行改革开放的历史性决策。十一届三中全会后,为了改变多年来造成的国民经济重大比例失调问题,开展了为期三年的国民经济调整,使国民经济实现了相对平衡、稳定和协调的发展。为了巩固国民经济调整所取得的良好局面,推动国民经济的稳步前进、健康发展,党中央提出实行经济发展战略的转变,改变过去片面追求高速度、高指标,导致低效益的错误方针,开辟一条稳定、协调和高效发展的新路子。全国经济战线坚决清除工作中存在的"左"倾错误,率先在农村成功开展经济体制改革,在城市进行经济体制的初步改革,开启对外开放,设立经济特区。1982年召开党的十二大,提出了全面开创社会主义现代化建设新局面的纲领,促使经济发展释放出极大的活力,各个领域呈现历史性转变,取得了令人振奋的成就。

第五章　改革开放和经济发展的历史性转折（1978–1984）

第一节　开启改革开放和提出小康目标

1978年12月，党的十一届三中全会召开，作出把党和国家工作中心转移到经济建设上来、实行改革开放的历史性决策。十一届三中全会是划时代的，开启了改革开放和社会主义现代化建设新时期。在十一届三中全会正确路线的指引下，1981年11月召开的五届全国人大四次会议，对我国经济发展战略进行全面调整；1982年9月召开的党的十二大，提出小康社会目标，使我国经济建设有了明确的方向，国民经济逐步走上快速发展的新路子。

一、思想解放与党的十一届三中全会

"文化大革命"结束后的两年间，党和国家实行拨乱反正，很多工作都有所推进。然而，1977年2月7日，《人民日报》、《红旗》杂志、《解放军报》发表社论《学好文件抓住纲》，提出"凡是毛主席作出的决策，我们都坚决维护，凡是毛主席的指示，我们都始终不渝地遵循"（简称"两个凡是"）的错误方针，使"左"的指导思想未能得到根本纠正。邓小平等老一辈革命家旗帜鲜明地批评"两个凡是"，倡导实事求是。1978年5月10日，中央党校内部刊物《理论动态》第60期刊登《实践是检验真理的唯一标准》一文，引发了关于真理标准问题的讨论。

在邓小平等老一辈革命家支持下，真理标准问题讨论在全国范围内蓬勃开展起来。1978年底，报刊上发表关于真理标准问题的专文650多篇。通过这场大讨论，党内外思想日益活跃，出现了打破习惯势力和主观偏见的束缚，努力研究新情况、解决新问题的生动景象，为冲破"两个凡是"的思想禁锢，重新确立实事求是的马克思主义思想路线，实现我国社会主义建设走上正确道路的历史转折，奠定了思想基础。

在真理标准问题讨论冲破思想禁锢的过程中，经济领域开展了关于按劳分配、经济规律等主要理论问题的深入讨论，出现了思想解放的局面，提供了很多有益的启示和借鉴。

为澄清"四人帮"在按劳分配问题上制造的混乱，1977年4月、6月、10月底至11月初、1978年10月25日至11月2日，全国连续召开四次按劳分配讨论会，对按劳分配与物质利益的关系、按劳分配与资产阶级法权的关系、按劳分配是否产生资本主义和资产阶级以及按劳分配的规律、按劳分配的劳动报酬形式等主要理论问题进行深入讨论。此外，1978年8月，中国社会科学院经济研究所召开了农村按劳分配问题讨论会，讨论了农村人民公社劳动报酬形式和农业分配中存在的平均主义问题。邓小平认为按劳分配是国家的重大政策问题，对按劳分配问题的讨论给予高度关注。在邓小平的指导下，1978年5月5日，《人民日报》发表了题为《贯彻执行按劳分配的社会主义原则》的特约评论员文章，论述了实行按劳分配原则的必要性和现阶段实行按劳分配的几种形式，包括工资、工分、奖金、津贴等。经过这次大讨论，理论界开始澄清"四人帮"宣传的错误观点，并对按劳分配问题取得了一致认识：其一，按劳分配是社会主义的分配原则，是社会主义公有制的体现。其二，"资产阶级法权"不是资产阶级的权利，而是劳动者通过社会进行等量劳动相交换的权利。其三，奖金和计件工资是实现按劳分配的不可缺少的辅助形式，在社会主义社会有利于鼓励职工的生产积极性和创造性。随着按劳分配原则的确立，计件工资和奖金制度开始恢复起来，极大地调动了职工的积极性。

与此同时，在邓小平指导下，理论界对"文化大革命"时期以为政治挂帅可以不顾经济规律的问题，进行了拨乱反正。1978年9月，邓小平在北方谈话中谈到正确利用价值规律的问题。9月18日，邓小平在听取鞍山市委和冶金部的工作汇报时指出："引进先进技术设备后，一定要按照国际先进的管理方法、先进的经营方法、先进的定额来管理，也就是按照经济规律管理经济。"1978年10月9日，邓小平在同中国旅游总局、中国民航总局负责人谈话时,强调"要按经济的办法来管理经济"。① 理论界对经济管理问题也进行了深入的探讨。1978 年 10 月 6 日,《人民日报》发表胡乔木等人撰写的文章《按照经济规律办事,加快实现四个现代化》,围绕有计划按比例的规律,价值规律,国家、企业和个人利益的统一三个问题论述了"按照经济规律办事"的重要性。

1978 年 10 月,邓小平在中国工会九大上致辞,提出了党的工作重点转移到经济建设上来,进行经济管理改革的主张。他指出:揭批"四人帮"的斗争,"在全国广大范围内已经取得决定性的胜利,我们已经能够在这一胜利的基础上开始新的战斗任务","现在党中央、国务院要求加快实现四个现代化的步伐,并且为此而提出了一系列政策和组织措施。中央指出,这是一场根本改变我国经济和技术落后面貌,进一步巩固无产阶级专政的伟大革命。这场革命既要大幅度地改变目前落后的生产力,就必然要多方面地改变生产关系,改变上层建筑,改变工农业企业的管理方式和国家对工农业企业的管理方式"。②

邓小平的上述主张得到党内很多领导同志的赞同和支持。在 1978 年 11 月 10 日至 12 月 15 日召开的中央工作会议上,把全党工作重点转移到社会主义现代化建设上来成为一项主要议题。12 月 13 日,邓小平在闭幕会上作了题为《解放思想,实事求是,团结一致向前看》的讲话,强调"如果现在再不实行改革,我们的现代化事业和社会主义事业就会被葬送"。这篇纲领性讲话受到与会者的热烈拥护,实际上成为随后召开的党的十一届三中全会的主题报告,成为解放思想、开辟新时期新道路的宣言书。

1978 年 12 月 18 日至 22 日,中共中央召开十一届三中全会,作出把党和国家工作中心转移到经济建设上来、实行改革开放的历史性决策。全会指出:"现在就应当适应国内外形势的发展,及时地、果断地结束全国

---

① 中共中央文献研究室编:《邓小平年谱》第四卷,中央文献出版社 2020 年版,第 384、397 页。
② 《邓小平文选》第二卷,人民出版社 1994 年版,第 135 页。

范围的大规模的揭批林彪、'四人帮'的群众运动，把全党工作的着重点和全国人民的注意力转移到社会主义现代化建设上来。"全会强调："实现四个现代化，要求大幅度地提高生产力，也就必然要求多方面地改变同生产力发展不适应的生产关系和上层建筑，改变一切不适应的管理方式、活动方式和思想方式，因而是一场广泛、深刻的革命。"①

全会提出，在经济建设中要恢复和坚持长期行之有效的各项经济政策，还要根据新的历史条件和实践经验，对经济管理体制和经营管理方法着手认真的改革，确定了放权让利调动积极性的改革思路。全会公报指出："现在我国经济管理体制的一个严重缺点是权力过于集中，应该有领导地大胆下放，让地方和工农业企业在国家统一计划的指导下有更多的经营管理自主权；应该着手大力精简各级经济行政机构，把它们的大部分职权转交给企业性的专业公司或联合公司；应该坚决实行按经济规律办事，重视价值规律的作用，注意把思想政治工作和经济手段结合起来，充分调动干部和劳动者的生产积极性；应该在党的一元化领导之下，认真解决党政企不分、以党代政、以政代企的现象，实行分级分工分人负责，加强管理机构和管理人员的权限和责任，减少会议公文，提高工作效率，认真实行考核、奖惩、升降等制度。采取这些措施，才能充分发挥中央部门、地方、企业和劳动者个人四个方面的主动性、积极性、创造性，使社会主义经济的各个部门各个环节普遍地蓬蓬勃勃地发展起来。"② 全会还提出，在自力更生的基础上积极发展同世界各国平等互利的经济合作，努力采用世界先进技术和先进设备。党的十一届三中全会开启了我国经济建设的伟大历史性转折。

二、小康社会构想的提出

"四个现代化"的目标与步骤，是在新中国赶超战略视野之下，以西

---

① 中共中央文献研究室编：《三中全会以来重要文献选编》上，中央文献出版社2011年版，第4页。
② 中共中央文献研究室编：《三中全会以来重要文献选编》上，中央文献出版社2011年版，第6-7页。

方发达资本主义国家为参照的,即要通过"四个现代化"建设,使中国的社会生产力水平接近或赶上世界最发达的资本主义国家,使中国经济走在世界前列。然而,自20世纪50年代末,由于"左"的指导思想的干扰,尤其是"以阶级斗争为纲"、进行"无产阶级专政下的继续革命"和爆发"文化大革命"内乱,使社会主义现代化建设遭受严重挫折,"四个现代化"战略目标的实现面临艰巨挑战。

"文化大革命"结束后,邓小平等中央领导人在总结社会主义革命和建设时期现代化建设经验教训的基础上,对20世纪内能否实现以西方发达国家为参照的"四个现代化"目标进行思考。1977年9月,邓小平提出,在本世纪末实现四个现代化有希望,但要谦虚一点,合情合理一点,合乎实际一点。世界那个时候就不是今天七十年代的样子。讲多数领域接近国际水平,相当一部分领域赶上去,个别领域超过,恐怕比较实际。把我们的目标定低一点,如果我们赶超做得很好,那不是更好嘛!总之,要比较实际一些。1978年9月,邓小平同外宾会谈时指出,最近我们的同志出去看了一下,越看越感到我们落后。什么叫现代化?五十年代一个样,六十年代不一样了,七十年代就更不一样了。

1979年,邓小平明确指出中西现代化概念所代表的现代化水平不同,把"四个现代化"目标发展为"中国式的现代化"。1979年12月6日,邓小平会见日本首相大平正芳,在回答大平首相关于中国整个现代化的蓝图是如何构思的问题时,较系统地阐述了"中国式的现代化",提出了"小康"的概念。他指出:"我们要实现的四个现代化,是中国式的四个现代化。我们的四个现代化的概念,不是像你们那样的现代化的概念,而是'小康之家'。到本世纪末,中国的四个现代化即使达到了某种目标,我们的国民生产总值人均水平也还是很低的。要达到第三世界中比较富裕一点的国家的水平,比如国民生产总值人均1000美元,也还得付出很大的努力。就算达到那样的水平,同西方来比,也还是落后的。"[①] 也就是说,达

[①] 中共中央文献研究室编:《邓小平年谱》第四卷,中央文献出版社2020年版,第582页。

到小康水平，是中国到20世纪末实现现代化的一个初步目标。这一目标比较符合中国国情，又与发达国家的"现代化"概念和水平作了区别。

到1982年9月，党的十二大接受邓小平提出的小康社会构想，宣布把"小康"作为全党全国20世纪奋斗的主要目标以及国民经济社会发展的阶段性标志。

三、"五五"计划的调整和"六五"计划的制定

"文化大革命"结束后的两年，正是实施第五个五年计划的第二年和第三年，经济工作中仍然存在急于求成，盲目追求高速度、高指标的倾向。1975年12月拟定、1977年12月修订的《1976—1985年发展国民经济十年规划纲要（草案）》忽视了经过十年"文化大革命"后国民经济中存在的严重问题，提出了一些不切实际的、过高的目标。例如，从1977年到1985年，工农业总产值计划平均每年增长9.5%，其中农业总产值增长4.7%，工业总产值增长11%，等等，显然超越了我国的国力。这种不合实际的计划，使国民经济重大比例关系已经失调的状况更加严重。一是农业和工业比例严重失调，农业长期落后，不能适应发展经济和改善人民生活的需要。二是轻工业和重工业比例严重失调。在1978年的全国基建投资中，重工业投资占50.9%，而轻工业只占6.1%。不少轻工业产品产量低，花色品种少，市场供应紧张。三是基本建设战线越来越长，积累率急剧上升，压缩了人民的消费资金。1978年，积累基金在国民收入中的比重从上年的32.3%升到36.5%。人民生活方面积累了许多问题亟待解决，大批城镇待业人员急需加以安置。

党的十一届三中全会强调要注意解决国民经济中比例严重失调问题。1979年3月21日至23日，中央政治局召开会议，决定用3年时间调整国民经济。4月5日至28日，中央召开工作会议，主要讨论经济问题。会议阐述调整的必要性和调整的主要任务、原则、措施，指出此后三年的经济工作方针是："调整、改革、整顿、提高。边调整边前进，在调整中改革，

在调整中整顿,在调整中提高。"①

此后,国民经济进行全面调整。一是改善农轻重之间的比例关系。国家对农村政策作了一些必要的调整,尊重生产队的自主权,实行多种形式的生产责任制,并且大幅度地提高农副产品的收购价格。这些措施极大地调动了农民的生产积极性,促进了农业生产的发展。二是调整国民收入分配,改善积累与消费的比例。两年内国家安排了1800万城镇劳动力就业,提高了40%以上职工的工资,并通过实行奖金制度,发给职工副食品价格补贴和提高农副产品价格,使城乡人民生活有了显著改善。与此同时,国家努力压缩基本建设投资,降低积累率,提高消费基金在国民收入中的比重。在基本建设投资总额中,用于与人民生活直接相关的住宅、城市公用事业和文教卫生事业等非生产性建设部分的比重大幅度上升。这次国民经济调整取得了比较好的效果,国民经济得到了相对平衡、稳定和协调的发展,工业产值、国民收入和财政收入同步增长,全民、集体和个体经济共同发展,人民生活水平有了提高。

在国民经济调整过程中,根据人民群众的热情,"五五"计划指标相应作了较大幅度的修改。1979年5月,国务院批准并下达了调整后的国民经济计划,从总盘子到具体政策、指标都作了全面调整。(1)调整计划安排的总轮廓。一是扶持农业生产的发展,重点解决提高农副产品收购价格问题。原安排1979年提价总金额为40亿元,改为增加到65亿元。减免农业税收和社队企业税收等的开支,由原来安排的10亿元增加到17亿元。农业生产增长速度由5.6%调整为4%以上。二是降低工业增长速度。由10%－12%调整为8%,其中,轻工业增长8.3%、重工业增长7.6%。三是压缩财政收支,由1260亿元调整为1120亿元。四是压缩基本建设规模。国家预算内直接安排的基建投资由457亿元调整为360亿元,加上利用外国贷款的基本建设,总额为400亿元。(2)降低农业生产的主要指标。粮食由原定的6395亿斤调整为6250亿斤,棉花由4834万担调整为4800万

---

① 中共中央文献研究室编:《三中全会以来重要文献选编》上,中央文献出版社2011年版,第107页。

担，其他作物和林牧副渔业亦有所调整。（3）调整工业生产主要指标。煤炭由6.58亿吨调整为6.2亿吨，原油由1.15亿吨调整为1.1亿吨，钢由3400万吨调整为3200万吨，发电量由2270亿度调整为2750亿度。（4）调整外汇收支。外汇收入由原订的128亿美元调整为145亿美元，外汇支出由原订的176亿美元调整为172亿美元。

1979年国民经济计划虽进行了调整，但国内基本建设的摊子仍然铺得太大，仍留有相当大的缺口。1979年11月20日至12月21日，国务院召开全国计划会议，拟定了1980年的计划。按照这一计划安排，1980年工农业总产值比上年预计增长5.5%，其中农业总产值增长3.8%、工业总产值增长6%。国家安排的基本建设投资241亿元，比上年减少110亿元；计划施工的大中型项目785个，比上年计划减少202个。国家财政收入982亿元，财政支出1022亿元，收支相抵差40亿元。在实际计划执行工作中，1980年在发展工农业生产、改善农轻重比例关系，控制基本建设规模和降低积累率等方面，取得了初步的成效，但是农业未完成计划，仅增长2.7%；基本建设规模仍然过大，全年基本建设投资完成539.4亿元，远远超过了计划的规定。

"五五"计划期间，国民经济的发展虽然经历了调整修改的曲折过程，但是仍然取得了比过去较为扎实的成效。1976—1980年国民经济年平均增长7.84%，工农业总产值平均每年增长8.1%，农业总产值年均增长5.1%，工业总产值年均增长9.2%，全民所有制单位职工平均实际工资增长31.2%，城乡人民的平均消费水平提高26.8%。这都为"六五"计划的制定奠定了扎实的基础。

"六五"计划的制定时间比较长，最初是作为《1976—1985年发展国民经济十年规划纲要（草案）》的一部分，于1975年和1977年两次进行编制，但是两次拟定的"六五"计划指标都偏高。党的十一届三中全会以后，自1980年开始重新制定"六五"计划。1982年10月召开的党的十二大确定了我国经济建设的战略目标，即在不断提高经济效益的前提下，到20世纪末实现工农业总产值翻两番。同时规定了实现这一战略目标的两步走的步骤，即前10年打基础，积蓄力量，创造条件，后10年开创一个新的经济振兴时期。"六五"时期，正是前10年打基础的第一个五年。"六五"计划的制定和实施，是实现20年宏伟目标的一个重大步骤。为实现这一部署，"六五"计划提出一切经济活动都要以提高经济效益为中心，努力求得国民经济按比例地长期稳定地增长。"六五"计划的基本任务是：继续贯彻执行调整、改革、整顿、提高的方针，进一步解决过去遗留下来的阻碍经济发展的各种问题，取得实现财政经济状况根本好转的决定性胜利。1982年12月，五届全国人大五次会议正式批准"六五"计划。从"六五"计划开始，我国的经济计划中增加了社会发展的内容，计划的题目也相应改为"国民经济与社会发展计划"。总体来看，"六五"计划是在调整中稳步发展的计划，是进一步推进中国式现代化建设和促进人民生活继续改善的计划。

四、经济发展战略的全面调整

为了巩固国民经济调整所取得的良好局面，推动国民经济的稳步前进、健康发展，中共中央提出实行经济发展战略的转变。

1981年11月，五届全国人大四次会议召开，强调"要切实改变长期以来在'左'的思想指导下的一套老的做法，真正从我国实际情况出发，走出一条速度比较实在、经济效益比较好、人民可以得到更多实惠的新路子"[①]。围绕着提高经济效益，走出一条经济建设的新路子，这次会议提出了十条经济建设方针：（1）依靠政策和科学，加快农业的发展。在保证粮食生产稳步发展的前提下，积极开展多种经营，发展包括农林牧副渔在内的整个农业经济。（2）把消费品工业的发展放到重要地位，进一步调整重工业的服务方向，使重工业更好地为农业和消费品工业服务，为国民经济的技术改造服务，为出口服务，为国防现代化建设服务。（3）提高能源的

---

① 中共中央文献研究室编：《三中全会以来重要文献选编》下，中央文献出版社2011年版，第315页。

利用效率，加强能源工业和交通运输业的建设，保证国民经济能够保持较快的增长速度。（4）有重点有步骤地进行技术改造，充分发挥现有企业的作用，这既能够使当前经济发展保持一定的速度，增加新的生产能力；又能使工业生产技术达到一个新的水平，为今后整个国民经济的现代化创造条件，储备力量。（5）分批进行企业的全面整顿和必要改组。一是整顿和完善经济责任制，改进企业管理；二是整顿劳动组织，按定员定额组织生产；三是整顿和加强劳动纪律，严格执行奖惩制度；四是整顿财政纪律，健全财务会计制度，加强财务管理工作。（6）讲究生财、聚财和用财之道，增加和节省建设资金。采取正确的政策，调动全体职工、所有企业和各个地方的积极性，努力增加生产，厉行节约，反对浪费，提高经济效益。（7）坚持对外开放政策，增强我国自力更生能力。要利用两种资源，首先是国内资源，其次是国际资源；开拓两个市场，首先是国内市场，其次是国际市场；学会两套本领，一是管理国内经济的本领，二是开展对外经济贸易的本领。（8）积极稳妥地改革经济体制，充分有效地调动各方面的积极性。要通过经济体制的改革，更好地发挥价格、税收、信贷等经济杠杆的作用，促进工业改组，调节企业利润水平，鞭策企业改善经营管理，增加国家财政收入。（9）提高全体劳动者的科学文化水平，大力组织科研攻关。要把科学技术的作用更好地发挥出来，使它真正成为强大的生产力，真正成为促进经济发展的巨大力量。（10）从一切为人民的思想出发，统筹安排生产建设和人民生活。持续地提高社会生产力，逐步满足人民日益增长的物质文化需要。这十条方针的核心思想是彻底纠正急躁冒进的"左"的经济指导思想，以提高经济效益为中心，采取综合措施提高生产、建设、流通等方面的经济效益，改变过去片面追求高速度、高指标，导致低效益的错误方针，开辟一条稳定、协调和高效发展的新路子。这标志着我国经济发展指导思想的战略性转变。

1982年10月召开的党的十二大，提出了"建设有中国特色的社会主义"的重大命题，回答了进入改革开放新时期后中国走什么样的道路这一人们最为关心的重大问题，成为指引新时期改革开放和社会主义现代化建设的伟大旗帜。

大会提出党在新时期的总任务是：团结全国各族人民，自力更生，艰苦奋斗，逐步实现工业、农业、国防和科学技术的现代化，把我国建设成高度文明、高度民主的社会主义国家。大会从经济建设、思想建设、政治建设和党的建设等方面，完整系统地提出了全面建设社会主义的纲领和各项方针政策，包括把社会主义现代化经济建设继续推向前进、努力建设高度的社会主义精神文明、努力建设高度的社会主义民主、坚持独立自主的对外政策、把中国共产党建设成为领导社会主义现代化事业的坚强核心。

大会从全面开创社会主义现代化建设新局面的视角和高度，提出从1981年到20世纪末的经济发展战略目标：要在不断提高经济效益的前提下，力争使全国工农业总产值翻两番，即由1981年的7100亿元增加到2000年的28000亿元左右。实现这个目标，我国国民收入总额和主要工农业产品的产量将居于世界前列，整个国民经济的现代化过程将取得重大进展，城乡人民的收入将成倍增长，人民物质和文化生活可达到小康水平。

党的十二大依据要实现的20年奋斗目标，提出分两步走的战略步骤：前10年主要打好基础，积蓄力量，创造条件；后10年进入一个新的经济振兴时期。十二大报告提出，在今后的20年内，一定要牢牢抓住农业、能源和交通、教育和科学这几个根本环节，把它们作为经济发展的战略重点。在综合平衡的基础上，把这些方面的问题解决好了，就可以促进消费品生产的较快增长，带动整个工业和其他各项生产建设事业的发展，使国民经济持续、稳定、协调和快速发展，使人民生活不断得到改善。

经济发展战略的转变和新的经济发展战略目标的确定，使我国经济建设有了明确的方向，国民经济逐步走上快速发展的新路子。

第二节　改革开放催生经济发展活力

党的十一届三中全会以后，经济体制改革首先从农村取得突破，实行以包产到户、包干到户为主要形式的家庭联产承包责任制，解决了我国农村经济体制的重大问题。城市经济体制改革在局部领域开始探索，主要围绕扩大国营企业经营管理自主权、实行工业生产经济责任制、发展多种经济形式等展开。对外开放，则以经济特区的创办而取得重大突破。这一切都推动经济面貌发生显著变化。

一、农村经济改革率先突破

1979年3月，邓小平强调，为了有效地实现四个现代化，必须认真解决各种经济体制问题。我国经济体制改革很快扬起风帆，并率先在农村取得突破和成功。

改革从农村开始不是偶然的，是由我国基本国情和当时农村的困境决定的。长期以来，人民公社集体经营在农村中积累了一系列自身难以解决而又必须解决的矛盾，不仅造成吃"大锅饭"、搞平均主义，挫伤了农民生产积极性，而且生产瞎指挥、干活"大呼隆"，影响农村生产力水平提高。1978年夏秋之际，安徽遭受百年不遇的特大旱灾，以万里为第一书记的中共安徽省委作出把土地借给农民耕种、不向农民征统购粮的决策。这一决策激发了农民的生产积极性，不仅战胜了特大旱灾，还引发肥西县、凤阳县一些社队自发实行包产到户、包干到户。凤阳县梨园公社小岗村18户农民创造出包干到户的做法，简便易行，最受农民欢迎。与此同时，四川、贵州、云南、广东等一些地方的农民也实行不同形式的生产责任制，有效调动了农民生产积极性。

农村经济改革之初,一些人有所疑虑,他们担心这种做法会偏离社会主义。1978年12月,党的十一届三中全会原则通过《中共中央关于加快农业发展若干问题的决定(草案)》,明确提出:"可以按定额记工分,可以按时记工分加评议,也可以在生产队统一核算和分配的前提下,包工到作业组,联系产量计算劳动报酬,实行超产奖励。不许包产到户,不许分田单干。"但这个决定(草案)在1979年9月党的十一届四中全会正式通过时,就删除了"不许包产到户"这句话,反映了党对这一问题认识的进步。1980年5月,邓小平明确肯定农村的生产责任制,指出:"最近一二年来,我们强调因地制宜,在农村加强了生产组的与家庭的生产责任制,取得明显效果,生产成倍增加""农村政策放宽以后,一些适宜搞包产到户的地方搞了包产到户,效果很好,变化很快",并提出这种做法不会影响集体经济的发展。[1] 邓小平对农村生产责任制的明确支持,有助于消除人们的僵化思想和畏惧心理,推动了中央对包产到户、包干到户的公开肯定和支持。

1980年9月,中共中央印发《关于进一步加强和完善农业生产责任制的几个问题》,首次突破多年来把包产到户等同于分田单干和资本主义的观念,明确提出在一部分地区可以实行包产到户(包括包干到户),并肯定在生产队领导下实行的包产到户,不会脱离社会主义轨道,没有复辟资本主义的危险。在中央的肯定下,包产到户、包干到户的"双包"责任制在全国很多地区迅速推广。1981年12月,全国农村工作会议召开,高度评价党的十一届三中全会以后亿万农民大胆改革旧的农业管理体制、建立生产责任制的伟大实践。1982年1月1日,中共中央批转《全国农村工作会议纪要》(又称1982年"中央一号文件")。该纪要指出:目前,全国农村已有90%以上的生产队建立了不同形式的农业生产责任制,包括小段包工定额计酬,专业承包联产计酬,联产到劳,包产到户、到组,包干到户、到组,等等,都是社会主义集体经济的生产责任制,反映了亿万农民

---

[1] 《邓小平文选》第二卷,人民出版社1994年版,第313、315页。

要求按照中国农村的实际状况来发展社会主义农业的强烈愿望。不论采取什么形式，只要群众不要求改变，就不要变动。各级党的领导应向干部和群众说明，我国农业必须坚持社会主义集体化的道路，土地等基本生产资料公有制是长期不变的，集体经济要建立生产责任制也是长期不变的。[①]该纪要正式为包产到户、包干到户正了名。至此，全国范围内有关包产到户、包干到户性质的争论基本停止。1983年底，全国有98%以上的农户实行了各种形式的联产承包制，其中94.5%的农户选择了大包干。到1984年，广大农村确立起统分结合、双层经营的家庭联产承包责任制的基本经营制度。

与此同时，国家自1979年提高了主要农副产品收购价格，缩小农产品的统购派购范围和降低征购指标，从而增强了农业自身发展的能力，调动了广大农民的生产积极性。

从1978年开始，一些省份开放和恢复了过去被强行关闭的集市。1979年4月，国务院决定放宽对农村集市贸易的管理，允许除棉花外的农副产品，社队在完成统购派购任务后可以上市；社员的竹木产品可以上市；机关、团体和企事业单位经批准可到农村集市采购三类农副产品。1981年后，政策进一步放宽，社队和个人可在集市经营餐饮业，可买卖贩运大牲畜。集市规模、贸易内容和形式及集市功能都发生了根本变化。农村政策的放宽，使农村经济得到了迅速发展。

二、城市经济放开搞活

党的十一届三中全会后，城市经济体制改革在局部领域开始探索，主要围绕扩大国营企业经营管理自主权、实行工业生产经济责任制展开。

针对原有体制下国家对企业管得过多过死、企业缺乏活力等弊病，

---

① 中共中央文献研究室编：《三中全会以来重要文献选编》下，中央文献出版社2011年版，第363－364页。

第五章　改革开放和经济发展的历史性转折（1978—1984）

1978年10月，四川省率先在重庆钢铁公司、宁江机床厂等6家地方国营企业进行扩大企业自主权试点，从发动群众讨论增产节约计划入手，确定在增产增收的基础上，企业可提取一些利润留成，职工个人可获得一定的奖金。这一做法调动了企业和职工的生产积极性，仅一个季度就收到较好的效果。

1979年5月，国家经委、财政部等六部门发出通知，确定在京、津、沪的首都钢铁公司、天津自行车厂、上海柴油机厂等8家企业进行企业管理改革试点。这些试点企业改革的主要内容是：企业实行党委领导下的厂长负责制，并建立职工代表大会制度，扩大企业职工民主管理的权力；企业在产品生产、销售、试制和资金使用、人事安排等方面拥有一定的权力；改企业基金制为利润留成制。试点内容实际上是四川试点的推广，它标志着扩权让利的企业改革正式启动。

为了进一步加强和统一领导各地的试点工作，1979年7月，国务院正式下达了《关于扩大国营工业企业经营管理自主权的若干规定》《关于国营企业实行利润留成的规定》《关于提高国营工业企业固定资产折旧率和改进折旧费使用办法的暂行规定》《关于开征国营工业企业固定资产税的暂行规定》《关于国营工业企业实行流动资金全额信贷的暂行规定》5个文件，要求各地选择少数国营企业进行扩大企业经营管理自主权试点，允许试点企业在完成国家计划的前提下制订补充计划扩大生产，并实行利润留成，推动了扩大企业自主权试点的深入。到1979年10月，全国已经有1200多个工业企业开始试行扩大企业自主权和利润留成的制度，1980年又扩大到6600多个企业。

扩大企业自主权的试点，使企业有了一定的自主权和独立的经济利益，企业领导干部、管理人员和技术人员在发挥自己才能方面有了较大的空间，企业在发展生产的基础上可以逐步地改善职工生活，从而调动了职工的生产积极性。一般试点企业的产量、产值、上缴利润增长幅度都超过试点前的水平，并高于非试点企业的水平。

1984年5月，国务院颁布《关于进一步扩大国营工业企业自主权的暂行规定》，从十个方面赋予国营企业自主权：生产经营计划权、产品销售权、产品定价权、物资选购权、资金使用权、资产处置权、机构设置权、人事劳动权、工资资金使用权、联合经营权，被誉为"扩权十条"。拥有一定的经营管理自主权和独立的经济利益后，企业开始变为具有内在发展动力的经济单位。

为了使企业把责、权、利进一步有机结合，1981年初，山东省率先在扩大企业自主权的基础上试行工业生产经济责任制，对部分企业试行将利润留成改为利润（亏损）包干，即企业必须首先完成上交国家利润的任务，余下部分或全部留给企业，或按一定比例在国家与企业之间进行分配。工业生产经济责任制在增收节支、提高财政收入方面颇见成效，对全国工业企业产生了巨大的影响，也很快得到中央的肯定。1981年10月、11月，国务院分别批转《关于实行工业生产经济责任制若干问题的意见》《关于实行工业生产经济责任制若干问题的暂行规定》，要求通过实行工业生产经济责任制，把企业和职工的经济利益与承担的责任、实现的效益联系起来，用最少的人力、物力消耗取得最大的经济效益，并确定在分配上实行"利润留成""盈亏包干""以税代利、自负盈亏"等原则。工业生产经济责任制在改革企业的经营管理体制方面，比扩大企业自主权的试验又前进了一步。

工业生产经济责任制主要包括两个部分：一是扩大企业自主权，明确企业对国家承担的经济责任，在企业与国家的关系上实行经济责任制；二是在企业内部实行层层落实到人的经济责任制。这不仅对保证国家的财政收入起到了一定的作用，而且在相当程度上解决了"大锅饭"问题，调动了企业、干部和职工的积极性。首钢从1981年开始在企业内部实行了全员承包责任制，从公司、厂矿一直到车间、班组、个人，采取层层包干的办法，使责、权、利相结合，国家、企业、职工三者利益得到实际的统一，大大地调动了积极性，提高了经济效益。1981年，首钢向国家承包的上缴利润基数是2.7亿元，结果当年实现利润3.16亿元，超额完成了承包任务。经济责任制的推行，极大地提高了企业生产效率和经济效益。1982

年,全国工业总产值比上年增长7.7%,超过了计划增长4%的要求。

在对国营企业进行扩大经营自主权改革的同时,财政、金融、价格、流通体制等方面的改革也大刀阔斧地推开。财政体制改革方面,1980年2月,国务院颁布《关于实行"划分收支、分级包干"财政管理体制的暂行规定》,决定除北京、天津、上海三个直辖市仍实行接近于统收统支的"总额分成、一年一定"办法外,其他省和自治区从1980年起全面推行"划分收支、分级包干"财政管理体制,进行了俗称"分灶吃饭"的财政管理体制改革。"划分收支、分级包干"的财政体制取消了"条条"管理,实行"块块"管理,增加了地方的财政收入,调动了中央与地方的两个积极性。

金融体制改革方面,1983年9月,国务院颁布《关于中国人民银行专门行使中央银行职能的决定》,决定中国人民银行专门行使中央银行职能,不再兼办工商信贷和储蓄业务,以加强信贷资金的集中管理和综合平衡,更好地为宏观经济决策服务。自1979年起,先后恢复中国农业银行、中国银行、中国人民建设银行,1984年成立中国工商银行。1981年还成立了中国投资银行,为中国政府指定向国外筹集资金、办理投资信贷业务的专业银行,从而构建起中央银行—专业银行的二级银行体制。此外,自1979年起逐步恢复中国人民保险公司国内保险业务。1980年9月,中国人民银行总行发出《关于积极开办信托业务的通知》,各专业银行纷纷先后试办信托业务,我国停办了20多年的信托开始复苏,兴起了创办信托公司的浪潮。农村信用合作社开始了回归合作经济组织的改革,1982年10月,中国农业银行召开扩大会议,确定以恢复农村信用社"三性"为改革方向,增强组织的群众性,恢复和加强管理的民主性、业务经营的灵活性。

面对长期形成的不合理价格体系,国家有计划地调整价格结构,改革思路主要是"完善计划价格体制",改革措施是"调放结合,以调为主",引入市场机制。1979年到1984年,国家先后六次较大规模地调整价格结构。价格调整主要在以下方面推进:提高粮、棉、油料等18种主要农副产品的收购价格；提高肉类等 8 种副食品及其相关制品的销售价格；提高煤炭、铁矿石、生铁、钢锭、钢坯、部分钢材和有色金属、水泥等商品的出厂价格；提高烟、酒、竹木制品、铁制品、陶瓷制品、皮革制品的价格；有升有降地调整部分工业消费品的价格；提高铁路货运和水运客货运的价格。国家开始改革价格管理体制，中央下放了部分商品的管理权限。把单一的国家定价改为国家定价、国家指导价和自由价格三种价格形式。放开农民自销产品价格，放开小商品价格，对部分机电产品实行浮动价格。

此外，20 世纪 80 年代初期，针对农村出现农民"卖难""买难"问题，城市出现企业销售不畅、产品积压甚至被迫停产的现象，国家进行了商品流通体制改革。改革方针是"国营、集体、个体一齐上"，构建以国营商业为主导的多种经济成分、多条流通渠道、多种经营方式、减少流通环节的"三多一少"流通体系。改革的主要措施是：打破三级批发体系、组建贸易中心和批发市场、调整所有制结构、推进工业自销和产销直达供货、打破城乡分割的商品流通分工、转换企业经营机制，等等。

以上这些改革取得重大进展，使我国经济发展释放出巨大的经济活力。

三、对外开放和设立经济特区

对外经济往来中，对外贸易是最主要的形式。我国原来的外贸体制，是新中国成立以后在产品经济和计划经济体制的基础上产生和发展起来的。改革开放之后，这种外贸体制就越来越不适应对外贸易和整个经济发展的需要了。1978 年以后，随着整个经济体制改革的发展，原有外贸管理体制进行了若干改革，使外贸体制发生了根本变化。

从 1979 年开始，国家逐步下放外贸经营自主权。8 月 13 日，国务院颁布《关于大力发展对外贸易增加外汇收入若干问题的规定》，要求：实行出口商品的分级管理；认真完成国家出口外汇计划；加强技术和设备的引进工作；成立单独核算、自负盈亏的专业贸易公司；增加口岸和调整口岸分工；广开出口门路，逐步改变出口商品结构；扩大生产企业办外贸的权限；大力组织商品外销；实行并增加贸易和非贸易外汇留成；对以进养出的物资，实行优惠税制；改变出口贸易收汇结算办法和兑换牌价；简化审批手续；出国开办企业等。据此，批准各地方可以成立本地区的外贸专业进出口公司，对某些特殊商品的出口，还可以成立工贸结合、产供销"一条龙"的外贸公司。此外，将国家外贸专业总公司经营的部分商品，分散到有关工业部门成立工贸、农贸进出口公司经营。到1983年，国务院已先后批准成立经济部门和省、市、自治区地方的外贸公司400余家。

为了避免外贸公司过于分散经营和恶意竞争，1983年12月，国务院发出《关于当前外贸工作问题的通知》，指出：加强对外贸易的行政管理，对外贸易的行政管理权必须集中到对外经济贸易部，实行统一领导和归口管理，改变政出多门的现象。加强出口商品的经营管理，由外贸专业总公司（包括工业部门的公司）按商品统一经营，各省、市、自治区（包括北京、天津、上海、广东、福建）分公司的业务在总公司统一组织下进行；同时，继续保护和发挥地方、部门和生产企业的积极性。经过改革，外贸体制产生了从"统制经营"到"统一管理，联合经营"的转变。

随着引进外资规模的扩大，尤其是加工贸易的快速发展，中国的出口能力大为增强。改革开放初期中国的加工贸易形式主要是"三来一补"，即来料加工、来样制作、来件装配和补偿贸易，其中又以来料加工为主。1979年，在对外加工装配、补偿贸易开始发展的情况下，为促进出口，增加外汇收入，我国开始制定并完善加工贸易相关政策。1979年3月、9月，国务院批准发布《以进养出试行办法》《开展对外加工装配和中小型补偿贸易办法》，鼓励做大做活出口贸易。与此同时，国务院于1979年8月颁发了《关于大力发展对外贸易增加外汇收入若干问题的规定》，确立了外汇收入额度留成制度，调动外贸企业出口的积极性。这些政策推动改革开放以来的中国对外贸易发生了巨大变化，特别是出口能力显著提高。一是贸易平衡迅速改善，1979年中国贸易逆差超过20亿美元，而到1982年则实现贸易顺差超过30亿美元。二是出口商品结构发生根本性转变。

1978年，中国出口产品中初级产品占比超过50%，1980年中国出口产品中初级产品与工业制成品比例大体上达到各50%，出口额均超过90亿美元。随着国家鼓励加工贸易政策的出台，工业制成品出口发展迅速，1986年中国工业制成品出口已接近200亿美元，占全国商品出口的60%以上。

对外开放迈出的重要一步，是吸收各种形式的外资，兴办中外合资经营企业和中外合作经营企业（或项目），开展补偿贸易、合作开发资源等。1979年起，中国政府采取了多项重大措施为我国利用外资创造条件。到1982年，在国际上中国先后与联邦德国、日本、瑞典、加拿大、瑞士等国进行了有关保护投资安全的谈判，并与几个国家签订了协定；1980年4月和5月，中国相继恢复了在国际货币基金组织、世界银行、国际开发协会和国际金融公司的合法代表权。在国内，1979年2月，邓小平就在一份简报上批示："合资经营企业可以办。"1979年7月，五届全国人大二次会议通过《中华人民共和国中外合资经营企业法》，允许外国投资者与国内企业组建合资企业，这是我国第一部涉外经济法，为外商直接投资进入中国提供了法律依据。之后又制定、颁布了《中华人民共和国中外合资经营企业所得税法》《中华人民共和国个人所得税法》《中华人民共和国外国企业所得税法》《广东省经济特区条例》《中华人民共和国对外合作开采海洋石油资源条例》等法律、条例。这些法律、条例为中国吸收国外贷款和吸收国外直接投资提供了明确的法律依据。1980年5月，中国第一家合资企业即北京航空食品有限公司成立。按照当时的政策规定，中外合资企业的形式为有限责任公司，所得税税率为30%，并按应纳所得税额附征10%的地方所得税；外方投资比例不得低于25%；董事长必须由中方投资者担任。从1979年到1983年上半年，全国共批准成立中外合资经营企业105家，吸收外商投资约2亿美元。

对外开放的重大突破是创办经济特区，这是党和国家为推进改革开放和社会主义现代化建设进行的伟大创举。1979年1月，交通部和广东省革委会联合向国务院报送《关于我驻香港招商局在广东宝安建立工业区的报告》，提出招商局初步选定在宝安县蛇口公社境内建立工业区，以便利用国内较廉价的土地和劳动力，利用国外的资金、先进技术和原材料，把两者现有的有利条件充分利用和结合起来。1月31日，中央批准了这份报告。7月，蛇口工业区破土动工，成为中国第一个出口加工区。这是兴办经济特区的开端。1979年4月5日至28日召开的中共中央工作会议，专门讨论了经济建设问题。中共广东省委第一书记习仲勋在会上提出，希望中央让广东先走一步，放手干。[①] 邓小平对中共广东省委提出的在邻近香港、澳门的深圳、珠海以及汕头兴办出口加工区的意见表示赞同，并说：还是叫特区好，陕甘宁开始就叫特区嘛！中央没有钱，可以给些政策，你们自己去搞，杀出一条血路来。会后，中共中央、国务院责成广东、福建两省，对在深圳、珠海、汕头和厦门试办4个出口特区问题进一步组织论证，提出具体实施方案报中央审定。1979年7月，中共中央、国务院批转广东省委、福建省委关于对外经济活动实行特殊政策和灵活措施的两个报告，同意先在深圳、珠海两市试办出口特区，待取得经验后，再考虑在汕头和厦门设置特区的问题。1980年5月，中共中央、国务院批转《广东、福建两省会议纪要》，正式将"出口特区"定名为"经济特区"。8月26日，五届全国人大常委会第十五次会议同意在广东省深圳、珠海、汕头和福建省厦门设置经济特区，并批准《广东省经济特区条例》。这样，经济特区经全国人大批准而正式诞生，4个经济特区的建设很快进入有序轨道，成为对外开放的窗口、经济体制改革的试验区和经济发展的示范区。

四、所有制结构出现多样化

改革开放以后，我国单一的所有制结构开始进行改革，实行在国营经济为主导、公有制经济为主体的前提下，允许多种经济形式、多种经营方式并存，支持和提倡发展城镇集体经济和个体经济。

[①] 广东省档案馆编：《改革开放三十年重要档案文献·广东》第一卷，中国档案出版社2008年版，第10页。

在农村，实行家庭联产承包责任制后，实现了土地所有权与经营权的分离，同时农民个人拥有了较多的生产资料，除农具、役畜外，有一部分农民还拥有拖拉机、汽车等大型生产资料。他们以法人的地位同国家签订农副产品收购合同，并按市场需求安排自己的生产。农村新出现的从事商品生产和经营的专业户全国有450多万户，个体工商户全国约有920万户、约1400万人。

在城镇，集体经济和个体经济在改革中获得迅速发展。这项改革的最初动因是为了解决大量城镇青年就业问题。20世纪70年代末，城镇积累的待业人员近2000万人，城镇劳动人口就业形势严峻。1979年7月，中共中央、国务院转发北京市委、市革委会《关于安排城市青年就业问题的报告》，广泛宣传北京市广开就业门路，大力组织集体所有制和各种生产服务事业，解决青年劳动就业问题的经验，其他城市纷纷仿照北京市的做法。1980年8月召开的全国劳动就业会议，提出在政府统筹规划和指导下，实行劳动部门介绍就业、自愿组织起来就业和自谋职业相结合的方针。8月17日，中共中央转发全国劳动就业会议文件，肯定"三结合"就业方针，强调当年需要安排就业的1200万人，除安排在国营企事业单位和"大集体"所有制单位外，还必须通过大力扶持"小集体"企业、"全民办集体"的合作社、以知青为主的集体所有制企业，以及鼓励扶持城镇个体经济发展等途径来解决。1981年7月，国务院发布《关于城镇非农业个体经济若干政策性规定》，1981年10月，中共中央、国务院作出《关于广开门路，搞活经济，解决城镇就业问题的若干决定》，进一步强调"在社会主义公有制经济占优势的根本前提下，实行多种经济形式和多种经营方式长期并存，是我党的一项战略决策，决不是一种权宜之计"。按照这一政策精神，城镇集体经济、个体经济等应运而生，获得快速发展。

在此前后，个体经济作为社会主义经济必不可少的地位，也得到确认。1981年6月，党的十一届六中全会通过《关于建国以来党的若干历史问题的决议》，把个体经济作为适合中国现阶段的生产资料所有制结构的一个组成部分，指出："国营经济和集体经济是我国基本的经济形式，一定范围的劳动者个体经济是公有制经济的必要补充。"1981年7月,国务院发布《关于城镇非农业个体经济若干政策性规定》,指出个体经济是国营经济和集体经济的必要补充。1982年颁布的《中华人民共和国宪法》第十一条规定:"在法律规定范围内的城乡劳动者个体经济,是社会主义公有制经济的补充。国家保护个体经济的合法的权利和利益。国家通过行政管理,指导、帮助和监督个体经济。"[①] 这是新中国成立以来我国宪法上第一次出现的关于个体经济合法性的确认,使长期以来飘摇不定的个体经济获得了宪法承认的合法地位。

在党的政策鼓励下,城镇集体经济特别是个体经济获得飞速发展。多年来被当作"资本主义尾巴"割掉的个体手工业和小商贩又重新活跃起来。1979年全国各省、区、市批准开业的城镇个体工商户约有10万户,比1978年增加70%,总数达到25万户。他们当中不但有修鞋、修车和缝补等修理服务,也有小冷饮、小冷食和瓜果蔬菜小卖部,方便了群众,补充了国营、集体商业的不足,活跃了城乡市场,也为城市闲散人员广开了就业门路。在城镇劳动者中,集体所有制职工人数由1980年的2425万人,增加到1985年的3324万人,个体劳动者由81万人增加到450万人,两者所占比重由23.8%上升到29.5%。在工业总产值中,集体所有制的比重由1980年的20.7%上升到1985年的27.7%,个体经济和新出现的其他各种经济形式占到1.9%。在社会商品零售总额中,国营商业和供销合作社的比重由1980年的84%下降到1985年的58.6%,其他集体所有制的比重由12.1%上升到18.9%,个体经济和农民对非农业居民零售额比重由3.9%上升到22.2%。

改革开放以后,中国利用外资的主要形式就是中外合资经营企业、中外合作经营企业和外商独资企业三种,这三种外资形式统称为三资企业。党和国家对三资企业在中国的发展一直采取鼓励政策。1979年7月,《中华人民共和国中外合资经营企业法》施行;1983年9月,我国进一步制定实施

[①] 中共中央文献研究室编:《十二大以来重要文献选编》上,中央文献出版社2011年版,第189—190页。

《中华人民共和国中外合资经营企业法实施条例》。随后国务院颁布相关法规，对外商来华投资、转让技术、劳务费用、场地使用、税收、利润、生产经营等方面给予一定的优惠待遇，为外资进入中国提供了法律保障，促进了三资企业的快速增加。1983年一年内就新增了107个三资企业，吸收外资18837万美元，分别是前四年的1.29倍和1.34倍；1984年新创办了741个三资企业，吸收外资106655万美元，为前五年的3.9倍和3.2倍；1985年新办1412个三资企业，吸收外资202970万美元，比上年分别增长90.55%和90.31%，为前六年的1.5倍和1.4倍。到1985年底，已登记的三资企业已有6286个，吸收外资总额达135.42亿美元，其中，中外合资经营企业2343个，吸收外资34.25亿美元，中外合作经营企业3823个，吸收外资95.65亿美元，外商独资经营企业120个，投资金额为5.52亿美元。

多种所有制经济共同发展，对于推动生产的发展、产业结构的调整，以及促进市场竞争、满足市场需求，都发挥了积极作用。

第三节 经济发展的历史性转变和成就

经济体制改革的开启，对外开放的起步，促使经济发展释放出极大的活力，各个领域的发展呈现历史性转变，并且取得了令人振奋的显著成就。

一、农村经济的全面和高速发展

党的十一届三中全会以后，国民经济发展进入了一个新时期。全党工作重心实现向经济方面的转移以及经济体制改革的启动，极大地激发了全国人民生产劳动的积极性，整个社会经济开始全面、快速的发展。1984年和1978年相比，按可比价格计算，国内生产总值增长了93.1%，年均增长

9.9%。第一产业增长了 125.4%，年均增长 12.3%。第二产业增长了 78.0%，年均增长 8.6%；其中工业增长了 73.6%，年均增长 8.2%，仍然维持了较高的增长速度。第三产业增长了 85.2%，年均增长 9.2%。

农村经济全面和高速发展成就最为突出。农业生产实现全面、持续高速增长，粮食生产 1984 年达到前所未有的产量，比 1978 年增长了 33.6%，年均增长 4.2%；1984 年棉花生产也达到了创纪录的历史最高产量，比 1978 年增长了 1.9 倍，年均增长 16.4%（见表 5-1）。油料、糖类、茶叶、肉、禽、蛋等农副产品的生产也都获得了大幅度的增长。农业生产的高速发展从根本上解决了人们对基本生活资料的需求。

表 5-1　　　　1978-1984 年国内生产总值及粮棉产量统计

年份	国内生产总值（亿元）	第一产业（亿元）	第二产业（亿元）	工业（亿元）	第三产业（亿元）	粮食产量（万吨）	棉花产量（万吨）
1978	3588.1	1018.4	1745.2	1607.0	824.5	30477	216.7
1979	3998.1	1258.9	1913.5	1769.7	825.7	33212	220.7
1980	4470.0	1359.4	2192.0	1996.5	918.6	32056	270.7
1981	4773.0	1545.6	2255.5	2048.4	974.0	32502	296.8
1982	5193.0	1761.6	2383.0	2162.3	1037.7	35450	359.8
1983	5809.0	1960.8	2646.2	2375.6	1180.0	38728	463.7
1984	6928.2	2295.5	3105.7	2789.0	1527.0	40731	625.8

资料来源：国家统计局编：《中国统计年鉴（1993）》，中国统计出版社 1993 年版，第 31-32 页；国家统计局编：《中国统计年鉴（1986）》，中国统计出版社 1986 年版，第 180-181 页。

更重要的是，农村改革的成功使大量农村劳动力从土地的束缚中解放出来，投入到非农产业中去，促进了乡镇企业异军突起。

乡镇企业的前身是农村社队企业。改革开放以前，社队企业历经曲折，发展不快。党的十一届三中全会原则通过的《中共中央关于加快农业发展若干问题的决定》提出："社队企业要有一个大发展，逐步提高社队企业的收入占公社三级经济收入的比重。"1979年7月，国务院颁发了新中国成立以来第一个关于发展社队企业的指导性文件《关于发展社队企业若干问题的规定（试行草案）》，明确提出国家对社队企业实行低税、免税政策。这个被称为"社队企业发展百科全书"的文件，给社队企业的发展带来了历史性的转折。在国民经济调整阶段，社队企业行业结构和产品结构得到初步调整，企业活力有所增强。1981年5月，国务院发布《关于社队企业贯彻国民经济调整方针的若干规定》，要求各地在调整和整顿中既要坚决服从全局，又要尊重社队的自主权，"凡不与现有大厂争原料、产品有销路、经营有盈利的企业，均不应强制关停""对少数民族地区、山区、边远地区和贫困地区的社队企业，尤应给予照顾和扶持"。这些政策促进了社队企业的发展。

社队企业经营者们凭借"四千四万"精神（即踏尽千山万水、吃尽千辛万苦、说尽千言万语、历尽千难万险），使社队企业发展取得突出成绩，并形成了五种发展模式。一是"苏南模式"。以集体经济形式为主，统一经营，"以工补农"。这类乡镇企业被称为"红帽子"企业。二是"温州模式"。以家庭和联户企业为主，主要是私营企业，一般从事专业化生产，把民办工业、专业市场同全国各地联系起来。三是"珠江模式"。利用境外资金、原料、技术和市场的优越条件，面向国际市场，经营方式为"三来一补"，即"来料加工""来件装配""来样加工""补偿贸易"。四是"阜阳模式"。以"四专两厂"（即专业户、专业村、专业区和专业市场、户办厂、联户办厂）为主要特征。五是"泉州模式"。以股份制为主体，以侨资为依托。1983年底，全国共有社队企业134.6万个，职工3235万人；总产值851亿元，比1978年的431亿元增加了近1倍。

1984年2月，农牧渔业部和部党组向中央作了《关于开创社队企业新局面的报告》，提出：社队企业已成为国民经济的一支重要力量，是农业现代化发展的必然要求，并建议将社队企业改称乡镇企业。3月1日，中共中央、国务院批准了这一报告，批准农村社队企业更名为乡镇企业，并赋予乡镇企业以不同于社队企业的新的性质和内容：将其范围由原来公社、大队两级办的企业扩大为乡、村举办的企业,部分农民联营的合作企业和农民家庭举办的个体企业。此后,乡镇办、村办、联户办、个体办乡镇企业遍地开花,被农民称为"'四个轮子'一齐转,大家奋力奔小康"。1984年,全国乡镇企业达到606.52万个。

二、城镇就业的大幅度增加

城乡劳动力就业,既是实现经济建设目标的重要手段,又是广大人民群众获得劳动收入、提高生活水平的主要渠道。改革开放以来,党中央积极解决城乡劳动力就业问题。

20世纪70年代末,90%以上的知青返城,加上原有待业的和新成长的劳动力,城镇待业人员总数达到了1500万人。1979年前后,全国21个省、区、市相继发生回城知青、城镇待业青年集会、游行、请愿和哄闹政府机关的事件,成为严重的社会问题。千方百计解决城镇青年就业问题,成为迫在眉睫的头等大事。1978年2月,邓小平在听取四川省委汇报工作时提出了"广开就业门路"的设想。他指出:"真正解决下乡知识青年问题,归根到底是城市工业发展。重工业发展以后,是不是开辟一些就业门路,比如轻工业、服务行业,都可以用一些人。资本主义国家服务行业可以用很多人,我们用的人很少。又比如发展旅游事业,可以用很多人。对多余人员的出路要多想些办法,只能靠自己多开辟门路。全国都要研究有什么门路容纳这些劳动力的问题。"[①]

在这种思路指导下,1980年8月,中共中央召开全国劳动就业工作会议,提出劳动部门介绍就业、自愿组织起来就业和自谋职业相结合的"三结合"就业方针。1981年10月,中共中央、国务院作出《关于广开门路,搞活经济,解决城镇就业问题的若干决定》,提出发展与人民生活关系密切的商业、服务性行业和消费品生产行业的前景是广阔的,解决城镇劳动

---

① 中共中央文献研究室编:《邓小平年谱》第四卷,中央文献出版社2020年版,第261—262页。

就业的潜力是很大的，必须着重开辟在集体经济和个体经济中的就业渠道。在实施"三结合"的就业方针之后，我国城镇就业工作取得了突破性进展。1979年至1981年三年中，共安置2600万人；到1982年，已有24个省、区、市把1980年底以前积累下来的待业青年基本上安置完毕，从而使"文化大革命"期间上山下乡的知识青年都得到了就业岗位。

1983年8月，胡耀邦在中南海会见全国发展集体和个体经济安置城镇青年就业先进表彰大会代表时，作了题为《怎样划分光彩和不光彩》的重要讲话。这个讲话鲜明地提出了一个观点：从事个体劳动，自力更生，诚实经营，是光彩的；而在全民所有制企业中出勤不出工，出工不出力，出力不出活，是不光彩的。这进一步改变了人们的就业观念，促进了我国个体经济的发展。

全国70%以上的人口在农村，由于人口多、耕地少，大量农村劳动力长期处于潜在的剩余状态。改革开放以后农村经济体制改革的推进，使越来越多的人脱离耕地经营，迫切要求进入城市寻找就业机会。20世纪80年代，党和政府对农村剩余劳动力采取了"离土不离乡"的方针，大力建设小城镇，发展乡镇企业、商业和各类服务行业，有计划、有步骤地做好农村富余劳动力的转移工作。

1983年以后，随着"撤社建乡"的推进和乡镇企业的发展，小城镇建设蓬勃兴起。到1985年底，全国6000多个小城镇和数以万计的农村集镇，星罗棋布于广大农村。1983年到1984年9月，辽宁新增加建制镇达104个，全省1000个乡政府所在地已有800个成为区域性商品集散地，近800万的农村劳动力已有1/4离土经营其他产业，从事农业的劳动力也有1/3的时间可以从事工、副、商业的生产经营活动。

1984年11月，城乡建设环境保护部在北京召开了全国村镇建设经验交流会。会议指出：随着农村商品经济的发展，村镇建设越来越显示出它的重要地位和作用，乡镇建设应当引起省、地、县、村各级领导同志的充分重视，并把它列入议事日程。这次会议明确了在国家"七五"计划时期"以集镇建设为重点，带动整个村镇建设"的工作方针。

商品经济的发展，促使农村相当一部分劳动力从土地上解放出来，从事各种工副业生产。办工副业需要有较好的市场、交通、信息等条件，这就使得农村工副业发展必然向小城镇集中。值得指出的是，自1984年开始，国家破除农村劳动力向城镇流动的政策限制，使农村劳动力的转移和流动进入了一个较快增长的时期。1984年，中央放松了对农村人口进入城市尤其是中小城镇的控制，为农村劳动力大量涌入城镇提供了契机。1984年1月1日，中共中央发出《关于一九八四年农村工作的通知》，指出："随着农村分工分业的发展，将有越来越多的人脱离耕地经营，从事林牧渔等生产，并将有较大部分转入小工业和小集镇服务业。这是一个必然的历史性进步，可为农业生产向深度广度进军，为改变人口和工业的布局创造条件。不改变'八亿农民搞饭吃'的局面，农民富裕不起来，国家富强不起来，四个现代化也就无从实现。"根据这一认识，中央规定："各省、自治区、直辖市可选若干集镇进行试点，允许务工、经商、办服务业的农民自理口粮到集镇落户。"[①] 这就开始允许农民在自筹资金、自理口粮的条件下，进入城镇务工经商，促进农村劳动力向城镇的转移。

总体来看，这一阶段农村劳动力主要是向农村内部非农产业转移，乡镇企业的从业人员从1978年的2826万人，增加到1984年的5208万人。

三、农轻重关系的改善

如前所述，在1979年开始的国民经济调整中，调整农业、轻工业、重工业比例关系和调整产业结构是其中的主要任务。1979年6月，五届人大二次会议提出：今后三年调整国民经济的首要任务是集中主要力量把农业发展搞得快一点，同时千方百计加快轻纺工业的发展，增产更多更好的轻纺产品供应城乡市场和外贸出口，为国家提供更多的财政收入，逐步把国民经济纳入持久的按比例的高速度发展的轨道。1980年12月，中央工

---

① 中共中央文献研究室编：《十二大以来重要文献选编》上，人民出版社1986年版，第434–435页。

作会议决定对国民经济作进一步调整，明确提出要进行产业结构调整，而且把产业结构调整作为调整的主要内容，要求继续把发展农业放在首要地位；进一步加快轻工业的发展，使轻工业的生产速度继续快于重工业；在基本建设大量压缩的情况下，对重工业内部结构进行调整，使其同整个国民经济结构调整方向相一致。重工业内部采取"重转轻""军转民""长转短"等形式进行结构调整。

在"六五"计划期间，从当时的实际情况出发，着重调整了农业、轻工业和重工业之间的比例关系，经济结构趋向合理化。改革开放以后，发展农业的指导思想得到根本性的转变，纠正片面强调"以粮为纲"的倾向，大规模调整种植业内部结构和生产布局，积极促进农业经济的全面发展。自1979年以后，农业产值比重逐年上升。同时，不再把重工业作为国家主导的优先发展目标，而是把解决人们温饱、改善人们生活作为经济发展的首要任务，大力发展轻工业。1980年，国务院决定对轻工业实行"六个优先"的政策（即原材料、燃料、电力供应优先；挖潜、革新、改造措施优先；安排基本建设优先；银行贷款优先；使用外汇和引进技术优先；交通运输安排优先），并在这一时期增加了对轻工业的投资，压缩了对重工业的投资，从而促进了轻工业生产的迅速发展，轻工业产值在工业总产值中的比重呈上升趋势。1981年和1982年轻工业产值比重均超过重工业产值，人们把这种现象称为"轻型化"。在工农业总产值中，农轻重所占的比重1978年为24.8∶32.4∶42.8，1984年则为29.7∶33.3∶37。其中，农业所占比重提高，重工业比重下降，轻工业比重基本持平，农轻重的比例关系基本协调。

产业结构也得到优化。从三次产业产值比重来看，改革开放后的几年间，第一产业产值比重逐年上升，自1979年以后一直维持在30%以上，这归功于农村改革对生产力发展的巨大促进作用。第二产业产值比重下降，由1978年的48.6%下降到1984年的44.8%。中国长期实行优先发展重工业的战略，第二产业产值比重和第一、第三产业产值相比一直比较高。这期间第二产业产值比重出现下降，主要原因是在调整中第二产业发展速度慢了一些，而第一产业没有受到调整的影响，反而实现超高速增长。第三产业发展水平仍然很低，1979年以后一直维持在20%多一点，1984年为22%，还有很大发展空间。从三次产业劳动力结构来看，第一产业劳动力1984年比1978年增加了2549万人，但是第一产业劳动力占社会总劳动力的比重逐年下降，1984年比1978年下降了6.4个百分点。这是改革开放以后，乡镇企业迅速发展从而实现农村劳动力向非农产业转移的结果。第二产业及劳动力1984年比1978年增加2652万人，这一方面是生产发展的需要，另一方面是"文化大革命"以后大量知识青年返城及新增劳动力形成的巨大就业压力，要求城镇企业采取各种措施吸纳待业人员。第三产业劳动力1984年比1978年增加2844万人，增长了58.4%。但是由于这一时期发展的第三产业多是劳动密集型的行业，产出效率比较低，因而劳动力的增加没有带来产值的相应增长。

四、人民生活水平大幅度提高

改革开放后，城乡人民生活发生了十分显著的变化。无论是城镇还是农村，人民群众收入普遍增长，消费水平得到提高。

经济发展直接给城乡人民带来收入的提高。在农村，以家庭联产承包责任制为主要形式的改革，使农民不但有了对土地的生产经营权，而且有了支配自己劳动和劳动成果的自主权，从而极大地调动了广大农民的生产积极性，实现农业生产的超高速增长。同时，国家也采取了提高农副产品收购价格等措施。农村居民的收入获得了迅速增长。农村居民家庭人均纯收入1978年为133.6元，1985年增加到397.6元，增长了2.0倍。20世纪80年代中期以前，城镇居民收入的变化主要表现在工资性收入上。1978—1984年间，职工的工资水平无论是在工资总额上还是在平均工资上都有所增长。城镇居民家庭人均生活费收入1978年为316.0元，1985年增加到685.3元，增长了1.2倍。城乡人民收入的稳定增长还表现为城乡储蓄大幅度增加，1978年全国城乡储蓄存款年末余额为210.6亿元，1984年增至

1214.7亿元，增长了近4.8倍。

在收入增加的基础上，城乡生活消费水平明显提高。1985年与1978年相比，城乡居民平均消费水平增长了1.3倍。城乡居民的基本生活消费在数量上和质量上虽然还比较低，但是在短短的几年中有了十分迅速的改善。城乡居民生活必需品的需求到20世纪80年代中期已基本得到满足，实行多年的配给式供应逐渐被自主性消费取代。1983年，国家正式取消实行了20多年的布票，肉票、油票也陆续取消，粮票的作用日渐降低。

居民消费结构发生了很大变化，城乡居民家庭恩格尔系数在不断下降。1978年，农村居民家庭恩格尔系数为67.7%，城镇居民家庭恩格尔系数为57.5%。到1985年，农村居民家庭恩格尔系数下降到57.8%，城镇居民家庭恩格尔系数下降为53.3%。

随着集贸市场的发展，消费品的供应量更充足，花色品种更多，而且购买也更方便。人们已不满足于同一种模式的灰蓝绿、中山装和军便服，而对新面料、新款式、新工艺表现出浓厚的兴趣，西装、T恤、套裙、牛仔系列服装、超短裙、风衣等开始走入普通百姓的生活。人们越来越讲究生活质量，早餐由稀饭、馒头夹咸菜变为牛奶、鸡蛋、面包；副食店里各种食品琳琅满目、五花八门、应有尽有。

人们在基本生活需要得到满足以后，提出新的更高的生活要求。缝纫机、手表、自行车这"三大件"销售量逐年增长，20世纪80年代初期以后，电风扇、录音机、电冰箱、洗衣机、电视机等产品逐渐开始进入人们的消费领域，特别是电视机，作为全新的视听产品，极大地丰富了人们的生活内容，生产与消费都以极快的速度增长，1984年的销售量比1978年增长了19.5倍。家用电器开始成为新的消费热点。

农村居民在这一阶段消费水平增长十分迅速。1978—1985年，我国农村家庭人均生活消费支出金额由116.06元增至317.42元，其中，食品支出金额由78.59元增至183.33元，但生活消费支出的比重由67.7%降至57.8%，这标志着生活水平显著提高。同期，住房支出的比重也有较大幅度的提高。农村居民为改善居住条件，开始兴起建房热，"50年代盖草房，60年代盖土房，70年代盖砖房，80年代盖楼房"。农村居民人均居住面积由1978年的8.1平方米增加到1984年的11.6平方米，增长了43.2%。用于生活用品的消费支出也有较大幅度增加。

第六章

深化改革开放和经济波动前行
（1984-1992）

经济体制改革初步成功，经济调整取得显著成绩，国民经济持续增长，国家财政状况逐步好转，这都激发了广大干部群众对改革的热情、信心和对加快经济体制改革的愿望。同时，经济体制改革的实践，推动党中央深化关于社会主义商品经济理论的认识。到1984年10月，党的十二届三中全会明确提出社会主义计划经济是在公有制基础上有计划的商品经济的论断，作出把经济体制改革从局部推向全局，改革的重点从农村转向城市的决定。全国迅速掀起全面改革开放的热潮，进一步贯彻执行对内搞活经济、对外实行开放的方针，以城市为重点的经济体制改革全面展开，对外开放格局初步形成，开创了社会主义现代化建设的新局面。1987年召开的党的十三大，进一步提出社会主义有计划商品经济的体制是计划与市场内在统一的体制，提出社会主义初级阶段理论和党在社会主义初级阶段的基本路线，确定"三步走"发展战略，作出加快深化改革的决定。改革开放理论基础的创新，极大地鼓舞了全国人民的干劲，改革开放的步伐大大加快，整个国民经济提高到一个新的水平，同时在前进中也出现了物价上涨、"全民经商"等问题。中共中央决定用一段时间治理经济环境、整顿经济秩序，以利于更好地推进改革和建设，1988－1991年开展了治理整顿。随着治理整顿任务的完成，1992年春邓小平发表南方谈话，从理论上深刻回答了长期困扰和束缚人们思想的许多重大认识问题，为中国改革开放注入新的生机和活力，推动经济改革和发展进入新的阶段。

第六章　深化改革开放和经济波动前行（1984－1992）

第一节　社会主义经济理论和实践的突破

改革开放的全新实践，深化了中国共产党对于社会主义经济理论的认识。1984年10月，党的十二届三中全会提出社会主义计划经济是在公有制基础上有计划的商品经济的论断；1987年10月，党的十三大进一步提出社会主义有计划商品经济的体制是计划与市场内在统一的体制，提出社会主义初级阶段理论和党在社会主义初级阶段的基本路线，确定"三步走"发展战略。这都为20世纪80年代改革开放实践的推进奠定了扎实的理论基础。

一、党的十二届三中全会

党的十一届三中全会后农村改革取得成功，城市改革还只是初步的，城市经济体制中严重妨碍生产力发展的弊端需要从根本上消除。1984年5月，六届全国人大二次会议通过的政府工作报告提出："城市改革的步子要加快，要从解决国家与企业、企业与职工的关系入手，把适合于当前情况的各项改革措施初步配起套来，同步进行。"[①]

1984年10月，党的十二届三中全会在北京召开，会议通过《中共中央关于经济体制改革的决定》（以下简称《决定》），推动以城市为重点的整个经济体制的改革，并明确提出了社会主义计划经济是在公有制基础上有计划的商品经济的论断。

《决定》阐述以城市为重点的经济体制改革的基本任务、性质和基本政策，指出经济体制改革的基本任务就是进一步解放思想，走自己的路，

[①] 中共中央文献研究室编：《十二大以来重要文献选编》上，中央文献出版社2011年版，第410页。

建立起具有中国特色的、充满生机和活力的社会主义经济体制，促进生产力的发展。《决定》强调，改革经济体制，是在坚持社会主义制度前提下，改革生产关系和上层建筑中不适应生产力发展的一系列相互联系的环节和方面。这种改革是在党和政府领导下有计划、有步骤、有秩序地进行的，是社会主义制度的自我完善和发展。《决定》指出，增强企业的活力特别是增强全民所有制的大、中型企业的活力，是以城市为重点的整个经济体制改革的中心环节，并需要进行计划体制、价格体系、国家机构管理经济的职能和劳动工资制度等方面的配套改革。

《决定》确定建立自觉运用价值规律的计划体制，发展社会主义商品经济。这是计划体制的重大改革。《决定》指出，改革计划体制，首先要突破把计划经济同商品经济对立起来的传统观念，明确认识社会主义计划经济必须自觉依据和运用价值规律，是在公有制基础上的有计划的商品经济。根据这一认识，《决定》突破"计划经济为主、市场调节为辅"的提法，对经济体制进行了新的概括：第一，就总体说，我国实行的是计划经济，即有计划的商品经济，而不是那种完全由市场调节的市场经济；第二，完全由市场调节的生产和交换，主要是部分农副产品、日用小商品和服务修理行业的劳务活动，它们在国民经济中起辅助的但不可缺少的作用；第三，实行计划经济不等于指令性计划为主，指令性计划和指导性计划都是计划经济的具体形式；第四，指导性计划主要依靠运用经济杠杆的作用来实现，指令性计划则是必须执行的，但也必须运用价值规律。这些观点是根据马克思主义基本原理同我国实际相结合的原则，在社会主义经济理论上的新突破，回答了长期困扰社会主义改革的理论问题，使经济体制改革向社会主义市场经济的方向迈出了至关重要的一步。

社会主义有计划商品经济理论的提出，突破了"计划"同"市场"之间的主辅地位，第一次把商品经济当作社会主义经济的内在属性，从根本上突破了传统的社会主义经济理论的局限，为我国社会主义经济体制改革规定了目标和方向，使我国的社会主义经济理论有了突破性发展。它体现了党中央对经济体制改革问题的新认识，是对马克思主义政治经济学的新发展。

邓小平对《决定》评价极高,说:"我的印象是写出了一个政治经济学的初稿,是马克思主义基本原理和中国社会主义实践相结合的政治经济学。""这次经济体制改革的文件好,就是解释了什么是社会主义,有些是我们老祖宗没有说过的话,有些新话。"这一理论的突破,与改革实践的发展密切相关。随着经济成分的多样化和我国与国际经济交往的日益扩大,商品经济大大发展起来,价值规律的作用日益覆盖全社会的经济领域。商品经济的发展极大地增强了人们的商品经济意识。所以邓小平才说:"过去我们不可能写出这样的文件,没有前几年的实践不可能写出这样的文件。写出来,也很不容易通过,会被看作'异端'。我们用自己的实践回答了新情况下出现的一些新问题。"①

根据社会主义有计划商品经济理论的要求,1985年9月,中国共产党全国代表会议通过《中共中央关于制定国民经济和社会发展第七个五年计划的建议》,进一步对我国经济体制改革的总体规划作出明确规定,提出三个方面的具体要求:一是要进一步增强企业的活力,使企业、特别是全民所有制大中型企业真正成为独立自主、自主经营、自负盈亏的社会主义商品生产者和经营者;二是要发展社会主义有计划的商品市场,完善市场体系;三是要运用经济和法律手段,控制和调节经济运行,使国家对企业的管理逐步由直接控制为主转向间接控制为主。这直接指导了全面经济改革的推进。

社会主义有计划商品经济理论提出之后,关于有计划的商品经济到底是计划为主还是商品经济为主,无论是党内还是理论界,短时间内没有达成一致意见。在筹备党的十三大的过程中,1987年2月,邓小平同几位中央负责同志谈话,对计划和市场关系的看法更加明确了。邓小平指出:"为什么一谈市场就说是资本主义,只有计划才是社会主义呢?计划和市场都是方法嘛。只要对发展生产力有好处,就可以利用。它为社会主义服

---

① 《邓小平文选》第三卷,人民出版社1993年版,第83、91页。

务，就是社会主义的；为资本主义服务，就是资本主义的。好像一谈计划就是社会主义，这也是不对的，日本就有一个企划厅嘛，美国也有计划嘛。我们以前是学苏联的，搞计划经济。后来又讲计划经济为主，现在不要再讲这个了。"① 这是邓小平对我国经济体制改革思想的又一个重大突破。

二、改革重心转向城市经济和扩大对外开放

党的十一届三中全会以后，我国进行了多方面的经济改革探索和试点，但改革主要在农村进行。经济体制改革取得初步成效，尤其是农村改革取得了很大成功。但是，经济体制改革也受到很大的限制，这种限制主要来自以城市为重点的旧经济体制。十一届三中全会以后的几年里，虽然以企业为基础和核心的城市经济改革进行了许多试验和探索，采取了一些重大措施，取得了显著成效和重要经验，使经济生活出现了多年未有的活跃局面，但是，城市改革只是初步的，城市经济体制的基本状况还没有改变，其严重妨碍生产力发展的种种弊端还严重存在，除了城市企业经济效益还很低外，主要是城市经济的巨大潜力还远远没有挖掘出来，生产、建设和流通领域中的种种损失和浪费还很严重。

党的十二届三中全会作出以城市为重点开展全面经济体制改革的决定，随后，经济改革从以农村为重点转向以城市为重点，全面深入地开展起来。以城市为重点的经济体制改革，紧紧围绕搞活企业、增强企业活力这个中心环节，明确重点是配套、完善、深化、发展企业承包制，进一步解决全民所有制大中型企业经营机制问题，提高经济效益。改革和调整价格体系，建立和培育社会主义市场体系。改革计划、财政和金融体制，逐步健全以间接管理为主的宏观经济调节体系，逐步形成一整套把计划和市场、微观搞活和宏观调控有机结合起来的机制和手段。

---

① 中共中央文献研究室编：《邓小平年谱》第五卷，中央文献出版社2020年版，第466页。

此外，国家还启动了城镇住房制度改革。1986年初，国务院成立住房制度改革领导小组，负责领导和协调全国的房改工作，并选定烟台、唐山、蚌埠、常州、江门5个城市进行住房商品化改革试点。1988年2月，国务院印发《国务院住房制度改革领导小组关于在全国城镇分期分批推行住房制度改革实施方案》，宣布从1988年开始，住房制度改革正式列入中央和地方的改革计划，用三五年时间，在全国分期分批展开。1988年以后，许多地方采取了多种方式如调整低租金、出售公有住房、集资建房等改革措施，不同程度地加快了解决住房问题的步伐。

随着经济体制改革的深化，对外开放的步伐进一步加大。20世纪80年代初，深圳、珠海等4个经济特区在吸引和利用外资、引进先进技术以及各项建设中取得突出成就，初步显示出强大的生命力。1984年1月下旬到2月中旬，邓小平到深圳、珠海、厦门经济特区和上海视察时，充分肯定了经济特区的成绩，并为经济特区题词："深圳的发展和经验证明，我们建立经济特区的政策是正确的""把经济特区办得更快些更好些"。2月24日，邓小平明确提出："除现在的特区之外，可以考虑再开放几个港口城市，如大连、青岛。这些地方不叫特区，但可以实行特区的某些政策。"[①] 1984年3月26日至4月6日，中央书记处和国务院联合召开沿海部分城市座谈会，确定进一步开放14个沿海港口城市，即大连、秦皇岛、天津、烟台、青岛、连云港、南通、上海、宁波、温州、福州、广州、湛江和北海，作为我国实行对外开放的一个新的重要步骤。5月4日，中共中央、国务院转发《沿海部分城市座谈会纪要》。

开辟沿海经济开放区，是对外开放中采取的又一新的战略步骤。1985年1月，国务院召开长江三角洲、珠江三角洲和闽南厦（门）漳（州）泉（州）三角地区座谈会，建议将这三个地区开辟为沿海经济开放区。2月，中共中央、国务院批转《长江、珠江三角洲和闽南厦漳泉三角地区座谈会纪要》，指出这三个经济开放区应逐步形成贸—工—农型的生产结构，即

---

① 中共中央文献研究室编：《邓小平年谱》第五卷，中央文献出版社2020年版，第255、256、261页。

按出口贸易的需要发展加工工业，既是对外贸易的重要基地，又成为扩展对外经济联系的窗口。这样，我国初步形成由经济特区、沿海开放城市和沿海经济开放区组成，由点到面、由沿海到内地滚动发展的对外开放格局。

到1988年初，党中央明确提出实施沿海地区经济发展战略，进一步扩大对外开放。1988年3月18日，国务院发出《关于扩大沿海经济开放区范围的通知》，决定适当扩大沿海经济开放区。新划入沿海经济开放区的有140个市、县，包括辽东半岛、胶东半岛、河北省环渤海湾地区和广西北部湾地区一些市、县，以及杭州、南京、沈阳三个省会城市。这是中国对外开放的又一重大步骤，使中国东部由北到南连接成为近万里的一大片狭长的对外开放前沿地带。

1988年4月13日，七届全国人大一次会议通过国务院提出的关于设立海南省和建立海南经济特区的议案。4月14日，国务院批转《关于海南岛进一步对外开放加快经济开发建设的座谈会纪要》，提出在海南岛实行特殊经济政策，建立经济管理新体制，把海南岛建设成全国最大的经济特区，是贯彻沿海经济发展战略、进一步扩大对外开放的重要措施。4月26日，中共海南省委和省政府正式挂牌。5月4日，国务院作出《关于鼓励投资开发海南岛的规定》，规定国家对海南经济特区实行更加灵活开放的经济政策，授予海南省人民政府更大的自主权。海南经济特区的设立，开启了扩大开放、深化改革、加快发展的新篇章。

至此，我国形成从南到北由5个经济特区、14个沿海开放城市、3个沿海开放地区、2个开放半岛构成的对外开放格局。

三、"六五"计划的完成和"七五"计划的制定

1984年10月党的十二届三中全会召开以后，国民经济和社会发展进入全面改革和加快发展的新阶段。

1985年是贯彻党的十二届三中全会精神的第一年，也是实施"六五"计划的最后一年。中央提出这一年要"慎重初战，务求必胜"，全国各地

各部门认真贯彻执行对内搞活、对外开放的方针,继续深入开展经济体制改革,使得国民经济出现蓬勃发展的良好局面。1985年,全年社会总产值16242亿元,比上年增长16.2%。其中,工农业总产值13269亿元,比上年增长16.4%。国民收入6765亿元,比上年增长12.3%。国家财政收入状况改善,"六五"时期首次出现财政余额,财政收大于支21.6亿元。到1985年底,"六五"计划规定的工农业生产、交通运输、基本建设、技术改造、国内外贸易、教育科学文化、改善人民生活等方面的任务和指标,绝大部分都提前完成或超额完成。

从整体来看,"六五"时期国民经济以较高的速度持续稳定增长,国民经济主要比例关系基本协调;多种所有制经济共同发展,经济效益有了比较明显的提高;对外经济贸易和技术交流打开了新局面,对外开放的广度或深度都超过此前的任何时期;全国人民生活得到显著改善。经济社会经过"六五"时期的发展,"争取我国财政经济状况根本好转的任务已经基本实现,国民经济开始出现持续、稳定、协调发展的新局面,展现了良性循环的前景"①。这为第七个五年计划期间的国民经济和社会发展奠定了更好的基础,创造了更好的条件。在这种形势下,中共中央和国务院着手制定中华人民共和国国民经济和社会发展第七个五年计划。

中共中央从1983年开始着手进行"七五"计划的制定。到1985年9月,中国共产党全国代表会议审议通过《中共中央关于制定国民经济和社会发展第七个五年计划的建议》。该建议对"六五"时期经济、社会发展所取得的成绩和"七五"建设面临的经济形势作了实事求是的估计,明确提出"七五"期间经济社会发展的主要奋斗目标和主要任务。主要奋斗目标是:争取基本上奠定有中国特色的新型社会主义经济体制的基础,大力促进科学技术进步和智力开发,不断提高经济效益,使1990年的工农业总产值和国民生产总值比1980年翻一番或者更多一些,使城乡居民的人

---

① 中共中央文献研究室编:《十二大以来重要文献选编》中,人民出版社1986年版,第797页。

均实际消费水平每年递增百分之四到五，使人民的生活质量、生活环境和居住条件都有进一步的改善。关于经济体制改革，该建议提出力争在此后五年或者更长一些的时间内，基本上奠定有中国特色的、充满生机和活力的社会主义经济体制的基础。建立新型的社会主义经济体制，主要抓好三个方面的工作：一是进一步增强企业特别是全民所有制大中型企业的活力，使它们真正成为相对独立、自主经营、自负盈亏的社会主义商品生产者和经营者；二是进一步发展社会主义的有计划的商品市场，逐步完善市场体系；三是逐步减少国家对企业的直接控制，建立健全间接控制体系，主要运用经济手段和法律手段，并采取必要的行政手段来控制和调节经济运行。

  国务院根据中共中央建议，对计划作了进一步的深入研究，反复进行综合平衡和各种计算，同时广泛征求各部门、各地方的意见，正式编制出"七五"计划草案，提请全国人大审议批准。1986年4月，《中华人民共和国国民经济和社会发展第七个五年计划（1986—1990）》经六届全国人大四次会议审议批准，向全国公布。在新的五年计划刚开始就制定并公布了完整的经济和社会发展计划，这在中国计划工作史上还是第一次。

  "七五"计划有两个鲜明特点：其一，"七五"计划是把改革放在首位，全面推进经济体制改革并使经济改革和经济发展相互适应、相互促进的计划。其二，"七五"计划是强调经济适度增长，促使发展速度、比例和效益有机统一的计划。

  "七五"计划将"七五"时期的经济建设和体制改革大体分为前两年和后三年两个阶段。前两年，经济建设方面，要着重解决固定资产投资规模过大、消费基金增长过猛的问题，使社会总需求和总供给实现基本平衡；体制改革方面，要围绕稳定经济的要求，在进一步增强全民所有制大中型企业活力、大力发展横向经济联系的同时，从宏观上加强和改善对经济活动的管理和控制。后三年，在做好这些工作的基础上，进一步推进体制改革和生产建设，全面完成第七个五年计划的各项任务。

四、党的十三大与社会主义初级阶段基本路线

1987年10月25日至11月1日,党的十三大召开。大会对十一届三中全会以来改革开放和社会主义现代化建设经验进行总结和理论概括,系统阐明了社会主义初级阶段理论,完整地概括了党在社会主义初级阶段的基本路线。

社会主义初级阶段理论的形成不是一蹴而就的。1979年9月29日,叶剑英在庆祝中华人民共和国成立三十周年大会上的讲话中初步阐述了社会主义初级阶段的思想,指出:"社会主义制度还处在幼年时期……在我国实现现代化,必然要有一个由初级到高级的过程。"① 这是中央文献中第一次使用"社会主义制度还处在幼年时期"的提法。1981年6月,党的十一届六中全会通过的《关于建国以来党的若干历史问题的决议》第一次明确指出我国的社会主义制度还是处于初级的阶段。

党的十三大系统地阐述了社会主义初级阶段理论。大会指出:第一,我国社会已经是社会主义社会,必须坚持而不能离开社会主义;第二,我国的社会主义社会还处在初级阶段,必须从这个实际出发,而不能超越这个阶段。我国所处的社会主义初级阶段,特指我国在生产力落后、商品经济不发达条件下建设社会主义必然要经历的特定阶段,从生产资料私有制的社会主义改造基本完成,到社会主义现代化的基本实现,至少需要上百年时间,都属于这个阶段。在社会主义初级阶段,主要矛盾是人民日益增长的物质文化需要同落后的社会生产之间的矛盾,党和国家的主要任务是发展生产力,推进社会主义现代化建设。大会把党在社会主义初级阶段的基本路线概括为:领导和团结全国各族人民,以经济建设为中心,坚持四项基本原则,坚持改革开放,自力更生,艰苦创业,为把我国建设成为富

---

① 中共中央文献研究室编:《三中全会以来重要文献选编》上,中央文献出版社2011年版,第192、203页。

强、民主、文明的社会主义现代化国家而奋斗。

大会依据社会主义初级阶段理论和党的基本路线，制定了加快和深化改革的基本方针和行动纲领。关于经济体制改革，大会不再讲计划经济为主，而是指出：社会主义有计划商品经济的体制，应该是计划与市场内在统一的体制。在这个问题上，需要明确几个基本观念：第一，社会主义商品经济同资本主义商品经济的本质区别在于所有制基础不同。社会主义商品经济的发展离不开市场的发育和完善，利用市场调节决不等于搞资本主义。第二，必须把计划工作建立在商品交换和价值规律的基础上。以指令性计划为主的直接管理方式，不能适应社会主义商品经济发展的要求。不能把计划调节和指令性计划等同起来。应当通过国家和企业之间、企业与企业之间按照等价交换原则签订定货合同等多种办法，逐步缩小指令性计划的范围。国家对企业的管理应逐步转向以间接管理为主。第三，计划和市场的作用范围都是覆盖全社会的。新的经济运行机制，总体上来说应当是"国家调节市场，市场引导企业"的机制。国家运用经济手段、法律手段和必要的行政手段，调节市场供求关系，创造适宜的经济和社会环境，以此引导企业正确地进行经营决策。党的十三大报告强调要加快建立和培育社会主义市场体系，提出逐步健全以间接管理为主的宏观经济调节体系。计划与市场内在统一论的提出，结束了长期以来理论上计划与市场外在关系论和在实践中"计划一块""市场一块"的二元格局。这就从根本上消除了传统计划经济观念的影响，是对社会主义市场机制认识的又一次重大突破。

大会进一步明确经济发展战略，正式确定了"三步走"发展战略，指出："第一步，实现国民生产总值比一九八〇年翻一番，解决人民的温饱问题。这个任务已经基本实现。第二步，到本世纪末，使国民生产总值再增长一倍，人民生活达到小康水平。第三步，到下个世纪中叶，人均国民生产总值达到中等发达国家水平，人民生活比较富裕，基本实现现代化。然后，在这个基础上继续前进。"大会强调，经济发展战略的实现，从根本上说要依靠经济体制改革的加快和深化。这就对进一步改革开放提出新的要求。

第二节　经济体制改革的全面展开

按照党的十二届三中全会和"七五"计划的部署，将企业活力的增强、商品市场体系的形成、间接控制手段的完善三者互相配套，我国对计划管理、国营企业、价格体制、财政体制、金融体制等进行了全面的改革。

一、计划管理体制和国营企业改革

确立国家和企业、企业和职工这两方面的正确关系，是以城市为重点的整个经济体制改革的本质内容和基本要求。要实现这个基本要求，需要对计划体制、国家机构管理经济的职能和国营企业等方面进行改革。

（一）计划管理体制改革

党的十二届三中全会通过的《中共中央关于经济体制改革的决定》提出要建立自觉运用价值规律的计划体制。国家计划委员会等有关部门按照中央部署制定计划体制改革方案。1984年10月，国务院批转国家计划委员会制定的《关于改进计划体制的若干暂行规定》，提出缩小指令性计划，大幅减少国家指令性计划直接管理的物资品种，扩大指导性计划和市场调节的范围和比重，并提出实行多种形式的计划承包责任制、加强国民经济的平衡工作。这样，计划体制改革开始迈出重大步伐。

国家有步骤地扩大指导性计划范围和市场调节部分，逐步缩小指令性计划范围。在农业方面，把沿袭多年对粮食、棉花等重要农产品的播种面积和产量下达指令性计划的做法，全部改为指导性计划。农产品统派购制度进行改革，1985年中央一号文件《中共中央、国务院关于进一步活跃农村经济的十项政策》规定了改革农产品统派购制度的政策，即从 1985 年起，除个别品种外，国家不再向农民下达农产品统购派购任务，按照不同情况，分别实行合同定购和市场收购。其中，粮食、棉花改为合同定购，定购以外的粮棉可以自由上市；生猪、水产品和大中城市、工矿区的蔬菜，逐步取消派购，自由上市；其他统购派购产品，分品种、分地区逐步放开。这就形成合同定购和市场收购并行的"双轨制"，改变了我国农村实行 30 多年的统购派购制度，把农村经济逐步纳入有计划的商品经济轨道，促使传统农业进一步向专业化、商品化、现代化方向发展。

在工业方面，国家对主要工业品的生产实行指导性计划。为了保证重点生产和重点建设等方面的需要，对国家统一分配调拨的煤炭、原油及各种油品、钢材、有色金属、木材、水泥、发电量、基本化工原料、化肥、重要机电设备、化纤、新闻纸、卷烟以及军工产品等重要产品，还实行指令性计划。国家下达指令性计划的大企业，实行一本账，不得层层加码；国家不下达计划的产品，实行市场调节。到 1986 年底，国家计委管理的工业指令性计划产品已从 120 种左右减到 60 种，占工业产值的比例从 40% 缩小到 20% 左右。国家统配物资在社会总资源中所占的比重也逐年下降，已从规定的 256 种减到 20 种，商业部计划管理的商品已从 188 种减少到 23 种。

在探索计划管理改革的过程中，各地区、各部门通过实行多种形式的计划承包责任制，为改革趟出新路。到 1987 年，已有石油部、煤炭部、冶金部、铁道部等部门实行了不同内容的计划承包责任制；44% 的在建大中型项目实行了各种形式的投资包干责任制。一批城市和企业还实行了计划单列。自 1983 年 2 月开始，国务院陆续批准对重庆、武汉、沈阳、大连、广州、哈尔滨、西安七个城市实行计划单列，赋予这些城市省级经济管理权限，以真正发挥中心城市在经济体制改革中的特殊作用。七个城市被赋予省级经济管理权限后，扩大了经济管理权限，积极发挥中心城市的经济功能，简政放权，把注意力放到搞活企业上，1985 年上半年实现的工业企业利税比 1984 年同期增长 30.4%，完成企业技术改造投资比 1984 年同期增长 17.2%。1986 年 10 月，国家计委发出《关于解放、东风、重型汽车工业企业联营公司实行计划单列的通知》，赋予中国第一汽车制造厂、湖北第二汽车制造厂自主经营决策的权力，实行自主管理。1987 年 4 月，国务院批转国家计委《关于大型工业联营企业在国家计划中实行单列的暂行规定》，规定大型联营企业在国家计划上实行单列。明确企业实行计划单列是计划体制改革的一项重要内容，有利于企业摆脱条块束缚、发展横向联合和专业化协作，有利于减少管理层次，提高企业效率。1987 年底，在国家计划中实行单列的企业集团共有解放汽车工业联营公司、东风汽车工业联营公司、重型汽车工业联营公司、哈尔滨电站设备成套公司、上海电气联合公司、东方电站成套设备公司、西安电力机械制造公司、中国新型建筑材料公司、中国非金属矿工业总公司、长城计算机集团公司、长江计算机（集团）联合公司 11 个。

（二）国营企业改革

在《中共中央关于经济体制改革的决定》的部署中，增强企业活力是经济体制改革的中心环节，主要是确立国家和企业、企业和职工这两方面的正确关系。按照所有权同经营权适当分开，使企业真正成为相对独立的经济实体，成为自主经营、自负盈亏的社会主义商品生产者和经营者的要求，国营企业进一步扩大生产经营自主权，实行承包经营责任制、租赁制、股份制等多种搞活企业的经营方式。

承包经营责任制能够调动企业经营者和职工的积极性，迅速产生增产增收效应，因而很快在国营大中型企业得到普遍实行。国营小型企业、小型商业和服务业则开展租赁制改革，由国家授权的出租方将企业有期限并附加一定条件地交给承租者经营，承租者定期交付租金，企业实行自主经营。1987 年，大中型国营工业企业中实行多种形式的承包经营责任制的占 82%；小型国营工业企业中，改成集体经营、租赁和个人承包的占 46%。

一些企业还试行股份制改革。1984 年 11 月，经中国人民银行上海市分行批准，上海飞乐音响公司向社会发行每股面值 50 元的股票 1 万股，成为改革开放以来全国第一家经批准向社会公开发行股票的股份制企业，其股票成为我国改革开放以来发行的第一种上市股票。1986年11月，邓小平会见约翰·范尔霖为团长的美国纽约证券交易所代表团，向范尔霖赠送了面值50元的上海飞乐音响公司的股票。

从1984年开始，国营企业内部实行厂长负责制试点，明确厂长在重大问题上的决策权、生产经营上的指挥权和对中层行政干部的任免权，试点企业生产经营和职工民主管理都得到加强，工作效率和经济效益有明显提高。到1987年，据28个省、自治区、直辖市统计，国营工业企业中已实行厂长负责制的企业占68%。

1985年1月，国务院启动国营企业工资改革，以充分发挥企业和职工的积极性、主动性。改革的办法是实行职工工资总额同企业经济效益按比例浮动的办法。国家对企业的工资实行分级管理的体制。国家负责核定省、自治区、直辖市和国务院有关部门所属企业的全部工资总额，及其随同经济效益浮动的比例。每个企业的工资总额和浮动比例，由省、自治区、直辖市和国务院有关部门在国家核定给本地区、本部门所属企业的工资总额和浮动比例的范围内逐级核定。

1986年7月，国务院颁布《国营企业实行劳动合同制暂行规定》《国营企业招用工人暂行规定》《国营企业辞退违纪职工暂行规定》《国营企业职工待业保险暂行规定》等一系列行政法规，对国营企业用工招工制度进行改革，新招收的工人都实行劳动合同制。

通过一系列的改革，城市国营企业活力明显增强。

二、商业和价格体制改革

随着商品生产的迅速发展，商业体制不适应的矛盾越来越突出，城市商业流通体制改革成为一项主要内容。价格是商品流通过程中调节市场的一种有效手段，价格机制是市场机制中最重要的机制，因而在改革商品流通体制的同时，需改革不合理的价格体系和不合理的价格管理体制。

（一）商业体制改革

党的十一届三中全会以后，针对原有商品流通体制的种种弊端，坚持以市场为取向，扩大市场机制的调节作用。经过1978年至1984年的改革，长达30年的高度集中的商品流通体制发生了突破性的变化。主要包括：不再单纯依靠国家统一计划组织商品流通，日用工业品、农副产品和生产资料经营领域市场调节的力度都在逐步地扩大；商业企业随着经营自主权的扩大，其经营活动也逐渐在较大范围内依靠价值规律和供求规律来调节；单一的公有制开始转向多种经济成分并存的商业结构。初步形成多种经济成分、多条流通渠道、多种经营方式和减少流转环节的"三多一少"流通格局。

1984年7月，国务院批转商业部《关于当前城市商业体制改革若干问题的报告》，指出我国城市商业体制必须从根本上进行改革，改革措施为：政企分开，扩大企业权力；改革日用工业品一、二、三级批发层次；建立城市贸易中心；小型国营零售商业、饮食服务业转为集体经营或租赁给经营者个人经营；国营零售商业和饮食服务业有计划有步骤地实行经营承包责任制。

改革日用工业品批发体制是改革的核心。国家将兼有行政管理职能的一、二、三级批发站分别下放到直辖市、省辖市，并与市批发公司合并，组建为自主经营的经济实体。之后，又细化专业分工，组建了不分层次的多头批发网络。通过这一改革，按固定区域、固定供应对象、固定倒扣作价率的统一分配和作价的商业批发体制宣告终结，各批发企业之间、批发与零售之间都可以直接供货。到1985年底，全国商业系统共有工业品批发站1177个，工业品基层批发机构（包括供销社）38527个。这些批发机构，都是自主经营的批发实体，彼此之间是平等的经济业务关系。

建立城市贸易中心则是建设新的商品流通体制的支撑。所有城市都开辟商品批发市场，实行开放式经营，逐步建立城市贸易中心。各种所有制的工商企业不论是本地企业还是外地企业，都可以进入贸易中心，自由购销计划外的商品和非计划的商品。可以不分对象，在批发牌价基础上，协商作价或批量作价。批发公司发挥扩大购销、平抑物价、稳定市场的主体作用和后盾作用。重庆市首先建立了贸易中心，342家工厂参展，20多个省市的商业机构前去洽谈业务，减少了批发层次，效果显著。1984年，六届全国人大二次会议明确提出"广泛设置农产品批发市场"。此后，各地商业部门开始探索批发市场建设问题，并陆续组建了一批综合性或专业性的批发交易市场。

（二）价格体制改革

1984年《中共中央关于经济体制改革的决定》明确提出：各项经济体制的改革成效，都在很大程度上取决于价格体系的改革。《决定》提出改革不合理的价格体系和不合理的价格管理体制，为价格改革明确方向。1985年开始，价格改革进入一个新的历史阶段。

1985年开始的价格体系改革，通过实行调放结合的方针，原来不合理的价格体系逐步向合理化的方向发展。农副产品价格方面，从1985年开始，粮棉由统购价和超购加价改为合同定购价，粮食合同定购价以外的价格放开，实行自由购销；棉花收购价由原"倒二八"（两成按原统购价，八成按原超购价）改为"倒三七"，1986年又改为"倒四六"，1987年再改回"倒三七"；放开了猪、牛、羊、禽、蛋、水产品等鲜活食品的购销价格，分别实行国家指导价和市场价，大中城市蔬菜价格也同时放开。同时给城镇居民适当的价格补贴，以便逐步解决商业部门的购销倒挂问题。工业消费品价格方面，进行了有升有降的结构性调整。1986年，国家放开自行车、黑白电视机、电冰箱、洗衣机、收录机、80支以上纯棉纱及其织品、中长纤维布等工业消费品的销售价格，调整了然气、锦纶短纤维和部分药品等的出厂价格；1987年，提高青霉素、新闻纸、凸版纸等产品的出厂价格。生产资料价格方面，国家对煤炭、钢材、电力和化工等生产资料价格进行以提价为主的调整。1987年，提高聚乙烯醇的出厂价格。1988年，提高国内平价、高价原油，每吨提价10元；调整铁矿石、锰矿石等产品的出厂价。国家还适当调整了交通运输的客货运价和服务行业的收费标准，促进了第三产业的发展。

1985年开始的价格管理体制改革,从过去传统的高度集中的价格管理体制,开始向与社会主义有计划商品经济相适应的新的价格管理体制过渡。过去价格管理权限过多地集中在中央一级,经过这一阶段的改革,逐步变为分级管理。除国家物价部门仍掌握一部分价格管理权外,各业务主管部门、各地区物价部门都有了一部分价格管理权,企业对某些商品也有一定的定价权。价格管理方法由过去单纯的行政管理和直接管理,变为经济、法律和行政手段相结合的综合管理,实现了直接管理和间接控制的结合。具体来说,农产品价格管理体制改革方面,1986年5月,国家物价局、商业部等八家单位发出《关于改进农产品价格管理的若干规定》,对农产品实行三种价格管理形式,即国家定价、国家指导价和市场调节价。改革适当增加了国家指导价的品种,减少了国家定价的品种,逐步形成了少数重要的农产品实行国家定价、多数实行国家指导价或市场调节价的局面。

重工业产品价格管理体制改革方面,1985年1月,国家物资局、国家物价局发出《关于放开工业生产资料超产自销产品价格的通知》,放开了企业属于自销的和完成计划后超产的重要工业生产资料出厂价格,取消原定的企业自销产品不高于国家定价20%的限制。从此,出现了同种产品计划内部分实行国家统一定价、计划外部分实行市场调节价的价格双轨制。到1988年,价格双轨制已经涉及全部生产资料的40%,交易额占生产资料总额的75%以上,主要生产资料如煤炭、钢材、木材等的市场价格供应比例超过50%,水泥的非计划供应比例已经高达85%。生产资料价格双轨制,在实行初期为理顺工业生产资料价格提供了一个可行的过渡办法,使得更多的生产资料真正进入市场,过去很难或无法获得计划物资的乡镇企业、私营企业、个体企业,由此得到迅速的发展。然而,不少单位、不少人利用价格双轨制的差价,就地倒卖、层层加价、牟取暴利,产生"官倒"以及依托于"官倒"的"私倒"现象,不仅搞乱了流通,而且还成为滋生腐败现象的温床,引起了人民群众的强烈不满。

轻工业产品价格管理体制方面,1986年4月,国家物价局、轻工业部、纺织工业部等十家单位作出《关于工业消费品价格管理规定》,下放部分轻工业消费品价格管理权限，对于花色品种繁多、供求变化快以及地区之间成本、质量差别较大的商品，实行浮动价格。经过上述改革，到1986年底，国家统一定价的商品减少到25种。各类商品实行浮动价和市场价的比重，农副产品占65%，工业消费品占55%，生产资料占40%。

三、财政和金融体制改革

越是搞活经济，越要重视宏观调节，越要善于在及时掌握经济动态的基础上综合运用财政税收、金融信贷等经济杠杆。党的十二届三中全会以后，对高度集中的财政体制进行了改革，以充分发挥中央和地方两个积极性。同时，改革金融体制，充分发挥银行系统筹集融通资金、引导资金流向、提高资金运用效率和调节社会总需求的作用。

（一）财政体制改革

如前所述，1980年，我国实行"划分收支、分级包干"的财政管理体制（即"分灶吃饭"）。1984年，"分灶吃饭"的体制执行到期，又正值开始实行第二步利改税的改革，为与这一改革同步，1985年3月，国务院发出《关于实行"划分税种、核定收支、分级包干"财政管理体制的通知》，基本上改变了过去按行政隶属关系划分财政收入的做法，按照第二步利改税改革设置的税种，把国家财政收入划分为中央财政固定收入、地方财政固定收入、中央和地方共享收入三大类。中央财政和地方财政的支出划分，与"划分收支、分级包干"体制基本相同，仍按隶属关系划分。各省、自治区、直辖市按规定划分收支范围后，凡地方固定收入大于支出的，定额上缴中央；凡地方固定收入小于支出的，从中央、地方共享收入中确定一个分成比例，留给地方；地方固定收入及中央与地方共享收入全部留给地方仍不足以抵地方支出的，由中央定额补贴；地方财政多收多支，少收少支，自求平衡。沈阳、大连、哈尔滨、武汉、重庆计划单列以后，财政体制直接由中央核定。广东、福建继续实行财政"大包干"的办法，但确定的上缴和补助数额，要按照第二步利改税改革后的收入转移数额，进行相应的调整。对民族自治区和视同民族地区对待的省，按照中央财政核定的定额补助数额，在五年内连续实行每年递增10%的办法。

到1988年，又改革了地方财政包干办法，全国39个省、自治区、直辖市和计划单列市，除广州、西安两市财政关系仍分别与广东、陕西两省联系外，对其余37个地区分别实行六种不同形式的包干办法，包盈和包亏都由地方自行负责。

总的来看，经过这一时期的改革，原来国家财税体制所存在的财权集中过多和分配上统收统支的现象已经逐步打破，一个比较合理的、分层次的国家财力分配结构和一个有利于对内搞活、对外开放，适应商品经济发展的新的财税体制逐步形成。

（二）金融体制改革

20世纪80年代中后期的金融体制改革，特别强调"加强银行在宏观经济管理中的重要职能，通过金融体制改革逐步建立起既强有力又灵活自如的金融控制和调节体系，充分发挥金融系统筹集融通资金、引导资金流向、提高资金利用效率和调节社会需求的作用"[①]。为此，金融体制改革主要从以下几个方面展开。

持续增设银行机构，建立金融系统。如前所述，改革开放之前，我国的金融机构实际上只剩下中国人民银行一家，自1979年农业银行、中国银行、中国工商银行先后从中国人民银行分设出来，中国人民银行才真正脱离具体信贷和储蓄业务，行使中央银行的职能。1985年11月，建设银行进入金融系统，四大国有银行的格局开始形成。1986年7月，恢复交通银行。在增设这些银行的同时，还成立了中信实业银行、大批城市信用社、信托投资公司、证券公司，上海和深圳两个证券交易所及一批外资银行。为了推进住房商品化改革，经央行批准，1987年山东烟台和安徽蚌埠

[①] 中共中央文献研究室编：《十二大以来重要文献选编》中，人民出版社1986年版，第951页。

还试办两家住房储蓄银行。这样，我国的金融系统初步建成以中央银行为领导、国家专业银行为主体，多种金融机构并存和分工协作的金融体系。

充分发挥银行系统的现代金融作用。计划经济体制下，银行对国民经济的影响较小，因为企业的生产、销售和基本建设的投资，都由国家统一安排，银行实际只起会计和出纳的作用。1985年9月，中国共产党全国代表会议通过《中共中央关于制定国民经济和社会发展第七个五年计划的建议》，指出：改革金融体制，充分发挥银行系统筹集融通资金、引导资金流向、提高资金运用效率和调节社会总需求的作用。1986年12月19日，邓小平在听取国务院负责同志汇报当前经济情况和1987年的改革设想时指出，金融改革的步子要迈大一些。要把银行真正办成银行。我们过去的银行是货币发行公司，是金库，不是真正的银行。① 改革以后，银行信用得到了迅速发展，业务范围不断扩大。通过增加居民储蓄存款的种类和档次，开办邮政储蓄、保值储蓄，代理发行国库券、企业债券和股票，发行金融债券，开办大额定期存款、外汇存款和人民币特种存款，发行和代理发行外汇有价证券，开办各种支票、信用卡，等等，为国家组织信贷资金；不断扩大信贷领域，贷款范围从只局限于发放超定额流动资金贷款扩大到固定资产投资领域，从只发放物质生产领域扩大到非物质生产领域，从只办人民币贷款扩大到发放外汇贷款等，有力地支持了国民经济的发展。

迅速发展资本市场。在债券发行市场方面，从1981年开始，每年发行国债。金融债券发行始于1985年，1988年其他金融机构均开始发行金融债券。企业债券正式批准发行始于1987年。1987年3月，国务院发布《企业债券管理暂行条例》，使一般企业债券的发行和管理开始走上正轨。股票发行始于1983年，当年深圳宝安县联合投资公司，在深圳首次向社会公开发行股票；从1986年起，一些国有企业也开始进行股份制改革试点，向社会公开发行股票的数量增加。在证券流通市场方面，1986年8月，中国人民银行沈阳市分行批准沈阳市信托投资公司开办了企业债券的

---

① 中共中央文献研究室编：《邓小平思想年编（1975—1997）》，中央文献出版社2011年版，第601页。

柜台转让业务,这是我国首次出现的合法的证券交易。1988年4月,中国人民银行和财政部请示国务院同意,批准沈阳、哈尔滨、上海、重庆、武汉、广州和深圳7个城市同时开办国库券转让业务,试办债券流通市场。同年6月,又批准第二批国库券转让市场的试点,范围包括28个省市的54个大中城市。自此我国开始形成以国债交易为主的证券流通市场。1990年,我国国债转让市场全面放开,对个人发行的国库券全部进入转让市场。1990年12月19日,上海证券交易所正式成立,这是证券流通市场发展的重大突破;1991年7月3日,深圳证券交易所也正式成立;连同1990年12月5日成立的全国证券交易自动报价系统,形成了我国证券集中交易市场。

四、外贸体制改革

党的十二届三中全会以后,外贸体制进行了深化改革,主要是推行了承包经营责任制。1985年,外经贸部对其所属的专业总公司试行了出口承包经营责任制。承包内容包括3项指标,即出口总额、出口商品换汇成本和出口盈亏总额。总的做法是超亏不补、减亏留用、增盈对半分成,并按3项指标完成情况兑现奖励。具体承包方式是,由外经贸部向各外贸专业总公司发包,总公司承包后再逐级分包到分公司、子公司。在试行承包经营的同时,适当扩大了各公司的经营自主权和业务范围,允许各公司引进技术和关键性设备,在生产领域举办中外合资企业和开展进料加工、来料加工、补偿贸易,与出口商品生产企业联营或参股,开展期货贸易、租赁、咨询等业务。

到1988年,外贸管理体制又进行了两次重大改革,使外贸体制发生根本变化。第一次是1988年至1990年在外贸企业中普遍推行出口承包经营责任制,地方政府、各外贸专业总公司、各工贸总公司分别向中央承包出口创汇总额、上缴外汇额度、外贸经营效益3项指标。承包指标一定三年不变。完成承包指标以内的外汇收入,按比例分成,大部分上缴国家,小部分留给地方和企业。超额完成的外汇收入部分，大部分留给地方和企业，小部分上缴国家。一定三年不变的出口承包责任制，进一步调动了地方、部门和企业的积极性，对于扩大对外贸易，特别是出口创汇，起到了很大的促进作用。

第二次是从1991年1月1日起，通过调整汇率、统一外汇留成等措施，取消对外贸企业的出口补贴，创造平等竞争的环境，从而进一步打破了"大锅饭"的财务体制，使外贸企业开始走上自主经营、自负盈亏、自我发展、自我约束的道路。

外贸体制的改革，调动了各地发展对外贸易的积极性，推动了出口贸易额大幅度增长。据外经贸部的业务统计，1950年至1978年我国出口总额平均每年增长11.8%，而1979年至1991年平均每年增长15.1%。我国出口贸易在世界上的地位也由1978年的第32位，上升到1987年的第16位、1991年的第13位。1992年出口总额达到850.1亿美元，比上年又增长18.3%，全年进出口总额达1656亿美元，使我国成为排名世界第11位的贸易大国。出口商品结构不断优化。1978年我国出口的大部分是农副产品和原材料等初级产品，制成品出口不到47%；1991年制成品出口提高到78%。1992年前几个月制成品出口比上年同期又增加4个百分点。过去许多进口商品，现在已成为我国重要的出口商品。过去我国主要是技术引进国，而现在在引进的同时也开始出口技术。1991年我国技术进口为35亿美元，技术出口已达13亿美元。我国国际收支平衡状况有了根本改善。1978年底，我国外汇结存仅为1.67亿美元，1986年底也只有20.7亿美元；而1991年底达到了217亿美元。

第三节 经济快速发展和在波动中前行

全面经济体制改革为国民经济注入了强大的活力，促进了经济社会的快速发展,但是也引发了党的十三大之后的经济过热,经济生活中出现了明显的通货膨胀,物价上涨幅度过大。造成这种情况的根本原因是经济过热,社会总需求超过总供给。在这种情况下,中共中央在坚持改革总方向的前提下,领导开展了治理经济环境、整顿经济秩序的工作,并坚持在治理整顿中继续深化改革开放,使我国20世纪80年代末、90年代初的国民经济发展呈现出在波动中前行的局面。

一、经济快速发展中的问题和进行治理整顿

1984年党的十二届三中全会之后经济体制改革的全面推开,促进了经济快速增长。1984—1988年,国民生产总值从6962亿元增加到14068亿元,国民收入由3010亿元增加到11738亿元。吃、穿、住、行、用等各方面的工业品产量大幅度增长,原煤、水泥、化纤、电视机等产品的产量经过这几年的加速发展跃居或保持世界第一位。

农村经济获得全面发展。尤其是在国家的支持下,乡镇企业在组织生产、产品销售等方面获得了较大的自主权,实现高速发展,仅用1986年、1987年两年时间,就超额完成了"七五"计划的产值目标。在农村社会总产值中,1987年乡镇企业的产值达到4764亿元,第一次超过了当年农业总产值(4676亿元)。到1988年,全国乡镇企业数达到1888.16万个,从业人数达到9545.46万,总产值达到6495.66亿元。

城乡人民生活水平得到大幅度提高。1985年,农村居民家庭人均纯收入为397.6元,城镇居民家庭人均生活费收入为685.3元;到1988年,农村居民家庭人均纯收入为544.9元,城镇居民家庭人均生活费收入为1119.4元。全国人民的温饱问题已经基本解决,有的地区已经达到小康水平,或正在向小康水平迈进。

加速发展带来经济繁荣的同时,也使国民经济生活出现了比较突出的问题。一是国民经济陷入过热的状态,自1984年起国民经济社会总需求连续超过总供给,货币供应迅速增加,通货膨胀严重。二是经济秩序出现

混乱现象。1985年实行生产资料价格双轨制以后，一些公司和个人利用同一种产品的计划价格和市场价格差来赚取利润，败坏社会风气，扰乱经济秩序，加重了经济过热造成的困难。

1986年至1987年，中央努力运用行政和经济的手段，从控制过旺需求和增加有效供给两方面来缓解经济生活中日趋严重的供求失衡矛盾，但是适度紧缩政策并没有达到预期的目的，经济仍然不断升温，通货膨胀逐步升级。

1988年，国民经济运行突出表现为"四过一乱"。"四过"：一是过旺的社会需求，从1985年至1988年，全社会固定资产投资、社会商品购买力、社会商品零售总额等社会需求指标的增长均在20%以上，超过国民生产总值平均每年增长19.1%的速度。二是过快的工业发展速度，1985年至1988年，全国工业总产值平均每年递增17.8%，其中1988年达到20.8%。由于工业增长过快，工业与农业、能源、原材料和交通运输等基础产业之间的比例关系严重失衡。三是过多的信贷和货币投放，成为推动需求过旺的直接原因之一，特别是1988年的货币投放量高达680亿元，是1979年至1984年平均投放量的7倍。四是过高的物价涨幅，伴随着供求失衡矛盾的加剧，加上物价管理不完善，市场零售物价总水平与上年相比的涨幅由1984年的2.8%急剧上升到1988年的18.5%。"一乱"是指经济秩序特别是流通秩序混乱，仅1988年因价格管理混乱，就有上千亿元价差收入流失。

由于经济生活中存在这些矛盾和问题，加上生产资料价格双轨制引发的"官倒"和腐败，群众反映强烈。1988年3月召开的全国人大和全国政协会议上，物价和通货膨胀成为代表和委员们讨论的焦点问题，现实迫切需要进一步深化价格改革，理顺不合理的价格体系。在这种情况下，中央决定"物价闯关"，提出制定五年物价工资改革方案，物价与工资挂钩，五年内理顺价格。1988年8月15日至17日，中共中央政治局第十次全体会议在北戴河召开，讨论并原则通过了《关于价格、工资改革的初步方案》，确定价格改革的总方向是：少数重要商品和劳务价格由国家管理，绝大多数商品价格放开，由市场调节，以转换价格形成机制，逐步实现"国家调控市场、市场引导企业"的要求。今后五年左右的时间，价格改革的目标是初步理顺价格关系，在价格改革过程中，通过提高和调整工资、适当增加补贴，保证大多数职工实际生活水平不降低。会议决定，这个方案还要在党内外人士和有关专家中广泛征求意见，然后在9月的中央工作会议和十三届三中全会上讨论审议。8月19日，中央政治局在北戴河召开会议讨论并原则通过《关于价格、工资改革的初步方案》的消息传出，引起了社会震动和群众恐慌。当天全国各地出现抢购，进而各地出现挤兑，之后越演越烈，出现了涨价风、抢购风。

面对上述形势，中共中央认识到经济环境恶化、经济秩序混乱的严重性。1988年9月，中共中央召开十三届三中全会，决定在坚持改革开放总方向的前提下，把1989年和1990年两年改革和建设的重点突出地放到治理经济环境和整顿经济秩序上，以扭转物价上涨幅度过大的态势，创造理顺价格的条件，使经济建设持续、稳步、健康地发展。从1988年9月开始，国务院组织各部门、各地方开展治理整顿。治理经济环境，主要是压缩社会总需求，抑制通货膨胀。采取的主要措施有：采取行政控制手段，遏制物价大幅度上涨的势头；减少货币供应，稳定金融形势。整顿经济秩序，主要是整顿经济生活特别是流通领域中出现的各种混乱现象。采取的主要措施有：整顿市场，棉花由供销社统一经营，关闭棉花市场；大米由粮食部门统一收购，其他部门、单位和个人不得经营；对化肥、农药、农膜以及四种钢材等重要工业品实行专营；清理整顿党政机关所办公司，严禁党政机关在职人员和离退休干部到公司兼职、任职；清理固定资产投资在建项目，压缩固定资产投资规模；控制工业生产的增长速度，把过高的工业增长速度降下来。随着各项紧缩措施的实施，治理整顿很快取得初步成效，到1989年上半年，国民经济运行发生明显变化，农业生产增收，工业发展速度逐步下降，固定资产投资规模有所控制，金融形势有所缓和，消费市场比较平稳，物价涨幅逐步回落。

1989年春夏之交国内爆发的政治风波，一度影响了治理整顿和社会生产生活正常进行，对经济发展造成一定损失；西方资本主义国家借机对中国实行"制裁"，这加剧了经济形势的困难。自 1989 年下半年，中共中央在下大力气抓政治稳定的同时，沉着应对国际风云变幻，着力解决经济困难，调整治理整顿深化改革的部署。1989 年 11 月 6 日至 9 日，中共中央召开十三届五中全会，审议并通过《中共中央关于进一步治理整顿和深化改革的决定》，对治理整顿进行调整。一是延长治理整顿时间。中央决定把治理整顿时间从原定的"两年或者更长一些的时间"改为"包括今年在内，用三年或者更长一点的时间，基本完成治理整顿任务"。二是充实治理整顿的主要目标。中央提出了进一步治理整顿的六项主要目标：逐步降低通货膨胀率，使全国零售物价上涨幅度逐步下降到 10% 以下；扭转货币超经济发行的状况，逐步做到当年货币发行量与经济增长的合理需求相适应；努力实现财政收支平衡，逐步消灭财政赤字；保持适度的经济增长率，争取国民生产总值平均每年增长 5% 至 6%；改善产业结构不合理状况，力争主要农产品生产逐步增长，能源、原材料供应紧张和运力不足的矛盾逐步缓解；进一步深化和完善各项改革措施，逐步建立符合计划经济与市场调节相结合原则的，经济、行政、法律手段综合运用的宏观调控体系。三是明确进一步治理整顿的四个重点环节。继续控制社会总需求，坚持财政信贷双紧方针；大力调整经济结构，特别是加强农业等基础产业；认真整顿经济秩序特别是流通秩序，克服生产、建设、流通、分配领域的严重混乱现象；深入开展增产节约、增收节支运动，千方百计提高各个方面的经济效益。

按照中央部署，全国随即展开进一步治理整顿、发展生产的工作。在控制社会总需求方面，主要采取了继续压缩投资总规模、坚决调整投资结构、加强对消费基金的管理、控制消费需求过快增长等措施。在进一步整顿经济秩序方面，金融系统、外贸系统、商业系统、物资系统都认真开展了清理整顿公司的工作，生产资料市场、重要消费品流通领域都整肃了市场秩序，并且加强了农业基础产业，调整了经济结构。治理整顿很快取得明显成效，国民经济增长有较大幅度的回升，通货膨胀得到有效控制，物价指数大幅度回落;粮棉油等连年增产,农业总产值连年增长;投资结构有所改善,农业、基础工业投资有较大幅度增长;对外贸易保持了较好的增长势头,国家外汇结存增长较多。1990年,整个经济形势继续朝着好的方向发展。然而,经济存在的结构调整缓慢、效益下降、循环不畅、产成品积压增多、财政收支不平衡等问题仍然很突出。这些困难,很多源自当时不合理的经济体制,只有在进一步深化改革中才能予以解决。

二、经济治理整顿中继续改革开放

坚持改革开放是决定中国命运的一招。[①] 在治理整顿经济的过程中,改革开放仍在继续推进,并在一些领域取得显著进展。

(一)粮油统销价格改革取得突破

改革开放以后,为促进粮油生产发展,国家多次提高粮油收购价格,但是统销价格一直未动,以致统销价格大大低于统购价格。粮油购销价格出现倒挂,倒挂的差额和经营费用由国家财政补贴。这对于稳定市场物价、安定人民生活起了重要作用,但是其弊端也越来越明显,不仅加重国家财政负担,影响农民种植的积极性,也不利于城乡关系的健康发展。

粮油购销价格倒挂是国家调节经济运行的特定产物,之所以造成以上弊端,其本质是价格背离价值。改革开放以后,随着城镇消费水平的不断提高和饮食消费的多样化,食品支出在家庭总支出中所占比重不断下降,理顺粮油购销价格、改暗补为明补的呼声逐渐高涨,但是由于通货膨胀持续加剧等各种原因,改革迟迟没有提上日程。1990年,粮食实现丰收,粮食总产量创造历史最高纪录。国家粮食收购增加,销售减少,库存增加,市场粮价稳中有降,城乡人民生活得到保障,粮食形势比较好。在这种形势下,1991年4月,国务院作出《关于调整粮油统销价格的决定》,从

[①] 中共中央文献研究室编:《邓小平年谱》第五卷,中央文献出版社2020年版,第628页。

1991年5月1日起，适当提高粮油统销价格。国家定量供应城镇居民的三种粮食（大米、面粉、玉米）的统销价格每500克平均提价0.10元，六种食油（花生油、大槽芝麻油、菜籽油、精炼棉籽油、茶籽油、豆油）实行购销同价，全国平均每500克提高1.35元。其他粮油品种的统销价格也相应调整。粮油统销价格提高后，销售价格尚未完全理顺，粮食每公斤仍购销倒挂0.1元多。粮食的倒挂部分和粮油经营费用仍由财政给予补贴。国家的补贴由过去的"暗补"变为"明补"，给每个非农业户口的居民每月发放6元补贴，打入基本工资内。这次改革，是为进一步深化经济体制改革、逐步理顺价格关系作出的重大决策。实行这一措施，使国家财政补贴减少75亿元。从实际效果来看，这次改革并没有带动物价大幅度上涨。粮油统销价格上调后，除与之相关的制品价格随之上涨外，肉禽蛋、蔬菜等副食品及各类工业消费品并没有搭车涨价。

这次改革是20多年来粮油价格的一次重大调整，为后来取消凭票定量供应粮油、实行敞开供应建立了良好开端。1991年10月，国务院发出《关于进一步搞活农产品流通的通知》，要求在保证完成国家定购任务的情况下，对粮食实行长年放开经营政策。自20世纪50年代起使用的粮票开始逐步退出历史舞台。

（二）股票市场初步建立

1987年党的十三大报告指出，改革中出现的股份制形式，包括国家控股和部门、地区、企业参股以及个人入股，是社会主义企业财产的一种组织方式，可以继续试行。此后，各地股份制试点企业迅速增加。据不完全统计，到1991年底，全国有各种类型股份制试点企业约3220家（不包括乡镇企业中的股份合作制和中外合资、国内联营企业）。其中，法人持股的股份制试点企业380家，占12%；内部职工持股的股份制试点企业2751家，占86%；向社会公众发行股票的股份制试点企业89家，占2%。在公开向社会发行股票的89家试点企业的股金总额中，国家股占47%，其他企业投资的法人股占29%，个人股占14%，外资股占9%，公有股是处于主体地位的。

股份制企业的发展，特别是股票的公开发行推动股票市场的产生。1986年8月，沈阳市信托投资公司代客买卖证券，开展股票柜台交易业务。同年9月26日，上海静安信托投资公司成立专门的证券营业部，公开挂牌代理买卖股票。1989年底，上海市政府决定加快金融改革步伐。1990年1月，中国人民银行上海分行代上海市政府向国务院作了请示，正式提出了"完善证券市场、建立证券交易所"的建议。5月4日，又向国务院和中国人民银行总行正式上报《关于成立上海证券交易所的请示》，得到国务院认可。11月26日，经国务院授权、由中国人民银行批准，上海证券交易所正式宣布成立。12月19日，上海证券交易所开业并进行首批30种证券上市交易，其中股票8种。这是新中国成立以来中国大陆出现的第一家证券交易所。开业三个多月以后，各类证券交易量不断递增，仅股票交易额就达1726万元。进行股份制试点的深圳市，1991年有各种股份制企业200多家，其中股票公开上市交易的已有6家，它们的股票发行面值为5.2亿元，总市值40多亿元。根据其股价和成交量增长很快的形势需要，1991年4月11日，中国人民银行批准成立深圳证券交易所。7月3日，深圳证券交易所正式开业，实现了股票的集中交易。

中共中央对于建立发展股票市场予以支持，1990年12月党的十三届七中全会通过《中共中央关于制定国民经济和社会发展十年规划和"八五"计划的建议》，提出："逐步扩大债券和股票的发行，并严格加强管理。发展金融市场，鼓励资金融通，在有条件的大城市建立和完善证券交易所，并形成规范的交易制度。"①

（三）住房、社会保险、医疗改革有所进展

1991年3月1日，国务院总理李鹏参加全国经济体制改革工作会议的代表座谈时指出："住房制度、社会保险制度和医疗制度改革是今后改革

---

① 中共中央文献研究室编：《十三大以来重要文献选编》中，人民出版社1991年版，第1410页。

的三项重要任务，各地都可以积极进行试点。这些改革的基本方针是资金和费用由国家全包改为国家、集体和个人共同负担，这样就能大大加快改革的步伐。"① 当年，这三项改革都有所推进。

住房制度改革之所以势在必行，一方面因为国家每年用于住宅建设的资金高达300多亿元，维修补贴60多亿元，一定程度上造成国家财政困难加剧，难以为继；另一方面，群众要求解决住房问题极为迫切，并对住房分配中的不正之风反映强烈，而国家和地方又有建设力量和建筑材料。如前所述，1988年2月，国务院印发《关于在全国城镇分期分批推行住房制度改革实施方案》，各地普遍加强领导，积极试点，推进改革。到1991年6月，全国已有12个城市13个县镇房改全面展开，有20个省市的300多个城镇进行了单项房改。1991年6月，国务院发出《关于继续积极稳妥地进行城镇住房制度改革的通知》，主要从合理调整公有住房的租金、出售公有住房、实行新房新制度、住房建设推行国家与集体及个人三方共同投资体制等方面，对下一步住房改革进行具体规划和部署。为了推动住房制度改革，1991年9月，中国建设银行决定，房改贷款规模在年初20亿元的基础上再增加15亿元。10月7日至11日，第二次全国住房制度改革工作会议在京举行，研究讨论住房制度改革措施及近期工作安排。此后，各省、自治区、直辖市和计划单列市的住房制度改革领导小组及时传达会议精神，进一步论证修改方案，培训房改队伍，确定工作部署。一个全国性的房改大气候正在逐步形成。

社会保险，包括养老、待业、工伤、医疗、生育、疾病等多项内容。20世纪80年代以来，国家在社会保险制度改革方面做了一些有益的探索，如职工退休费用实行了社会统筹，建立了劳动合同制工人的退休养老保险制度、国营企业职工待业保险制度等。到1990年上半年，全国已有2270多个县（市）的全民所有制企业职工退休养老保险实行社会统筹，占全国县

---

① 《李鹏与经济体制改革工作会议代表座谈时提出，加强对改革的领导，加大改革分量，要处理好改革开放、发展和稳定三者之间的关系》，载《人民日报》1991年3月3日。

（市）总数的90%以上，参加统筹的职工5000多万人、退休职工1000万人。其中，江西、福建、北京、上海、天津等实行了以省或直辖市为单位的社会统筹。江苏、广东、河南、河北、辽宁、黑龙江等20多个省、自治区全部市、县实行了社会统筹。城镇集体所有制企业职工退休养老费用以市、县为单位实行社会统筹的，也有1400多个市、县，占全国市、县总数的58%。

在此基础上，1991年6月，国务院作出《关于企业职工养老保险制度改革的决定》，其基本原则和方向是改变养老保险完全由国家、企业包下来的办法，实行国家、企业、个人三方共同负担，职工个人也要缴纳一定的费用。该决定还改变了原来养老保险现收现付的做法，确定了"以支定收、略有结余、留有部分积累"的原则，并在银行开设养老保险基金专户，专款专用。该决定还规定，城镇集体所有制企业、外商投资企业中方职工、城镇私营企业职工和个体劳动者，也要逐步建立养老保险制度。这些规定有效规范了城镇养老保险制度改革的进行。

1991年，民政部还在山东进行农村社会养老保险试点，实行以个人缴费为主，集体补助、国家扶持为辅，投保自愿，标准自选，量力而行，不搞整齐划一，受到群众欢迎。1991年10月，民政部决定在全国100个县推广山东农村社会养老保险试点工作经验，逐步建立自我保险为主、集体补助为辅的农村社会养老保险制度。

由于1986年中国政府承诺在2000年实现第30届世界卫生大会提出的"2000年人人享有卫生保健"全球战略目标，1990年3月，卫生部等部委联合制定并试行《我国农村实现"2000年人人享有卫生保健"的规划目标》《初级卫生保健工作管理程序（试行）》《"2000年人人享有卫生保健"评价标准》，开始实施"人人享有卫生保健"的工作。在这一过程中，为解决农村居民看病难、看病贵、因病致贫等问题，1991年1月，国务院批转卫生部等部门《关于改革和加强农村医疗卫生工作的请示》，提出稳定推行农村合作医疗保健制度，为实现"人人享有卫生保健"提供社会保障。这样，农村合作医疗制度的重建被提上日程。

（四）开发、开放浦东

1990年1月下旬至2月上旬，邓小平在上海过春节，其间提出请上海的同志思考一下，能采取什么大的动作，在国际上树立更加改革开放的旗帜。2月13日，上海市委书记、市长朱镕基向邓小平汇报了浦东开发开放的设想和准备。邓小平给予支持，说："你们搞晚了。但现在搞也快，上海条件比广东好，你们的起点可以高一点。"① 3月3日，邓小平进一步指出："要实现适当的发展速度，不能只在眼前的事务里面打圈子，要用宏观战略的眼光分析问题，拿出具体措施。机会要抓住，决策要及时，要研究一下哪些地方条件更好，可以更广大地开源。比如抓上海，就算一个大措施。上海是我们的王牌，把上海搞起来是一条捷径。"②

1990年2月26日，中共上海市委、市政府正式向中共中央、国务院提出《关于开发浦东、开放浦东的请示》。4月18日，李鹏在上海大众汽车有限公司成立五周年大会上的讲话中宣布：中共中央、国务院同意上海市加快浦东地区的开发，在浦东实行经济技术开发区和某些经济特区的政策。4月30日，上海市政府召开新闻发布会，宣布以引进外资为主的开发浦东十项政策。6月，国务院批准在浦东设立外高桥保税区，7月27日，外高桥保税区开发公司成立。

浦东新区立即成为投资的热土，仅10天内就有来自美国、联邦德国、英国、瑞士、日本、泰国等国家和中国香港、中国台湾等地区的100多位客商接踵而至，洽谈投资意向。到1991年8月，浦东的"三资"企业已从10年前的37家激增至135家；总投资4.2亿美元，引进外资1.7亿美元。一批国际著名的跨国公司已在浦东设点落户，并取得较快进展。开发开放浦东是党中央全面研判国际国内大势，统筹改革发展大局作出的重大决策，掀开了我国改革开放向纵深推进的崭新篇章。

---

① 中共中央文献研究室编：《邓小平年谱》第五卷，中央文献出版社2020年版，第606页。
② 《邓小平文选》第三卷，人民出版社1993年版，第355页。

三、"七五"计划的完成和"八五"计划的制定

"七五"时期尤其是后期,虽然外有压力、内有困难,但是经过治理整顿和深化改革,1990年底,"七五"计划胜利完成。从总体来看,"七五"时期经济增长较快,不仅超额完成主要经济计划指标,而且提前实现了中国"三步走"发展战略第一步战略目标,为20世纪90年代的国民经济和社会发展奠定了比较坚实的基础。1986-1990年间,国民生产总值计划平均每年增长7.5%,实际增长7.8%;国民收入计划平均每年增长6.7%,实际增长7.5%;工农业总产值计划平均每年增长6.7%,实际增长11.3%;农业总产值计划平均每年增长4.0%,实际增长4.6%;工业总产值计划平均每年增长7.5%,实际增长13.1%。"七五"时期经济平均增长率不仅高于计划要求,也高于同期世界经济平均增长3%的水平,中国成为世界上少数几个保持较高增长速度的国家和地区之一。

这一时期,农村经济全面发展,粮食、油料、糖料生产创新的历史纪录,居民的菜篮子比较丰盛;工业经济主要计划指标提前实现,重要工业品产量在国际上的位次上升;与1985年相比,我国的布、水泥产量继续保持世界第一位,煤、电视机由第二位上升到第一位,发电量、化学纤维由第五位上升到第四位,生铁、铁合金由第四位上升到第三位,原油、化肥、钢、糖等产量也在世界上名列前茅。建成投产基本建设大中型项目532个,新建一批现代化水平较高的企业,形成一批新的生产能力,增强了经济发展的后劲。交通运输邮电事业继续发展,新增电气化铁路里程2790多公里,高速公路建设开始起步,到1990年末,已有5条高速公路部分建成通车,通车里程510多公里。对外开放迈开新的步伐,1990年我国已与世界上180多个国家和地区建立了贸易关系,出口在世界贸易中的位次,由1985年的第16位上升到第14位,缩短了我国与世界主要国家贸易水平的差距;利用外资增长较快,"七五"时期全国实际利用外资达到462.8亿美元,比1979-1985年七年累计增长1.1倍。

随着生产的发展，国内市场商品货源充裕，城镇就业进一步扩大，居民生活进一步改善，全国绝大多数地区解决了温饱问题，开始向小康过渡；少数地区已经实现小康；温饱问题尚未完全解决的少数地区，人民生活也有不同程度的改善。

在国民经济发展成就显著的同时，由于改革中有些政策不配套，特别是宏观调控体系不健全，导致"七五"计划的贯彻执行中也出现了一些问题，包括经济发展起伏较大，呈现前快后慢的不稳定状态；国家强调的重点行业如农业、能源、原材料等，没有得到足够重视，没有达到计划的要求，有些行业甚至受到削弱；国家财政困难加剧，财政赤字由"六五"时期的平均每年25亿元上升到"七五"时期平均每年94.4亿元的水平；出现比较明显的通货膨胀，全社会零售物价大幅度上升，年均涨幅达10.1%，是"六五"时期年平均涨幅的3倍。总之，"七五"计划的完成，既为"八五"计划的制定与实施奠定了必要的经济基础，又提供了可以汲取的经验教训。

1990年1月，国务院正式决定着手编制国民经济和社会发展十年规划（1991－2000年）和"八五"计划。当时主要的考虑是把十年规划远景和五年中期安排结合起来，按照实现中国社会主义现代化建设的第二步战略目标，即在20世纪末实现国民生产总值比1980年翻两番的要求来制定"八五"计划。十年规划部分设想的概略一些，着重是规定国民经济和社会发展的主要目标、基本任务和重大方针政策；"八五"计划部分具体一些，重点放在国民经济和社会发展的方向、任务、政策和改革开放的总体部署上。

"八五"计划，是在20世纪80年代末90年代初治理整顿深化改革以及西方主要国家宣布对中国实行经济"制裁"的国内外大背景下，在党内和社会上关于计划与市场关系争论十分激烈的氛围中制定的。中共中央给予密切关注，进行了指导。1990年12月25日至30日，党的十三届七中全会召开，讨论并通过《中共中央关于制定国民经济和社会发展十年规划和"八五"计划的建议》，提出了此后十年我国国民经济和社会发展的基本任务和方针政策。全会之后，国务院根据中央建议制定十年规划和"八五"计划的纲要草案。1991年3月25日,李鹏向七届全国人大四次会议作了《关于国民经济和社会发展十年规划和第八个五年计划纲要的报告》,在阐述制定十年规划和"八五"计划纲要的立足点时,总结了国民经济和社会发展的成就,分析了实际工作中出现的一些缺点和失误。4月9日,七届全国人大四次会议批准《中华人民共和国国民经济和社会发展十年规划和第八个五年计划纲要》,该纲要从1991年开始实施。

该纲要规定了1991年至2000年的主要奋斗目标和基本指导方针,指出:这十年间要实现社会主义现代化建设的第二步战略目标,即在大力提高经济效益和优化经济结构的基础上,使国民生产总值按不变价格计算,到20世纪末比1980年翻两番;人民生活从温饱达到小康;发展教育事业,推动科技进步,改善经济管理,调整经济结构,加强重点建设,为21世纪初叶中国经济和社会的持续发展奠定物质技术基础;初步建立适应以公有制为基础的社会主义有计划商品经济发展的、计划经济和市场调节相结合的经济体制和运行机制;社会主义精神文明建设达到新的水平,社会主义民主和法制进一步健全。为了实现上述目标,该纲要提出这十年间国民生产总值平均每年增长6%。《关于国民经济和社会发展十年规划和第八个五年计划纲要的报告》详细论述了国民经济增长保持6%速度的原因,认为"这个要求是积极的,也是留有余地的。这个增长速度虽然比前十年低了一些,但由于现在的经济规模比十年前大得多,今后每增长一个百分点所包含的绝对量要大得多。达到了这个平均增长速度,就可以实现到本世纪末国民生产总值比1980年翻两番的既定目标"。可见,"八五"计划的经济发展指标并不高。① 关于经济体制改革的步伐也不是很大,仍然致力于建立计划经济与市场调节相结合的经济体制,即"今后10年,要坚持

---

① 在国民经济治理整顿环境下制定和实施的"八五"计划,从第二年开始就发生了巨大变化,国民经济和社会发展的速度完全超出了"八五"计划的设想,由此导致了"八五"计划的大幅度修改。1993年3月召开的党的十四届二中全会,通过了《中共中央关于调整"八五"计划若干指标的建议》,对"八五"计划作出必要的调整,"八五"期间国民经济平均增长速度由原计划的6%调整为8%-9%。

计划经济与市场调节相结合的原则，围绕解决社会经济生活中的主要问题，有领导有步骤地全面推进改革，初步建立社会主义有计划商品经济的新体制"。

1991年是"八五"计划实施的第一年，也是进一步治理整顿的第三年。这一年，国民经济增长有较大幅度的回升，同比增长8.2%；国内市场销售全面回升，趋向基本正常；随着中国经济、政治、社会的日益稳定和投资环境的改善，外商投资明显增加；1991年居民收入也有明显增加。治理整顿取得明显成效，基本完成中央规定的任务。

1991年9月，中共中央召开工作会议认为，经过三年的努力，国民经济已经恢复到正常年份的增长速度，经济秩序明显好转，"总的看，经过全国人民的共同努力，治理整顿的主要任务已经基本完成""治理整顿提出的主要目标已经基本达到，经济紧缩政策已经有所调整，经济工作的重点，应当是在保持总量基本平衡的基础上，进一步转向调整结构和提高效益，努力保持国民经济的持续、稳定、协调发展"。[①] 1991年12月，国务院举行第十二次全体会议，指出治理整顿的任务已经基本完成，1992年全国经济工作的任务是进一步深化改革，扩大开放。这样，自1988年9月党的十三届三中全会提出、经过1989年党的十三届五中全会充实调整的治理整顿，历时三年完成了它的历史使命，作为经济发展的一个特定阶段如期结束。

四、邓小平发表南方谈话

苏东剧变以后，冷战结束，世界格局呈现政治多极化、经济全球化趋势，既向中国提出了严峻挑战，也为中国提供了新的发展机遇。在这个重大关头，一些人在思想上产生困惑：有的对社会主义的前途缺乏信心，对

---

① 中共中央文献研究室编：《十三大以来重要文献选编》下，人民出版社1993年版，第1682、1686页。

中国的改革开放产生疑虑；有的则提出改革开放究竟是姓"社"还是姓"资"的问题。此外，受政治风波和治理整顿影响，1989年和1990年的国内生产总值分别增长4.1%和3.8%，是改革开放以来增长幅度最小的两年。因此，能否坚持党的基本路线不动摇，抓住机遇、加快发展，把改革开放和现代化建设继续推向前进，成为中国共产党人必须回答和解决的重大课题。

1991年1月至2月，邓小平在视察上海时的谈话中就指出："不要以为，一说计划经济就是社会主义，一说市场经济就是资本主义，不是那么回事，两者都是手段，市场也可以为社会主义服务。"邓小平要求上海市"思想更解放一点，胆子更大一点，步子更快一点"。① 根据邓小平讲话精神，自1991年大年初一起至4月22日，上海《解放日报》先后发表皇甫平的评论：《做改革开放的"带头羊"》《改革开放要有新思路》《扩大开放的意识要更强些》《改革开放需要大批德才兼备的干部》。这四篇文章的核心思想就是提出要进一步解放思想，深化改革，扩大开放。

1992年1月18日至2月21日，邓小平到武昌、深圳、珠海、上海等地视察，发表重要谈话，明确回答了在什么是社会主义以及怎样建设社会主义问题上，长期困扰和束缚人们思想的许多重大理论问题。

邓小平强调毫不动摇地坚持"一个中心，两个基本点"的基本路线。针对人们对中国改革开放的担心和疑虑，邓小平旗帜鲜明地指出："要坚持党的十一届三中全会以来的路线、方针、政策，关键是坚持'一个中心、两个基本点'。不坚持社会主义，不改革开放，不发展经济，不改善人民生活，只能是死路一条。基本路线要管一百年，动摇不得。"

针对人们对中国改革开放提出的姓"资"还是姓"社"的问题，邓小平一针见血地指出："改革开放迈不开步子，不敢闯，说来说去就是怕资本主义的东西多了，走了资本主义道路。要害是姓'资'还是姓'社'的问题。判断的标准，应该主要看是否有利于发展社会主义社会的

---

① 《邓小平文选》第三卷，人民出版社1993年版，第367页。

生产力，是否有利于增强社会主义国家的综合国力，是否有利于提高人民的生活水平。"[1]

关于计划与市场的关系及社会主义的本质，邓小平指出："计划多一点还是市场多一点，不是社会主义与资本主义的本质区别。计划经济不等于社会主义，资本主义也有计划；市场经济不等于资本主义，社会主义也有市场。计划和市场都是经济手段。社会主义的本质，是解放生产力，发展生产力，消灭剥削，消除两极分化，最终达到共同富裕。"[2]

邓小平提出发展才是硬道理，强调要抓住时机，发展经济。邓小平指出："对于我们这样发展中的大国来说，经济要发展得快一点，不可能总是那么平平静静、稳稳当当。要注意经济稳定、协调地发展，但稳定和协调也是相对的，不是绝对的。发展才是硬道理。"[3]

邓小平南方谈话，是在国际国内政治风波严峻考验的重大历史关头，坚持党的十一届三中全会以来的理论和路线，深刻回答了长期束缚人们思想的许多重大认识问题，是继 1978 年发表的《解放思想，实事求是，团结一致向前看》讲话后又一个解放思想、实事求是的宣言书，为即将召开的党的十四大奠定了思想基础，把改革开放和社会主义现代化建设推进到一个新阶段。

---

[1] 《邓小平文选》第三卷，人民出版社 1993 年版，第 372 页。
[2] 《邓小平文选》第三卷，人民出版社 1993 年版，第 373 页。
[3] 《邓小平文选》第三卷，人民出版社 1993 年版，第 375 页。

第七章

建立社会主义市场经济和实现小康目标
（1992-2002）

党的十四大确立了社会主义市场经济体制的改革目标,改革开放和现代化建设进入新的阶段。由计划经济体制向社会主义市场经济体制的转变,实现了改革开放新的历史性突破,实行分税制改革,金融体制改革和国有企业改革取得突破性进展,国有企业实现三年脱困;加入世界贸易组织,全方位、多层次、宽领域对外开放格局基本形成。进一步推进宏观调控体制改革,实施可持续发展、西部大开发、科教兴国等跨世纪发展战略,为经济平稳快速发展提供了坚实支撑。"八五"计划的调整和全面实现,"九五"计划胜利完成以及"十五"计划开局良好,提前实现了到20世纪末国民经济翻两番的小康目标,人民生活总体上实现了由温饱到小康的历史性跨越,把中国特色社会主义现代化建设全面推向21世纪。

第七章　建立社会主义市场经济和实现小康目标（1992—2002）

第一节　建立社会主义市场经济和改革开放的突破性进展

把社会主义基本制度和市场经济结合起来，建立社会主义市场经济体制，使市场在社会主义国家宏观调控下对资源配置起基础性作用，这是中国共产党进行理论和实践探索取得的重大突破。面对复杂多变的国际局势和国内经济社会生活中的诸多矛盾，我国金融体制改革稳步推进，新型金融体制建设取得重要进展，财税体制改革迈出新步伐，由建立分税制财政体制向公共财政体制转变。国有经济改革攻坚取得了突破性进展，控制力和竞争力明显增强。我国始终坚持对外开放不动摇，加入世界贸易组织，实施"引进来"和"走出去"战略，全方位、多层次、宽领域开放格局基本形成。

一、确立社会主义市场经济的改革目标

经济体制改革确定什么样的目标，是关系中国整个社会主义现代化建设全局的一个重大问题，其核心是正确认识和处理政府与市场的关系。邓小平南方谈话为党的十四大确立经济体制改革的目标模式奠定了思想基础，提供了理论依据。江泽民根据邓小平南方谈话精神，明确提出使用"社会主义市场经济体制"这个说法。[①] 1992年10月12日至18日，党的十四大在北京召开，江泽民作了题为《加快改革开放和现代化建设步伐，夺取有中国特色社会主义事业的更大胜利》的报告。大会正式把建立社会主义市场经济体制确立为我国经济体制改革的目标。

[①]《江泽民文选》第一卷，人民出版社2006年版，第202页。

社会主义市场经济体制是同中国社会主义基本制度结合在一起的。在所有制结构上，以公有制（包括全民所有制和集体所有制）经济为主体，个体经济、私营经济、外资经济为补充，多种经济成分长期共同发展，不同经济成分还可以自愿实行多种形式的联合经营。国有企业、集体企业和其他企业都进入市场，通过平等竞争发挥国有企业的主导作用。在分配制度上，以按劳分配为主体，其他分配方式为补充，兼顾效率与公平。运用包括市场在内的各种调节手段，既能够鼓励先进，促进效率，合理拉开收入差距，又可以防止两极分化，逐步实现共同富裕。在宏观调控上，社会主义国家能够把人民的当前利益与长远利益、局部利益与整体利益结合起来，更好地发挥计划和市场两种手段的长处。国家计划是宏观调控的重要手段之一，重点是合理确定国民经济和社会发展的战略目标，搞好经济发展预测、总量调控、重大结构与生产力布局规划，集中必要的财力物力进行重点建设，综合运用经济杠杆，促进经济更好更快地发展。把社会主义制度与市场经济结合起来，是中国共产党人对马克思主义的重大发展，是社会主义发展史上的重大突破。

建立社会主义市场经济体制的目标确立后，1993年11月，党的十四届三中全会审议通过了《中共中央关于建立社会主义市场经济体制若干问题的决定》，明确了建立社会主义市场经济体制的基本任务和要求。该决定指出，社会主义市场经济体制是同社会主义基本制度结合在一起的。建立社会主义市场经济体制，就是要使市场在国家宏观调控下对资源配置起基础性作用。为了实现这个目标，必须坚持以公有制为主体、多种经济成分共同发展的方针，进一步转换国有企业经营机制，建立适应市场经济要求，产权清晰、权责明确、政企分开、管理科学的现代企业制度；建立全国统一开放的市场体系，实现城乡市场紧密结合，国内市场与国际市场相互衔接，促进资源的优化配置；转变政府管理经济的职能，建立以间接手段为主的完善的宏观调控体系，保证国民经济健康运行；建立以按劳分配为主体，效率优先、兼顾公平的收入分配制度，鼓励一部分地区、一部分人先富起来，走共同富裕的道路；建立多层次的社会保障制度，为城乡居民提供同中国国情相适应的社会保障,促进经济发展和社会稳定。

十四届三中全会决定提出了建立社会主义市场经济体制的总体规划,勾画了社会主义市场经济体制的基本框架,回答了改革实践中提出的许多重大问题,是建立社会主义市场经济体制的纲领性文件,标志着中国经济体制改革开始向建立社会主义市场经济体制的目标整体性推进。

按照党的十四大和十四届三中全会的要求,中国加快了建立社会主义市场经济体制的步伐。经过不懈努力,到2000年,中国成功实现了由计划经济体制向社会主义市场经济体制的转变,社会主义市场经济体制基本框架初步建立。其主要表现是:第一,国有大中型企业建立现代企业制度的改革取得重要进展,三年脱困的目标基本实现;在公有制经济进一步发展的同时,非公有制经济得到较快发展,多种所有制经济共同发展的格局迅速形成。第二,市场体系建设继续推进,资本、技术、劳动力等要素市场迅速发展,以市场价格为主的价格形成机制逐步建立,到2000年,市场调节价在社会商品零售总额、农副产品收购总额和生产资料销售总额中所占比例分别达到95.8%、92.5%和87.4%,市场在资源配置中的基础性作用明显增强。第三,政府经济职能转变与财税体制改革继续深化,金融改革步伐加快,国家宏观调控体系进一步健全。第四,以养老、失业、医疗保险为主要内容的社会保障体系初步建立,城镇住房制度和政府机构等方面改革取得重大进展。

社会主义市场经济体制的初步建立,意味着中国经济发展的体制环境发生重大变化。"在社会主义条件下发展市场经济,是前无古人的伟大创举,是中国共产党人对马克思主义发展作出的历史性贡献,体现了我们党坚持理论创新、与时俱进的巨大勇气。由计划经济体制向社会主义市场经济体制的转变,实现了改革开放新的历史性突破,打开了我国经济、政治和文化发展的崭新局面。"[1]

---

[1] 《中华人民共和国简史》编写组编著:《中华人民共和国简史》,人民出版社、当代中国出版社2021年版,第211页。

二、建立起以分税制和公共财政为标志的现代财税体制

随着1992年党的十四大确定了社会主义市场经济改革目标后,原有中央与地方的"财政大包干"体制的弊病愈加突出,中央财政占全国财政总收入的比重不断下降,由1985年的38.4%下降到1992年的28.1%,这既导致了中央政府的财政困难,削弱了宏观调控能力,也助长了地方政府的"地方保护主义"。因此,财政管理体制改革首先提上日程。经过充分准备,1993年12月,国务院作出《关于实行分税制财政管理体制的决定》,决定从1994年1月1日起,改革现行地方财政包干体制,实行分税制财政管理体制。这项改革又可细分为以下三个阶段。

第一阶段:1994年实行分税制财政体制。1993年11月14日,中共中央通过了《关于建立社会主义市场经济体制若干问题的决定》。该决定指出,财税改革的重点之一就是把现行地方财政包干制改为在合理划分中央与地方事权基础上的分税制,建立中央税收和地方税收体系。

分税制是根据事权和财权相结合原则,按照税种划分为中央财政收入和地方财政收入。将维护国家权益、实施宏观调控所必需的主要税种划为中央税;将同经济发展直接相关的主要税种划分为中央与地方共享税;将适合地方征管的税种划为地方税。国务院在1993年12月发布了《关于实行分税制财政管理体制的决定》,决定分税制从1994年1月1日起在全国各省、自治区、直辖市以及计划单列市实行。改革的内容主要有三个方面:一是根据中央和地方政府的事权确定相应的财政支出范围;二是按税种划分中央财政与地方财政收入;三是实行中央对地方的税收返还制度。1994年进行的分税制改革,对改善中央财政的困境起到了立竿见影的效果,中央预算支出占全国预算支出的比重从1993年的40%迅速上升至1995年的52%。

与分税制改革相适应,1994年我国开始了新中国成立以来规模最大、范围最广、内容最深刻、力度最强的一次结构性税制改革。这次税制改革

的指导思想是:统一税法,公平税负,简化税制,合理分权,理顺分配关系,规范分配方式,保障财政收入,建立符合社会主义市场经济要求的税制体系。改革的主要内容有:一是全面改革流转税,建立以增值税为主体的新流转税制度。1993年12月13日,国务院发布了《中华人民共和国增值税暂行条例》《中华人民共和国消费税暂行条例》《中华人民共和国营业税暂行条例》,提出了这三个税种的改革方案。二是统一所得税制度。相应取消了国有企业调节税,对内资企业实行统一的企业所得税制;取消原个人收入调节税和城乡个体工商户的所得税,统一征收个人所得税。三是调整、撤并和开征其他一些税种。开征土地增值税,改革资源税和城市维护建设税,取消了集市交易税、牲畜交易税、奖金税和工资调节税,将特别消费税和烧油特别税并入消费税,盐税并入资源税。1994年的税制改革,税种设置由原来的32个减为25个,初步实现了税制的简化、规范和高效的统一。这次改革显著地规范和强化了税收功能,并紧密配合了财政的分税制改革,对社会主义市场经济体制的建立和发展发挥了重要的作用。

第二阶段:1994年起我国对分税制财政管理体制的调整。自1994年起,根据分税制运行情况和宏观调控的需要,对分税制财政管理体制进行了必要的调整:一是收入划分的调整。调整证券交易(印花)税的分享比例、调整金融保险业营业税税率、调整国有土地有偿使用收入分配,以及2002年实施所得税收入分享改革。二是设立过渡期转移支付制度。1995年采用相对规范的办法,对部分地区实施了有限的转移支付,从而向调节地区差异、实现地区之间"财政均等化"目标迈出了至关重要的第一步。1996年过渡期转移支付办法在1995年办法的基础上又做了进一步改进,大大减少了原体制下财政资源分配的随意性,使之向规范、公平、有效和透明的方向前进了一大步。为缓解财力分配不平衡状况,2002年国务院转发了财政部《关于完善省以下财政管理体制有关问题的意见》。

第三阶段:自1998年起,我国开始逐步向公共财政制度转变。1998年起,改革的重点是财政支出体制,目标是建立与社会主义市场经济发展相适应的公共财政体制框架，我国财政体制开始向公共财政体制转变。党的十五届五中全会关于"十五"计划的建议明确指出，要逐步建立适应社会主义市场经济要求的公共财政框架。党的十五届六中全会决定，把公共财政改革的许多内容作为加强廉政建设和改进作风建设的治本措施。这些都为进一步深化财税体制改革指明了方向。

1998年底，全国财政工作会议提出了初步建立社会主义公共财政基本框架的改革目标。此后，我国以优化财政收支为核心，开始建立公共财政体系。其改革措施主要有以下几点：一是调整和优化财政收支结构。财政顺应国家职能调整的需要，规范支出范围，逐步减少营利性、经营性领域投资，大力压缩行政事业经费，增加对教育、科技、卫生、公共安全、社会保障、基础设施建设等的投入。二是推行部门预算改革。2000年，将教育部、农业部、科技部及劳动和社会保障部4个部门预算上报全国人大审议。2001年，部门预算改革扩大到国务院26个部门，预算内容进一步细分，形式进一步规范。2002年，中央各预算单位都按规定的标准进一步细化了预算编制。三是推行国库管理制度改革。2001年，国务院批准了财政部、中国人民银行联合报送的《财政国库管理制度改革方案》，决定在几个中央部委进行财政国库管理制度改革试点，建立国库单一账户体系，规范收入收缴和支出拨付程序。四是扩大推行政府采购改革。中央和地方建立了政府采购专门管理机构和操作机构，国家有关部委制定和颁发了招投标程序、信息发布、采购评审专家管理、采购代理机构资格认定、投诉处理程序等一系列规章制度和管理办法。五是推行农村税费改革。2000年，中共中央、国务院下发了《关于进行农村税费改革方案试点的通知》，决定率先在安徽省进行试点，标志农村税费改革正式启动。到2000年，全国有20个省（自治区、直辖市）以省为单位进行了农村税费改革。2003年3月27日，国务院发布了《关于全面推进农村税费改革试点的意见》，农村税费改革工作试点在全国范围内全面推进。

三、金融体制改革和建设取得积极进展

随着经济发展水平的提高和经济全球化带来的国际竞争日益加剧,我国的金融宏观调控任务变得艰巨,提高金融宏观调控前瞻性、科学性和有效性显得日益紧迫和重要。为此,需要规范金融机构行为,完善金融体制运行,以维护金融稳定,充分发挥金融对国民经济发展的支撑作用。

金融改革稳步推进,新型金融体制的建设取得重要进展,主要表现在以下五个方面。

一是金融宏观调控体系改革。1995年3月18日,八届全国人大三次会议通过了《中华人民共和国中国人民银行法》,至此,中国人民银行作为中央银行以法律的形式被确定下来。这部中央银行法赋予中国人民银行两大职能:其一,在国务院领导下制定并执行货币政策,稳定货币币值,促进经济发展;其二,对金融机构实施监督管理。1998年,取消了实行数十年的贷款规模控制,更多运用利率、公开市场操作、调整存款准备金比例、再贷款、再贴现等间接货币政策工具调控金融活动。利率市场化迈出重要步伐,全国银行间同业拆借利率、国债回购利率、票据贴现利率已由市场决定。外币利率已按国际市场及时调整。2002年,城市金融机构已把对中小企业贷款利率上浮幅度扩大到30%,农村信用社贷款利率上浮幅度已扩大到50%,存款利率浮动也已进行试点。金融宏观调控方式基本实现了由直接控制向间接控制的转变。

二是金融组织体系在改革调整中进一步健全。1994年,成立了国家开发银行、中国农业发展银行和中国进出口银行三家政策性银行,从金融业务的管理体制上为专业银行的商业化改革创造了条件。国有银行加快了向商业化银行转变的改革步伐。1995年颁布了《中华人民共和国商业银行法》,明确规定商业银行实行"自主经营、自担风险、自负盈亏、自求平衡",并且以其全部法人财产独立承担民事责任。四大国有专业银行改组成国有独资商业银行,专业银行商业化也进入了实质性的实施阶段。1998

年，改革和完善国有商业银行资本金补充机制以及呆账、坏账准备金提取和核销制度。1999年，先后组建了中国信达资产管理公司、中国东方资产管理公司、中国华融资产管理公司和中国长城资产管理公司，分别购买或托管中国建设银行、中国银行、中国工商银行和中国农业银行的不良贷款。

三是国有商业银行内部运营机制改革不断强化。按照1997年金融工作会议"把国有银行办成真正的商业银行"的要求，通过强化统一法人制度，精简机构和劳动、人事、分配制度改革，国有独资商业银行的内部管理与运营机制逐步完善。其他国有商业银行通过改革进一步改善了产权结构和管理体制。从总体上看，国有商业银行在转变成经营货币的现代金融企业方面已迈出实质性步伐。1998—2001年，国有独资商业银行大力度撤并分支机构和精简人员，优化了结构，提高了效率。同期，国有独资商业银行共撤并境内分支机构4.5万个，净裁减人员24万；上交税收5000亿元，为支持国有企业改革冲销坏账2500多亿元。中小商业银行组织结构进一步优化。为支持中小企业发展并促进银行业适度竞争，陆续增设和重组了10家全国性股份制商业银行。实行了农村信用社和农业银行的脱钩，组建了3家农村商业银行。证券类金融机构在规范中发展，到2002年6月底，全国共有证券公司109家，基金管理公司15家。保险机构体系不断完善，财产险、人寿险和再保险业务实现分离，各类保险机构进一步健全。通过扩大金融对外开放，引进了一些外资金融机构。

四是继续推动外汇管理体制改革。1994年1月1日，中国对外汇管理体制进行了重大改革，其主要内容有：实行银行结售汇制度，取消外汇上缴和留成，取消用汇的制定性计划和审批，对境内机构经常项目下的外汇收支实行银行结汇和售汇制度；实行以市场供求为基础的、单一的、有管理的浮动汇率；建立统一的、规范的银行间外汇交易市场。1996年1月，实行新的国际收支申报制度。1999年，取消外资银行在国内增设分支机构的地域限制。

五是适应中国国情的金融监管体制初步确立。1993年，证监会、保监会相继成立，形成了分业监管体系，建立了完备的监控对象评级系统、监控系统和信息管理系统，提高了监管人员素质和技术手段质量。1998 – 2002 年，整顿与规范了金融秩序。先后对银行账外账、违规经营、非法股票和期货交易及金融"三乱"等进行了清理整顿，扭转了金融秩序一度混乱的局面。撤销了一批问题严重的金融机构。先后依法关闭了数十家严重违规、不能支付到期债务的地方中小银行和非银行金融机构。同期，关闭了 41 个非法股票交易所，期货交易所从 14 家撤并为 3 家，期货交易品种由 35 个压缩到 12 个。在全面整顿的基础上，将 239 家信托投资公司减少为 80 家，关闭了 75 家城市信用社，对全国 28588 个农村合作基金会进行了清理撤并。采取多种措施化解金融风险。除整顿、撤并问题严重的金融机构外，还组建了 4 家金融资产管理公司，处置国有独资商业银行的不良资产；实行贷款质量五级分类制度、审慎会计制度和经营信息公开披露制度等。进一步健全金融监管体制。建立了全国集中统一的证券、保险监管体制。对中国人民银行管理体制实行了重大改革，撤销了 32 家省分行，跨省区设立了 9 家分行和北京、重庆两个营业管理部。建立了人民银行、证监会、保监会联席会议制度，并出台了一批金融监管法规。通过改革、整顿和加强监管，金融不良资产比例不断降低，防范和化解金融风险取得显著成效。

四、国有企业改革攻坚取得突破性进展

由计划经济体制转向市场经济体制，必然要求建立现代企业制度，而公司制是现代企业制度的主要形式。党的十四大报告提出，为了适应建立社会主义市场经济体制的要求，国有企业改革要进一步从放权让利为主，转向机制转换、制度建设为主。十四大报告在国有企业改革方面实现了两个重大突破，一是用"国有企业"概念替换了"国营企业"概念，二是确定了国有企业改革目标从放权让利转向制度建设。"国营企业"改为"国有企业"，意味着由"全民所有、国家授权经营"改为"国家所有、企业独立经营"。

1993 年 11 月召开的党的十四届三中全会，明确提出现代企业制度的

基本特征是"产权清晰、权责明确、政企分开、管理科学",并指出国有企业实行公司制,是建立现代企业制度的有益探索。按照十四届三中全会的要求,国务院开始在100家国有大中型企业中进行建立现代企业制度的试点,在18个城市进行优化资本结构和资产重组的配套改革试点。在试点企业中进行了公司制、股份制改造,使企业成为自主经营、自负盈亏、自我发展、自我约束的市场主体。2002年,在4371家骨干企业中,已有3322家企业实行了公司制改革,改制面达到76%。

由于经济"软着陆"和国内买方市场的出现,1997年国有企业出现了大面积的亏损,而银行的大部分贷款是给国有企业的。1997年爆发的亚洲金融危机给中国敲了警钟,使得中共中央下决心打响国有企业改革攻坚战,并通过"抓大放小"、"债转股"、"剥离企业不良资产"、"减员增效"和战略性重组,实现国有企业"三年脱困"。

1997年底,党的十五大和十五届一中全会提出,用三年左右的时间,通过改革、改组、改造和加强管理,使大多数国有大中型亏损企业摆脱困境,力争到2000年底实现大多数国有大中型骨干企业初步建立现代企业制度。1999年9月,党的十五届四中全会通过了《中共中央关于国有企业改革和发展若干重大问题的决定》,提出国有企业继续从多方面、向深层次进行改革攻坚。围绕国有企业改革与脱困,国家采取了兼并破产、债权转股权、技术改造贷款贴息等一系列政策措施,对国有经济布局和国有企业进行战略性调整和改组,应该淘汰的淘汰,能够救活的救活,需要做大的做大,必须提高的提高。经过艰苦努力,基本实现了国有企业改革与脱困的三年目标。

大多数国有大中型亏损企业摆脱困境的主要标志:一是国有及国有控股工业企业实现利润大幅度增长,2000年达到2408亿元,比1997年的806.5亿元增长1.99倍,创历史最高水平。二是大多数行业实现整体扭亏或继续增盈,在重点监测的14个行业中,整体亏损的行业由1997年的4个减少到2000年的2个。三是31个省、自治区、直辖市由1997年的12个省区市整体亏损转为全部实现整体盈利。四是1997年亏损的6599户国有及国有控股大中型企业，通过多种形式，到2000年底，减少了4799户，占72.7%。在减少的这些亏损企业中，有的实现了扭亏为盈，有的通过关闭破产退出了市场，有的被兼并或进行了改制。

大多数国有大中型骨干企业初步建立现代企业制度的目标基本实现。列入520户国家重点企业的514户国有及国有控股企业中，2000年底有430户进行了公司制改革，占83.7%。其中282户企业整体或部分改制为有限责任公司或股份有限公司，实现了投资主体多元化。改制企业初步建立起了现代企业制度的框架，基本形成了公司法人治理结构，在实现政企分开、转换经营机制、加强科学管理等方面，迈出了重要步伐。

国有企业改革的根本任务是积极探索公有制特别是国有制的多种有效实现形式，实现国有制与市场经济的有机结合。1998年后，大批国有企业按照建立现代企业制度的要求进行了公司制和股份制改造。截至2001年底，占全国国有及国有控股企业净资产70%的4371家国有大中型骨干企业中，已有3322家企业实行了公司制改革，改制面达到76%。在已经改制的国有大中型骨干企业中，有限责任公司和股份有限公司占69%，以多元股东为主体的公司制企业格局逐步形成。改制企业都依法设立了股东会、董事会、监事会和经理层，并明确了各自的职责，初步构建了公司法人治理结构。2000年9月，《国有大中型企业建立现代企业制度和加强管理的基本规范（试行）》经国务院同意发布施行，标志着我国企业建立现代企业制度由过去的试点探索，进入比较规范的推广实施阶段。2002年初，中国证监会和国家经贸委共同发布了《上市公司治理准则》，要求加强董事会建设，规范控股股东的行为和上市公司的运作，并组织开展了上市公司建立现代企业制度检查工作。这对上市公司完善治理结构、加快制度建设起到了积极促进作用，并带动了面上企业的规范化改革。

国有小型企业采取改组、联合、兼并、租赁、承包经营、股份制、股份合作制、出售等多种形式，放开搞活。国有小型工业企业从1994年起连续6年盈亏相抵后出现净亏损，2000年扭亏为盈，实现盈利48.1亿元，

2001年盈利120.9亿元，2002年盈利109.8亿元。到2002年底，全国国有小型工业企业的改制面已达86%。通过改制，一大批企业寻找到适合自身发展的具体形式，促进了经营机制的转换，增强了市场竞争力。

搞好国有企业下岗职工的基本生活保障和再就业，是国有企业改革攻坚能否成功的重要一环。1998-2002年，通过减员增效、下岗分流、实施再就业工程，国有企业分流下岗人员累计达到2700万人，其中1800万人实现了再就业。

在社会主义市场经济条件下，推进国有经济战略性结构调整，优化国有经济布局，使国有经济分布过宽、整体素质不高、资源配置不尽合理的状况有所改善，整体实力和控制力得到增强，国有经济质量和经济效益进一步提高，主导作用得到了更好的发挥。一是国有经济的总体实力显著增强。非金融类国有企业总资产和净资产由1998年的135000亿元和50000亿元增至2002年的180000亿元和67000亿元，分别增长了33.3%和34.0%。二是国有经济控制力大大增强。国有经济在关系国民经济命脉的重要行业和关键领域中一直占有支配地位。2002年，国有经济在国防、金融、邮电、航空航天、铁路等关键部门中的比重在80%以上，在电力、石油、石化、冶金等基础行业中的比重在60%以上。在资金和技术密集型的一些竞争性产业中，国有经济也占据主导地位。

发展壮大国有经济，国有经济控制国民经济命脉，对于发挥社会主义制度的优越性，增强我国的经济实力、国防实力和民族凝聚力，具有关键性作用。

五、加入世界贸易组织和扩大开放

加入世界贸易组织，是中共中央、国务院从经济发展和改革开放需要出发作出的重大战略决策，标志着我国对外开放进入了一个新的阶段。早在1986年7月，中国政府就作出申请恢复我国关税及贸易总协定缔约国地位的决定，成立专门机构组织对外谈判工作。1993年11月，江泽民同美国总统克林顿会晤时,阐明了中国处理"复关"问题的三项总原则:第一,关贸总协定是一个国际性组织,如果没有中国这个最大的发展中国家参加是不完整的;第二,中国要参加,毫无疑问是作为发展中国家参加;第三,中国加入这个组织,其权利和义务一定要平衡。1995年,关贸总协定改为世界贸易组织,此项谈判随之成为加入世贸组织谈判。

中国"复关"和"入世"的谈判,历经15年的艰难过程。2001年11月10日,在卡塔尔首都多哈举行的世界贸易组织第四届部长级会议,审议通过了中国加入世贸组织的决定。12月11日,中国正式成为世界贸易组织的第143个成员。

加入世贸组织后,我国已由有限范围、领域、地域内的开放,转变为全方位、多层次、宽领域的开放;由以试点为特征的政策性开放,转变为在法律框架下的制度性开放;由单方面为主的自我开放市场,转变为我国与世贸组织成员之间的双向开放市场;由被动地接受国际经贸规则,转变为主动参与国际经贸规则的制定;由只能依靠双边磋商机制协调经贸关系,转变为可以多双边机制相互结合、相互促进。这些变化,对我国的影响是全面的、深远的,成为我国全面参与经济全球化的新起点,为改革、发展提供新的巨大动力。

加入世贸组织前后,中共中央、国务院在实施沿海经济发展战略的同时,出台了沿边开放、沿江开放和内陆开放等一系列重大政策措施,推动对外开放。1992年,决定开放长江沿岸的芜湖、九江、岳阳、武汉、重庆5个沿江城市和三峡库区,形成了以上海浦东为龙头的长江开放带。随后又陆续开放合肥等17个内陆省会城市,开放珲春等15个沿边城市,开放一批符合条件的内陆市县。全国大陆所有省区都有对外开放的旅游城市。为满足中国大陆公民出境旅游的需要,经国务院批准可以由指定的旅行社组织中国大陆公民出境旅游的目的国(地区)不断增加,到2001年底已达18个。从1992年到2002年3月,国务院在全国先后批准设立15个国家级出口加工区、14个国家级保税区和14个国家级边境经济合作区。

20世纪90年代，中国的对外开放由南到北、由东到西层层推进，基本上形成了"经济特区—沿海开放城市—沿海开放经济带—沿江和内陆开放城市—沿边开放城市"全方位、多层次、宽领域、有重点、点线面结合的对外开放格局。

经济开发区快速推进，成为中国新一轮对外经济开放的重要标志。2002年，国家级经济技术开发区增加到54个，全国经济技术开发区生产总值接近3500亿元，是1992年的20多倍，占全国GDP的比重提高到3.4%；工业总产值是1992年的30倍，工业增加值占全国的比重达到5%。

对外贸易规模不断扩大。2002年，我国进出口总额、出口额、进口额分别比1992年增长了5.63倍、5.76倍、5.5倍。我国对外贸易持续保持顺差，对国际收支平衡和外汇储备增加发挥了重要作用。国家外汇储备从1992年底的194亿美元增加到2002年底的2864亿美元，增加了13.8倍。

我国进出口的世界排名和市场份额明显上升，贸易大国地位已经确立。我国出口额占世界出口的比重由1992年的2.2%提高到2002年的5%；我国外贸在世界的排名由1992年的第11位上升到2002年的第5位。我国已成为世界制成品的重要生产基地。

"引进来"和"走出去"获得均衡发展。1992－2002年，我国实际使用外资由110.1亿美元增至527.4亿美元，累计达到4230亿美元，占改革开放以来全部外商投资的94%。同期，我国对外承包工程数量由1164个增至4036个，完成营业额由24.03亿美元增至112.80亿美元，增长了3.39倍。

第二节 跨世纪发展战略的制定和实施

20世纪90年代，党中央根据世界经济科技的发展潮流和我国现代化建设的需要，及时提出并实施了可持续发展、科教兴国以及西部大开发等多项战略，协调和解决科技、教育事业改革和发展中遇到的重大问题，解决东西部地区之间发展不平衡、贯彻邓小平提出的"两个大局"设想，促进人口与经济、社会的协调发展，为全面推进我国现代化建设开拓了更为广阔的空间，对中国特色社会主义事业的跨世纪发展起到了强有力的推动作用。

一、可持续发展战略

实施可持续发展战略，是根据我国国情和长远发展的战略目标而确定的基本国策。1995年9月，江泽民在党的十四届五中全会上在论述十二个带有全局性的重大关系时，强调要正确处理经济建设和人口、资源、环境的关系。他指出："要把控制人口、节约资源、保护环境放到重要位置，使人口增长与社会生产力发展相适应，使经济建设与资源、环境相协调，实现良性循环。"[①] 这次全会正式将可持续发展战略写入《中共中央关于制定国民经济和社会发展"九五"计划和2010年远景目标的建议》，提出必须把社会全面发展放在重要战略地位，实现经济与社会相互协调和可持续发展。1996年3月，第八届全国人民代表大会第四次会议通过的《关于国民经济和社会发展"九五"计划和2010年远景目标纲要的报告》与《中华人民共和国国民经济和社会发展"九五"计划和2010年远景目标纲要》，明确提出要认真实施科教兴国战略和可持续发展战略。1997年党的十五大提出，在现代化建设中必须实施可持续发展战略，坚持计划生育和保护环境的基本国策，正确处理经济发展同人口、资源、环境的关系，加强对环境污染的治理，植树种草，搞好水土保持，防治荒漠化，改善生态环境。实施可持续发展战略成为我国跨世纪发展的重要任务。

保护环境是中国的一项基本国策，是可持续发展战略的重要内容。1996年，国家将环境保护纳入经济社会发展的整体加以统筹规划和安排。

---

① 《江泽民文选》第一卷，人民出版社2006年版，第463页。

党的十五大以后，国务院先后颁布《全国生态环境建设规划》和《全国自然保护区发展规划》，相继作出严厉打击非法捕杀和经营野生动物、秸秆禁烧和综合利用等一系列规定，统筹规划国土资源开发和整治，实行资源有偿使用制度，生态环境建设步伐加快。特别是"三北"（西北、华北、东北）防护林体系建设、天然林保护、退耕还林（还草）、京津风沙源治理、湿地保护与恢复、野生动植物保护及自然保护区建设、速生丰产林建设等工程的实施或启动，生态建设的合理布局逐步形成。2001年，"三北"地区的森林覆盖率达到10%，初步建立起阻止风沙南侵的绿色长城。"三北"防护林工程被誉为"世界生态工程之最"，工程实施过程中还涌现了塞罕坝林场、右玉县等一批改善生态的先进典型。2000年，全国已有封山育林面积3019万公顷，180万平方公里的国土基本消灭了宜林荒山。全国10%的荒漠和荒漠化土地得到治理，自然保护区达到1227个，总面积9821万公顷，占国土总面积的9.9%。2002年，中国第一部循环经济法——《中华人民共和国清洁生产促进法》出台，标志着污染治理模式由末端治理开始向全过程控制转变。

"九五"期间，国务院坚持污染防治和生态保护并重的方针，大力推进"一控双达标"（控制主要污染物排放总量、工业污染源达标和重点城市的环境质量按功能区达标）工作，全面展开"三河"（淮河、海河、辽河）、"三湖"（太湖、滇池、巢湖）水污染防治，"两控区"（酸雨污染控制区和二氧化硫污染控制区）大气污染防治，以及"一市"（北京市）、"一海"（渤海）的污染防治，简称"33211"工程，环境污染防治取得初步、阶段性进展。在工业污染防治方面，全国关闭了污染严重又没有治理价值的"十五小"企业8.4万家，开始实行污染物全过程控制、浓度与总量控制相结合、集中控制与分散治理相结合的三个战略性转变。通过调整工业结构，加快技术进步，推行清洁生产，促进了工业增长方式的转变。据统计，1999年全社会用于污染治理的投资为823亿元，占国内生产总值的比例首次达到1%。

人口数量得到控制，人口再生产类型实现了历史性转变。我国自20世纪70年代开始实行计划生育基本国策以后，人口自然增长率始终保持在10‰以上，实施可持续发展战略后，由1995年的10.55‰下降到1998年的9.53‰，首次低于10‰，1996年以后，我国总和生育率一直保持在1.8左右，进入稳定低生育水平阶段。到2000年末，全国人口总数约为12.67亿，实现了到2000年将全国人口规模控制在13亿以内的目标。这标志着我国在发展中国家中率先进入低出生率、低死亡率、低自然增长率阶段，实现了人口再生产的重大历史性飞跃。在控制人口数量的同时，人口素质有所提高，全国基本实现普及九年义务教育和基本扫除青壮年文盲的目标。

二、科教兴国战略

实施科教兴国战略，是党中央、国务院作出的重大决策。1995年中共中央、国务院颁布《关于加速科学技术进步的决定》，明确提出实施科教兴国战略。1996年制定的"九五"计划，把实施科教兴国战略确定为经济社会发展的重要方针。1997年党的十五大进一步提出"实施科教兴国战略和可持续发展战略"，并指出，"科技进步是经济发展的决定性因素。要充分估量未来科学技术特别是高技术发展对综合国力、社会经济结构和人民生活的巨大影响，把加速科技进步放在经济社会发展的关键地位，使经济建设真正转到依靠科技进步和提高劳动者素质的轨道上来"。

发展科技、教育，是实现经济振兴和国家现代化的根本大计。为实施科教兴国战略，我国主要从增加投入、深化改革、完善政策等方面采取了一系列措施。

为落实科教兴国战略的基本要求，1996年至2000年间，在继续实施"863计划"的同时，国家有关部门相继出台了多项科技计划和相关政策，比如国家重点基础研究发展计划（"973计划"）、科技型中小企业技术创新基金、知识创新工程、国家科技创新工程等。"九五"期间，科技攻关计划中央财政投入52.5亿元，自然科学基金中央财政投入45亿元。从1998年起，国家逐年加大了对科技事业的投入，中央财政五年内投入25

亿元用于国家重点基础研究。1996—2002 年，国家平均每年支出 1.4 亿元用于国家重点新产品计划，同时每年拨款 2 亿元用于科技成果转化计划。我国研发投入强度呈现稳步增长的态势。1992—2002 年，R&D 经费支出从 169 亿元增长到 1287.6 亿元，增长了近 7 倍，R&D 经费支出占国民生产总值的比重由 0.7% 增至 1.23%，全国科技活动人员由 227.0 万人增至 322.2 万人，增长了约 42%，实现了历史性突破。这些举措大幅提高了国家的自主创新能力，有力推动了科技成果的产业化，促进了科技与经济的紧密联合。

实施科教兴国战略，重点是加大科教体制改革力度。1995 年 5 月，党中央召开全国科学技术大会，要求建立企业为主体、产学研协同创新的机制，明确提出到 2000 年初步建立适应社会主义市场经济体制和科技自身发展规律的科技体制等改革目标。科技体制改革紧紧围绕"创新"和"产业化"展开，促进科技与经济结合，取得重大进展。

首先，较大规模的应用型科研机构向企业化转制。这是我国科技力量结构和布局的重大调整，是从根本上促使科技长入经济的重大举措。转制后科研机构，在体制上由附属于政府转变为市场竞争的主体，在机制上由政府主导的事业机制转变为市场主导的企业机制。这些机构进行制度创新，实行以股权多元化为基础和法人治理结构为核心的公司化改制。

转制科研机构发生了重大变化。一是科研机构转制后增强了以市场为导向的科技创新能力，科研投入逐年增长，在行业科技进步中发挥着重要作用。这些院所通过市场获得的科研经费和自筹科研经费不断增长：为行业提供技术开发、技术转让、技术咨询、技术服务所获得的收入，2001 年为 44.5 亿元，比 1999 年增长 33.8%；自筹科研经费 2001 年为 28.7 亿元，比 1999 年增长 31.4%。二是科研机构转制激发了科技产业化的潜力，产业规模和效益大幅度提高。全国技术市场成交项目数量和金额呈现持续增长态势，项目数量由 1996 年的 226962 项增长到 2002 年的 237093 项，合同金额则由 300.2 亿元增长到 884.2 亿元，增长了近两倍。三是转制机构的人员队伍在竞争流动中保持稳定，收入增长较快，思想观念发生重大变化。这种双向流动使人才结构更趋合理。科技产业化快速发展和用人、分配制度改革，使职工收入连年增长，2001年比1999年增长42.6%，人均年收入2.14万元。

其次，对社会公益类科研机构进行了分类改革。其中，有面向市场能力的科研机构向企业化转制，进行了多种形式面向市场的改革。对确需国家支持的社会公益类科研机构，国家财政加大支持力度，集中支持，在调整结构、分流人员和转变机制的基础上，按非营利性科研机构管理和运行。非营利性科研机构组建工作于2003年底完成。

实施科教兴国战略，关键是人才。1993年2月，党中央、国务院颁布《中国教育改革和发展纲要》，提出到20世纪末我国教育发展的总目标是：全民受教育水平有明显提高；城乡劳动者的职前、职后教育有较大发展；各类专门人才的拥有量基本满足现代化建设需要；形成具有中国特色的、面向21世纪的社会主义教育体系的基本框架。1995年3月，八届全国人大三次会议通过《中华人民共和国教育法》，从法律上为教育事业的发展提供了保障。

为贯彻落实科教兴国战略、推动高等教育的发展，国家实施了加强重点高校建设的"211工程"，旨在面向21世纪重点建设100所左右的高等学校和一批重点学科，推动高等教育改革和多种形式联合办学，促使高校布局和结构趋于合理，提高办学规模效益和教育质量。教育部采取"共建、调整、合作、合并"等多种方式，合理调整高校布局结构。基础教育和职业技术教育逐步形成了政府为主与社会参与相结合的办学新体制。"九五"期间，国家大幅度增加对教育事业的投入，有力地支持了教育体制的改革和教育事业的发展。1998年12月，教育部制定《面向二十一世纪教育振兴行动计划》，使我国教育事业的改革和发展在迈向新世纪的道路上有了更加明确的奋斗目标。高等学校从1999年起连续扩大招生规模，使高等教育毛入学率从1999年的10.5%提高到2002年的15%，跨入了国际上公认的"高等教育大众化"的门槛。教育事业改革取得的重大成就，为现代化建设提供了各类人才支持和知识贡献。中国的科技实力明显增强，中国人民文化素质显著提高，科教兴国战略为跨世纪的中国插上了腾飞的双翼。

三、西部大开发战略和区域协调发展

实施西部大开发战略，缩小东中西部地区之间经济社会发展的差距，关系全国发展的大局，关系民族团结和边疆稳定。从邓小平提出"两个大局"构想，到江泽民提出西部大开发战略，西部地区的小康之路越走越宽广。

1988年，邓小平提出了实现我国现代化建设"两个大局"的战略构想，指出：东部沿海地区加快对外开放，率先发展起来，这是一个大局；发展到一定时期，就要帮助中西部地区加快发展，这也是一个大局。这一战略构想的提出，为西部大开发战略的提出作了思想理论准备。

1999年3月，江泽民在九届全国人大二次会议和全国政协九届二次会议的党员负责人会议上的讲话中明确提出了"西部大开发"的战略构想。1999年9月，党的十五届四中全会明确提出国家要实施西部大开发战略，通过优先安排基础设施建设、增加财政转移支付等措施，支持中西部地区和少数民族地区加快发展。2000年1月，中共中央、国务院印发《关于转发国家发展计划委员会〈关于实施西部大开发战略初步设想的汇报〉的通知》。这一文件成为指导西部大开发的纲领性文件。实施西部大开发战略，加快中西部地区发展，是实现现代化建设第三步战略目标的重大举措，是一项艰巨的历史任务。同年10月，国务院发出《关于实施西部大开发若干政策措施的通知》，标志着西部大开发战略的正式实施。该通知把巩固农业基础地位、调整工业结构、发展特色旅游业作为实施西部大开发的重点任务之一，明确规定需要实现的目标是：力争用5年到10年时间，使西部地区基础设施和生态环境建设取得突破性进展，西部开发有一个良好开局；到21世纪中叶，要建成一个经济繁荣、社会进步、生活安定、民族团结、山川秀美的新西部。西部大开发战略扎实推进，特别是加快了基础设施建设，2000年，西部地区的十大重点工程①全部开工。西气东输、西电东送、青藏铁路、退耕还林还草等一批西部大开发标志性工程陆续开工，有力地推动了西部地区的经济发展和社会进步。

西部开发投资对西藏、新疆作了重点安排。至2001年，直接安排援藏建设项目117个，组织有关省市对口支持建设项目71个，总投资约312亿元。在新疆安排了一批重点项目，涉及西气东输、水利开发、流域治理、退耕还林、交通建设、商品棉基地建设、优势资源开发等多个方面。

据统计，2000年至2002年，西部地区共开工建设重点工程36项，投资总规模6000多亿元。西部地区国内生产总值分别增长8.5%、8.7%和9.9%，比1999年的7.2%明显加快，与全国各地平均增长速度的差距明显缩小。固定资产投资年均增长18.8%，比全国平均水平高出近六个百分点。

西部大开发是党中央总揽全局作出的一项重大决策，对于推动东西部地区协调发展和最终实现共同富裕，维护民族团结、社会稳定和国家安全，扩展国家发展的战略回旋空间，具有重大而深远的意义。

第三节 加强宏观调控和经济快速发展

当1992年党的十四大确定社会主义市场经济改革目标后，建立与市场经济相适应的宏观经济管理体制就成为处理好政府与市场关系的关键。1993年出现的经济"过热"以及1997年出现的"买方市场"和亚洲金融危机，都使得宏观经济调控成为20世纪90年代保障经济高速平稳发展的关键环节。

---

① 十大重点工程，即西安至南京铁路西安至合肥段、重庆至怀化铁路、西部地区公路、西部地区机场、重庆高架轻轨交通、柴达木盆地涩北—西宁—兰州天然气输气管道、四川紫坪铺和宁夏黄河沙坡头水利枢纽、中西部退耕还林（草）和生态建设及种苗工程、青海钾肥工程、西部高校基础设施建设。

面对1992年以后快速变化的国内外经济形势，我国推进宏观调控体制改革，切实改善宏观调控，"八五"计划调整和全面实施，"九五"计划胜利完成，"十五"计划开局良好，经济实力和综合国力显著增强。1996年我国成功治理通货膨胀、经济实现"软着陆"之后，出现了由长期短缺到大多数工农业产品供大于求的重大变化。经济的快速增长增强了综合国力，使人民生活整体上达到了小康水平。2000年，我国顺利实现了现代化建设的第二步战略目标。

一、宏观经济调控方式和政策变化

建立社会主义市场经济体制，就是要使市场在国家宏观调控下对资源配置起基础性作用。1993年11月，江泽民在党的十四届三中全会上指出："国家宏观调控和市场机制的作用，都是社会主义市场经济体制的本质要求，二者是统一的，是相辅相成、相互促进的。"① 适应社会主义市场经济的内在要求，宏观调控方式的运用从总体上说要实行两个转变：一是从依靠单一的行政手段调节转向经济手段、法律手段和行政手段调节并用，以经济手段、法律手段调节为主，辅之以必要的行政手段调节；二是经济调节从主要是依靠指令性计划调节转向计划手段、财政政策、货币政策等的有机结合、协调运用，而计划手段主要是指导性计划、预测性计划、方向性计划和政策性计划。

从1993年开始，针对经济发展的实际情况，我国有针对性地采取了不同的宏观调控政策，取得了预期的效果。在1994年至1996年抑制通货膨胀、实现经济"软着陆"和1997年下半年开始扩大国内需求以应对亚洲金融危机冲击、抑制通货紧缩趋势的成功实践中，新的宏观经济调控体系发挥了重要作用。

---

① 中共中央文献研究室编：《江泽民论有中国特色社会主义》（专题摘编），中央文献出版社2002年版，第73页。

"八五"时期的"软着陆"。开始启动间接宏观调控,在"抓住机遇、深化改革、扩大开放、促进发展、保持稳定"的基本方针指导下,经济成功实现"软着陆",采取的主要措施归结为:加强和稳定农业基础,控制固定资产投资的过快增长,采取适度从紧的宏观经济政策,尤其是总量控制、结构调整和改进调控方式等经济政策。这个时期宏观调控的效果是:既降低了通货膨胀率,又保持了经济持续、快速、稳定增长。

"九五"时期及"十五"初期的扩大内需。这个时期,由于国内特大洪涝灾害和亚洲金融危机的影响,加上体制转轨、经济转型和经济国际化进程加快,国内商品供求矛盾逐步由卖方市场转向买方市场,需求不足的问题成为主要矛盾。根据这一形势的重大变化,党中央、国务院及时调整宏观调控政策,由"适度从紧""稳中求进"转向了"扩大内需",主要采取了积极的财政政策和稳健的货币政策。这一时期宏观调控取得了明显效果:既成功地抑制了亚洲金融危机和自然灾害的不利冲击,又有效地克服了世界经济衰退带来的困难,国民经济保持了持续稳定快速增长,宏观调控也积累了防止通货紧缩的经验。

宏观调控之所以取得了预期效果,确保了国民经济持续快速健康发展,主要归功于宏观调控的综合性、间接性、灵活性和适应性运用得当。

运用各种政策工具,提高了宏观调控的综合性。通过压缩基建规模、控制支出的财政政策,通过控制信贷规模、减少货币供应量的货币政策,顺利地完成了治理整顿的各项任务,实现了反通货膨胀的预定目标,使得国民经济步入了稳定发展的轨道。通过在调控总量的同时,加大对经济结构的调整力度,在坚持扩大内需为主的同时,积极促进出口的增长,有效地抵御了亚洲金融危机的不利影响,防止了通货紧缩趋势的加剧。通过推进农村税费改革,减轻农民负担,增加农民收入;通过加大财政转移支付力度,提高城镇中低收入阶层收入,在增加农民收入的同时,努力扩大消费信贷,确保了消费的稳定增长。通过发行长期建设国债,降低银行贷款利率,扩大融资渠道,放宽投资领域,促进国有和民间投资的较快增长。通过提高出口退税率,扩大出口退税范围,扩大企业出口经营权,改善通关环境，促进了出口的较快增长。总之，通过运用财政政策、货币政策、产业政策和贸易政策等各种政策工具，大大提高了宏观调控的综合性。

宏观调控方式由直接调控为主向间接调控为主的转变取得了实质性进展。在宏观调控方式方面，由计划直接调控为主转变为运用财政货币政策间接调控为主。1988年10月开始的三年治理整顿，相当程度上是国家行政措施和增加物价补贴的结果，是以直接调控为主；而针对1993年出现的经济过热，政府坚持以适度从紧的财政货币政策为主，再辅之以产业政策、外贸政策以及利率、汇率、价格、关税等经济杠杆，对国民经济实行间接宏观调控，使我国经济在1994年至1996年成功地实现了"软着陆"。

在金融调控手段方面，从贷款规模限额管理转变为利用其他货币政策工具控制货币供应量。从1998年开始，中央银行取消对国有商业银行贷款限额的控制，在推行资产负债比例管理和风险管理的基础上，实行"计划指导，自求平衡，比例管理，间接调控"的新的管理体制。中央银行主要运用存款准备金率、再贷款利率、公开市场操作、外汇操作、再贴现等金融政策工具调节货币供应量。

及时根据形势的需要，调整宏观政策，宏观调控的灵活性大大提高。在财政政策方面，从"适度从紧"转变为"积极的财政政策"。"九五"初期，财政政策的基本方针依旧是"适度从紧"，财政赤字有所压缩。亚洲金融危机爆发后，从1998年起，财政政策开始转变为"积极的财政政策"，扩大预算赤字，增加国债发行，加大政府支出。通过加大政府投资带动社会投资，到2001年累计发行5100亿元长期建设国债，有力地拉动了经济的快速增长。同时政府还通过提高工资收入等措施刺激居民消费，收到了良好效果。

在货币政策方面，从"适度从紧"转变为"稳健的货币政策"。"九五"初期，随着财政政策由"适度从紧"转变为"积极的财政政策"，货币政策也相应从"适度从紧"转变为"稳健的货币政策"。自1996年起，中央银行连续8次下调利率，并于1999年9月开征利息税，同时适度增加货币投放和信贷投放。在有效防范金融风险的同时，积极支持国民经济增长和社会发展，支持改革开放和结构调整，取得了良好成效。

在消费政策方面，变限制消费政策为鼓励消费政策。"九五"期间，消费政策受到政府的高度重视。由于生产相对过剩以及买方市场的出现，消费政策从限制消费转变为鼓励消费，政策目标也从抑制通货膨胀转变为控制通货紧缩。为了促进消费，已经采取了多项政策措施，比如银行连续8次降息、征收利息税、开展消费信贷、提高职工工资、减轻农民负担，等等。

宏观调控政策的适应性明显提高。在宏观调控的指导思想方面，从注重追求增长速度转变为既注重增长速度又注重提高增长质量和结构优化升级。"发展是硬道理"，我们国家经济总量小，发展水平低，只有保持较高的增长速度，才能逐步赶超世界先进水平。所以，以前注重追求增长速度有一定道理。在亚洲金融危机和国内价格持续下降的双重压力下，我国经济增长速度由1997年的9.6%下降到1998年的7.3%。从1998年底开始，政府在进行下年度经济工作安排时就明确提出：在社会主义条件下，速度指标应当是预测性、指导性的，应当能够随着国内外政治经济形势的变化而随时进行调整，并且公开宣布放弃片面追求增长速度的做法，从以前注重追求增长速度转变为既注重增长速度又注重提高增长质量和结构优化升级。这一根本性的变化，标志着我国的宏观调控水平上升到了一个更高的层次。

在宏观调控的战略重点方面，从出口导向，发展外向型经济转变为积极"扩大内需"，立足国内市场。改革开放以来，改革和开放是我国经济发展的两大发动机，开拓国际市场，扩大外需，是我国宏观调控的战略重点。1998年，为了抵御亚洲金融危机的冲击，党中央、国务院及时灵活地提出宏观经济政策应立足于国内市场，把"立足于国内"不仅作为1999年度的短期宏观调控取向，而且确立为今后的中长期发展战略，从而使得我国经济的持续快速健康发展有了可靠的保障。

在汇率政策方面，保持人民币汇率相对稳定。亚洲金融危机爆发以后，东南亚等周边国家陷于困难境地，当时的国际金融市场十分脆弱，存在着一触即溃的危险。为稳定国际金融市场，防止亚洲金融危机蔓延和加深，我国政府毅然作出抉择，努力保持人民币汇率稳定。经过多方面艰苦努力，终于使人民币汇率在整个亚洲金融危机期间始终保持稳定，与此同时，外汇储备也在不断增加。

二、"八五"计划的调整和完成

"八五"计划是在"七五"后期对国民经济进行治理整顿的背景下编制的，当时确立的发展指标并不太高，主要强调确保经济与社会稳定，基本任务是进一步解决过去遗留下来的阻碍经济发展的各种问题，取得实现财政经济状况根本好转的决定性胜利。1992年，邓小平同志南方谈话之后，对"八五"计划的指导方针和目标进行了调整，提高了原计划指标。

1993年，党的十四届二中全会通过了《中共中央关于调整"八五"计划若干指标的建议》，对"八五"计划进行了调整，主要是：调整国民经济增长速度，"八五"计划后3年，国民经济增长速度由原来平均每年6%调高到8%-9%。调整产业结构，强化交通运输和通信等基础设施建设；加快能源和重要原材料工业的发展，加快能源工业的发展；加强农业，促进农村经济的全面发展，大幅度地增加优质品种的产量；积极发展机械电子、石油化工、汽车制造和建筑业，使之成为国民经济的支柱产业；加快第三产业的发展。调整对外贸易、利用外资及固定资产投资计划，扩大利用国外资金、资源、技术和市场，扩大投资规模。

"八五"计划把十年规划远景和五年中期安排结合起来，从实现20世纪末战略目标的要求出发来制定"八五"计划。"八五"计划提出了十年规划的总要求，即实现中国社会主义现代化建设的第二步战略目标，把国民经济的整体素质提高到一个新的水平。具体包括：到20世纪末使国民生产总值按不变价格计算比1980年翻两番，到2000年，以1990年价格计算的国民生产总值达到31100亿元，10年平均每年增长6%，工农业总产值平均每年增长6.1%；人民生活从温饱达到小康；发展教育事业，推动科技进步；初步建立适应以公有制为基础的社会主义有计划商品经济发展的、计划经济和市场调节相结合的经济体制和运行机制；社会主义精神文明建设达到新的水平，社会主义民主和法制进一步健全。

"八五"计划也提出了十年规划的基本指导方针，即坚定不移地走建设有中国特色的社会主义道路；坚定不移地推进改革开放；坚定不移地保持国民经济持续、稳定、协调发展，始终把提高经济效益作为全部经济工作的中心；坚定不移地执行独立自主、自力更生、艰苦奋斗、勤俭建国的方针；坚定不移地贯彻物质文明建设和精神文明建设一起抓的方针。

"八五"计划提出了八项基本任务：努力保持社会总需求与社会总供给基本平衡，在控制通货膨胀的前提下，以提高经济效益为中心，促进经济的适度增长；突出抓好经济结构调整，扭转农业与工业、基础工业和基础设施与加工工业比例失调的状况，逐步改善企业组织结构不合理的现象，抑制地区经济结构趋同化的倾向；立足现有基础，充分挖掘潜力，积极地、有重点地推进现有企业技术改造；采取适当的办法和步骤，合理调整收入分配格局，逐步改善财政收支不平衡状况，同时保持合理的信贷规模和结构，严格控制货币发行；进一步推动科技、教育事业发展；更有效地开展对外贸易，积极吸引国外资金、技术和智力；以增强国营大中型企业活力健全企业合理的经营机制为中心推进各项改革；努力加强社会主义精神文明建设，促进社会的全面发展和进步。

在全国人民的共同努力下，我国完成或超额完成了"八五"计划提出的主要目标和任务。国民经济持续稳定快速增长，国民生产总值年均增长12%，提前5年实现了经济总量比1980年翻两番的战略目标；经济体制改革取得突破性进展，市场机制的基础性作用日益增强，以分税制为核心的新财政体制、以增值税为主体的新税制已经基本建立并正常运行，社会主义市场经济体制逐步建立；对外开放的范围和规模进一步扩大，对外贸易迅速增长，利用外资大幅度增加；产业结构调整取得明显成效，水利建设得到加强，能源、交通、通信建设创造了历史最好水平，支柱产业快速成长；科技实力显著增强，教育事业加快发展，在占总人口90%以上的地区普及了小学教育，普及九年义务教育和发展中等职业教育的工作顺利推进；人民生活水平稳步提高，生活质量明显改善。

三、"九五"计划的制定和完成

《中华人民共和国国民经济和社会发展"九五"计划和 2010 年远景目标纲要》（以下简称"九五"计划纲要），是社会主义市场经济条件下的第一个中长期计划，也是一个跨世纪的发展计划。这一时期，中国改革开放和现代化建设面对的国内外环境错综复杂，国家牢牢把握"抓住机遇、深化改革、扩大开放、促进发展、保持稳定"的大局，正确处理改革、发展、稳定的关系，坚持用发展的办法解决前进中的问题，根据经济形势的变化适时调整宏观调控政策的取向和力度，保持了国民经济持续快速健康发展，全面完成了现代化建设的第二步战略部署。

1993 年 3 月，党的十四届二中全会作出关于制定"九五"计划和 2010 年远景目标的建议及编制与之相关的计划的决定。1995 年 3 月 8 日，中共中央政治局常委会批准成立了《中共中央关于制定国民经济和社会发展"九五"计划和 2010 年远景目标的建议》起草小组，并要求组织有关政府部门继续集中对国民经济和社会发展中的一些重大问题作深入调查研究。1995 年 9 月 28 日，党的十四届五中全会审议并通过了《中共中央关于制定国民经济和社会发展"九五"计划和 2010 年远景目标的建议》。1996 年 3 月 17 日，八届全国人大四次会议审议通过了"九五"计划纲要。"九五"计划纲要提出了全面实现第二步战略目标，并向第三步战略目标迈进的指导方针和主要任务，制定的指标更注重宏观性、战略性和政策性。

根据《中共中央关于制定国民经济和社会发展"九五"计划和 2010 年远景目标的建议》，"九五"计划纲要提出的指导方针是：牢牢把握"抓住机遇、深化改革、扩大开放、促进发展、保持稳定"的大局，是今后必须长期坚持的基本方针，并指出要正确处理改革、发展、稳定三者的关系，集中力量重点解决关系全局的重大问题。据此，还提出了今后 15

年必须认真贯彻的九条重要方针：一是保持国民经济持续、快速、健康发展；二是积极推进经济增长方式的转变，把提高经济效益作为经济工作的中心；三是实施科教兴国战略，促进科技、教育与经济紧密结合；四是把加强农业放在发展国民经济的首位；五是把国有企业改革作为经济体制改革的中心环节；六是坚定不移地实行对外开放；七是实现市场机制和宏观调控的有机结合，把各方面的积极性引导好、保护好、发挥好；八是坚持区域经济协调发展，逐步缩小地区发展差距；九是坚持物质文明和精神文明共同进步，经济和社会协调发展。

"九五"计划纲要还指出，促进国民经济持续、快速、健康发展，关键是实行两个具有全局意义的根本性转变：一是经济体制从传统的计划经济体制向社会主义市场经济体制转变；二是经济增长方式从粗放型向集约型转变，并提出了建立社会主义市场经济体制的步骤和措施，提出了促进经济增长方式转变的七项措施。

"九五"时期的主要奋斗目标是：全面完成现代化建设的第二步战略部署，到2000年，实现人均国民生产总值比1980年翻两番；基本消除贫困现象，人民生活达到小康水平；加快现代企业制度建设，初步建立社会主义市场经济体制。为21世纪初开始实施第三步战略部署奠定更好的物质技术基础和经济体制基础。"九五"计划纲要也明确了2010年国民经济和社会发展的远景目标：实现国民生产总值比2000年翻一番，人口控制在14亿以内，人民的小康生活更加宽裕，形成比较完善的社会主义市场经济体制。

"九五"计划纲要还明确了宏观调控目标和政策，指出：为了实现国民经济和社会发展的奋斗目标，"九五"期间，必须加强和改善宏观调控，实现经济总量基本平衡，促进经济结构优化，把抑制通货膨胀作为宏观调控的首要任务，引导国民经济持续、快速、健康发展。

"九五"计划纲要提出八个重点任务：保持国民经济持续、快速、健康发展；实施科教兴国战略；促进区域经济协调发展；深化体制改革；扩大对外开放程度，提高对外开放水平；实施可持续发展战略，推进社会事业全面发展；加强社会主义精神文明建设和民主法制建设；促进祖国和平统一大业。

"九五"计划是20世纪的最后一个五年计划,顺利完成了社会主义现代化建设的第二步战略目标,在1997年比预期目标提前3年实现了人均国民生产总值比1980年翻两番的目标,人民生活总体上达到了小康水平,为进一步实现第三步战略目标奠定了良好的基础。

"九五"时期,国内生产总值年均增长8.3%,远高于世界平均3.8%的增速。国民经济总量跃上新的台阶。2000年,我国GDP达到8.94万亿元,突破1万亿美元;人均国内生产总值达到850美元,进入世界银行划分的下中等收入国家行列。"九五"时期也是国家财力增长最多的时期,国家财政收入年均增长16.5%,五年累计增长超过5万亿元,比"八五"时期增加了1.3倍。在经济持续增长和效益改善的基础上,国家财政收入达13395亿元,主要工农业产品产量位居世界前列,商品短缺状况基本结束,产业结构调整取得积极进展。粮食等主要农产品生产能力明显提高,实现了农产品供给由长期短缺到总量基本平衡、丰年有余的历史性转变。淘汰落后和压缩过剩工业生产能力取得成效,重点企业技术改造不断推进。信息产业等高新技术产业迅速成长。基础设施建设成绩显著,能源、交通、通信和原材料的"瓶颈"制约得到缓解。

"九五"计划的完成,人民生活总体上实现由温饱到小康的历史性跨越,标志着我国实现了社会主义现代化建设第二步战略目标,为迈向第三步战略目标奠定了良好基础。这是改革开放和社会主义现代化建设事业取得的伟大成就,是中华民族发展史上的一个新的里程碑。"九五"末期,人民生活总体达到小康水平,我国由低收入国家迈入中低收入国家行列。

四、"十五"计划的制定和实施

2000年10月,党的十五届五中全会通过《中共中央关于制定国民经济和社会发展第十个五年计划的建议》。该建议指出,从21世纪开始,我国将进入全面建设小康社会,加快推进社会主义现代化的新的发展阶段。

2001年3月15日，第九届全国人民代表大会第四次会议批准通过《中华人民共和国国民经济和社会发展第十个五年计划纲要》。

"十五"计划是开始实施社会主义现代化建设第三步战略部署的第一个五年计划，以调整经济结构为主线，促进中国从计划经济向市场经济转型，提高参与国际市场竞争的能力，并着重对国民经济和社会发展的宏观性、战略性和政策性的重大问题指明方向，提出相应的对策。"十五"计划也更加重视生态建设、环境保护和经济与社会的可持续发展。

根据《中共中央关于制定国民经济和社会发展第十个五年计划的建议》，"十五"计划提出的重要指导方针是：坚持把发展作为主题；坚持把结构调整作为主线；坚持把改革开放和科技进步作为动力；坚持把提高人民生活水平作为根本出发点；坚持经济和社会协调发展。

"十五"计划的主要目标是：国民经济保持较快发展速度，经济结构战略性调整取得明显成效，经济增长质量和效益显著提高，为到2010年国内生产总值比2000年翻一番奠定坚实基础；国有企业建立现代企业制度取得重大进展，社会保障制度比较健全，完善社会主义市场经济体制迈出实质性步伐，在更大范围内和更深程度上参与国际经济合作与竞争；就业渠道拓宽，城乡居民收入持续增加，物质文化生活有较大改善，生态建设和环境保护得到加强；科技、教育加快发展，国民素质进一步提高，精神文明建设和民主法制建设取得明显进展。

"十五"计划还提出了五个方面的主要预期目标，包括：（1）宏观调控：经济增长速度预期为年均7%左右，人均国内生产总值达到9400元；五年城镇新增就业和转移农业劳动力各达到4000万人，城镇登记失业率控制在5%左右。（2）经济结构调整：产业结构优化升级，国际竞争力增强。2005年三次产业增加值占国内生产总值的比重分别为13%、51%和36%，从业人员占比分别为44%、23%和33%。（3）科技、教育发展：2005年全社会研发经费占国内生产总值比例提高到1.5%以上。基本普及九年义务教育的成果进一步巩固，初中毛入学率达到90%以上，高中阶段教育和高等教育毛入学率力争达到60%左右和15%左右。（4）可持续发展：人口自然增长率控制在9‰以内，2005年全国总人口控制在13.3亿人以内，生态恶化趋势得到遏制，森林覆盖率提高到18.2%，城市建成区绿化覆盖率提高到35%，城乡环境质量改善，主要污染物排放总量比2000年减少10%。（5）提高人民生活水平：居民生活质量有较大提高，基本公共服务比较完善。城镇居民人均可支配收入和农村居民人均纯收入年均增长5%左右。2005年城镇居民人均住宅建筑面积增加到22平方米，全国有线电视入户率达到40%。

根据主要目标，"十五"计划按照八个领域部署了重点任务，包括：结构调整；科技、教育和人才；人口、资源和环境；改革开放；人民生活；精神文明；民主法制；国防建设。此外，"十五"计划还专篇部署"规划实施"，要求改善宏观调控、促进经济稳定增长，创新实施机制、保障实现规划目标。

"十五"计划以经济结构的战略性调整为主线，突出了科教兴国、人才强国和可持续发展三大战略，深化改革并努力消除经济发展的诸多体制性障碍，为我国进入新世纪奠定了良好的开局。

"十五"计划实施情况总体良好，大部分目标顺利完成。"十五"时期，国内生产总值年均增长9.5%，超过了7%的计划目标；财政收入增长1.36倍。主要工业产品产量大幅度增长；高技术产业快速发展，基础产业和设施建设成就斐然，经济社会信息化程度迅速提高。随着加入世界贸易组织，我国对外开放进入新的阶段。五年间，进出口贸易总额增长两倍，创下改革开放以来的最高纪录，世界排位从2000年的第8位上升到第3位；实际利用外商直接投资累计2740.8亿美元。人民生活明显改善，城镇居民人均可支配收入和农村居民人均纯收入分别实际增长58.4%和29.2%；城镇新增就业4200万人。但是，"十五"计划提出的污染物减排、经济结构调整、能源节约等目标没有完成。

"十五"时期，全面免除了农业税。西气东输、青藏铁路、三峡工程、西电东送等一大批重大工程项目取得实质性进展，西部大开发战略取得良好开端。"十五"时期，"指令计划"开始退场，市场配置资源的作用日益凸显，政府宏观调控更多地运用经济杠杆、经济政策和法律手段。与以往的五年计划相比，"十五"计划更具有战略性、前瞻性和国际视野，更加注重协调发展，更加强调以人为本。更加重视生态建设、环保、经济与社会的可持续发展，更加关注教育、文化、医疗卫生、体育等各项社会事业。

"十五"时期，中国经济社会发展也存在不少矛盾和问题，主要表现为：经济结构不合理，自主创新能力不强，经济增长方式转变缓慢，能源资源消耗过大，环境污染加剧；就业矛盾比较突出；投资和消费的关系不协调；城乡、区域发展差距和部分社会成员之间收入差距持续扩大；社会事业发展仍然滞后。

五、小康目标的实现和人民生活水平的大幅度提高

人民生活显著改善，总体达到小康水平，是我国实现社会主义现代化建设"三步走"战略第二步战略目标的重要标志，是中华民族发展史上一个新的里程碑。1992－2002年，中国国内生产总值从26648.1亿元增至104790.6亿元，增长了2.93倍；人均GDP由2287元增至8184元，增长了2.58倍。其间，2000年人均GDP（7086元）折合美元约980.64美元，从低收入国家跨入中低收入国家行列。城镇化水平显著提高，大量农村居民变为城镇居民。这段时期，城镇化率由27.5%提高到39.1%。这表明综合国力不断增强，人民生活改善的经济基础更加雄厚。

城乡居民收入稳步增加，生活质量显著提高。农村居民家庭人均纯收入从1992年的784元增长到2002年的2475.6元，增长了2.16倍；城镇居民家庭人均可支配收入从1992年的2026.6元增长到2002年的7702.8元，增长了约2.80倍。农村家庭、城镇家庭恩格尔系数不断下降。1992年至2002年，城镇家庭恩格尔系数从53%降低为37.7%，农村家庭恩格尔系数从57.6%降低为46.2%，城镇家庭1996年，农村家庭2000年先后

降低到50%以下，表明居民生活由温饱不足迈入总体小康。

城乡居民收入构成发生了很大的变化，收入来源日益多元化。

就农村居民而言，一是得益于家庭承包经营的普遍推行，家庭经营性收入成为农村居民收入的主体。平均每人年收入中，家庭经营性收入的占比由1992年的27.7%增至2002年的48.0%。二是得益于农村人口自由流动和工业化、城镇化的推进，农业剩余劳动力大量流向非农产业和城镇，农村居民的工资性收入快速增长，在农户总收入中的比重越来越高，1992年、2002年分别为7%、34%。三是财产性收入和转移性收入从无到有，地位日渐凸显。1992年，农村居民人均收入中的转移性收入与财产性收入在统计中未作区分，二者加在一起只占4.2%，到了2002年分别占有7.7%和3.4%的比重。社会保障体系的建立健全和扶贫攻坚的有力推进，住房出租行为的增多和农村土地的"三权分置"，有助于农村居民转移性收入和财产性收入的增长。四是农民收入的货币化程度不断提高，可支配性显著增强。农民现金收入占总收入的比重，1992年占到70%，到2002年时，农民现金收入为2712.95元，占总收入的比重已经达到近79%。数据表明，农村居民的生产和生活商品化、市场化、社会化进程逐步加快。

就城镇居民而言，工薪阶层的工薪收入大幅增长，但所占比重有所下降。按可比口径计算，1992年的人均工资性收入为1670.87元，2002年的人均工资性收入是1992年的3.4倍。伴随民营经济和个体经济的发展，城镇居民人均可支配收入中工资性收入的比重逐步降低，1992年为82.4%，1998年为74%，2002年（新口径）降到70%。在工资性收入比重降低的同时，经营性收入和财产性收入成倍增长。城镇居民人均可支配收入中经营净收入的比重从1992年的1.5%提高到1995年的1.7%，再提高到2002年的4%。改革初期，城镇居民财产性收入几乎只有银行存款利息，1992年城镇居民的财产收入均值为30.53元，在人均可支配收入中所占的份额只有1.5%。伴随居民个人投资理财渠道的日渐丰富和拓展，财产性收入来源日益多样化，在人均可支配收入中的比重从1992年的1.5%提高到2001年的2%。城镇居民人均可支配收入中转移性收入的比重也逐年提升，从1992年的11.7%、2000年的17%提高到2002年的26%。

居民消费水平伴随居民收入同步提高。全国居民人均消费支出2002年达到3791元，比1992年多出2721元，前者是后者的3.5倍，其中城镇居民是3.14倍，农村居民是3.15倍。从绝对值来看，城镇居民和农村居民的消费水平都在提高，但差距不断拉大，从1992年的相差1638元增加到2002年的相差5616元。

随着人民生活水平的提高，消费尤其是耐用消费和服务消费成为经济增长的主导，1992—2002年，消费对经济增长的贡献平均为57.6%，投资（资本形成）对经济增长的贡献平均为37.8%。消费升级驱动下，居民消费结构由吃穿用为主向通信、住行和文化服务为主转变。具体表现在：城镇居民平均每人的消费性支出中，满足基本生活的食品和衣着需求的支出在消费支出中所占比重，由1992年的57.66%降低为2002年的47.4%，下降了10.3%；家庭设备用品及服务支出占比由8.4%降低为6.5%；交通通信、居住、医疗保健、娱乐教育文化服务支出占比则分别上升7.7%、4.4%、4.7%、6.1%。值得注意的是，在此期间，虽然城镇家庭彩色电视机、空调机、电冰箱得到普及，消费增速趋缓，消费新增长点转向住行和服务，但彩色电视机、电冰箱等"千元级"商品开始大规模进入农村家庭，摩托车、电话机、洗衣机普及率也得到大幅度提高。这表明城镇居民的消费结构已从生存型转向发展型、享受型，农村居民生活消费实现从量的增加到质的提高。

农村贫困人口大幅度减少，国家"八七"扶贫攻坚计划如期完成。1994年国务院制定实施的《国家八七扶贫攻坚计划》提出，力争用7年左右的时间，基本解决8000万农村贫困人口的温饱问题。到2000年底，农村贫困人口由1994年的8000万人减少到3000万人。尽管这3000万人大多居住在生存条件恶劣的地区，脱贫难度很大，但各级政府仍旧继续积极推进扶贫工作，使贫困人口逐年减少，到2002年，农村贫困人口减少到2820万人，低收入人口占农村人口的比重下降到6.2%。贫困地区群众的生产生活条件得到改善。主要特点包括：一是贫困地区农民收入有所增长，农村贫困发生率下降。2000年，全国592个国家确定的贫困县农民人均收入提高到1350元。2002年，农村贫困发生率从1994年的30.7%下降到3%，一些集中连片的重点贫困地区从整体上摆脱了贫困。二是贫困地区基础设施建设进一步加强，贫困地区群众的生产生活条件得到明显改善。国家以以工代赈为主要方式，开展了县乡村道路、人畜饮水、基本农田、小型微型农田水利、小流域综合治理开发等为主要内容的农村基础设施建设。全国592个国家级贫困县生产生活条件明显改善，大部分行政村实现了通电、通路、通邮、通电话，贫困状况得到缓解。三是改善了部分贫困人口的生存环境。政府采取了异地搬迁试点，在广西、甘肃、河北、山西和贵州等一些自然条件十分恶劣的偏远山区，进行异地扶贫开发试点，通过成建制的村、乡在县内搬迁，以地区和省组织的整村跨县的搬迁，以及部分农户搬迁，使这些贫困人口的生存环境明显改善。四是贫困地区的科技、教育、卫生、文化等事业发展较快，使贫困地区群众的文化生活得到改善，精神面貌发生很大变化。贫困地区人口增长率逐年下降，办学条件明显改善，适龄儿童辍学率大大下降，99%的乡有了卫生院，缺医少药的状况得到缓解。

20世纪90年代后期，我国市场供求状况出现历史性变化，由卖方市场转为买方市场，中国经济发展开始由过去的供给约束型转变为需求约束型，对产业发展提出新要求，房地产和汽车开始取代家电行业成为支柱产业。1996—2002年，我国房地产投资年均增长率为14.25%。轿车产量从1995年的32.6万辆提高到2002年的109.2万辆，年均增速为21.1%。

第八章

全面建设小康社会和经济快速发展
（2002–2012）

党的十六大到十八大的十年间,中国站在20世纪末全国人民生活总体达到小康这一新的历史起点,围绕全面建设小康社会这一新的奋斗目标,面对"非典"疫情暴发显露出经济社会发展不协调的问题,面对2008年国际金融危机的冲击,紧紧抓住和用好发展的重要战略机遇期,按照统筹城乡发展、统筹区域发展、统筹经济社会发展、统筹人与自然和谐发展、统筹国内发展和对外开放的要求,推进社会主义市场经济体制的完善,实现以人为本的科学发展。同时,以加入世界贸易组织为契机推进开放型经济体系的进一步形成。这十年,中国战胜一系列重大挑战,开拓了经济发展的广阔空间。十年间,中国贯彻落实科学发展观,经济实现快速增长,经济总量从世界第六位跃升到第二位,社会生产力、经济实力、科技实力迈上一个大台阶,为全面建成小康社会奠定了坚实基础。中国在经济高速增长过程中,经济发展与资源环境矛盾尖锐、经济刺激需要消化、经济高速增长难以维系等问题显现。

第八章　全面建设小康社会和经济快速发展（2002—2012）

第一节　全面建设小康社会目标和重大方针政策

面对人民生活总体上达到的小康水平还是"低水平的、不全面的、发展很不平衡的小康"，党的十六大明确在 21 世纪头 20 年集中力量全面建设小康社会的奋斗目标，并作出全面部署。以胡锦涛同志为总书记的党中央在总结长期实践经验的基础上，提出科学发展观，面对经济增长的环境代价、经济繁荣背后日积月累的社会矛盾、经济增长的科技支撑能力建设不足的问题着力促进经济"又好又快"和转变发展方式，面对社会发展滞后于经济发展的问题着力保障和改善民生，面对资源环境的恶化着力建设资源节约型和环境友好型社会。

一、全面建设小康社会和科学发展观

在全国人民生活总体达到小康水平之际，党的十五届五中全会基于对世纪之交中国改革开放和现代化建设面临的国内外形势进行深入分析，明确"从新世纪开始，我国将进入全面建设小康社会，加快推进社会主义现代化的新的发展阶段"[①]。党的十六大报告以《全面建设小康社会，开创中国特色社会主义事业新局面》为题，将在 21 世纪头 20 年全面建设小康社会作为实现现代化建设第三步战略目标必经的承上启下的发展阶段，对全面建设小康社会作出了部署。

全面建设小康社会的战略决策是基于人民生活总体上达到的小康水平还是"低水平的、不全面的、发展很不平衡的小康"的判断作出的。党的

---

① 中共中央文献研究室编：《改革开放三十年重要文献选编》下，中央文献出版社 2008 年版，第 1109 页。

十六大报告在指出人民生活总体上达到小康水平是中华民族发展史上新的里程碑的同时，强调必须看到中国已达到的小康还是低水平的、不全面的、发展很不平衡的小康。① 人民生活总体上达到的小康是低水平的，2000年中国人均国内生产总值接近900美元，按照世界银行《1990年世界发展报告》的分类②，中国的人均国内生产总值水平属中下组的下限，接近低收入水平。从综合反映居民生活富裕程度的城乡居民恩格尔系数③看，2000年中国为42.2%，处于富裕水平之下。人民生活总体上达到的小康存在不全面的问题，2000年中国国内生产总值比1980年增长5.6倍，超出了"三步走"战略前两步国内生产总值翻两番的预期目标，但精神文明、社会民生、生态文明建设相对滞后。人民生活总体上达到的小康存在发展很不平衡的问题，突出表现在区域发展不平衡和城乡发展不平衡。城乡二元结构问题突出，城乡经济社会发展、基础设施、社会保障等差距大。2000年，城乡居民人均可支配收入比值高达2.74∶1；城乡居民恩格尔系数分别为38.6%和48.3%，相差9.7个百分点。按照2008年标准，2000年全国农村贫困人口有9422万人，贫困发生率为10.2%。

针对已达到的小康存在低水平、不全面、发展很不平衡的问题，党的十六大根据十五大提出的到二〇一〇年、建党一百年和新中国成立一百年的发展目标，提出全面建设小康社会目标，即中国"要在本世纪头二十年，集中力量，全面建设惠及十几亿人口的更高水平的小康社会，使经济更加发展、民主更加健全、科教更加进步、文化更加繁荣、社会更加和谐、人民生活更加殷实"④。

---

① 中共中央文献研究室编：《十六大以来重要文献选编》上，中央文献出版社2011年版，第14页。
② 世界银行《1990年世界发展报告》的分类是：人均国民生产总值545美元及以下为低收入国家，545美元以上至2200美元为中下收入国家，2200美元以上至6000美元为中上收入国家，6000美元以上为高收入国家。参见世界银行编著：《1990年世界发展报告》，中国财政经济出版社1990年版，第xii页。
③ 目前世界上普遍把恩格尔系数作为衡量生活水平高低的重要指标。具体划分是，恩格尔系数在59%以上为绝对贫困；51%–59%为维持温饱；40%–50%为小康水平；30%–39%为富裕水平；30%以下为最富裕。
④ 中共中央文献研究室编：《十六大以来重要文献选编》上，中央文献出版社2011年版，第14页。

中国推进的小康社会建设有特定的历史方位，即中国现代化进程中的重要发展阶段。党的十六大提出的21世纪头20年集中力量全面建设小康社会的奋斗目标，与加快推进现代化相统一，不仅物质财富要达到更高的水平，还要实现经济、政治、文化、社会、生态文明的全面发展，符合人民日益增长的物质文化需要。随着经济社会的发展和人民群众对全面建设小康社会目标的新期待，以胡锦涛同志为主要代表的中国共产党人把握经济社会发展趋势和规律，及时明确了到2020年实现全面建设小康社会奋斗目标的新要求。基于党的十六大全面建设小康社会的部署和科学发展观的形成，2004年3月10日，胡锦涛在中央人口资源环境工作座谈会上指出："不仅要重视经济增长指标，而且要重视人文指标、资源指标、环境指标和社会发展指标，坚持把经济增长指标同人文、资源、环境和社会发展指标有机地结合起来。"① 党的十七大又从增强发展协调性、扩大社会主义民主、加强文化建设、加快发展社会事业、建设生态文明五个方面明确了到2020年实现全面建设小康社会奋斗目标的新要求。②

党的十六大以后，以胡锦涛同志为主要代表的中国共产党人，团结带领全党全国各族人民，在全面建设小康社会进程中推进实践创新、理论创新、制度创新，深刻认识和回答了新形势下实现什么样的发展、怎样发展等重大问题，形成了科学发展观。

2003年的"非典"疫情，暴露出中国作为后发国家，在长期实施赶超发展实现经济快速增长后，所积累的经济发展和社会发展、城市发展和农村发展不协调的问题。以胡锦涛同志为主要代表的中国共产党人深刻认识到，党的十一届三中全会以后，虽然中国的发展已经取得举世瞩目的成就，但要完成十六大提出的奋斗目标，可能遇到的困难和挑战还会很多。同时，国际国内环境的新变化，经济社会发展的新情况，迫切要求中国共产党进一步回答"实现什么样的发展、怎样发展"这一重大理论和实践问题。2003年4月，胡锦涛在广东考察工作时提出，要坚持全面的发展观，

---

①② 中共中央文献研究室编：《十六大以来重要文献选编》上，中央文献出版社2011年版，第859页。

努力促进社会主义物质文明、政治文明和精神文明协调发展。7月28日，胡锦涛在全国防治"非典"工作会议上指出：要更好坚持全面发展、协调发展、可持续发展的发展观，更加自觉地坚持推动社会主义物质文明、政治文明、精神文明协调发展，坚持在经济社会发展的基础上促进人的全面发展，坚持促进人与自然的和谐。① 8月28日至9月1日，胡锦涛在江西考察工作时明确使用"科学发展观"概念，提出要牢固树立协调发展、全面发展、可持续发展的科学发展观。10月14日，胡锦涛在党的十六届三中全会第二次全体会议上，提出要"树立和落实科学发展观"，指出："树立和落实全面发展、协调发展、可持续发展的科学发展观，对于我们更好坚持发展才是硬道理的战略思想具有重大意义。"② 2007年召开的党的十七大将科学发展观写入党章，对科学发展观的内涵作出了更为全面、深刻的阐述：第一要义是发展，核心是以人为本，基本要求是全面协调可持续，根本方法是统筹兼顾。

科学发展观作为指导发展的世界观和方法论的集中体现，涵盖经济建设、政治建设、文化建设、社会建设、生态建设各个领域。科学发展观回答了中国在经历半个世纪快速发展，人民生活总体上实现由温饱到小康的历史性跨越，开始实施社会主义现代化建设第三步战略部署的历史时期，要实现什么样的发展和怎样发展的历史性新命题。科学发展观的提出和内涵的丰富发展，凝聚了几代中国共产党人带领人民建设中国特色社会主义的心血，总结了中国改革开放和现代化建设的成功经验，吸取了世界上其他国家在发展进程中的经验教训，深化了中国共产党对于人类社会发展规律、社会主义建设规律以及共产党执政规律的认识，构建起新的发展价值体系，是社会主义现代化建设指导思想的重大发展，开辟了中国特色社会主义理论发展的新境界。

---

① 《胡锦涛文选》第二卷，人民出版社2016年版，第67页。
② 《胡锦涛文选》第二卷，人民出版社2016年版，第104–105页。

二、"又好又快"和转变发展方式

自20世纪90年代初确定发展社会主义市场经济时使用"又快又好"的说法,长期以来"快"总在"好"之前几乎约定俗成。中国作为发展中国家,国民经济总量规模很小、综合实力不强、技术水平不高、资源环境意识不强、人们渴望解决温饱,发展速度的快慢是主要矛盾,国家建设中需要集中力量保速度。"又快又好"偏重强调经济增长速度,也包含着"兼顾"提高经济增长质量,但实践中往往是速度和规模更加重要,经济发展的质量往往被忽视。"又快又好"的提出和实施实现了经济的快速增长,但也存在经济增长的环境代价、经济繁荣背后日积月累的社会矛盾、经济增长的科技支撑能力建设不足等问题。

2006年12月5日,胡锦涛在中央经济工作会议上,根据党的十六大起的实践经验,将延续的"又快又好"调整为"又好又快"。胡锦涛在这次会上对"又好又快"进行了论述。胡锦涛强调:"必须深刻认识又好又快发展是全面落实科学发展观的本质要求。我国正面临着重要战略机遇期,又处于经济快速增长阶段,坚持又好又快发展,是落实科学发展观、实现全面建设小康社会目标的必然要求,是调动各方面积极性、发挥各类生产要素潜力的有效途径,是紧紧抓住发展机遇、实现综合国力整体跃升的必由之路。又好又快发展是有机统一的整体,既要求保持经济平稳较快增长,防止大起大落,更要求坚持好中求快,注重优化结构,努力提高质量和效益。我国已具备支撑经济又好又快发展的诸多条件,关键要在转变增长方式上狠下功夫,当前特别要在增强自主创新能力和节能降耗、保护生态环境方面迈出实质性步伐。"①

党的十七大报告进一步将实现又好又快发展作为深入贯彻落实科学发展观的要义,将"增强发展协调性,努力实现经济又好又快发展"作为实

---

① 中共中央文献研究室编:《十六大以来重要文献选编》下,中央文献出版社2011年版,第806页。

现全面建设小康社会奋斗目标的新要求，将"实现国民经济又好又快发展"作为进一步增强我国经济实力和彰显社会主义市场经济的强大生机活力的重大举措，对促进国民经济又好又快发展作出部署。

"又好又快"是立足基本国情，不断适应发展要求提出的。以"好"字当头替代"快"字当头，不是简单的文字变化，而是有深刻内涵，强调的是要更加注重发展质量和效益，走生产发展、生活富裕、生态良好的文明发展道路，更加清晰准确地体现出科学发展观的本质要求，更能反映出中国共产党对于经济发展客观规律的把握达到了一个新的高度。

加快经济发展方式转变是实现又好又快发展的要求，是中国经济领域的一场深刻变革。2007年6月25日，胡锦涛在中共中央党校省部级干部进修班上提出"转变经济发展方式"。胡锦涛指出："实现国民经济又好又快发展，关键要在转变经济发展方式、完善社会主义市场经济体制方面取得重大新进展。这是关系经济发展全局的两大任务。""转变经济发展方式，完善社会主义市场经济体制，是实现国民经济又好又快发展的两个重点。抓住这两个重点，也就抓住了全部经济工作的牛鼻子。我们一定要扎扎实实完成这两项重大任务。"[①] 胡锦涛在这次讲话中，将之前的转变经济增长方式改为转变经济发展方式，即以"发展"替换"增长"，这两个字的改动，内涵十分深刻，突出了"好"字当头的总要求，对经济发展的理念、目的、战略、途径等提出了新的更高的要求，包括以经济速度的提高和总量的扩张为基础，更加强调要注重结构改善和质量提高，使各种关系协调，努力实现以人为本、全面协调可持续的科学发展，充分体现了党对经济发展规律认识的深化。

转变经济发展方式，是在探索和把握中国经济发展规律的基础上提出的重要方针，也是从当时中国经济发展的实际出发提出的重大战略。改革开放以后，为了促进国民经济健康发展，中国一直高度重视转变经济增长方式问题。经过多年努力，取得了不小成绩，但仍未取得根本性突破。提

[①] 《胡锦涛文选》第二卷，人民出版社2016年版，第546、549页。

出转变经济发展方式,就是要更深刻、更自觉地把握经济发展规律,下更大的决心、采取更有力的措施提高经济发展质量和效益。

以胡锦涛同志为主要代表的中国共产党人大力推进经济发展方式的加快转变。为更好地解决经济长期积累的结构性矛盾和经济增长方式粗放问题,党的十七大将加快转变经济发展方式明确为战略任务。党的十七大报告强调:"实现未来经济发展目标,关键要在加快转变经济发展方式、完善社会主义市场经济体制方面取得重大进展。""加快转变经济发展方式,推动产业结构优化升级。这是关系国民经济全局紧迫而重大的战略任务。"这次大会在部署完成这一战略任务时提出:"要坚持走中国特色新型工业化道路,坚持扩大国内需求特别是消费需求的方针,促进经济增长由主要依靠投资、出口拉动向依靠消费、投资、出口协调拉动转变,由主要依靠第二产业带动向依靠第一、第二、第三产业协同带动转变,由主要依靠增加物质资源消耗向主要依靠科技进步、劳动者素质提高、管理创新转变。发展现代产业体系,大力推进信息化与工业化融合,促进工业由大变强,振兴装备制造业,淘汰落后生产能力;提升高新技术产业,发展信息、生物、新材料、航空航天、海洋等产业;发展现代服务业,提高服务业比重和水平;加强基础产业基础设施建设,加快发展现代能源产业和综合运输体系。确保产品质量和安全。鼓励发展具有国际竞争力的大企业集团。"[1] 党的十七届五中全会审议通过的《中共中央关于制定国民经济和社会发展第十二个五年规划的建议》,第一部分"加快转变经济发展方式,开创科学发展新局面"对加快转变经济发展方式作出部署,明确"十二五"时期国民经济和社会发展规划要以科学发展为主题,以加快转变经济发展方式为主线。

三、着力保障和改善民生

民惟邦本,本固邦宁。党的十六大起中国共产党治国理政的一个鲜明

---

[1] 中共中央文献研究室编:《十七大以来重要文献选编》上,中央文献出版社2013年版,第17－18页。

特色是坚持以人为本，保障和改善民生。党的十六大报告指出，发展经济的根本目的是提高全国人民的生活水平和质量。针对偏重经济增长而民生改善相对滞后的问题，2003年7月28日，胡锦涛在全国防治非典工作会议上提出"把促进经济社会协调发展摆到更加突出的位置"[①]。

党的十七大报告第八部分以"加快推进以改善民生为重点的社会建设"为题，强调"必须在经济发展的基础上，更加注重社会建设，着力保障和改善民生，推进社会体制改革，扩大公共服务，完善社会管理，促进社会公平正义，努力使全体人民学有所教、劳有所得、病有所医、老有所养、住有所居，推动建设和谐社会"。这个部分从6个方面对"加快推进以改善民生为重点的社会建设"进行了战略部署，分别是"优先发展教育，建设人力资源强国""实施扩大就业的发展战略，促进以创业带动就业""深化收入分配制度改革，增加城乡居民收入""加快建立覆盖城乡居民的社会保障体系，保障人民基本生活""建立基本医疗卫生制度，提高全民健康水平""完善社会管理，维护社会安定团结"。

党的十六大起的十年，以胡锦涛同志为总书记的党中央，着眼中国特色社会主义事业总体布局和全面建设小康社会战略布局，着力解决经济社会发展"一条腿长、一条腿短"的问题，把保障和改善民生作为加快转变经济发展方式的根本出发点和落脚点，努力解决好人民最关心最直接最现实的利益问题，保障全体人民切实共享改革发展成果。

实施积极就业政策。党的十六大报告强调："就业是民生之本。扩大就业是我国当前和今后长时期重大而艰巨的任务。国家实行促进就业的长期战略和政策。"这个报告要求"千方百计扩大就业，不断改善人民生活"。党的十七大报告提出："实施扩大就业的发展战略，促进以创业带动就业。"2007年8月30日，为了促进就业，促进经济发展与扩大就业相协调，促进社会和谐稳定，十届全国人大常务委员会第二十九次会议审议通过《中华人民共和国就业促进法》。该法涵盖了政府责任、工作方针和机

[①] 《胡锦涛文选》第二卷，人民出版社2016年版，第67页。

制、政策支持、公平就业、就业服务和管理、职业教育和培训、就业援助、监督检查、法律责任等内容。党的十六大起的十年间，中国妥善解决面对的就业问题。一是面对国有企业下岗职工再就业成为带有全局性影响的重大社会问题，继2002年9月中共中央、国务院印发《关于进一步做好下岗失业人员再就业工作的通知》后，2005年11月国务院印发《关于进一步加强就业再就业工作的通知》，要求基本解决体制转轨遗留的下岗失业问题，重点做好国有企业下岗失业人员、集体企业下岗职工、国有企业关闭破产需要安置人员的再就业工作，努力做好城镇新增劳动力的就业工作，积极推动高校毕业生就业工作，改善农村劳动者进城就业环境。二是面对受2008年国际金融危机和国内重大自然灾害的双重冲击下新增就业难度加大和劳动者失业风险增加的问题，2009年2月国务院印发《关于做好当前经济形势下就业工作的通知》，明确了紧密结合实施扩大内需促进经济增长的措施以及千方百计扩大就业的对策。中国在完善社会主义市场经济体制过程中，逐步建立起覆盖城乡的公共就业体系，初步形成劳动者自主择业、市场调节就业和政府促进就业的市场就业格局，保持了就业形势总体稳定。

提高和改善收入分配。继党的十六大将"国内生产总值到二〇二〇年力争比二〇〇〇年翻两番"作为全面建设小康社会目标后，党的十七大又把"实现人均国内生产总值到二〇二〇年比二〇〇〇年翻两番"作为实现全面建设小康社会奋斗目标的新要求。党的十六大起的十年间，中国经济实现高速增长，为居民收入提高奠定了基础。同时，中国推进分配制度的完善，党的十六大确立了劳动、技术和管理等生产要素按贡献参与分配的原则，完善按劳分配为主体、多种分配方式并存的分配制度；提出"初次分配注重效率，再分配注重公平"。在经济快速增长的同时，国家采取了一系列提高城乡居民收入的措施：一是重点改善低收入群体和困难群众生活，连续几年提高基本养老金，特别是持续提高企业退休人员基本养老金，适当提高优抚对象等人员抚恤和生活补助标准，提高城市低保对象的补助水平，并逐步提高扶贫标准和最低工资标准，建立企业职工工资正常增长机制和支付保障机制。二是让更多群众拥有财产性收入，并在保护合法收入的同时，调节过高收入，取缔非法收入，采取切实措施扩大转移支付，强化税收调节，打破经营垄断，创造机会公平，整顿分配秩序，努力扭转收入分配差距扩大的趋势。三是初步建立以税收、转移支付、社会保障等为主要手段的再分配调节制度框架。四是国家多次提高个人所得税减除费用标准，2005年起逐步提高个人所得税起征点，从每月800元先后提高到1600元、2000元和3500元，人民从中受益。

加强社会保障体制机制建设。党的十六大报告提出："建立健全同经济发展水平相适应的社会保障体系，是社会稳定和国家长治久安的重要保证。"党的十七大报告进一步明确将"覆盖城乡居民的社会保障体系基本建立，人人享有基本生活保障"作为2020年全面建成小康社会的奋斗目标之一。党的十六大起的十年间，中国坚持不懈推进制度改革，社会保障体系框架基本形成：颁布实施了《中华人民共和国社会保险法》；完善企业职工基本养老保险制度，全面建立了城镇职工基本养老保险省级统筹制度，制定实施了《城镇企业职工基本养老保险关系转移接续暂行办法》，开展了事业单位养老保险制度改革试点，企业年金制度建设取得积极进展；建立了新型农村社会养老保险制度和城镇居民社会养老保险制度，2012年底实现全覆盖；建立并全面实施新型农村合作医疗保险制度、城镇居民基本医疗保险制度、城乡医疗救助制度，职工基本医疗保险制度不断完善，2012年建立了城乡居民大病医疗保险制度，实现了基本医疗保障对城乡居民的全面覆盖；基本建立失业保险与促进就业联动机制，积极探索保障生活、促进就业、预防失业的制度体系；工伤保险和生育保险制度普遍实施；全面建立和实施农村最低生活保障制度；积极发展商业养老和健康保险。经过努力，中国初步形成了以社会保险、社会救助、社会福利为基础，以基本养老、基本医疗、最低生活保障制度为重点，以慈善事业、商业保险为补充的社会保障体系框架，实现了由单位和家庭保障向社会保障、由覆盖城镇职工向覆盖城乡居民、由单一保障向多层次保障的根本性转变。

四、建设资源节约型和环境友好型社会

在经济经历长期粗放式高速增长后,中国面临的环境问题日益严峻,对生产生活产生着不利影响。

以胡锦涛同志为主要代表的中国共产党人,面对经济长期粗放式高速增长导致生态环境问题日益突出,提出构建资源节约型、环境友好型社会(简称两型社会)。胡锦涛在党的十六届三中全会上指出,要实现全面建设小康社会的宏伟目标,就必须促进社会主义物质文明、政治文明和精神文明协调发展,坚持在经济发展的基础上促进社会全面进步和人的全面发展,坚持在开发利用自然中实现人与自然的和谐相处,实现经济社会的可持续发展。① 2004年3月,胡锦涛在中央人口资源环境工作座谈会上再次强调,不仅要重视经济增长指标,而且要重视人文指标、资源指标、环境指标和社会发展指标,要把经济增长指标同人文、资源、环境和社会发展指标有机地结合起来。这些成为此后中国经济发展的一个重要指导思想。在2005年3月召开的中央人口资源环境工作座谈会上,胡锦涛指出"严峻的环境形势迫切要求转变经济增长方式,这是解决环境与发展矛盾的治本之策",一个必须切实抓好的任务是"建立资源节约型、环境友好型社会"。②

2006年3月,《中华人民共和国国民经济和社会发展第十一个五年规划纲要》把节能减排列为约束性指标。2006年4月召开的第六次全国环境保护大会提出,必须把环境保护摆在更加重要的战略位置,在环境保护工作上要加快实现三个转变:一是从重经济增长轻环境保护转变为保护环境与经济增长并重;二是从环境保护滞后于经济发展转变为环境保护和经济发展同步;三是从主要用行政办法保护环境转变为综合运用法律、经济、技术和必要的行政办法解决环境问题。

---

① 中共中央文献研究室编:《十六大以来重要文献选编》上,中央文献出版社2011年版,第483页。
② 中共中央文献研究室编:《十六大以来重要文献选编》中,中央文献出版社2011年版,第823页。

党的十七大报告将"必须坚持全面协调可持续发展"明确为科学发展观的重要组成部分，强调"坚持生产发展、生活富裕、生态良好的文明发展道路，建设资源节约型、环境友好型社会，实现速度和结构质量效益相统一、经济发展与人口资源环境相协调，使人民在良好生态环境中生产生活，实现经济社会永续发展"。[①] 这个报告对促进两型社会发展作出进一步部署，在"实现全面建设小康社会奋斗目标的新要求"部分明确："建设生态文明，基本形成节约能源资源和保护生态环境的产业结构、增长方式、消费模式。循环经济形成较大规模，可再生能源比重显著上升。主要污染物排放得到有效控制，生态环境质量明显改善。生态文明观念在全社会牢固树立。"[②]

建设两型社会是一个系统工程，既要节约能源使用、提高能源利用效率，还要推进节约用水、节约用地、节约原材料、综合利用资源、发展循环经济等。2005 年，《国务院关于做好建设节约型社会近期重点工作的通知》明确提出要编制《节水型社会建设"十一五"规划》《海水利用专项规划》《全国节水灌溉规划》《全国旱作节水农业发展规划》《资源综合利用规划》《可再生能源中长期发展规划》《农村沼气工程建设规划》《保护性耕作示范工程建设规划》《2005－2007 年资源节约与综合利用标准发展计划》等。这些都意味着中国开始了从多个方面着手全方位地建设资源节约型社会。2006 年，《节水型社会建设"十一五"规划》出台，这一规划由国家发展和改革委员会、水利部、建设部联合发布，规划提出到 2010 年中国单位 GDP 的用水量比 2005 年降低 20% 以上，5 年间要实现节水 690 亿立方米。规划的出台推动了节水型社会建设的实践。

在建设两型社会过程中，中国大力促进清洁生产。2003 年 1 月 1 日起，中国开始实施《中华人民共和国清洁生产促进法》，2012 年 2 月 29 日十一届全国人大常务委员会第二十五次会议又对《中华人民共和国清洁生

---

① 中共中央文献研究室编：《十七大以来重要文献选编》上，中央文献出版社 2013 年版，第 12 页。
② 中共中央文献研究室编：《十七大以来重要文献选编》上，中央文献出版社 2013 年版，第 16 页。

产促进法》进行了修正。根据该法，国务院和县级以上地方人民政府将清洁生产促进工作纳入国民经济和社会发展规划、年度计划以及环境保护、资源利用、产业发展、区域开发等规划。2003年起，国家经济贸易委员会、国家环境保护总局联合分批编制《国家重点行业清洁生产技术导向目录》，推广经过实践证明具有明显经济和环境效益的清洁生产技术。国家发展和改革委员会、国家环境保护总局从2004年8月起启动了对企业的自愿性清洁生产审核和强制性清洁生产审核工作，重点行业清洁生产评价指标体系也在2005年发布。

在建设两型社会过程中，中国大力促进循环经济发展。2005年7月，国务院印发《关于加快发展循环经济的若干意见》，强调要大力发展循环经济，按照"减量化、再利用、资源化"原则，采取各种有效措施，以尽可能少的资源消耗和尽可能小的环境代价，取得最大的经济产出和最少的废物排放，实现经济、环境和社会效益相统一。[①] 2008年8月，十一届全国人大常务委员会第四次会议通过《中华人民共和国循环经济促进法》。2012年12月12日，国务院常务会议讨论通过《"十二五"循环经济发展规划》。

随着统筹人与自然和谐发展的推进，党和政府积极转变经济发展方式，建设资源节约型、环境友好型社会逐步得到落实。这十年间，中国成为世界上投资清洁能源力度最大的国家，单位国内生产总值能耗下降12.9%；绿色GDP的政绩考核开始启动，生态补偿体制机制稳步推进。这十年间，全国森林面积由23.9亿亩增加到29.3亿亩，森林覆盖率由16.55%提高到20.36%；全国沙化土地面积逐年缩减，实现了从"沙进人退"向"人进沙退"的历史性转变。2002年七大水系重点监测断面中，仅有29.1%满足Ⅰ-Ⅲ类水质要求，2011年提高到61.0%；2002年近岸海域一、二类海水比例为49.7%，2011年提高到62.8%；水土流失治理面积达到47.16万平方公里。在经济高速增长下，尽管不断采取措施促进

[①] 中共中央文献研究室编：《十六大以来重要文献选编》中，中央文献出版社2011年版，第959-960页。

清洁生产和循环经济发展，但资源环境约束加剧的问题日益突出。

第二节　加强宏观调控和促进微观搞活

党的十六大起的十年间，按照统筹城乡发展、统筹区域发展、统筹经济社会发展、统筹人与自然和谐发展、统筹国内发展和对外开放的要求为全面建设小康社会提供了强有力的体制保障，宏观调控能力提升，多种经济成分共同发展，成功应对了国际金融危机。

一、完善社会主义市场经济体制的决定

党的十四大起到十六大前，中国社会主义市场经济体制初步建立起来，但还不完善，生产力发展仍面临诸多体制性障碍。这是中国还存在经济结构不合理、分配关系未理顺、农民收入增长缓慢、就业矛盾突出、资源环境压力加大、经济整体竞争力不强等问题的重要原因。为适应全面建设小康社会的新要求，适应经济全球化和科技进步加快的国际环境，需要加快推进改革，进一步解放和发展生产力，为经济发展和社会全面进步注入强大动力。

党的十六大起的十年间，中国经济体制改革的显著特征是在初步建立起社会主义市场经济体制后，对其进行完善。党的十六大报告指出："全面建设小康社会，最根本的是坚持以经济建设为中心，不断解放和发展社会生产力。"[①] 党的十六大作出建成完善的社会主义市场经济体制和更具活力、更加开放的经济体系的战略部署。为贯彻落实这一战略部署，党的十六届三中全会审议通过《中共中央关于完善社会主义市场经济体制若干问题的决定》（以下简称《决定》），对完善社会主义市场经济体制的若干重

---

① 中共中央文献研究室编：《十六大以来重要文献选编》上，中央文献出版社2011年版，第16页。

大问题作出决策部署。

《决定》强调，为适应经济全球化和科技进步加快的国际环境，适应全面建设小康社会的新形势，必须按照党的十六大提出的建成完善的社会主义市场经济体制和更具活力、更加开放的经济体系的战略部署，加快推进改革，进一步解放和发展生产力，为经济发展和社会全面进步注入强大动力。

《决定》提出，完善社会主义市场经济体制的目标和任务是："按照统筹城乡发展、统筹区域发展、统筹经济社会发展、统筹人与自然和谐发展、统筹国内发展和对外开放的要求，更大程度地发挥市场在资源配置中的基础性作用，增强企业活力和竞争力，健全国家宏观调控，完善政府社会管理和公共服务职能，为全面建设小康社会提供强有力的体制保障。主要任务是：完善公有制为主体、多种所有制经济共同发展的基本经济制度；建立有利于逐步改变城乡二元经济结构的体制；形成促进区域经济协调发展的机制；建设统一开放竞争有序的现代市场体系；完善宏观调控体系、行政管理体制和经济法律制度；健全就业、收入分配和社会保障制度；建立促进经济社会可持续发展的机制。"[1] 这次全会提出统筹发展，是在树立和落实全面发展、协调发展、可持续发展的科学发展观下，针对当时"达到的小康还是低水平的、不全面的、发展很不平衡的小康，人民日益增长的物质文化需要同落后的社会生产之间的矛盾仍然是我国社会的主要矛盾"，为巩固和提高已达到的小康水平，实现经济、社会和人的全面发展而提出的。[2] "五个统筹"的要求体现了经济、社会和人的全面发展，体现了改革、发展、稳定三者的紧密结合、相互统一的战略思想。

《决定》提出，完善社会主义市场经济体制要做到"五个坚持"：坚持社会主义市场经济的改革方向，注重制度建设和体制创新。坚持尊重群众的首创精神，充分发挥中央和地方两个积极性。坚持正确处理改革发展稳定的关系，有重点、有步骤地推进改革。坚持统筹兼顾，协调好改革进

---

[1] 中共中央文献研究室编：《十六大以来重要文献选编》上，中央文献出版社2011年版，第465页。
[2] 中共中央文献研究室编：《十六大以来重要文献选编》上，中央文献出版社2011年版，第14、465页。

程中的各种利益关系。坚持以人为本，树立全面、协调、可持续的发展观，促进经济社会和人的全面发展。① 这"五个坚持"体现了以往改革的成功经验，对确保改革顺利进行具有重大意义。

遵循这些基本要求和原则，《决定》对基本经济制度、城乡及区域经济协调发展机制、现代市场体系建设、宏观调控体系完善等方面作出了全面规划和工作部署。

从初步建立社会主义市场经济体制到完善社会主义市场经济体制，这是一个新的历史跨越，也是一项艰巨的系统工程。建成完善的社会主义市场经济体制，是中国共产党在新世纪新阶段作出的具有重大现实意义和深远历史意义的决策，是对全党新的重大考验。党的十六大起的十年，中国以科学发展观为指导，按照"五个统筹""五个坚持"的要求推进经济改革，促进了社会主义市场经济体制的完善，为全面建设小康社会提供了体制保证。

二、加强宏观调控体系建设

党的十六大报告强调，坚持社会主义市场经济的改革方向，使市场在国家宏观调控下对资源配置起基础性作用；加强和完善宏观调控，完善国家计划和财政政策、货币政策等相互配合的宏观调控体系。党的十七大报告强调，要深化对社会主义市场经济规律的认识，从制度上更好发挥市场在资源配置中的基础性作用，形成有利于科学发展的宏观调控体系。党的十七大报告还明确了"深化财税、金融等体制改革，完善宏观调控体系"的具体措施，并强调要发挥国家发展规划、计划、产业政策在宏观调控中的导向作用，综合运用财政政策、货币政策，提高宏观调控水平。

党的十六大起的十年间，中国宏观调控的一个取向是将扩大内需作为经济发展长期的、基本的立足点。党的十六大报告提出："要把促进经济增长，增加就业，稳定物价，保持国际收支平衡作为宏观调控的主要目

---

① 中共中央文献研究室编：《十六大以来重要文献选编》上，中央文献出版社2011年版，第465页。

标。扩大内需是我国经济发展长期的、基本的立足点。坚持扩大国内需求的方针，根据形势需要实施相应的宏观经济政策。调整投资和消费关系，逐步提高消费在国内生产总值中的比重。"① 在应对"非典"疫情和国际金融危机中，中国在稳定外需和开拓新市场的同时，坚持实施扩大内需方针。具体而言，中国实施大规模结构性减税以及"家电下乡"、"以旧换新"、"农机购置补贴"、降低小排量汽车的车购税等刺激国内市场消费的财税政策，优化消费环境，培育消费热点，着力提高居民消费能力。党的十六大起的十年间，中国内外需拉动经济增长的协调性增强。

党的十六大起的十年间，中国先后遇到"非典"疫情、雨雪冰冻灾害、国际金融危机对经济发展的严重冲击。以胡锦涛同志为总书记的党中央推进国家宏观调控体系的完善，丰富调控手段，发挥国家发展规划（计划）、产业政策在宏观调控中的导向作用，运用财政、货币组合政策，促进经济"又好又快"发展，并成功应对从国内"非典"疫情、雨雪冰冻灾害、汶川特大地震等灾害到美国次贷危机引发的国际金融危机，打好稳增长、调结构、防通胀、控房价等方面的硬仗，政府驾驭经济发展全局的能力增强，这只"看得见的手"起到了为国民经济发展调校方向、保驾护航的作用。

根据党的十六大报告提出的"完善国家计划和财政政策、货币政策等相互配合的宏观调控体系，发挥经济杠杆的调节作用"，中央政府根据经济形势的变化，在宏观调控上实施了相配套的货币政策和财政政策。

推进公共财政体制框架初步形成，促进财政转型。公共财政的核心是利用纳税人的钱实施相应财税政策，优化解决广大人民群众和社会各界关心的公共资源配置问题，为全体人民谋福利。党的十六大起的十年间，中国继1998年12月全国财政工作会议明确构建公共财政基本框架后，着力建立完善有利于科学发展的财税体制机制，以"民生财政"的公共财政为主线，扎实推进公共财政体系建立，财政支出结构优化，教育、医疗卫

---

① 中共中央文献研究室编：《十六大以来重要文献选编》上，中央文献出版社2011年版，第21页。

生、社会保障与就业等公共服务领域的比重稳步提升。

推进增强抗风险能力的金融体制改革。党的十六大起的十年间，中国在全球政治经济形势和格局发生重大变化和变革的形势下，坚持以科学发展观为指导，加强和改善金融宏观调控，充分发挥金融在优化资源配置中的重要作用，金融体制改革取得重大进展。在健全金融机构监管体系上，2003年4月，中国银行业监督管理委员会正式成立，标志着中国金融分业监管模式基本确立。在坚持市场化取向深化商业银行改革上，2003年底，代表国家对国有重点金融企业进行股权投资、行使出资人权利的中央汇金投资有限责任公司成立，在国有商业银行的股份制改造中发挥了重要作用；中国银行、建设银行、工商银行、农业银行先后完成股份制改造，开发银行由政策性银行改造成股份制商业银行。通过改革，金融机构股权结构和治理结构日益完善，经营管理方式得到根本性转变，资本充足率大幅提高，资产质量大为改观，盈利能力和风险控制能力显著增强。同时，有序推进上市公司股权分置改革，加快利率市场化改革步伐，稳步推进证券公司重组工作，深入推进农村金融改革，改进"宽进严出"的管理模式，逐步向外资银行放开了境内企业及公民的人民币业务。增强抗风险能力的金融体制改革的推进，提升了金融服务能力和水平，金融业整体实力、抗风险能力和国际影响力快速提升，成功经受了国际金融危机的严峻挑战，有力地支持和促进了国民经济持续健康发展。

三、多种经济成分共同发展

1997年党的十五大之后，为改变国有企业整体效益不高、亏损严重问题，中国打响了国企改革"攻坚战"，如期实现了国有企业"三年脱困"（1998—2000年）目标，国有企业效益明显提高，国有经济布局更加合理，出现了良好发展势头。国有经济的变化，使得2001年社会上出现了所谓"国进民退"议论。针对这个舆情，2002年党的十六大报告完整地阐述了"两个毫不动摇"。报告强调，坚持公有制为主体，促进非公有制经济发展，统一于社会主义现代化建设的进程中，不能把这两者对立起来。各种所有制经济完全可以在市场竞争中发挥各自优势，相互促进，共同发展。①2007年党的十七大报告进一步强调，毫不动摇地巩固和发展公有制经济，毫不动摇地鼓励、支持、引导非公有制经济发展，坚持平等保护物权，形成各种所有制经济平等竞争、相互促进新格局。

党的十六大后，中国将坚持和完善公有制为主体、多种所有制经济共同发展的基本经济制度作为完善社会主义市场经济体制的基本前提和首要任务，采取了一系列措施促进多种经济成分共同发展。

在促进国有经济发展上，中国推进国有资产管理体制和国有企业改革。

一是深化国有资产管理体制改革。根据党的十六大的部署，中央和地方政府分别建立代表国家履行出资人职责的国有资产监督管理机构，国有资产监督管理委员会授权给国有资本运营管理公司，把国有资产出资人和经营人分开。2003年4月，国务院国有资产监督管理委员会正式成立，负责管理196户中央企业近7万亿元的国有资产。国有资产管理制度也相应出台，2003年5月，国务院颁布了《企业国有资产监督管理暂行条例》；2008年10月，十一届全国人大常委会第五次会议审议通过了《中华人民共和国企业国有资产法》。在国有资本经营预算制度改革上，2007年9月，国务院印发了《关于试行国有资本经营预算的意见》，国有资本经营预算试点工作也于同年启动。试点中，企业按照一定比例上缴国有资本收益。国家依法取得国有资本的收益，改变了从1994年起国家不要求国有企业上缴税后利润的做法，调整了国有资产所有者和经营者之间的利益分配关系，这是对所有者权益的维护，推动了国有资本经营收入与支出的规范化和国有资本收益的全民共享。与"管资产"相比，"管资本"更加强调资本的流动性，更加强调以股权为纽带通过市场化的运作优化国有资本的配置，促进了产业整合，加快了国有企业改革和国有经济战略性调整的步

---

① 中共中央文献研究室编：《十六大以来重要文献选编》上，中央文献出版社2011年版，第19页。

伐。中央企业的数量逐步减少，由2003年国有资产监督管理委员会成立时的196家，减为2009年底的128家。

二是国有企业改革继续深化。在公有制实现形式的探索完善上，国有资本、集体资本和非公有资本交叉持股的混合所有制经济有了较快发展。2012年，国有控股上市公司达到953家，占全国A股上市公司数量的38.5%，市值合计13.71万亿元，占A股上市公司总市值的51.4%。[①] 在引导国有企业进一步健全和完善公司内部的治理结构上，2004年在中央企业进行国有独资公司建立和完善董事会试点工作。在中央企业的人事制度改革上，加大了竞争性选拔力度，通过公开招聘、竞争上岗等方式选拔各级企业经营管理人才。在国有企业承担社会责任上，以发挥表率作用为取向，在推进环境保护、可持续发展、扶贫救灾、慈善公益等事业中作出了重要贡献。

在促进非公有制经济发展上，继党的十六大明确"两个毫不动摇"后，党的十七大报告又明确平等保护物权、各种所有制经济平等竞争[②]原则，并先后出台两个促进非公有制经济发展的36条措施。

第一个"非公经济36条"是2005年国务院印发的《关于鼓励支持和引导个体私营等非公有制经济发展的若干意见》。其中，第一项是"放宽非公有制经济市场准入"，提出平等准入、公平待遇原则，允许非公有资本进入垄断行业、公用事业、基础设施、社会事业、金融服务业、国防科技工业建设等领域，并且鼓励非公有制经济参与国有经济结构调整和国有企业重组。这一文件还指出要在财税金融、社会服务、政府监管等方面为非公有制经济发展提供必要支持。[③]

第二个"非公经济36条"是国务院继为应对2008年国际金融危机印

---

① 《中国国有资产监督管理年鉴》编委会编：《中国国有资产监督管理年鉴（2013）》，中国经济出版社2013年版，第34页。
② 中共中央文献研究室编：《十七大以来重要文献选编》上，中央文献出版社2013年版，第20页。
③ 中共中央文献研究室编：《十六大以来重要文献选编》中，中央文献出版社2011年版，第684—694页。

发《关于进一步促进中小企业发展的若干意见》后,于 2010 年印发的《关于鼓励和引导民间投资健康发展的若干意见》。这个"非公经济 36 条"与 2005 年的"非公经济 36 条"相比,促进非公有制经济发展的力度更大,对民间资本进入电力、石油、天然气、电信、矿产资源、市政公用事业等领域的方式和范围作出相对明确和详细的规定。为实施 2010 年"非公经济 36 条",金融、铁路、电信、市政等部门出台了民间资本准入实施细则。

2003—2012 年,随着放宽非公有制经济市场准入、在一般竞争性领域为民间资本营造更广阔的市场空间等政策的实施,以及一系列支持非公有制经济发展具体措施的实施,中国的非公有制经济实现快速发展。2012 年,中国累计民营公司上市数量达 1288 家,占全部上市公司总量的 52.2%;私营有限责任公司和股份有限公司数量分别达到 906.6 万家和 3.9 万家,两者合计在私营企业总量中的占比高达 83.9%。[①] 非公有制经济日益成长为国民经济中非常重要的组成部分。其中,非公有制经济在吸纳就业方面的作用进一步增强,成为缓解城镇就业压力、吸纳农村富余劳动力的重要途径。

四、成功应对国际金融危机

2008 年 9 月起国际金融危机导致国际经济环境急转直下,世界经济增长减速,全球总需求低迷。国际金融危机对中国经济产生了重要影响,中国外需骤减,2008 年第四季度和 2009 年第一季度企业景气指数、企业家信心指数大幅度下降。加上国内经济中深层次矛盾和问题尚未解决,中国经济下行压力加大,一些行业产能过剩,企业经营困难增多,就业形势十分严峻,财政减收增支因素增多,金融领域潜在风险增加。

面对严峻国际金融危机给中国经济造成的巨大冲击,中央实施了一系

---

① 中华全国工商业联合会编:《中国民营经济发展报告 No. 10 (2012—2013)》,社会科学文献出版社 2013 年版,第 11—12 页。

列促进经济增长的措施。在宏观经济政策方面，将稳健的财政政策与稳健的货币政策组合模式调整为积极的财政政策和适度宽松的货币政策组合模式。2008年11月5日，国务院常务会议决定实行积极的财政政策和适度宽松的货币政策，这是中国货币政策十多年来首次提出"适度宽松"。中国金融体系总体稳健，财政赤字规模较小，外汇储备充足，国内储蓄率较高，这些都为实施积极的财政政策、适度宽松的货币政策提供了条件。

基于外需骤减，中国采取措施扩大内需。工业化、城镇化的快速发展，使基础设施建设、产业发展、居民消费、生态环境保护等方面有巨大的发展空间，扩大内需潜力巨大[①]，也为消化这些政策效应提供了可能。2008年11月，国务院常务会议确定了进一步扩大内需、促进经济增长的十项措施：第一，加快建设保障性安居工程，包括支持廉租住房建设、加快棚户区改造、实施游牧民定居工程、扩大农村危房改造试点等。第二，加快农村基础设施建设，加大农村沼气、公路、电网、饮水安全等工程的建设力度。第三，加快铁路、公路和机场等重大基础设施建设。第四，加快医疗卫生、文化教育事业发展，特别是加强基层医疗卫生服务体系的建设。第五，加强生态环境建设，大力支持重点节能减排工程建设，并加强重点流域水污染的防治和重点防护林、天然林资源保护工程建设。第六，加快自主创新和结构调整。第七，加快地震灾区灾后重建各项工作。第八，提高城乡居民收入。提高粮食最低收购价格、农村低保补助以及农资综合直补、良种补贴、农机具补贴等标准以增加农民收入。在城市进一步完善社会保障体系。第九，在全国所有地区、所有行业全面实施增值税转型改革，鼓励企业技术改造，减轻企业负担1200亿元。第十，加大金融对经济增长的支持力度，取消对商业银行的信贷规模限制，增加对中小企业发展、重点工程、"三农"等领域的信贷支持。

2008年12月召开的中央经济工作会议对2009年的工作任务作出部

---

① 中共中央文献研究室科研管理部编：《中国共产党90年研究文集》中，中央文献出版社2011年版，第1440页。

署,在金融危机不断扩散和蔓延的背景下,"保增长、促发展"成为重中之重。

在实施扩大内需、促进经济增长的十项措施的基础上,实施以大规模增加政府支出和实施结构性减税、大频度降息和增加银行体系流动性、大范围实施产业调整振兴规划、大力推进科技创新和技术改造、大幅度提高社会保障水平为主要内容的一揽子计划。

这一系列举措的实施,动员起全社会共同应对危机的力量。当时全球经济一派低迷,很多重要的国家和经济体经济增速都很低甚至出现负增长,而中国经济在2008年底和2009年初遭遇金融危机冲击后开始恢复,在全球率先实现企稳回升,2009年实现9.4%的国内生产总值增速,2010年国内生产总值增速又回升至10.6%。在2008年至2012年的5年中,中国经济平稳较快发展,国内生产总值年均增长9.2%,对世界经济复苏作出了极大贡献。

第三节 经济快速发展和民生明显改善

党的十六大起的十年间,中国聚精会神搞建设,一心一意谋发展,统筹城乡发展和推进社会主义新农村建设,走新型工业化道路,快速推进城镇化,战胜了一系列重大挑战特别是2008年爆发的国际金融危机,使得国民经济发展成为新中国成立以来最高速平稳的十年。国内生产总值由2002年的121717.4亿元增加到2012年的538580.0亿元。在国际上的位势提升,到2010年,中国经济总量从2002年的居世界第六位跃升到第二位,并成为全球制造业第一大国。2009年,中国货物贸易出口跃居世界首位。中国在全球经济中所占份额由2000年的3.7%上升到2012年的11.6%,增加了7.9个百分点。从2008年世界金融危机爆发后到2012年,中国对全球经济增量的贡献接近40%,成为拉动全球经济增长的主要动力。中国随着统筹城乡、区域、经济社会、人与自然和谐发展的推进,发展不全面、不平衡的突出问题得以遏制,全面均衡发展顺利推进,人民生活水平明显改善。

一、实行"反哺"政策和建设社会主义新农村

改革开放促进了农业农村的快速发展,但由于城市的发展速度更快,城乡差距扩大。党的十六大从全面建设小康社会的战略全局出发,正视"城乡二元经济结构还没有改变,地区差距扩大的趋势尚未扭转,贫困人口还为数不少"① 的问题,将"统筹城乡经济社会发展,建设现代农业,发展农村经济,增加农民收入"② 明确为全面建设小康社会的重大任务。胡锦涛在 2003 年 1 月召开的中央农村工作会议上提出:"把解决好农业、农村和农民问题作为全党工作的重中之重。"③ 党的十六届三中全会明确按照"五个统筹"的要求推进改革,其中的第一个统筹是统筹城乡发展。从 2004 年起,党中央连续将以促进"三农"发展为主题的文件列为当年的一号文件。在党的十六届四中全会上胡锦涛作出工农、城乡发展"两个趋向"论断,即"综观一些工业化国家发展历程,在工业化初始阶段,农业支持工业、为工业提供积累是带有普遍性的趋向;但在工业化达到相当程度以后,工业反哺农业、城市支持农村,实现工业与农业、城市与农村协调发展,也是带有普遍性的趋向"④。党的十六届五中全会通过的《中共中央关于制定国民经济和社会发展第十一个五年规划的建议》,在部署"积极推进城乡统筹发展"部分指出"建设社会主义新农村是我国现代化进程中的重大历史任务"。在此基础上,党的十七大在部署"统筹城乡发展,推进社会主义新农村建设"时,提出"形成城乡经济社会发展一体化新格

---

① 中共中央文献研究室编:《十六大以来重要文献选编》上,中央文献出版社 2011 年版,第 14 页。
② 中共中央文献研究室编:《十六大以来重要文献选编》上,中央文献出版社 2011 年版,第 17 页。
③ 中共中央文献研究室编:《十六大以来重要文献选编》上,中央文献出版社 2011 年版,第 112 页。
④ 《胡锦涛文选》第二卷,人民出版社 2016 年版,第 247 页。

局"的要求。党的十六大起的十年,党和政府在全面建设小康社会的进程中,统筹城乡发展,实现农业养育工业向工业反哺农业的政策转变,着力解决城乡发展不协调的矛盾,促进城乡经济社会发展一体化格局的形成和推进社会主义新农村建设取得显著进展。

取消农业税,实行城乡统一的税赋制度。中国共产党注重减轻农民负担,但在实践中也出现负担反弹现象。有学者基于中国历史上出现的农民负担"重—减—重"的周期循环,将其称为"黄宗羲定律"。在2000年起农村税费改革试点的基础上,党的十六大起进入逐步取消农业税阶段。在试点的基础上,2005年12月29日,十届全国人大常委会第十九次会议以162票赞成、1票弃权、0票反对的表决结果,通过了关于自2006年1月1日起废止《中华人民共和国农业税征收条例》的决定。农村税费改革的实施,消除了现代社会中不应由农民承担的不合理赋税,使国家、集体与农民分配关系发生根本变化。农村税费改革的实施,还取消了面向"三农"的各种收费,包括取消、免收或降低标准的全国性及中央部门涉农收费项目150多项,取消村提留乡统筹、农村教育集资等收费项目,基本堵死了向农民搭便车收费的渠道,因而也成为减轻农民负担的治本之策。取消农业"四税"(农业税、农业特产税、牧业税和屠宰税),直接减轻农民税费负担约1250亿元(人均减负约140元),加上制止了各种摊派、集资、乱罚款等,农民减负总额在1600亿元左右。对广大农民而言,这是一笔不小的实惠。取消农业税是大善举,广大农民欢欣鼓舞。2006年9月的一天,河北省灵寿县青廉村村民们聚集在老汉王三妮家的院子里,敲锣鼓,扭秧歌。王老汉用了20个月的时间,亲手铸造了一个重252公斤、铸有563字铭文的青铜大鼎,取名"告别田赋鼎"。王三妮说:"我是农民的儿子,祖上几代耕织辈辈纳税。今朝告别了田赋,我要代表农民铸鼎刻铭,告知后人,万代歌颂,永世不忘!"这是中国农民发自肺腑的心声,是历史上令人难忘的一幕。为了保障农村税费改革的顺利进行,还采取了相应的配套措施,主要有:加大中央和省两级财政的转移支付力度,对农村税费改革提供必要的财力保障;积极推进乡镇机构、农村义务教育体制、乡镇财政体制等农村综合改革。

加大对"三农"的投入，建立覆盖城乡的公共财政。城乡二元财政政策是城乡二元结构形成和固化的重要因素之一。改变城乡二元结构，缩小城乡差距，形成城乡经济社会发展一体化新格局，促进农村社会事业的发展，实现城乡基本公共服务均等化，改善农村生产生活条件，需要消除城乡二元财政政策，建立覆盖城乡的公共财政。自党的十六大起，中国在推进农村税费改革的基础上，对"三农"实行"多予"政策，开始建立覆盖城乡的公共财政，把"三农"发展纳入公共财政范围，特别是将公共财政逐步扩大到农村社会事业和基础设施，着力建立以工促农、以城带乡的长效机制。以实施农村义务教育"两免一补"为标志，开始实行城乡同等的义务教育制度。以建立新型农村合作医疗制度为标志，开始实行城乡平等的医疗服务制度。随着社会主义新农村建设的提出和展开，也随着公共财政覆盖城乡政策的实施，农村基础设施建设快速推进。建立覆盖城乡的公共财政，启动城乡二元财政制度向一元制度的转变，促进新型农村合作医疗制度的逐步完善、农村最低生活保障制度的建立、新型农村社会养老保险试点的推进、乡村基础设施的建设，是党的十六大起"三农"政策新的突破，成为实施工业反哺农业政策的主要方式和统筹城乡经济社会发展下解决"三农"问题的重要路径之一。

社会主义新农村建设扎实推进，城乡差距拉大问题得以遏制。2005年，党的十六届五中全会提出按照"生产发展、生活宽裕、乡风文明、村容整洁、管理民主的要求"建设社会主义新农村。[①] 在"重中之重"的工作布局下，社会主义新农村建设这一重大决策顺利实施，取得了显著成效。城镇化水平快速提升，城镇化率由2002年的39.1%提高到2012年的52.6%，平均每年提高1.4个百分点。2011年，全国城镇人口首次超过农村人口，城镇化率达到51.3%，标志着中国城乡人口结构实现由以农村为主到以城市为主的历史性转变。农业综合生产能力迈上新台阶，全国粮食

---

① 中共中央文献研究室编：《十六大以来重要文献选编》中，中央文献出版社2011年版，第1066页。

产量自 1999 年起下降徘徊的态势得以扭转，2004－2012 年实现"九连增"，其中 2007－2012 年连续六年超过 5 亿吨，2012 年达 61222.62 万吨，比 2002 年增长 33.9%。农村居民人均可支配收入增幅逐年下降的态势（由 1996 年的 9.0% 逐年下降至 2000 年的 2.1%）得以扭转，2004－2012 年实现快速增长，由 2002 年的 2528.9 元增加至 2012 年的 8389.3 元，尤其是 2010 年起连续三年增幅超过城镇居民。在国家大幅度增加农村基础设施建设财政投入的情况下，农村道路、电力、危房改造、饮水安全、环境等基础设施快速改善。农村公共文化体系建设快速推进，教育、医疗卫生事业快速发展，仅全国乡镇卫生院床位数，就由 2002 年的 67.13 万张增加到 2012 年的 109.93 万张，增长了 63.8%。随着工业反哺农业政策的实施和社会主义新农村建设的推进，农村发展不全面、城乡不平衡的突出问题得以遏制，农村交通更加便利，环境有所改善，农民住房面积增加较多，农村医疗制度逐步健全，农村社会保障体系趋于完善。农村面貌加快改善，城乡经济社会发展一体化新格局逐步形成，城乡关系发生了新的历史性变化。这十年间是中国农业农村发生历史性巨变、农民得到实惠最多的时期之一。

二、工业化快速推进和交通运输长足发展

中国工业化在世纪之交总体上进入中期阶段，但还没有完成，主要表现在：2001 年，农业增加值在国内生产总值中的占比为 14.2%，农业就业人数在全部就业人数中的占比高达 50%，城镇人口在总人口中的占比仅 37.7%。同时，中国相当一部分工业产品技术含量不高，缺乏国际竞争力，传统产业有待改造和提升，且资源过量消费，导致生态环境破坏，可持续发展面临严峻挑战。

面对工业化的问题，党的十六大报告强调"实现工业化仍然是我国现代化进程中艰巨的历史性任务"，提出了"走新型工业化道路"，并对"走新型工业化道路，大力实施科教兴国战略和可持续发展战略"作出部

署。党的十六大报告还明确了"新型工业化道路"的内涵，指出："坚持以信息化带动工业化，以工业化促进信息化，走出一条科技含量高、经济效益好、资源消耗低、环境污染少、人力资源优势得到充分发挥的新型工业化路子。"①

党的十六大以后，中国坚持走新型工业化道路，从容应对加入世界贸易组织后的新变化，经受住了国际金融危机以及其他不利因素带来的冲击，工业经济规模快速扩张，结构优化，质量提高，对全球工业经济的影响力提升。

创新驱动能力增强。党的十六大明确提出制定科学和技术长远发展规划的要求。胡锦涛在2006年1月召开的全国科学技术大会上提出扎实完成建设创新型国家的重大战略任务。②随着科教兴国战略、人才强国战略、可持续发展战略的实施，中国创新驱动能力增强。从2002年到2012年，全国研究与试验发展（R&D）经费支出由1161亿元增加到10240亿元，占国内生产总值的比重由1.1%提高到1.97%。2011年，中国共授权发明专利17.2万件，是2001年的近11倍；其中，企业的发明专利年度授权量迅猛增加，从2001年的1000余件增加到2011年的5.8万多件。同时，中国的国际专利申请量也由2001年的1731件上升到2011年的1.64万件，在世界的排名从第十位上升至第四位。2004—2011年，高技术制造业快速发展，规模以上高技术制造业增加值年均增长16.8%，增速比规模以上工业高1.6个百分点。2011年，高技术制造业总产值达到8.8万亿元，比2002年增长4.9倍，移动电话、彩电、计算机、部分药物等主要高技术产品的产量居世界第一。在信息领域，集成电路芯片设计能力大幅提升，12英寸集成电路芯片制造能力和设备配套能力显著增强；在航空航天领域，载人航天、探月工程、北斗导航等取得重大进展；在生物领域，创新药物和疫苗、基因工程、诊断试剂、生物育种等产业创新活力旺盛，

---

① 中共中央文献研究室编：《十六大以来重要文献选编》上，中央文献出版社2011年版，第16页。
② 中共中央文献研究室编：《十六大以来重要文献选编》下，中央文献出版社2011年版，第187页。

成为高技术产业发展的新引擎。十年间,中国工业企业创新能力和产业竞争力明显提升,成长起一批创新型企业,领跑"中国制造"向"中国智造"转变。

中国工业实现快速增长。2003—2011年,工业增加值年均增长11.8%,高于同期第一产业年均增长4.6%和第三产业年均增长11.1%。工业增加值在国内生产总值中的占比由2002年的39.3%提高到2011年的40%。同期,中国规模以上工业增加值年均增长15.4%,其中2003—2007年年均增长17%。国际金融危机爆发之后,中国采取有力措施,积极应对巨大冲击,很快走出低谷,保持了平稳较快发展的良好态势,在遭受危机冲击最严重的2009年,规模以上工业依然保持了11%的增速,为全球经济的稳定与发展作出了巨大贡献。2003—2010年,工业对国民经济增长的年均贡献率超过45%,是拉动国民经济平稳较快发展的重要动力。

中国工业出口保持较快增长。2001年加入世界贸易组织以来,"中国制造"与世界经济的融合进一步加快,中国工业出口保持快速增长。2011年,规模以上工业出口交货值达到10万亿元,比2002年增长4倍。2003—2007年,工业企业出口交货值占工业销售产值的比重平均达到19.4%。2008年以来,面对国际金融危机的冲击,中国在扩大内需方面取得了积极进展,在一定程度上弥补了出口增长趋缓的冲击。2008年出口交货值占工业销售产值的比重为16.7%,2011年下降到12%。据德勤和美国竞争力委员会发布的《2010全球制造业竞争力指数》报告,2010年中国制造业竞争力指数在被评的26个国家[①]中位居第一。

中国制造业大国地位初步确立。2010年起,中国制造业产出超过美国,成为全球制造业第一大国。按照国际标准工业分类,在22个大类中,中国在7个大类中名列第一,钢铁、水泥、汽车等220多种工业品产量居

[①] 包括中国、印度、韩国、美国、巴西、日本、墨西哥、德国、新加坡、波兰、捷克、泰国、加拿大、瑞士、澳大利亚、荷兰、英国、爱尔兰、西班牙、俄罗斯、意大利、南非、法国、比利时、阿根廷和沙特阿拉伯。

世界第一位。新能源、新材料、新医药等新兴产业蓬勃发展,成为经济增长新亮点。

党的十六大以后,中国在快速推进工业化的同时,大规模推进交通运输等基础设施建设,交通运输事业取得长足发展,交通运输能力明显增强。中国铁路迎来了史无前例的跨越式发展,高速铁路从无到有飞速发展,生产出时速高达350公里的动车组,标志着中国铁路运输达到国际先进水平。"五纵七横"国道主干线提前13年于2008年全部建成,建成西部开发八条公路干线。2011年,铁路营业里程达9.3万公里,比2002年增长29.6%;公路里程达410.6万公里,比2002年的176.52万公里增长1.3倍,其中高速公路里程跃居世界第二位,达8.5万公里,增长2.4倍;内河通航里程12.46万公里;民航定期航班机场达182个,机场体系更加完善,民用航空航线里程达349.1万公里,比2002年增长1.1倍。旅客周转量由2002年的1.4万亿人公里增加到2011年的3.1万亿人公里,年均增长9.1%;货物周转量由2002年的5.1万亿吨公里增加到2011年的15.9万亿吨公里,年均增长13.6%。2011年沿海规模以上主要港口货物吞吐量达到61.6亿吨,比2002年增长2.7倍。交通运输事业的长足发展,为国民经济发展、社会进步和人民群众安全便捷出行作出了贡献。

三、"十五"计划的完成和"十一五"规划的制定

"十五"时期,中国面对世界经济低迷、贸易保护主义抬头、石油价格大幅上涨、恐怖主义猖獗等风云变幻的国际环境,面对"非典"疫情和重大自然灾害的冲击。

在实施社会主义现代化建设第三步战略的第一个五年计划——"十五"计划中,中国共产党明确提出并落实科学发展观和构建社会主义和谐社会的重大战略思想,牢牢抓住发展这个党执政兴国的第一要务,聚精会神搞建设、一心一意谋发展,不断推进改革开放,工业化、城镇化、市场化、国际化步伐加快,"十五"计划确定的主要发展目标提前实现。国民

经济呈现高增长、低通胀的较快发展，综合经济实力明显增强，供求关系发生重大变化，综合国力和国际地位显著提高。国内生产总值由2000年的99215亿元上升到2005年的182321亿元，年平均增长9.5%，比"十五"计划的预期增速年均7%左右高2.5个百分点，比"九五"时期平均增速高0.9个百分点。其中，2005年第一、第二、第三产业增加值分别达到22718亿元、86208亿元、73395亿元，"十五"时期年平均增长率分别为3.9%、10.7%、9.9%。人均国内生产总值由2000年的7858元提高到2005年的13985元，在向中等发达国家水平挺进的道路上迈出了重要一步。"十五"时期市场商品供应充裕，基本不存在供不应求的商品，加上进口规模的扩大，消费者有了前所未有的选择余地。经济的快速发展使中国在世界的地位持续提高，2005年中国的经济总量超过意大利、法国和英国，跃至世界第四位，国内生产总值占世界的份额提高到接近5.0%。

"十五"计划期间，经济运行和社会发展过程中存在经济整体素质依然不高、改革仍有些滞后、地区经济发展仍然不平衡、经济与社会的发展仍不协调等问题。

在"十五"计划主要发展目标提前实现的基础上，2005年10月，党的十六届五中全会审议通过《中共中央关于制定国民经济和社会发展第十一个五年规划的建议》。该规划建议是在科学判断国内外形势下形成的。就国际环境而言，和平、发展、合作成为时代潮流，国际环境总体上对中国有利。就国内而言，中国处在全面建设小康社会、加快推进社会主义现代化新的发展阶段，经济社会发展处于人均国内生产总值从1000美元向3000美元过渡的关键时期。这既是一个发展机遇期，也是一个矛盾凸显期。该规划建议紧紧围绕实现全面建设小康社会的目标，按照落实科学发展观的要求，提出了人均国内生产总值比2000年翻一番，以及单位国内生产总值能耗降低20%左右的指标，同时对扩大就业、义务教育、公共卫生、公共安全、社会保障提出明确要求，越来越多的人文和社会指标进入了规划。

《中共中央关于制定国民经济和社会发展第十一个五年规划的建议》

将此前一直沿用的"计划"改为"规划",一字之差,内涵差异极大,更加注重发挥市场对资源配置的基础性作用,更加注重规划的宏观性、战略性、前瞻性。从"十一五"时期起,党和政府根据社会主义市场经济条件下的职能定位,主要着眼于解决宏观性、战略性、政策性问题,提出重要思路和对策,以及提出对市场配置资源和宏观调控的导向性意见。规划中的计划指标均为指导性的,不再是指令性的,其实现方式不是靠下达指令性指标层层分解完成,而主要靠实施有效的方针政策、完善法律法规和深化改革开放完成。换言之,计划和规划的区别不在于有没有指标,而在于前者为指令性和层层分解完成,后者是指导性且主要靠经济手段实现。将国民经济和社会发展五年计划改为规划,也明确了政府职能转换的方向。以"规划"取代"计划"的新提法,表明中国特色社会主义市场经济体制建设的又一个历史坐标。

2006年3月,十届全国人大四次会议审议批准国务院根据《中共中央关于制定国民经济和社会发展第十一个五年规划的建议》编制的《国民经济和社会发展第十一个五年规划纲要(草案)》。该规划纲要在全面贯彻落实科学发展观部分指出,发展必须是科学发展,要坚持以人为本,转变发展观念、创新发展模式、提高发展质量,落实"五个统筹",把经济社会发展切实转入全面协调可持续发展的轨道。该规划纲要提出了"十一五"时期经济社会发展的奋斗目标和主要任务,主要内容包括:指导原则和发展目标,建设社会主义新农村,推进工业结构优化升级,加快发展服务业,促进区域协调发展,建设资源节约型、环境友好型社会,实施科教兴国战略和人才强国战略,深化体制改革,实施互利共赢的开放战略,推进社会主义和谐社会建设,加强社会主义民主政治建设,加强社会主义文化建设,加强国防和军队建设,建立健全规划实施机制。

四、"十一五"规划的完成和"十二五"规划的制定

"十一五"规划时期,中国深入贯彻落实科学发展观,紧紧抓住发

第八章 全面建设小康社会和经济快速发展（2002－2012）

展这个党执政兴国的第一要务，以立足扩大内需、立足优化产业结构、立足节能环保、立足自主创新、立足深化改革开放、立足以人为本为政策导向，充分发挥中国社会主义制度的优势应对汶川特大地震、国际金融危机等国内外环境的复杂变化和重大风险挑战，推动规划的实施和完成。

2006－2010 年，中国综合国力大幅提升，跃升为世界第二大经济体，国内生产总值年均实际增长 11.2%，不仅远高于同期世界经济年均增速，大大超过"十一五"规划纲要确定的 7.5%，比"十五"时期年平均增速高 1.4 个百分点，是改革开放以来最快的时期之一。同期，中国促使经济增长由主要依靠工业带动和数量扩张带动向三次产业协同带动和结构优化升级带动转变，产业结构持续改善，第三产业年均增长 11.9%，比"十五"时期加快 1.4 个百分点；第三产业占国内生产总值的比重 2010 年为 43.0%，比 2005 年提高 2.5 个百分点。第二产业占国内生产总值的比重则由 2005 年的 47.4% 下降到 2010 年的 46.8%，第一产业的比重由 12.1% 下降到 10.2%。以人为本、改善民生体现在经济社会建设的各个方面，特别是在受国际金融危机冲击的经济困难时期，国家将一揽子计划的重点锁定民生领域，社会事业全面发展，民生指标全部完成，人民得到实惠，人民生活明显改善，跃升为中等偏上收入国家。

在完成"十一五"规划的基础上，2010 年 10 月 18 日，党的十七届五中全会审议通过《中共中央关于制定国民经济和社会发展第十二个五年规划的建议》。该建议把科学发展作为主题，具有鲜明的时代特征，包括"加快转变经济发展方式，开创科学发展新局面""坚持扩大内需战略，保持经济平稳较快发展""推进农业现代化，加快社会主义新农村建设""发展现代产业体系，提高产业核心竞争力""促进区域协调发展，积极稳妥推进城镇化""加快建设资源节约型、环境友好型社会，提高生态文明水平""深入实施科教兴国战略和人才强国战略，加快建设创新型国家""加强社会建设，建立健全基本公共服务体系""推动文化大发展大繁荣，提升国家文化软实力""加快改革攻坚步伐，完善社会主义市场经济体制"

"实施互利共赢的开放战略，进一步提高对外开放水平""全党全国各族人民团结起来，为实现'十二五'规划而奋斗"12个部分，着眼中国特色社会主义事业总体布局和全面建设小康社会战略布局，以加快转变经济发展方式为主线，把保障和改善民生作为加快转变经济发展方式的根本出发点和落脚点，旗帜鲜明地回答了一系列重大理论和实践问题，对在新的历史起点上向全面建成小康社会继续进发作出全面部署。

2011年3月14日，十一届全国人大四次会议审议通过国务院根据《中共中央关于制定国民经济和社会发展第十二个五年规划的建议》编制的《中华人民共和国国民经济和社会发展第十二个五年（2011－2015年）规划纲要（草案）》。该规划纲要按照与应对国际金融危机冲击重大部署紧密衔接、与到2020年实现全面建设小康社会奋斗目标紧密衔接的要求，综合考虑未来发展趋势和条件，规划了2011－2015年经济平稳较快发展、结构调整取得重大进展、科技教育水平明显提升、资源节约环境保护成效显著、人民生活持续改善、社会建设明显加强、改革开放不断深化等方面的目标。

五、城镇化的快速推进和人民生活水平大幅提高

在推进全面建设小康社会进程中，中国城镇化步伐明显加快，人民生活水平大幅提高。

（一）城镇化的快速推进

城镇化是经济社会发展的必然趋势，是工业化、现代化的重要标志，是扩大内需的战略重点。党的十六大提出逐步提高城镇化水平的要求，并明确了推进城镇化要"坚持大中小城市和小城镇协调发展，走中国特色的城镇化道路"。

2005年9月29日，胡锦涛主持十六届中央政治局集体学习时论述了促进城镇化健康发展对中国现代化建设的重要作用。胡锦涛指出，我国正

处在城镇化发展的关键时期。坚持大中小城市和小城镇协调发展，逐步提高城镇化水平，对于扩大内需、推动国民经济增长，对于优化城乡经济结构、促进国民经济良性循环和社会协调发展，都具有重大意义。坚持统筹城乡发展，在经济社会发展的基础上不断推进城镇化，可以加强城乡联系，在更大范围内实现土地、劳动力、资金等生产要素的优化配置，有序转移农村富余劳动力，实现以工促农、以城带乡，最终达到城乡共同发展繁荣。提高城镇化水平，增强大城市以及城市群的整体实力，可以更好地配置各种资源和生产要素，进一步发挥城市对经济社会发展的重要推动作用，提高我国经济发展的水平和整体竞争力。[①] 胡锦涛强调，坚持走中国特色城镇化道路，要充分考虑我国人口、资源、环境条件，走可持续发展、集约式的城镇化道路；要与经济社会发展水平和市场发育程度相适应；要坚持大中小城市和小城镇协调发展；要实现区域协调和共同发展；要完善城镇化健康发展的体制和政策。[②]

党的十六届五中全会通过的《中共中央关于制定国民经济和社会发展第十一个五年规划的建议》明确提出按照"坚持大中小城市和小城镇协调发展，提高城镇综合承载能力，按照循序渐进、节约土地、集约发展、合理布局的原则，积极稳妥地推进城镇化"。2006年3月14日，十届全国人大第四次会议批准的《中华人民共和国国民经济和社会发展第十一个五年规划纲要》提出"要把城市群作为推进城镇化的主体形态"[③]。党的十七大报告提出"以增强综合承载能力为重点，以特大城市为依托，形成辐射作用大的城市群，培育新的经济增长极"，这是党代会报告第一次写入"形成辐射作用大的城市群"。党的十七届五中全会通过的《中共中央关于制定国民经济和社会发展第十二个五年规划的建议》对完善城市化布局和形态作出部署，提出"按照统筹规划、合理布局、完善功能、以大带小的

---

① 《胡锦涛文选》第二卷，人民出版社2016年版，第357-358页。
② 《胡锦涛文选》第二卷，人民出版社2016年版，第358-359页。
③ 《中华人民共和国国民经济和社会发展第十一个五年规划纲要》，载《人民日报》2006年3月17日。

原则,遵循城市发展客观规律,以大城市为依托,以中小城市为重点,逐步形成辐射作用大的城市群,促进大中小城市和小城镇协调发展。科学规划城市群内各城市功能定位和产业布局,缓解特大城市中心城区压力,强化中小城市产业功能,增强小城镇公共服务和居住功能,推进大中小城市交通、通信、供电、供排水等基础设施一体化建设和网络化发展。"该建议还对加强城镇化管理作出部署,提出"要把符合落户条件的农业转移人口逐步转为城镇居民作为推进城镇化的重要任务。大城市要加强和改进人口管理,中小城市和小城镇要根据实际放宽外来人口落户条件。注重在制度上解决好农民工权益保护问题。合理确定城市开发边界,提高建成区人口密度,防止特大城市面积过度扩张。城市规划和建设要注重以人为本、节地节能、生态环保、安全实用、突出特色、保护文化和自然遗产,强化规划约束力,加强城市公用设施建设,预防和治理'城市病'"。

党的十六大起的十年,中国城镇化步伐明显加快。按照统筹规划、合理布局、完善功能、以大带小的原则,一批城市发展总体规划制定实施,城市体系和功能不断完善,人口和经济的集聚能力增强。2011年,中国城镇化率达到51.3%,比2002年提高12.2个百分点。随着工业化和城镇化进程的推进,城镇吸纳就业的能力增强。2011年末,中国城乡就业人数达到76420万人,比2002年增加3140万人。其中,城镇就业人数从25159万人增加到35914万人,增加10755万人,年均增加1195万人。农民工数量扩大,2011年达到25278万人。乡村就业人数从48121万人减少到40506万人,减少7615万人。

城镇化的快速推进,对城市包括教育、医疗、交通、垃圾处理等公共服务和基础设施提出新要求。农民工中的大多数没有充分享受到城镇的公共服务和社会保障。有关部门采取措施解决农民工随迁子女在城市接受义务教育难的问题。根据教育部数据,2012年,全国进城务工人员随迁子女1393.87万人实现就地入学,有2271.07万义务教育阶段的农村留守儿童在校生。2012年8月30日,国务院办公厅转发教育部、发展改革委、公安部、人力资源社会保障部的《关于做好进城务工人员随迁子女接受义务教育后在当地参加升学考试工作的意见》。

（二）人民生活水平大幅提高

党的十六大报告将"人民过上更加富足的生活"作为全面建设小康社会的重要目标。报告还提出："要随着经济发展不断增加城乡居民收入，拓宽消费领域，优化消费结构，满足人们多样化的物质文化需求。加强公共服务设施建设，改善生活环境，发展社区服务，方便群众生活。建立适应新形势要求的卫生服务体系和医疗保健体系，着力改善农村医疗卫生状况，提高城乡居民的医疗保健水平。发展残疾人事业。继续大力推进扶贫开发，巩固扶贫成果，尽快使尚未脱贫的农村人口解决温饱问题，并逐步过上小康生活。"党的十七大报告在十六大确立的全面建设小康社会目标的基础上，提出了"加快发展社会事业，全面改善人民生活"的更高要求。十年间，党和政府坚持以人为本，致力于促进人民生活改善与经济发展相协调，人民生活水平大幅度提升。

城乡居民收入大幅增加。党的十七大首次提出2020年人均国内生产总值比2000年翻两番，体现出中国共产党关于发展成果惠及人民群众的战略部署。十年间，党和政府针对城乡部分居民收入增长缓慢、收入分配关系尚未理顺的问题，以共同富裕为目标，坚持按劳分配为主体、多种分配方式并存的分配制度，促进城乡居民收入增加，扩大中等收入者比重，提高低收入者收入水平。在初次分配上注重效率，发挥市场作用，确立劳动、资本、技术、管理等生产要素按贡献参与分配原则，继续鼓励一部分人通过诚实劳动、合法经营先富起来。在再分配上注重公平，加强政府对收入分配的调节职能，对分配秩序进行规划。城乡居民可支配收入由2002年的4531.6元提高到2011年的14550.7元，城镇居民和农村居民人均可支配收入扣除价格因素，年均实际增长9.2%和8.1%，都超过1979－2011年城乡居民收入7.4%的年均增速，是历史上增长最快的时期之一。

社会保障水平提高。党的十六大起的十年间，覆盖城乡居民的社会保障体系建设取得突破性进展，初步形成了以社会保险为主体，包括社会救助、社会福利、优抚安置、住房保障和社会慈善事业在内的社会保障制度框架。2011年末，全国城镇职工基本养老、城镇基本医疗、失业、工伤、生育保险参保人数分别达到28391万人、47343万人、14317万人、17696万人、13892万人。建立新型农村社会养老保险制度并开展试点，2011年末，全国列入国家新型农村社会养老保险试点地区参保人数3.3亿人。城镇居民社会养老保险试点开始启动。全民医保体系初步形成，13亿城乡居民参保，其中新型农村合作医疗制度从无到有，从有到好。最低生活保障制度实现全覆盖，城乡社会救助体系基本建立。2011年末，2277万城市居民得到政府最低生活保障，5306万农村居民得到政府最低生活保障，分别比2002年增加212万人和4898万人。农村贫困人口不断下降。以低收入标准测算，农村贫困人口从2002年末的8645万人下降到2010年末的2688万人。2011年，中央将农民人均纯收入2300元（2010年不变价）作为新的国家扶贫标准，比2009年提高92%，按照新标准，年末农村扶贫对象为12238万人。把更多农村低收入人口纳入扶贫范围，这是社会的巨大进步。

人民生活质量显著改善。一方面，人民消费水平大幅度提高。2002—2012年，全国居民人均消费支出由3547.7元增加到12053.7元，2012年最终消费对经济增长的贡献率也提高到51.8%。另一方面，在社会事业快速发展、社会保障水平显著提高、初步建立起覆盖城乡的公共文化服务体系从而满足人民群众基本文化需求的基础上，消费领域拓宽，消费结构改善，物质文化生活更加丰富。2002—2012年，全国城乡居民恩格尔系数由39.2%下降到33.0%。移动电话、电脑、移动存储设备、数码照（摄）相机等开始大量进入人们的生活，2002—2012年城镇居民家庭平均每百户拥有家用计算机、移动电话由20.6台和62.9部分别增加到87.0台和212.6部。城镇居民家庭平均每百户汽车拥有量，由2002年的0.9辆增加到2012年的21.5辆。在高铁、高速公路快速增长情况下，出行方式改变，出行日益舒适便捷。旅游休闲成为新的消费增长点并快速增长，2002—

2012年,全国居民国内游客由8.78亿人次增加到29.57亿人次,人均旅游消费由442元增加到768元。其中,城镇居民国内游客由3.85亿人次增加到19.33亿人次,人均消费由740元增加到915元;农村居民国内游客由4.93亿人次增加到10.24亿人次,人均消费由209元增加到491元。

第九章

进入中国特色社会主义新时代和全面建成小康社会
（2012–2020）

党的十八大以来，以习近平同志为核心的党中央全面加强对经济工作的领导，全面深化经济体制改革，全面扩大高水平对外开放，使市场在资源配置中起决定性作用，更好发挥政府作用，不断完善社会主义经济制度。随着中国经济发展步入新常态，面对更加艰巨繁重的改革发展稳定任务，中国秉持创新、协调、绿色、开放、共享的新发展理念，以高质量发展为主题，以供给侧结构性改革为主线，加快实施创新驱动发展战略，推动京津冀协同发展、长江经济带建设、长三角一体化发展、粤港澳大湾区建设、黄河流域生态保护和高质量发展等区域协同发展战略，在全社会树立"绿水青山就是金山银山"的理念，加快建设美丽中国，打赢脱贫攻坚战，历史性消除绝对贫困，持续改善人民生活，全面建成小康社会，谱写了经济快速发展和社会长期稳定的奇迹。新时代的中国经济实现了量质齐增，国内生产总值由2012年的53.9万亿元增至2020年的101.4万亿元，经济由高速增长转向了高质量发展。中国实现了由富起来到强起来的伟大飞跃，在世界经济中的影响力、感召力、塑造力显著提升。

第九章　进入中国特色社会主义新时代和全面建成小康社会（2012–2020）

第一节　经济新常态和加强发展改革的顶层设计

党的十八大以来，中国经济发展步入新常态。面对更加艰巨繁重的改革发展稳定任务，以习近平同志为核心的党中央全面加强对经济工作的领导，提出创新、协调、绿色、开放、共享的新发展理念，对"两个一百年"奋斗目标作出战略规划，引领中国经济由高速增长转向高质量发展。

一、经济发展步入新常态

党的十八大以来，中国经济面临着前所未有的复杂局面，呈现出增长速度换挡期、结构调整阵痛期、前期刺激政策消化期"三期叠加"的阶段性特征。2013年12月，习近平在中央经济工作会议上提出了"新常态"。2014年5月，习近平在河南考察时指出，中国发展仍处于重要战略机遇期，我们要增强信心，从当前中国经济发展的阶段性特征出发，适应新常态，保持战略上的平常心态。

中国经济发展进入新常态，是中国特色社会主义进入新时代以后，党中央在科学分析国内外经济发展形势、准确把握我国基本国情的基础上，针对我国经济发展的阶段性特征所作出的重大战略判断，是对我国迈向更高级发展阶段的明确宣示。认识新常态、适应新常态、引领新常态，对于我们进一步推动经济持续健康发展，协调推进"四个全面"战略布局，实现"两个一百年"奋斗目标和中华民族伟大复兴的中国梦，具有重大而深远的意义。

2014年12月，在中央经济工作会议上，习近平从九个方面的趋势性变化分析了经济发展进入新常态的原因。

从消费需求看，过去中国消费具有明显的模仿型排浪式特征，随着模仿型排浪式消费阶段基本结束，个性化、多样化消费渐成主流，保证产品质量安全、通过创新供给激活需求的重要性显著上升，必须采取正确的消费政策，释放消费潜力，使消费继续在推动经济发展中发挥基础作用。

从投资需求看，经历了30多年高强度大规模开发建设后，传统产业相对饱和，但基础设施互联互通和一些新技术、新产品、新业态、新商业模式的投资机会大量涌现，对创新投融资方式提出了新要求，必须善于把握投资方向，消除投资障碍，使投资继续对经济发展发挥关键作用。

从出口和国际收支看，国际金融危机发生前国际市场空间扩张很快，出口成为拉动中国经济快速发展的重要动能，但全球总需求不振，中国低成本比较优势也发生了转化，同时中国出口竞争优势依然存在，高水平引进来、大规模走出去正在同步发生，必须加紧培育新的比较优势，使出口继续对经济发展发挥支撑作用。

从生产能力和产业组织方式看，过去供给不足是长期困扰我们的一个主要矛盾，随着传统产业供给能力大幅超出需求，产业结构必须优化升级，企业兼并重组、生产相对集中不可避免，新兴产业、服务业、小微企业作用更加凸显，生产小型化、智能化、专业化将成为产业组织新特征。

从生产要素相对优势看，过去劳动力成本低是最大优势，引进技术和管理就能迅速变成生产力，随着人口老龄化日趋发展，农业富余劳动力减少，要素的规模驱动力减弱，经济增长将更多依靠人力资本质量和技术进步，必须让创新成为驱动发展新引擎。

从市场竞争特点看，过去主要是数量扩张和价格竞争，正逐步转向质量型、差异化为主的竞争，统一全国市场、提高资源配置效率是经济发展的内生性要求，必须深化改革开放，加快形成统一透明、有序规范的市场环境。

从资源环境约束看，过去能源资源和生态环境空间相对较大，然而，环境承载能力已经达到或接近上限，必须顺应人民群众对良好生态环境的期待，推动形成绿色低碳循环发展新方式。

从经济风险积累和化解看，伴随着经济增速下调，各类隐性风险逐步显性化，风险总体可控，但化解以高杠杆和泡沫化为主要特征的各类风险将持续一段时间，必须标本兼治、对症下药，建立健全化解各类风险的体制机制。

从资源配置模式和宏观调控方式看，全面刺激政策的边际效果明显递减，既要全面化解产能过剩，也要通过发挥市场机制作用探索未来产业发展方向，必须全面把握总供求关系新变化，科学进行宏观调控。

这些趋势性变化说明，中国经济正在向形态更高级、分工更复杂、结构更合理的阶段演化，经济发展进入新常态，正从高速增长转向中高速增长，经济发展方式正从规模速度型粗放增长转向质量效率型集约增长，经济结构正从增量扩能为主转向调整存量、做优增量并存的深度调整，经济发展动力正从传统增长点转向新的增长点。认识新常态，适应新常态，引领新常态，是当前和今后一个时期中国经济发展的大逻辑。

二、党的十八届三中全会

以习近平同志为核心的党中央深刻认识到，改革只有进行时、没有完成时，必须以更大的政治勇气和智慧推进全面深化改革，有效破除各方面体制机制弊端。2013年11月，党的十八届三中全会召开。全会审议通过了《中共中央关于全面深化改革若干重大问题的决定》（以下简称《决定》）。这次划时代的全会实现了改革由局部探索、破冰突围到系统集成、全面深化的转变，开创了改革开放新局面。

经济体制改革是全面深化改革的重点，经济体制改革的核心问题就是处理好政府和市场关系。《决定》的一种重大理论突破，就是提出使市场在资源配置中起决定性作用和更好发挥政府作用。中国共产党对政府和市场关系的认识一直在实践上拓展，在认识上深化。中国已经初步建立社会主义市场经济体制，但中国的社会主义市场经济仍存在不少问题，主要是市场秩序不规范，以不正当手段谋取经济利益的现象广泛存在；生产要素市场发展滞后，要素闲置和大量有效需求得不到满足并存；市场规则不统一,部门保护主义和地方保护主义大量存在;市场竞争不充分,阻碍优胜劣汰和结构调整,等等。这些问题不解决好,完善的社会主义市场经济体制难以形成。另外,中国的市场化程度大幅提高,对市场规律的认识和驾驭能力不断提高,宏观调控体系更为健全,主客观条件具备,应该在完善社会主义市场经济体制上迈出新的步伐。

理论和实践都证明,市场配置资源是最有效率的形式。市场决定资源配置是市场经济的一般规律,市场经济本质上就是市场决定资源配置的经济。健全社会主义市场经济体制必须遵循这条规律,着力解决市场体系不完善、政府干预过多和监管不到位问题。作出"使市场在资源配置中起决定性作用"的定位,有利于全党全社会树立关于政府和市场关系的正确观念,能够促进经济发展方式和政府职能转变,抑制消极腐败现象。

在社会主义市场经济体制下,仍然要坚持发挥社会主义制度的优越性、发挥党和政府的积极作用。市场在资源配置中起决定性作用,并不是起全部作用。党的十八届三中全会对更好发挥政府作用提出了明确要求,强调科学的宏观调控,有效的政府治理,是发挥社会主义市场经济体制优势的内在要求。全会对健全宏观调控体系、全面正确履行政府职能、优化政府组织结构进行了部署,强调政府的职责和作用主要是保持宏观经济稳定,加强和优化公共服务,保障公平竞争,加强市场监管,维护市场秩序,推动可持续发展,促进共同富裕,弥补市场失灵。

《决定》还强调,要坚持和完善公有制为主体、多种所有制经济共同发展的基本经济制度,坚持"两个毫不动摇"。一方面,积极发展混合所有制经济,完善国有资产管理体制,以管资本为主加强国有资产监管,多措并举增强国有经济活力、控制力、影响力。另一方面,从多个层面提出鼓励、支持、引导非公有制经济发展,激发非公有制经济活力和创造力的改革举措,强调公有制和非公有制经济财产权同样不可侵犯,坚持权利平等、机会平等、规则平等,实行统一的市场准入制度,推动非公有制经济健康发展。

《决定》将财税体制作为改革重点之一。《决定》提出,要实施全面规范、公开透明的预算制度,适度加强中央事权和支出责任,通过明确事权、改革税制、稳定税负、透明预算、提高效率,加快形成有利于转变经济发展方式、有利于建立公平统一市场、有利于推进基本公共服务均等化的现代财政制度,形成中央和地方财力与事权相匹配的财税体制,更好发挥中央和地方两个积极性。

《决定》还强调,要健全城乡发展现代化体制机制,要加快构建新型农业经营体系、赋予农民更多财产权利、推进城乡要素平等交换和公共资源均衡配置,从而形成以工促农、以城带乡、工农互惠、城乡一体的新型工农城乡关系,让广大农民平等参与现代化进程、共同分享现代化成果。

三、"五位一体"总体布局和"四个全面"战略布局

党的十八大对新的时代条件下推进中国特色社会主义事业作出全面部署。大会指出,建设中国特色社会主义的总体布局是"五位一体",即统筹推进经济建设、政治建设、文化建设、社会建设、生态文明建设。"五位一体"总体布局是一个有机整体,经济建设是根本,政治建设是保障,文化建设是灵魂,社会建设是条件,生态文明建设是基础,统一于把我国建成富强民主文明和谐美丽的社会主义现代化强国的新目标。

"五位一体"总体布局标志着我国社会主义现代化建设进入新的历史阶段,体现了我们党对于中国特色社会主义的认识达到了新境界。"五位一体"总体布局与社会主义初级阶段总依据、实现社会主义现代化和中华民族伟大复兴总任务有机统一,对进一步明确中国特色社会主义发展方向、夺取中国特色社会主义新胜利意义重大。

党的十八大以来,以习近平同志为核心的党中央,紧紧围绕坚持和发展中国特色社会主义这个主题,带领全党全国各族人民励精图治、攻坚克难,提出并形成了全面建成小康社会、全面深化改革、全面依法治国、全面从严治党的战略布局。"四个全面"战略布局,是党在新时代把握中国发展新特征确定的治国理政新方略,抓住了党和国家事业发展中根本性、

全局性、紧迫性的重大问题，擘画了推进改革开放和现代化建设的顶层设计，集中体现了党和国家事业长远发展的战略目标和举措。2013年11月，党的十八届三中全会提出，全面深化改革的总目标是完善和发展中国特色社会主义制度，推进国家治理体系和治理能力现代化。全会对全面深化改革作出系统部署。全面深化改革在"四个全面"战略布局中处于关键部位，是决定实现"两个一百年"奋斗目标、实现中华民族伟大复兴的关键一招。党的十八大以来，全面深化改革不断向广度和深度推进，中国特色社会主义制度更加成熟更加定型，国家治理体系和治理能力现代化水平不断提高，改革红利为经济发展提供了强劲动力。

2014年10月，党的十八届四中全会召开。全会通过《中共中央关于全面推进依法治国若干重大问题的决定》。全会提出，全面推进依法治国的总目标是建设中国特色社会主义法治体系，建设社会主义法治国家。只有靠法治，才能为党和国家事业发展提供根本性、全局性、持续性、长期性的制度保障，才能坚持好巩固好中国特色社会主义制度，夯实中国特色社会主义事业的制度基石。全面依法治国是国家治理领域一场广泛而深刻的革命，是一项宏大的系统工程。党的十八大以来，中国特色社会主义法治体系不断健全，法治中国建设迈出坚实步伐，法治顾根本、稳预期、利长远的保障作用进一步发挥，党运用法治方式领导和治理国家的能力显著增强。

2015年10月，党的十八届五中全会召开，通过《中共中央关于制定国民经济和社会发展第十三个五年规划的建议》。全会认为，"十三五"时期是全面建成小康社会决胜阶段，"十三五"规划必须紧紧围绕实现这个奋斗目标来制定。全会提出了全面建成小康社会新的目标要求，吹响了实现第一个百年奋斗目标的冲锋号角。

2016年10月，党的十八届六中全会召开，研究全面从严治党这一重大问题。全会通过《关于新形势下党内政治生活的若干准则》和《中国共产党党内监督条例》。全会正式提出"以习近平同志为核心的党中央"，明确了习近平总书记党中央的核心、全党的核心地位。全党紧密团结在以习近平同志为核心的党中央周围，牢固树立政治意识、大局意识、核心意识、看齐意识，坚定不移维护党中央权威和集中统一领导。党的十八大以来，经过坚决斗争，全面从严治党的政治引领和政治保障作用充分发挥，党的自我净化、自我完善、自我革新、自我提高能力显著增强，党在革命性锻造中更加坚强，为全面建成小康社会、实现中华民族伟大复兴中国梦提供了根本保证。

四、经济发展理念的创新和发展

理念是行动的先导，发展理念是发展思路、发展方向、发展着力点的集中体现。2015年10月，在党的十八届五中全会上，习近平针对中国发展中的突出矛盾和问题，提出了创新、协调、绿色、开放、共享的新发展理念。

创新发展重在解决发展动力问题。坚持创新发展，是分析近代以来世界发展历程特别是总结我国改革开放成功实践得出的结论，是应对发展环境变化、增强发展动力、把握发展主动权的根本之策。党的十八大以来，中国把创新摆在国家发展全局的核心位置，以创新驱动经济转型发展，全面提升创新能力和效率，努力把创新发展主动权掌握在自己手中。中国推动科技创新和制度创新，让新技术、新业态、新模式不断开花结果，最大限度释放发展潜能。

协调发展重在解决发展不平衡问题。中国发展不协调是一个长期存在的问题，突出表现在区域、城乡、经济和社会、物质文明和精神文明、经济建设和国防建设等关系上。党的十八大以来，中国牢牢把握中国特色社会主义事业总体布局，处理好局部和全局、当前和长远、重点和非重点的关系，重点促进城乡区域协调发展，打赢脱贫攻坚战，全面实施乡村振兴战略，推进以人为核心的新型城镇化，健全城乡融合发展体制机制，建立更加有效的区域协调发展新机制，形成优势互补、高质量发展的区域经济布局。

绿色发展重在解决人与自然和谐问题。中国资源约束趋紧、环境污染严重、生态系统退化的问题十分严峻，人民群众对清新空气、干净饮水、安全食品、优美环境的要求越来越强烈。因此，党的十八大以来，中国坚持绿水青山就是金山银山的发展理念，坚持尊重自然、顺应自然、保护自然，坚持节约优先、保护优先、自然恢复为主，抓住资源利用这个源头和产业结构调整这个关键，努力建设人与自然和谐共生的现代化，不断满足人民日益增长的优美生态环境需要。中国还建立健全绿色低碳循环发展的经济体系，全面提高资源利用效率，增强全民节约意识、环保意识、生态意识，倡导绿色消费，推动形成节约适度、绿色低碳、文明健康的生活方式和消费模式。

开放发展重在解决发展内外联动问题。中国对外开放水平总体上还不够高，用好国际国内两个市场、两种资源的能力还不够强，应对国际经贸摩擦、争取国际经济话语权的能力还比较弱，运用国际经贸规则的本领也不够强，需要加快弥补。因此，党的十八大以来，中国坚持对外开放的基本国策，奉行互利共赢的开放战略，深化人文交流，完善对外开放区域布局、对外贸易布局、投资布局，形成对外开放新体制，发展更高层次的开放型经济，以扩大开放带动创新、推动改革、促进发展。同时，推动全球经济治理体系改革完善，引导全球经济议程，维护多边贸易体制，加快实施自由贸易区战略，积极承担与中国能力和地位相适应的国际责任和义务。

共享发展重在解决社会公平正义问题。让广大人民群众共享改革发展成果，是社会主义的本质要求，是社会主义制度优越性的集中体现，是中国共产党坚持全心全意为人民服务根本宗旨的重要体现。中国经济发展的"蛋糕"不断做大，但分配不公问题比较突出，收入差距、城乡区域公共服务水平差距较大。为此，中国坚持发展为了人民、发展依靠人民、发展成果由人民共享，努力在推动高质量发展过程中办好各项民生事业、补齐民生领域短板，统筹做好就业、收入分配、教育、社保、医疗、住房、养老、扶幼等各方面工作，努力解决地区差距、城乡差距、收入差距等问题，尤其注重向农村、基层、欠发达地区倾斜，向困难群众倾斜，不断提升广大人民群众获得感、幸福感、安全感。

五、习近平经济思想的创立

党的十八大以来，面对严峻复杂的国际形势和艰巨繁重的国内改革发展稳定任务，以习近平同志为核心的党中央高瞻远瞩、统揽全局、把握大势，提出一系列新理念、新思想、新战略，指导中国经济发展取得历史性成就、发生历史性变革，在实践中形成和发展了习近平经济思想。

习近平经济思想体系严整、内涵丰富、博大精深，其基本内容体现在13个方面。（1）加强党对经济工作的全面领导，这是中国经济发展的根本保证。（2）坚持以人民为中心的发展思想，这是中国经济发展的根本立场。（3）进入新发展阶段，这是中国经济发展的历史方位。（4）坚持新发展理念，这是中国经济发展的指导原则。（5）构建以国内大循环为主体、国内国际双循环相互促进的新发展格局，这是中国经济发展的路径选择。（6）推动高质量发展，这是中国经济发展的鲜明主题。（7）坚持和完善社会主义基本经济制度，这是中国经济发展的制度基础。（8）部署实施国家重大发展战略，主要有乡村振兴战略、区域协调发展战略、以人为核心的新型城镇化战略等，这是中国经济发展的战略举措。（9）坚持创新驱动发展，这是中国经济发展的第一动力。（10）大力发展制造业和实体经济，这是中国经济发展的主要着力点。（11）坚定不移全面扩大开放，这是中国经济发展的重要法宝。（12）统筹发展和安全，这是中国经济发展的重要保障。（13）坚持正确的工作策略和方法，主要有坚持稳中求进工作总基调、坚持系统观念、坚持目标导向和问题导向相结合、集中精力办好自己的事、以钉钉子精神抓落实等，这是做好经济工作的方法论。

习近平经济思想既是中国共产党不懈探索社会主义经济发展道路形成的宝贵思想结晶，也是运用马克思主义政治经济学基本原理指导新时代经济发展实践形成的重大理论成果。习近平经济思想坚持马克思主义政治经济学的基本原理和方法，在适应新形势、解决新问题、应对新挑战中，形成了一系列具有鲜明时代性和创造性的理论成果，集中体现了中国共产党对经济发展规律特别是社会主义经济建设规律的深刻洞见，为丰富发展马克思主义政治经济学作出了重要原创性贡献。第一，习近平经济思想创造性地提出加强党对经济工作的全面领导的重大理论观点。第二，习近平经济思想创造性地提出坚持以人民为中心的发展思想。第三，习近平经济思想创造性地提出树立和坚持创新、协调、绿色、开放、共享的新发展理念。第四，习近平经济思想创造性地提出中国经济已由高速增长阶段转向高质量发展阶段的重大论断。第五，习近平经济思想创造性地提出推进完善社会主义市场经济体制的重要思想。第六，习近平经济思想创造性地提出供给侧结构性改革的重大方针。第七，习近平经济思想创造性地提出构建新发展格局的重大战略。第八，习近平经济思想创造性地提出推动经济全球化健康发展的重要思想。

习近平经济思想是在中国特色社会主义进入新时代、中国社会主要矛盾发生新变化、世界百年未有之大变局加速演变的历史条件下形成的，是新时代做好经济工作的根本遵循和行动指南，是指引中国经济高质量发展、科学应对重大风险挑战、全面建设社会主义现代化国家的锐利思想武器。

第二节 全面深化改革和扩大对外开放

党的十八大以来，中国发挥市场在资源配置中的决定性作用，更好发挥政府作用，全面深化经济改革，坚持和完善社会主义基本经济制度，统筹国内国际两个大局，扩大制度型开放，推动共建"一带一路"，推动建设开放型世界经济。在百年未有之大变局下，国际形势变乱交织，逆全球化思潮抬头，中国发展进入战略机遇和风险挑战并存、不确定难预料因素增多的时期。面对更趋复杂的形式，中国统筹发展和安全两件大事，坚定维护人民利益、捍卫世界和平、推进共同发展。为经济平衡健康运行提供坚实支撑。

一、以治理体系和治理能力现代化为目标的政府机构改革

中国共产党领导是中国特色社会主义最本质的特征，是中国特色社会主义制度的最大优势。经济建设是党的中心工作，党的领导要在这个中心工作中得到充分体现。中国能否保持经济社会持续健康发展，从根本上讲取决于党在经济社会发展中的领导核心作用发挥得好不好。

党领导经济工作的体制机制得到坚持和完善。2013年4月，中央政治局常委会召开会议，研究当前经济形势和经济工作。此后，中央政治局形成制度，原则上每个季度召开会议研究经济形势。2014年1月，中央全面深化改革领导小组组长习近平主持召开中央全面深化改革领导小组第一次会议。2014年6月，中央财经领导小组组长习近平主持召开中央财经领导小组第六次会议。此后，中央财经领导小组、中央全面深化改革领导小组均多次召开会议，研究经济发展重大问题和重大改革。2018年，十三届全国人大一次会议之后，这两个小组分别升格为中央财经委员会、中央全面深化改革委员会。此外，中共中央还成立了中央军民融合发展委员会、中央审计委员会、中央全面依法治国委员会等决策议事协调机构，负责各领域的顶层设计、总体布局、统筹协调、整体推进、督促落实。党中央制定重大方针和重大战略、作出重大决策、部署重大任务的制度化规范化水平不断提高，有力保证了党对经济工作的领导落到实处，保证了中国经济沿着正确方向发展。

2018年2月，党的十九届三中全会通过《中共中央关于深化党和国家机构改革的决定》和《深化党和国家机构改革方案》。此次改革遵循坚持党的全面领导、以人民为中心、优化协同高效、全面依法治国等原则，目标是构建系统完备、科学规范、运行高效的党和国家机构职能体系，形成

总揽全局、协调各方的党的领导体系，职责明确、依法行政的政府治理体系，中国特色、世界一流的武装力量体系，联系广泛、服务群众的群团工作体系，推动人大、政府、政协、监察机关、审判机关、检察机关、人民团体、企事业单位、社会组织等在党的统一领导下协调行动、增强合力，全面提高国家治理能力和治理水平。

改革使党和国家机构履职更加顺畅高效。新组建党中央决策议事协调机构3个、更名4个，不再保留党中央议事协调机构4个、国务院议事协调机构2个，组建和重新组建部级机构25个，调整优化领导管理体制和职责部级机构31个。组织结构全面优化，解决了大量长期存在的部门职责交叉、关系不顺事项，使得多头分散、责任不清、推诿扯皮等问题得到有效改观。

其中，国务院机构改革围绕"使市场在资源配置中起决定性作用和更好发挥政府作用"，加强和完善政府经济调节、市场监管、社会管理、公共服务、生态环境保护职能，着力推进重点领域、关键环节的机构职能优化和调整，构建起职责明确、依法行政的政府治理体系。例如，组建自然资源部，将国土资源部的职责，国家发展和改革委员会的组织编制主体功能区规划职责，住房和城乡建设部的城乡规划管理职责，水利部的水资源调查和确权登记管理职责，农业部的草原资源调查和确权登记管理职责，国家林业局的森林、湿地等资源调查和确权登记管理职责，国家海洋局的职责，国家测绘地理信息局的职责整合起来，统一行使全民所有自然资源资产所有者职责，统一行使所有国土空间用途管制和生态保护修复职责，着力解决自然资源所有者不到位、空间规划重叠等问题。

这次改革对党和国家组织结构和管理体制进行了一次系统性、整体性重构，解决了许多长期想解决而没能解决的难题，理顺了不少多年想理顺而没有理顺的体制机制，初步建立了适应新时代要求的党和国家机构职能体系主体框架，为完善和发展中国特色社会主义制度、推进国家治理体系和治理能力现代化提供了有力组织保障。

二、以供给侧结构性改革为主的经济体制机制改革

党的十八大以来,在党中央顶层设计和组织领导下,经济体制改革有力有序推进。

行政体制改革和政府职能转变取得重要进展。大力推进简政放权和行政审批制度改革,取消和下放约600项行政审批事项,实施市场准入负面清单、政府权力清单和责任清单制度,全面推开商事制度改革,投资体制改革进一步深化,大幅精简了审批事项和前置手续,初步建立公平竞争审查制度,营商环境全球排名大幅提升。

深化预算制度改革,加大预算公开力度,完善财政转移支付制度,推进税收制度改革。金融体制改革稳步推进。中央与地方财政事权和支出责任划分改革稳步推进,营业税改征增值税全面推开。

利率市场化改革迈出重大步伐,存款保险制度正式施行。利率市场化改革成效显著,设立科创板、改革创业板并试点注册制。中小金融、民营银行、互联网金融得到快速发展。多层次资本市场进一步发展。一批重大风险隐患"精准拆弹",金融风险处置取得重要阶段性成果。人民币汇率形成机制不断完善,汇率弹性显著增强,人民币正式纳入国际货币基金组织特别提款权(SDR)货币篮子,人民币国际化取得重要进展。

价格改革迈出新步伐。完善成品油价格机制,实施天然气价格"三步走"改革计划,全面推进工商业用电同价,推行居民用电用水阶梯价格制度。将实行政府指导价、政府定价的商品和服务从139种(类)精简为79种(类),定价项目从约100项减至20项。主要由市场决定价格的机制基本完善。

国资国企改革持续深化,继续推进国有资本调整和重组,中央企业由2010年底的122家调整为2020年的110家,以管资本为主的国有资产监管体制逐步完善,公司制改革基本完成,国有企业负责人薪酬制度改革调整,发展混合所有制经济取得积极进展,垄断行业改革不断推进,进一步

消除制约民间投资的障碍。

农业农村改革继续深化。户籍制度改革迈出实质性步伐，土地管理制度改革深入推进，启动了农村土地征收、集体经营性建设用地入市、宅基地制度改革三项试点。要素市场化配置改革持续深化，城乡统一的建设用地市场加快构建。

社会主义经济制度更加成熟定型。2019年10月，党的十九届四中全会审议通过《中共中央关于坚持和完善中国特色社会主义制度 推进国家治理体系和治理能力现代化若干重大问题的决定》。在经济制度方面，该决定将公有制为主体、多种所有制经济共同发展，按劳分配为主体、多种分配方式并存，社会主义市场经济体制三项制度并列，都作为社会主义基本经济制度，这是对社会主义基本经济制度的新概括。

在全面深化经济体制改革的同时，针对中国经济存在的结构性矛盾，中央提出了供给侧结构性改革的任务。2015年12月，中央经济工作会议对供给侧结构性改革作出部署，强调在适度扩大总需求的同时，去产能、去库存、去杠杆、降成本、补短板，提高供给体系质量和效率，提高投资有效性，加快培育新的发展动能，改造提升传统比较优势，增强持续增长动力，推动社会生产力水平整体改善。

2016年，国务院印发《关于钢铁行业化解过剩产能实现脱困发展的意见》《关于煤炭行业化解过剩产能实现脱困发展的意见》，提出从2016年开始用5年时间压减粗钢产能1亿至1.5亿吨，用3至5年的时间退出煤炭产能5亿吨左右、减量重组5亿吨左右。截至2018年底，累计压缩粗钢产能1.5亿吨以上，提前两年完成了钢铁去产能的目标；在煤炭去产能方面，淘汰落后产能8.1亿吨，并淘汰关停落后煤电机组2000万千瓦以上，也提前两年完成了"十三五"去产能的目标。

去产能使行业的运行和安全情况明显改善，供给体系大幅提升。煤炭的产能利用率从2016年初的不到60%大幅提升到2019年的70%以上，使行业的运行状态得到了很大改善。优质产能的提升和无效产能的退出取得了明显效果，产业结构和布局的持续优化，市场秩序的进一步规范，促使行业健康发展的长效机制逐步形成和建立。

在去房地产库存方面，中国实行因城施策的分类指导，三四线城市的住宅去库存取得明显成效，热点城市房价得到了控制，房屋租赁市场得到了积极培育发展。同时，坚持"房子是用来住的、不是用来炒的"原则，逐步建立房地产市场健康持续发展的长效机制。商品住宅待收面积明显下降，截至 2018 年，商品房和商品住宅的库存去化周期分别下降到 3.68 个月和 2.08 个月，分别低于 4 个月和 3 个月的平均去化周期。2019 年 7 月，中央政治局会议进一步强化了"房子是用来住的、不是用来炒的"定位，明确提出落实房地产长效管理机制，不将房地产作为短期刺激经济的手段。

在去杠杆方面，总体杠杆率上升速度放缓，扭转了前期快速上升的势头，同时坚持市场化、法治化原则，开展市场化的债转股，使企业杠杆率明显下降，特别是国有控股企业资产负债率下降明显。截至 2018 年末，非金融企业宏观杠杆率降为 151.6%；政府杠杆率虽然升至 49.8%，但总体增速在下降。

在降成本方面，力度巨大且成效明显。全面推行营改增改革，深化增值税改革，扩大减半征收企业所得税优惠范围，包括清理、规范行业行政性收费和政治性基金，落实各种各样的减税降费措施，阶段性降低了"五险一金"缴费比例，降低了能源、物流、电信等的价格。深入"放管服"改革，进一步降低了制度性交易成本。2016 年以来，降成本的力度和规模越来越大。2016 年，降低成本约 1 万亿元；2017 年，降低税费超 1 万亿元；2018 年，为企业和个人减税降费约 1.3 万亿元；2019 年，减轻企业税收和社保负担近 2 万亿元、制造业增值税税率下降三个百分点。企业的获得感也越来越强。

在补短板方面，积极促进民间投资稳步扩大规模，加大创新研发、基础设施、脱贫攻坚等领域的投入力度，使农田、水利、生态环保、交通运输、公共服务等领域的短板得到明显加强。2016 年以来，各类棚户区改造年均超过 600 万套，新增高速公路里程年均在 5000 公里以上，新增高铁运营里程年均在3000公里以上，城市轨道交通和地下管道建设明显提速。此外，国家还加大了脱贫攻坚、城乡统筹发展、民生建设、生态环保等领域的投入力度，既创造有效需求，又为创造新的有效供给奠定良好基础。

三、加强经济领域的反腐和防范系统性金融风险

金融是经济的血脉，是现代市场经济运转的基石，金融安全是国家安全的重要组成部分，是经济平稳健康发展的重要基础。

2017年7月，全国金融工作会议召开。习近平在会上强调，必须加强党对金融工作的领导，坚持稳中求进工作总基调，遵循金融发展规律，紧紧围绕服务实体经济、防控金融风险、深化金融改革三项任务，创新和完善金融调控，健全现代金融企业制度，完善金融市场体系，推进构建现代金融监管框架，加快转变金融发展方式，健全金融法治，保障国家金融安全，促进经济和金融良性循环、健康发展。

习近平提出了做好金融工作的重要原则。第一，回归本源，服从服务于经济社会发展。第二，优化结构，完善金融市场、金融机构、金融产品体系。第三，强化监管，提高防范化解金融风险能力。第四，市场导向，发挥市场在金融资源配置中的决定性作用。

中国金融业紧紧围绕服务实体经济、防控金融风险、深化金融改革这三项任务，坚持以服务实体经济为宗旨、以防范系统性金融风险为底线、以深化改革开放为动力、以加强法治建设为保障、以加强党的领导为根本，加快深化金融供给侧结构性改革，金融业综合实力进一步增强，金融服务经济社会发展能力提升。

货币政策和宏观审慎政策双支柱调控框架初步建立。稳步推进利率市场化改革，完善贷款市场报价利率（LPR）形成机制。稳妥有序推进人民币汇率市场化形成机制改革，不断增强人民币汇率弹性。完善货币政策调控框架，通过优化货币政策目标体系、构建目标利率和利率走廊

机制，不断提高政策透明度。建立健全宏观审慎管理体系，加强实施逆周期调节。

金融监管体制改革深入推进。防范化解重大金融风险攻坚战取得阶段性成果，宏观杠杆率过快上升势头得到遏制，影子银行无序发展得到有效治理，高风险中小金融机构处置取得阶段性成果，互联网金融和非法集资等涉众金融风险得到全面治理。初步构建了系统重要性金融机构、金融控股公司、金融基础设施等统筹监管框架。建立起系统重要性金融机构的识别、监管和处置机制，完善问题金融机构市场化处置和退出机制。

现代金融体系初步形成。金融机构方面，银行业初步形成多层次、广覆盖、有差异的体系结构，国有大型商业银行加快战略转型，积极推动落实开发性、政策性金融机构深化改革方案，中小银行稳健经营能力进一步提升，民营银行实现常态化设立和稳妥有序发展。金融市场方面，全面深化资本市场改革，健全多层次资本市场体系。设立科创板并试点注册制。2020年末，沪深两市上市公司近4200家，总市值近80万亿元，债券市场规模达117万亿元，成为全球第二大股票市场和第二大债券市场。

金融服务经济社会发展效率和水平稳步提升。强化国家重大战略金融服务，引导金融机构提供中长期建设资金供给，推动重大项目落地。2020年末，制造业中长期贷款余额5.26万亿元，其中高技术制造业中长期贷款余额1.11万亿元。健全完善绿色金融体系，绿色信贷市场保持快速增长，服务绿色产业发展的能力不断提升。构建普惠金融体系，着力提升金融服务的覆盖面、可得性和满意度。2020年末，全国普惠小微企业贷款余额15.3万亿元，比上年增长30%以上。2020年全年共支持3228万户经营主体，比上年增加524万户。

纪检监察部门聚焦经济领域尤其是金融领域腐败和作风问题整治。2019年，全国纪检监察机关共立案审查调查金融系统违纪违法案件6900余件，增强了震慑力量，为规范金融行业运行、防范化解系统性金融风险提供了更为有力的保障。

四、以推进"一带一路"为标志的对外开放新格局

党的十八大以来，中国采取一系列扩大对外开放的重大举措，建设自由贸易试验区，加快实施自由贸易区战略，健全开放型经济新体制，实施共建"一带一路"倡议，为中国经济发展拓展了空间，为世界经济发展作出了积极贡献。

建设自由贸易试验区，是新形势下全面深化改革和扩大开放的战略举措。2013年9月，中国（上海）自由贸易试验区挂牌成立。上海自由贸易试验区加快转变政府职能，积极推进服务业扩大开放和外商投资管理体制改革，大力发展总部经济和新型贸易业态，加快探索资本项目可兑换和金融服务业全面开放，探索建立货物状态分类监管模式，形成促进投资和创新的政策支持体系，培育国际化和法治化的营商环境，为中国扩大开放和深化改革探索新思路和新途径。继上海之后，自由贸易试验区不断扩容。截至2020年底，中国已经设立21个自由贸易试验区，覆盖了从南到北、从沿海到内陆的广大区域，形成了东西南北中协调、陆海统筹的开放态势，推动形成了新一轮全面开放格局。

加快实施自由贸易区战略，是中国参与国际经贸规则制定、争取全球经济治理制度性权力的重要平台。2015年12月，国务院印发《关于加快实施自由贸易区战略的若干意见》，明确了实施自由贸易区的总体要求和方针政策。自由贸易区"朋友圈"不断扩大。从2013年至2020年，中国与冰岛、瑞士、韩国、澳大利亚、格鲁吉亚、马尔代夫、毛里求斯、柬埔寨分别签署自由贸易协定；与东盟、智利、新加坡分别签署自由贸易协定升级议定书；与巴基斯坦签署第二阶段自由贸易协定。

2013年，习近平在访问哈萨克斯坦和印度尼西亚时，分别提出共同建设"丝绸之路经济带"和共同建设"21世纪海上丝绸之路"，形成了"一带一路"倡议。这是中央统揽政治、外交、经济、社会发展全局作出的重大战略决策，是新一轮扩大开放、营造有利周边环境的重要举措。

为推进倡议实施，2015年3月，中国发布《推动共建丝绸之路经济带和21世纪海上丝绸之路的愿景与行动》，提出了共建"一带一路"的顶层设计框架，以政策沟通、设施联通、贸易畅通、资金融通、民心相通为主要内容，提出了各国加强合作的重点领域，为共建"一带一路"的未来描绘了宏伟蓝图。

中国提出了"六廊六路多国多港"的合作框架。"六廊"指新亚欧大陆桥、中蒙俄、中国－中亚－西亚、中国－中南半岛、中巴和孟中印缅六大国际经济合作走廊。"六路"指铁路、公路、航运、航空、管道和空间综合信息网络，是基础设施互联互通的主要内容。"多国"指一批先期合作国家。"一带一路"沿线有众多国家，中国既要与各国平等互利合作，也要结合实际与一些国家率先合作，争取有示范效应、体现"一带一路"理念的合作成果，吸引更多国家参与共建"一带一路"。"多港"指若干保障海上运输大通道安全畅通的合作港口，通过与"一带一路"共建国家共建一批重要港口和节点城市，进一步繁荣海上合作。"六廊六路多国多港"作为主体框架，为各国参与"一带一路"合作提供了清晰的导向。

2017年5月，首届"一带一路"国际合作高峰论坛在北京成功举行。29位外国元首和政府首脑出席论坛，130多个国家和70多个国际组织的约1500名代表参会。这是"一带一路"框架下最高规格的国际活动，也是新中国成立以来由中国首倡、主办的层级最高、规模最大的多边外交活动。

"一带一路"建设得到国际社会广泛认同。截至2021年1月底，中国已经同140个国家和31个国际组织签署205份共建"一带一路"合作文件。从2017年到2020年，中国对"一带一路"共建国家的进出口总额从73745亿元增至93696亿元，年均增长8.3%，快于同期5%的中国对全球货物进出口总额增速。在实际利用外商直接投资、对外直接投资、对外承包工程等领域，中国与共建国家的份额也都呈上升态势。

五、统筹发展和安全两件大事

推动高质量发展,离不开持续稳定的安全环境。然而,新时代以来,国际形势变乱交织,逆全球化思潮抬头,局部冲突和动荡频发,单边主义、保护主义明显上升。美国于2018年发动对华经贸摩擦,而后升级为全面围堵打压。中国发展进入战略机遇和风险挑战并存、不确定难预料因素增多的时期。

备豫不虞,为国常道。早在2014年4月,习近平在中央国家安全委员会第一次会议上提出总体国家安全观。经济安全是国家安全的基础,高质量发展必须以高水平安全为保障,并与高水平安全良性互动。

党的十八大以来,中国经济安全形势总体稳定。经济安全工作协调机制逐步健全,涉经济安全相关政策体系日趋完善,较好保障了中国经济社会平稳健康发展,抵御内外部各种冲击与威胁的能力明显增强,为维护国家发展和安全提供了坚实支撑。

产业基础能力和产业链水平不断提升。产业链供应链稳定是大国经济循环畅通的关键,产业链的韧性和抗风险能力,是维护国家经济安全的重要基础。经过长期努力,中国已形成比较完整的产业体系,成为全球唯一拥有联合国产业分类目录中全部工业门类的国家,220多种工业产品产量居世界第一,制造业规模居世界首位。农林牧渔业全面发展,主要农产品产量居世界前列。服务业快速发展,新技术、新产业、新业态层出不穷。综合交通运输体系迅速发展,高速铁路和高速公路里程以及港口吞吐量均居全球首位。

粮食安全持续巩固。作为人口众多的大国,粮食安全的主动权必须牢牢掌控在自己手中。"十三五"以后,中国粮食连年丰产,每年产量稳定超过6.5亿吨,粮食播种面积由2015年的17亿亩上升至2020年的17.5亿亩,单位面积产量由2015年的365.5公斤/亩上升至2020年的382公斤/亩,增长4.5%,谷物自给率超过95%,口粮自给率达到100%,人均粮食占有量超出世界平均水平30%以上，中国人的饭碗牢牢端在了自己手上。粮食储备和应急体系逐步健全，政府粮食储备数量充足，质量良好，储存安全，在北京、天津、上海、重庆等36个大中城市和价格易波动地区建立了10天至15天的应急成品粮储备。粮食流通体系持续完善，粮食物流骨干通道全部打通，公路、铁路、水路多式联运格局基本形成。

能源资源安全得到有效保障。能源安全是关系经济社会发展的全局性、战略性问题。中国是世界上最大的能源生产国和消费国，基本形成了煤、油、气、电、核和可再生能源多轮驱动的能源生产体系，2020年原煤、原油、天然气产量分别为38.4亿吨、1.9亿吨、1888.5亿立方米，发电量达到7.4万亿千瓦时，是世界上能源自主保障程度较高的国家之一。能源输送能力显著提高，建成天然气主干管道超过8.7万公里、石油主干管道5.5万公里、330千伏及以上输电线路30.2万公里。能源储备体系不断健全，综合应急保障能力显著增强。矿产资源开发利用水平不断提高，产品产量居世界前列。

第三节　新发展理念下的经济全面发展

在新发展理念指引下，中国深入推进供给侧结构性改革，加快实施创新驱动发展战略，推动京津冀协同发展、长江经济带建设、长三角一体化发展、粤港澳大湾区建设、黄河流域生态保护和高质量发展等区域协同发展战略，打赢脱贫攻坚战，历史性消除绝对贫困，在全社会树立"绿水青山就是金山银山"的理念，加快建设美丽中国，取得了历史性成就。

一、"十二五"规划的完成和"十三五"规划的制定

"十二五"时期，经济社会发展取得了新的重大成就，中国的经济实

力、科技实力、国防实力、国际影响力又上了一个大台阶。

经济总量稳定增长。2015年与2010年相比，国内生产总值从41.2万亿元增至68.9万亿元，占全球经济比重由9.2%上升到15.5%，稳居世界第二位。按照2010年美元不变价计算，"十二五"时期中国经济增长对世界经济增长的年均贡献率达到30.5%，跃居全球第一。据世界银行数据，中国人均国民总收入由2010年的4300美元提高至2014年的7380美元，在上中等收入国家中的位次不断提高。

经济结构优化。消费对经济增长的拉动作用超过投资，2011年至2015年，最终消费对经济增长的年均贡献率为59.32%，高于投资贡献率18.5个百分点。第三产业增加值占国内生产总值比重超过第二产业，从44.3%上升到50.8%；第二产业由46.5%下降到40.8%。城镇化率（常住人口）从2010年的49.95%上升到2015年的57.3%。中西部地区投资和经济的增速超过东部，地区发展差距扩大的势头得到了初步抑制。

基础设施水平全面跃升。高效、便捷的铁路网、公路网、航空运输网、城际铁路网、航道网逐渐形成。2015年末，铁路营业里程、公路里程、高速公路里程、定期航班航线里程分别达到12.1万公里、457.7万公里、12.4万公里、531.7万公里，分别比2010年末增长32.7%、14.2%、66.7%、92.3%，高速铁路运营里程居世界首位。建设了一批跨流域调水和骨干水源工程。信息化水平全面提高，新一代移动通信网、下一代互联网、数字广播电视网、卫星通信等设施建设加快，逐步形成了超高速、大容量、高智能国家干线传输网络，推动了三网互联互通和业务融合。

科技创新能力明显增强。一批重大科技成果达到世界先进水平。在基础研究领域，取得量子调控、中微子振荡、90α热休克蛋白、CiPS干细胞等一批重大原创性成果。载人航天、探月工程、深海潜器、超级计算、北斗导航等战略高技术领域取得重大突破。高铁、4G移动通信、核电、电动汽车、特高压输变电、杂交水稻等重大创新成果加速应用，产生重大效益。2015年，研究与试验发展（R&D）经费支出达1.42万亿元，占国内生产总值的2.06%，比2010年提高0.34个百分点。科技进步对经济增长贡献率从2010年的50.9%提升到2015年的55%。

生态文明建设取得新进展。生态文明制度、法律法规不断完善，相关的体制机制改革和重点建设任务全面推进。2011年至2014年，单位国内生产总值能耗和水耗累计分别下降13.4%和24.3%；2014年资源产出率比2010年提高约9个百分点。能源结构逐步优化，2014年，水电、风电、核电、天然气等清洁能源消费量占能源消费总量的比重达到16.9%，比2010年提高3.5个百分点。风电、太阳能并网装机规模比2010年分别增长2.1倍和33倍。污染减排效果显著，2014年，化学需氧量、氨氮、二氧化硫、氮氧化物排放总量累计分别下降10.1%、9.8%、12.9%、8.6%，城市生活污水处理率达90.2%，垃圾无害化处理率达91.8%，森林覆盖率达到21.63%。

"十三五"时期是实现第一个百年奋斗目标的决胜阶段，具有重大战略意义。2015年10月，党的十八届五中全会召开，审议通过《中共中央关于制定国民经济和社会发展第十三个五年规划的建议》。该建议确立了创新、协调、绿色、开放、共享的新发展理念，为"十三五"规划纲要的制定提供指引。2016年3月，十二届全国人大四次会议批准了《中华人民共和国国民经济和社会发展第十三个五年规划纲要》。

"十三五"规划纲要按照全面建成小康社会的目标要求，明确了经济社会发展的主要目标：经济保持中高速增长，创新驱动发展成效显著，发展协调性明显增强，人民生活水平和质量普遍提高，国民素质和社会文明程度显著提高，生态环境质量总体改善，各方面制度更加成熟定型。"十三五"规划纲要还明确了165项重大工程项目。主要有：重大人才工程、农业现代化重大工程、高端装备创新发展工程、信息化重大工程、交通建设重点工程、能源发展重大工程、新型城镇化建设重大工程、特殊类型地区发展重大工程、海洋重大工程、资源节约集约循环利用重大工程、环境治理保护重点工程、山水林田湖生态工程、脱贫攻坚重点工程、教育现代化重大工程、文化重大工程等。这些重大工程贯彻落实新发展理念，在各领域发展中具有基础性、关键性、引领性、战略性作用，对牵引和带动

"十三五"时期经济社会发展具有重大意义。

二、实施创新驱动发展战略和新兴产业迅速发展

党的十八大提出"实施创新驱动发展战略",把科技创新摆在国家发展全局的核心位置。2015年3月,中共中央、国务院印发《关于深化体制机制改革加快实施创新驱动发展战略的若干意见》。9月,中共中央办公厅、国务院办公厅印发《深化科技体制改革实施方案》。2016年5月,中共中央、国务院发布《国家创新驱动发展战略纲要》。这一系列文件完善了深化科技体制改革、实施创新驱动发展战略的顶层设计。

2016年5月,全国科技创新大会召开。习近平在大会上提出了"建设世界科技强国"的宏伟目标:到2020年时使中国进入创新型国家行列,到2030年时使中国进入创新型国家前列,到新中国成立100年时使中国成为世界科技强国。这次大会,吹响了建设世界科技强国的号角。

党的十八大以来,中国重大创新成果竞相涌现,一些前沿领域开始进入并跑、领跑阶段,科技实力正在从量的积累迈向质的飞跃、从点的突破迈向系统能力提升,成功进入创新型国家行列。

科技整体实力显著增强。中国国内发明专利授权量连续多年位居世界首位,PCT国际专利申请量跃居世界首位,国际科技论文数量和高被引论文数量均位居世界第二位,成为全球科技创新的重要贡献者。中国在世界知识产权组织等机构发布的"2020年全球创新指数"中位列第十四位。

重大创新成果竞相涌现。基础研究整体实力显著提升,化学、材料、物理、工程等学科整体水平进入国际先进行列。量子信息、铁基超导、中微子、干细胞、脑科学等前沿领域取得一批标志性、引领性重大原创成果。载人航天与探月、全球卫星导航、大型客机、深地、深海、核能等战略性领域攻克一批"卡脖子"关键核心技术。5G移动通信、超级计算、特高压输变电等产业技术创新取得重大突破,促进了相关产业转型升级和新兴产业发展。

创新能力建设成效显著。启动首批国家实验室建设任务，加快推进重组国家重点实验室体系工作。中国科学院深入实施"率先行动"计划，全面完成第一阶段目标任务，总体创新能力和国际影响力不断增强，在"自然指数"排名中连续8年位列全球科教机构首位。高等院校加快推进"双一流"建设，科研水平和人才培养能力进一步提升。涌现出一大批具有国际影响力的创新型领军企业和科技型中小企业，企业技术创新主体地位不断增强。500米口径球面射电望远镜（FAST）、散裂中子源等一批国之重器相继建成运行，成为创新型国家建设的标志性成果。

科技人才队伍规模与质量同步提升。深入推进人才管理体制改革，持续完善科技人才计划体系，培育和引进了一大批战略科技人才、科技领军人才、高技能人才、创新型企业家和优秀青年科技人才。2020年，中国研发人员全时当量达到523.45万人年，规模宏大、结构合理、素质优良的创新型科技人才队伍初步形成。

科技体制改革向纵深推进。持续优化整合科技计划布局，深入推进科技领域"放管服"改革，实行以增加知识价值为导向的分配政策，深化院士制度改革，推进科技"三评"（项目评审、人才评价、机构评估）改革，实施清理"四唯"（唯论文、唯职称、唯学历、唯奖项）专项行动，开展职务科技成果所有权或长期使用权试点，设立科创板，完善科技奖励制度，建立国家科技决策咨询制度，加强作风学风建设，建立科研领域失信联合惩戒机制等。科技创新的基础制度和政策体系更加完善，科技创新治理能力和法治化水平明显提高。

全方位融入全球创新网络。中国与160多个国家和地区建立了科技合作关系，参加国际组织和多边机制超过200个。积极参与国际热核聚变实验堆（ITER）、平方公里阵列射电望远镜（SKA）等多个国际大科学计划和大科学工程并作出重要贡献。启动"一带一路"科技创新行动计划，牵头成立了有42个国家近60家科教机构参与的"一带一路"国际科学组织联盟（ANSO），与沿线国家共建了一批联合实验室和技术转移平台，发起"泛第三极环境研究""数字一带一路"等国际科学计划，与沿线国家建立了多领域、多层次、多渠道的交流合作机制。

三、打赢脱贫攻坚战,积极推进乡村振兴

党的十八大以来,以习近平同志为核心的党中央把贫困人口全部脱贫作为全面建成小康社会、实现第一个百年奋斗目标的底线任务和标志性指标,明确到2020年现行标准下农村贫困人口实现脱贫、贫困县全部摘帽、解决区域性整体贫困的目标任务,汇聚全党全国全社会之力打响脱贫攻坚战。

2015年11月,中央扶贫开发工作会议召开。会议对脱贫攻坚任务作出部署,动员全党全国全社会力量,齐心协力打赢脱贫攻坚战。习近平在会上全面阐述了精准扶贫精准脱贫基本方略,强调要做到"六个精准"[①],实施"五个一批"[②],解决"四个问题"[③]。会议期间,中西部22个省区市党政主要负责同志向中央签署脱贫攻坚责任书。同月,中共中央、国务院印发《关于打赢脱贫攻坚战的决定》,明确了脱贫攻坚的目标任务、基本方略和政策保障等。打赢脱贫攻坚战的总体目标是,到2020年,稳定实现农村贫困人口不愁吃、不愁穿,义务教育、基本医疗和住房安全有保障。实现贫困地区农民人均可支配收入增长幅度高于全国平均水平,基本公共服务主要领域指标接近全国平均水平,确保中国现行标准下农村贫困人口实现脱贫,贫困县全部摘帽,解决区域性整体贫困。

从2016年至2020年,习近平先后主持召开或出席东西部扶贫协作座谈会、深度贫困地区脱贫攻坚座谈会、打好精准脱贫攻坚战座谈会、解决"两不愁三保障"突出问题座谈会、决战决胜脱贫攻坚座谈会等,推动脱贫攻坚向前发展。2017年,党的十九大提出乡村振兴战略,要求在打赢脱

---

① 六个精准:扶持对象精准、项目安排精准、资金使用精准、措施到户精准、因村派人精准、脱贫成效精准。

② 五个一批:发展生产脱贫一批、易地搬迁脱贫一批、生态补偿脱贫一批、发展教育脱贫一批、社会保障兜底一批。

③ 四个问题:扶持谁、谁来扶、怎么扶、如何退。

贫攻坚战、全面建成小康社会后，要在巩固拓展脱贫攻坚成果的基础上，做好乡村振兴这篇大文章。

2020年，面对突如其来的新冠肺炎疫情，以习近平同志为核心的党中央带领全党全国各族人民以更大的决心、更强的力度，确保如期完成脱贫攻坚目标任务，确保全面建成小康社会。原国务院扶贫开发领导小组对剩余未摘帽的52个贫困县和工作难度大、脱贫任务重的1113个贫困村进行挂牌督战，集中力量攻克最难啃的"硬骨头"。

2020年底，中国如期完成新时代脱贫攻坚目标任务，现行标准下9899万农村贫困人口全部脱贫，832个贫困县全部摘帽，12.8万个贫困村全部出列，区域性整体贫困得到解决，完成消除绝对贫困的艰巨任务。中华民族在几千年发展史上首次整体消除绝对贫困。

贫困人口收入水平持续提升。贫困地区农村居民人均可支配收入，从2013年的6079元增长到2020年的12588元，年均增长11.6%，增速比全国农村高2.3个百分点。2016年至2020年，内蒙古自治区、广西壮族自治区、西藏自治区、宁夏回族自治区、新疆维吾尔自治区和贵州、云南、青海三个多民族省份贫困人口累计减少1560万人。28个人口较少民族全部实现整族脱贫。

"两不愁三保障"全面实现。贫困户全面实现不愁吃、不愁穿，贫困人口受教育的机会显著增多、水平持续提高，农村贫困家庭子女义务教育阶段辍学问题实现动态清零，2020年贫困县九年义务教育巩固率达到94.8%。持续完善县乡村三级医疗卫生服务体系，把贫困人口全部纳入基本医疗保险、大病保险、医疗救助三重制度保障范围，实施大病集中救治、慢病签约管理、重病兜底保障等措施，99.9%以上的贫困人口参加基本医疗保险。

贫困地区基础设施显著改善。截至2020年底，全国贫困地区新改建公路110万公里、新增铁路里程3.5万公里，贫困地区具备条件的乡镇和建制村全部通硬化路、通客车、通邮路。2016年以来，新增和改善农田有效灌溉面积8029万亩，新增供水能力181亿立方米。实施无电地区电力建设、农村电网改造升级、骨干电网和输电通道建设等电网专项工程,农村地区基本实现稳定可靠的供电服务全覆盖。贫困村通光纤和4G比例均超过98%,远程教育加快向贫困地区学校推进,远程医疗、电子商务覆盖所有贫困县。

贫困地区生态环境更美更好。将扶贫开发与水土保持、环境保护、生态建设相结合,通过生态扶贫、农村人居环境整治、生态脆弱地区易地扶贫搬迁等措施,贫困地区生态保护水平明显改善,守护了绿水青山、换来了金山银山。脱贫攻坚既促进了贫困人口"增收",又促进了贫困地区"增绿",极大改善了贫困地区生态环境,广大农村旧貌换新颜,生态宜居水平不断提高。

脱贫攻坚战取得全面胜利,创造了中国减贫史乃至人类减贫史上的伟大奇迹,锻造形成了"上下同心、尽锐出战、精准务实、开拓创新、攻坚克难、不负人民"的脱贫攻坚精神。

四、促进区域协调发展和优化发展空间布局

党的十八大以来,中国实施了京津冀协同发展、长江经济带发展、粤港澳大湾区建设、长三角一体化发展、黄河流域生态保护和高质量发展等重大战略,引领区域协调发展取得历史性成就、发生历史性变革。

(一)京津冀协同发展

2014年2月,习近平主持召开座谈会,将京津冀协同发展上升为国家战略。2015年4月,中共中央政治局会议审议通过《京津冀协同发展规划纲要》。京津冀协同发展战略的核心是有序疏解北京非首都功能,调整经济结构和空间结构,走出一条内涵集约发展的新路子,探索出一种人口经济密集地区优化开发的模式,促进区域协调发展,形成新增长极。

有序疏解北京非首都功能。严控非首都功能增量,严控北京市域范围内新增项目审批。疏解非首都功能存量,推动20多所北京市属学校、医

院向京郊转移，疏解一般制造业企业累计近3000家，疏解提升区域性批发市场和物流中心累计约1000个。北京市常住人口规模自2017年以来持续下降，2020年控制目标顺利完成。

高标准高质量建设雄安新区。2017年4月，中共中央、国务院决定设立国家级新区河北雄安新区。雄安新区位于河北省中部，包括雄县、容城县、安新县及周边部分区域。2018年4月，中共中央、国务院批复《河北雄安新区规划纲要》。此后，相关规划和支持政策迅速出台，市政基础设施、生态工程、公共服务配套等120多个重大项目建设加快推进，京雄城际铁路正式开通。

加快推进周边地区协同发展。北京市通州区与河北省北三县协同发展深入推进；张家口首都水源涵养功能区和生态环境支撑区加快建设，首都生态屏障功能更加突出；天津滨海新区改革开放深入推进，天津港通关效能提升和成本节约效果显著。交通一体化加快建设，京张高铁、京沈高铁建成通车，北京大兴国际机场建成投运，京津冀机场群和港口群协同联动建设深入推进。

（二）长江经济带发展

长江经济带覆盖11个省市，面积占全国的21.4%，人口和生产总值均超过全国的40%。2016年、2018年和2020年，习近平三次主持召开推动长江经济带发展座谈会，提出"生态优先、绿色发展"的战略定位和"共抓大保护、不搞大开发"的战略导向，绘就了推动长江经济带发展的蓝图。

2016年9月，中共中央、国务院正式印发《长江经济带发展规划纲要》，指引长江经济带建设，使之成为生态文明建设的先行示范带、引领全国转型发展的创新驱动带、具有全球影响力的内河经济带、东中西互动合作的协调发展带。

生态环境明显好转。沿江省市和有关部门把修复长江生态环境摆在压倒性位置，绿色发展的理念贯彻落实。城镇生活污水垃圾处理能力显著提升，一大批高污染高耗能企业被关停取缔，沿江化工企业关改搬转超过八千家，长江流域水质显著好转。长江"十年禁渔"全面实施，生物多样性退化趋势初步得到遏制。

经济保持持续健康发展。长江经济带经济总量占全国的比重从2015年的42.3%提高到2019年的46.5%。新兴产业集群带动作用明显，电子信息、装备制造等产业规模占全国比重均超过50%。综合运输大通道加速形成。长江干支线高等级航道里程达上万公里，14个港口铁水联运项目全部开工建设，沿江高铁规划建设有序推进，成都天府机场、贵阳机场改扩建等一批枢纽机场项目加快实施。上海洋山港四期建成全球最大规模、自动化程度最高的集装箱码头，宁波舟山港成为唯一吞吐量超11亿吨的世界第一大港。

体制机制不断完善。2020年12月，全国人大常委会通过《中华人民共和国长江保护法》，这是中国首部流域法，长江大保护进入依法保护的新阶段。生态环境行政执法、刑事司法和公益诉讼的衔接机制初步建立。建立长江经济带发展负面清单管理体系，加快完善生态补偿、多元化投入、水环境质量监测预警等机制，为推动长江经济带发展提供了有力保障。

（三）粤港澳大湾区建设

粤港澳大湾区是中国开放程度最高、经济活力最强的区域之一。2019年2月，中共中央、国务院印发《粤港澳大湾区发展规划纲要》，提出将粤港澳大湾区建成充满活力的世界级城市群、国际科技创新中心、"一带一路"建设的重要支撑、内地与港澳深度合作示范区，还要打造成宜居宜业宜游的优质生活圈，成为高质量发展的典范。

粤港澳大湾区建设，着力增强科技创新能力、提升市场一体化水平、改善民生福祉、加强交流交往，全力推进粤港澳重大合作平台建设，促进香港、澳门更好融入国家发展大局，做大做强全国高质量发展动力源，取得明显成效。

科技实力和产业竞争力增强。粤港澳大湾区将建设国际科技创新中心作为首要任务，搭建起"两廊"（广深港科技创新走廊、广珠澳科技创新走廊)、"两点"(深港河套创新极点、粤澳横琴创新极点)的框架体系,启动建设大湾区综合性国家科学中心先行启动区,集中谋划布局一批重大科技基础设施和科研平台。产业创新方面,芯片等领域关键核心技术攻关取得初步成效,5G、超高清视频、集成电路等产业项目陆续投产。

设施硬联通成果显著。港珠澳大桥、南沙大桥开通运行,深中通道建设有序推进。广深港高铁香港段正式通车,香港融入全国高铁网络。香港机场第三跑道建设有序推进,深圳机场三跑道扩建、广州白云国际机场三期扩建、珠海机场改扩建工程开工建设,澳门机场改扩建前期工作加快推进。

机制软联通水平提升。人员流动方面,港珠澳大桥珠澳口岸、横琴口岸旅检区域实行"合作查验,一次放行"通关模式,香港西九龙站实行"一地两检"查验模式,通关便利化水平不断提高。货物流动方面,内地与香港"跨境一锁"在大湾区内地全面实施,与澳门"跨境一锁"业务模式启动实施,口岸清关手续进一步简化。专业资格认可方面,大湾区内地已在建筑工程、医疗、教育、律师、会计、旅游等8个重点领域实现对港澳职业资格的认可或作出便利安排。对外开放水平迈上新台阶。金融等服务业开放方面,本外币合一的跨境资金池业务落地实施,跨境理财通试点加快推进,大湾区保险服务中心加快筹建,粤港澳三地跨境车险"三地保单、一地购买"试点实施。

(四) 长三角一体化发展

长三角地区包括上海、江苏、浙江、安徽等省市,是中国经济发展最活跃、开放程度最高、创新能力最强的区域之一,人口约占全国的17%,地区生产总值约占全国1/4。2018年11月,习近平在首届中国国际进口博览会上宣布,支持长江三角洲区域一体化发展并上升为国家战略。2019年5月,中共中央、国务院正式印发实施《长江三角洲区域一体化发展规划纲要》。

长江三角洲区域紧扣"一体化"和"高质量"两个关键词,聚焦"率先形成新发展格局、勇当科技和产业创新的开路先锋、加快打造改革开放新高地"三大使命，取得一体化发展的丰硕成果。

强劲活跃的增长极基本形成。地区生产总值呈现出明显的强劲活跃增长特征，对全国经济影响力带动力不断增强，对全国经济贡献率持续提高。高质量发展样板区建设结出硕果。推进生态优势转变为经济社会发展优势成效显著，数字经济新优势正在为加快动力转换提供重要牵引，要素自由畅快流动推动资源配置效率有效提升。

区域一体化发展示范区建设取得实效。种好一体化制度创新"试验田"，推出两批八大类73项一体化制度创新成果。虹桥国际开放枢纽、G60科创走廊、皖北承接产业转移集聚区、宁马宁滁等一批跨界区域率先突破。政策协同、要素市场、多层次多领域合作等一体化体制机制加快探索完善，区域一体化发展已从项目协同走向一体化制度创新。

改革开放新高地初步建立。"不破行政隶属、打破行政边界"的改革创新取得突破，以制度型开放、全方位为特征的更高层次对外开放加快推进，上海自贸试验区临港新片区"五自由一便利"制度型开放体系基本建立，以共建"一带一路"为统领的全方位对外开放格局初步形成。

（五）黄河流域生态保护和高质量发展

2019年9月，习近平主持召开黄河流域生态保护和高质量发展座谈会，将黄河流域生态保护和高质量发展上升为重大国家战略。2021年10月，中共中央、国务院印发《黄河流域生态保护和高质量发展规划纲要》，明确了黄河流域的四重战略定位，即大江大河治理的重要标杆、国家生态安全的重要屏障、高质量发展的重要实验区、中华文化保护传承弘扬的重要承载区。

围绕《黄河流域生态保护和高质量发展规划纲要》，沿岸各省市制定了各自的区域规划和生态环境保护、水安全保障、林草、气象保障、文化保护传承弘扬、黄河国家文化公园建设、能源转型发展、工业转型升级、科技、对内对外开放和交流合作等专项规划，又出台了相关配套措施，从而形成了"1+N+X"规划政策体系。随着规划和政策实施，水资源节约利用水平稳步提升,黄河流域开启了发展新篇章。

五、"两山"理论和加强生态文明建设

以习近平同志为核心的党中央空前重视生态文明建设。习近平强调,必须坚持绿水青山就是金山银山的理念,坚持山水林田湖草沙一体化保护和系统治理,像保护眼睛一样保护生态环境,像对待生命一样对待生态环境,更加自觉地推进绿色发展、循环发展、低碳发展。

2015年,中共中央、国务院印发《关于加快推进生态文明建设的意见》和《生态文明体制改革总体方案》,明确了生态文明建设的顶层设计。在顶层设计指引下,中国加快建设生态文明制度体系。中央生态环境保护督察、生态环境保护"党政同责""一岗双责"、生态保护红线、国家公园、生态环境分区管控、河湖长制、林长制、排污许可、环境质量监测事权上收、碳排放权交易、新污染物治理、入河入海排污口设置管理、全面禁止进口"洋垃圾"等一系列重大制度建立健全,为生态环境保护提供了重要制度保障。

2017年,党的十九大首次把"美丽中国"作为建设社会主义现代化强国的重要目标。2018年3月,十三届全国人大一次会议通过的《中华人民共和国宪法修正案》,第一次写入"生态文明建设";会议还决定组建生态环境部,整合分散的生态环境保护职责,统一行使生态和城乡各类污染排放监管与行政执法职责,加强环境污染治理,保障国家生态安全。

2018年5月,全国生态环境保护大会召开。会议确立了习近平生态文明思想,回答了为什么要建设生态文明、建设什么样的生态文明和怎样建设生态文明等一系列重大理论和实践问题。

污染防治取得进展。党的十九大把污染防治作为决胜全面建成小康社会的三大攻坚战之一。国务院先后印发《大气污染防治行动计划》《水污染防治行动计划》《土壤污染防治行动计划》。2021年,全国地级及以上城市细颗粒物(PM2.5)年均值由2015年的46微克/立方米降至30微克/

立方米，空气质量优良天数的比率达到了87.5%，中国成为全球大气质量改善速度最快的国家。2021年，全国地表水Ⅰ-Ⅲ类断面比例达到84.9%，劣Ⅴ类水体比例下降到1.2%，全国地表水优良断面比例达到84.9%，已接近发达国家水平。土壤污染风险得到基本管控，全国土壤环境风险管控强化，部分地区耕地土壤污染加重趋势得到初步遏制。

生态系统保护修复力度加大。实施生态保护红线制度，建立健全以国家公园为主体的自然保护地体系。到2022年，各级各类自然保护区的面积约占全国陆域国土面积的18%，设立了三江源、大熊猫等国家公园。坚持山水林田湖草沙一体化保护和系统治理，实施了生物多样性保护重大工程，300多种珍稀濒危野生动植物野外种群数量得到恢复与增长，长江江豚频繁亮相，藏羚羊繁衍迁徙，白洋淀鳑鲏鱼等土著鱼类逐渐恢复，生物多样性保护取得了扎实成效。

绿色循环低碳发展迈出坚实步伐。2020年9月，习近平在第七十五届联合国大会上宣布"碳达峰与碳中和"目标：中国将提高国家自主贡献力度，采取更加有力的政策和措施，二氧化碳排放力争于2030年前达到峰值，努力争取2060年前实现碳中和。[①] 党的十八大以后的十年，中国以年均3%的能源消费增速支撑了平均6.6%的经济增长。2021年，全国单位GDP二氧化碳排放量比2012年下降34.4%，煤炭在一次能源消费中的占比从68.5%下降到56%，可再生能源开发利用规模、新能源汽车产销量均居世界第一，绿色逐步成为高质量发展的鲜明底色。

第四节　全面建成小康社会目标的实现

党的十八大以来，中国推动经济由高速增长转向高质量发展，取得产

---

① 习近平：《在第七十五届联合国大会一般性辩论上的讲话》，载《人民日报》2020年9月23日。

业结构优化升级的明显成效,持续改善人民生活,顶住外部封锁打压与新冠肺炎疫情的巨大压力,全面建成小康社会,继续谱写经济快速发展和社会长期稳定的奇迹,实现由富起来到强起来的伟大飞跃,在世界经济中的影响力、感召力、塑造力显著提升。

一、经济发展稳中求进和产业结构优化升级

党的十八大以来,中国加快产业结构优化升级,高质量发展特征更加明显。

现代农业建设步伐加快。农业生产稳定增长,主要农产品供给充裕。每年粮食产量稳定在 65000 万吨以上,稻谷、小麦口粮自给率超过 100%,中国饭碗牢牢端在自己手中。实施大豆振兴计划,大豆产量大幅增长。2020 年大豆产量 1960.18 万吨,较 2015 年增加 723.44 万吨,年均增长 9.6%。持续加强以农田水利为重点的农业基础设施建设,农业稳产高产能力不断增强。2020 年有效灌溉面积 69160.52 千公顷,较 2015 年增加 3287.88 千公顷。旱涝保收稳产高产的高标准农田建设稳步推进,到"十三五"末期完成 8 亿亩高标准农田建设任务,确保了粮食综合生产能力稳步提升。农业机械总动力从 2016 年的 97245.59 万千瓦增至 2020 年的 105622.15 万千瓦。

工业平稳较快增长。按可比价计算,2016 年至 2020 年工业增加值年均增长 5%,在全球主要经济体中保持领先,多个行业形成规模庞大、技术领先的生产实力,世界第一制造大国的地位进一步巩固。能源原材料产品规模继续扩大,2020 年,天然气、乙烯、十种有色金属产量分别达到 1925 亿立方米、2160 万吨、6188.4 万吨,比 2015 年分别增长 43%、26%、20%。消费品供应充裕丰富,棉纺、化纤、服装、制鞋等传统消费品产量占全球一半以上,食品药品供给保障能力不断强化。装备产品生产实力加快提升,2020 年,发电机组、汽车产量分别达到 13226.2 万千瓦、2532.5 万辆,集成电路、工业机器人产量比 2015 年分别增长 1.4 倍、

5.4倍。

工业结构优化升级。以新一代信息技术、新能源、新材料等为代表的战略性新兴产业发展迅速，成为引领工业高质量发展的重要引擎。2019年末，规模以上工业中从事战略性新兴产业的企业近7万家，占规模以上工业企业的比重为18.4%，比2015年提高5.4个百分点。充电桩、智能手表、服务机器人等新兴产品增势强劲，新能源汽车产销量持续位居世界首位，超导材料、石墨烯等前沿新材料产业化取得重要进展。高技术产业发展势头强劲，2016年至2020年，规模以上高技术制造业增加值年均增长10.3%，增速高于规模以上工业4.8个百分点。2020年，高技术制造业增加值占规模以上工业比重为15.1%，比2015年提高3.3个百分点。装备制造业支撑作用不断增强。2016年至2020年，规模以上装备制造业增加值年均增长8.4%，增速高于规模以上工业2.9个百分点，对规模以上工业增长的年均贡献率超过五成，2020年贡献率更是超过七成。2020年，装备制造业增加值占规模以上工业比重达33.7%，比2015年提高1.9个百分点，有效发挥工业"脊梁"作用。智能制造取得积极成效。2020年底，制造业企业数字化研发设计工具普及率接近73%，比2015年提高约11个百分点；生产设备数字化率和关键工序数控化率分别提高至49.9%和52.1%；开展网络化协同、服务型制造、个性化定制的企业比例分别提高至37.9%、27.9%、9.8%。

服务业作为经济发展"主引擎"的作用加强。2016年至2020年，服务业增加值从39.08万亿元增至55.40万亿元，按不变价计算，年均增长6.7%，分别高于GDP和第二产业0.9个和0.7个百分点。服务业增加值占GDP的比重由52.4%增至54.5%。服务业吸纳就业的能力增强，2020年服务业就业人员达到3.5806亿人，占全国就业人员总数的47.7%，较2015年提高5.4个百分点。服务业作为产业融合主渠道的作用增强，在整合产业链、节省用工成本、知识经济溢出等多种形式上实现了多产业融合发展，并在新动能中充当主力。2019年，"三新"经济增加值为16.1927万亿元，其中服务业增加值为8.4799万亿元，占比52.4%。高技术服务业、科技服务业、战略性新兴服务业持续较快增长，2016年至2020年的营业收入年均增速分别为12.3%、14.2%和15.3%，均快于全部规模以上服务业11%的年均增速。

二、中国在世界经济中的地位和作用快速提升

新时代以来，中国实现了由富起来向强起来的飞跃，提出了推动构建人类命运共同体、推动建设新型国际关系、共建"一带一路"等一系列富有中国特色、体现时代精神、引领人类发展进步潮流的新理念新主张新倡议，国际影响力、感召力、塑造力显著提升。

中国推动共建"一带一路"高质量发展，全面开拓对外开放与国际合作新局面。"一带一路"建设秉持共商共建共享原则，致力于建设和平之路、繁荣之路、开放之路、绿色之路、创新之路、文明之路，推进一大批关系沿线国家经济发展、民生改善的合作项目，使共建"一带一路"成为当今世界深受欢迎的国际公共产品和国际合作平台。中国成功举办中国国际进口博览会、中国（北京）国际服务贸易交易会、中国-东盟博览会等大型活动，实施自由贸易区提升战略，构建面向全球的高标准自由贸易区网络，对外开放达到前所未有新高度。2020年11月，中国和东盟10国、日本、韩国、澳大利亚、新西兰正式签署了《区域全面经济伙伴关系协定》（RCEP），启动了当前世界上人口最多、经贸规模最大、最具发展潜力的自由贸易区。

中国坚定维护经济全球化，推动全球治理体系向着更加公平合理的方向发展。在单边主义、贸易保护主义抬头，经济全球化遭遇波折，多边贸易体制的权威性和有效性受到严重挑战的背景下，中国支持对WTO进行必要改革，帮助WTO解决当前危机，推动完善更加公正合理的全球经济治理体系。2018年11月，中国发布《中国关于世贸组织改革的立场文件》，阐述了中国对WTO改革的原则和主张。中国还与多个WTO成员共同提交了"关于争端解决上诉程序改革"的联合提案，推动打破上诉机构

成员遴选僵局。2019 年 5 月，中国向 WTO 正式提交了《中国关于世贸组织改革的建议文件》，提出了 12 方面建议，维护多边贸易体制，推动建设开放型世界经济。

中国共建成立"一带一路"丝路基金、金砖国家新开发银行和亚洲基础设施投资银行等机构，有力补充了国际货币体系。丝路基金是中国为支持"一带一路"建设而专门设立的中长期开发机构，截至 2020 年底，丝路基金已签约以股权投资为主的各类项目 47 个，承诺投资金额 178 亿美元，覆盖了"一带一路"沿线多个国家，支持中国企业更好、更高质量地"走出去"。截至 2021 年底，成立仅 6 年的金砖银行发放的贷款已经超过运行 75 年的世界银行。在传统的世界银行援助机制外，发展中国家主导的国际金融机制开始发挥重要作用。2016 年 10 月，人民币正式加入特别提款权（SDR）货币篮子，改变了全球储备货币构成，这是人民币国际化的里程碑，也是对中国经济发展成就的肯定。

中国站在共建人类命运共同体的高度，提出共建清洁美丽世界，推动全球可持续发展。2015 年 9 月，习近平在第七十届联合国大会上提出："国际社会应该携手同行，共谋全球生态文明建设之路，牢固树立尊重自然、顺应自然、保护自然的意识，坚持走绿色、低碳、循环、可持续发展之路。"[①] 2020 年 9 月，习近平在第七十五届联合国大会一般性辩论上宣布，中国将提高国家自主贡献力度，采取更加有力的政策和措施，力争二氧化碳排放于 2030 年前达到峰值，于 2060 年前实现碳中和。中国在绿色发展上展现了大国担当。2018 年，中国碳排放量比 2005 年下降 45.8%，提前实现对国际社会的承诺目标。中国还提前实现了联合国 2030 年可持续发展议程中关于制止和扭转土地退化的目标。全球从 2000 年到 2017 年新增的绿化面积中，中国贡献了约 1/4，占比居全球首位。

---

① 中共中央文献研究室编：《十八大以来重要文献选编》中，中央文献出版社 2016 年版，第 697、698 页。

三、完成"十三五"规划和实现全面建成小康社会目标

面对错综复杂的国际形势、艰巨繁重的国内改革发展稳定任务特别是新冠肺炎疫情严重冲击,以习近平同志为核心的党中央团结带领全国各族人民,胜利完成了"十三五"规划目标任务,也胜利完成了全面建成小康社会的历史使命。

2021年7月1日,习近平在庆祝中国共产党成立100周年大会上庄严宣告:"经过全党全国各族人民持续奋斗,我们实现了第一个百年奋斗目标,在中华大地上全面建成了小康社会,历史性地解决了绝对贫困问题,正在意气风发向着全面建成社会主义现代化强国的第二个百年奋斗目标迈进。"①

全面小康,经济发展是基础。中国共产党把发展作为执政兴国的第一要务,作为解决中国一切问题的基础和关键,团结带领人民以经济建设为中心,不断解放和发展生产力,不断实现更高质量、更有效率、更加公平、更可持续、更为安全的发展,国家经济实力、科技实力和综合国力显著增强。

中国国内生产总值从1952年的679.1亿元跃升至2020年的101.6万亿元,经济总量占全球经济比重超过17%,稳居世界第二大经济体。人均国内生产总值从1952年的几十美元增至2020年的超过1万美元,实现从低收入国家到中等偏上收入国家的历史性跨越。制造业增加值多年位居世界首位,220多种工业产品产量居世界第一,自2010年起连续11年位居世界第一制造业大国。中国已是全球货物贸易第一大国、服务贸易第二大国、商品消费第二大国、外汇储备第一大国,2020年利用外资居全球第一。不断迈向共同富裕的14亿多人口,其中有超过4亿并不断扩大的中等收入群体,是全球最具成长性的超大规模市场,中国经济充满活力,具有

---

① 习近平著:《在庆祝中国共产党成立100周年大会上的讲话》,人民出版社2021年版,第2页。

巨大潜力和充足后劲。

科技实力跨越式发展。从新中国成立初期连铁钉都要依靠进口，到量子信息、铁基超导、中微子、干细胞、脑科学等前沿方向取得一系列重大原创成果，到载人航天与探月、北斗导航、载人深潜、高速铁路、5G 移动通信、超级计算等一大批战略高技术领域取得重大突破，中国跻身创新型国家行列，正在从科技大国迈向科技强国。科技广泛应用于生产领域，创新驱动发展成效显著，科技进步贡献率超过 60%。科技显著提升治理水平，数字政府、数字社会、数字乡村、智慧城市、"互联网 + 政务服务"等加快普及，网格化网络化智能化治理渐成常态。科技深刻改变人们的生活，网络点餐购物、移动扫码支付、网约车出行、共享单车出行、线上办公、在线教育、远程医疗、智能家居等，给人们带来的不仅是更多的便利，还有更充分的自由、更全面的发展。

作为全球人口最多的国家和世界上最大的发展中国家，中国全面建成小康社会，让国家更富强、人民更幸福、社会更稳定，本身就是对世界和平与发展的巨大贡献。1979 年至 2020 年，中国国内生产总值年均增长 9.2%，远高于同期世界经济增长 2.7% 左右的水平，增长速度和持续时间在世界范围内名列前茅，成为世界经济增长的重要引擎。自 2006 年起，中国连续 15 年成为世界经济增长的最大贡献国，对世界经济增长的平均贡献率超过 30%，成为世界经济增长的主要稳定器和动力源。中国科技创新为其他国家人民生产生活带来更多便利，为世界经济增长提供了新动能。中国用占全球 9% 的耕地养活了占世界近 20% 的人口，而且满足了高质量、多样化的农产品消费需求。中国全面建成小康社会，并乘势开启全面建设社会主义现代化国家新征程，必将为中国人民带来更多福祉，也必将为世界和平稳定作出更大贡献。

四、人民生活水平显著改善

2012－2020 年，以习近平同志为核心的党中央坚持以人民为中心的发展思想，顺应人民群众对美好生活的向往，以保障和改善民生为重点，从人民群众最关心的医疗、养老、教育等问题入手，不断织密民生保障网，使改革发展成果更多更公平惠及全体人民，提升人民群众的获得感、幸福感、安全感。

城乡居民收入增长与经济增长保持基本同步，2020年全国居民人均可支配收入达到32189元，比2010年"翻一番"的目标如期实现，中等收入人群超过4亿，城乡居民收入比由2015年的2.73∶1下降至2020年的2.56∶1。

居民消费层次持续提升，每百户家用汽车拥有量达37.1辆，旅游成为日常消费，2020年快递业务量达833.6亿件。居住条件日趋改善，城镇棚户区住房改造开工超过2300万套。居民出行更加便利，铁路网对20万人口以上城市覆盖率达到99.1%，高铁网对50万人口以上城市覆盖率达到91.5%，高速公路省界收费站取消。

多层次公共服务体系覆盖全民。公共就业服务体系加快构建，城镇新增就业人数累计超过6500万，对高校毕业生等重点群体和就业困难人员帮扶力度不断加大。覆盖城乡居民的社会保障体系基本建成，全国参加基本养老保险和基本医疗保险人数分别达到9.99亿人和13.6亿人，覆盖91%和95%以上的应保人群。

教育公平和质量较大提升。义务教育有保障的目标基本实现，高中阶段教育毛入学率达到91.2%，高等教育进入普及化阶段，劳动年龄人口平均受教育年限提高到10.8年。医药卫生体制改革持续深化，2015—2019年，我国居民人均预期寿命从76.34岁提高到77.3岁，主要健康指标总体上优于中高收入国家平均水平，个人卫生支出占卫生总费用的比重降至28.4%。

国民素质和社会文明程度显著提高。中国梦引领凝聚作用进一步增强，社会主义核心价值观深入人心，公民具备科学素质的比例超过10%。文化事业和文化产业繁荣发展，公共文化服务体系覆盖城乡、惠及全民。文化体制改革进一步深化。国家文化软实力不断增强，中华文化影响力日益彰显。

第十章

以高质量发展推进中国式现代化
（2021–2024）

中国共产党团结带领全国人民，全面建成小康社会，完成了第一个百年奋斗目标，走出了一条中国式现代化道路。2021年，中国步入全面建设社会主义现代化国家的新发展阶段。在新发展阶段，中国坚持以习近平新时代中国特色社会主义思想为指引，坚定贯彻新发展理念，着力构建以国内大循环为主体、国内国际双循环相互促进的新发展格局，一体推进科教兴国、人才强国、创新驱动发展三大战略，深化科技体制改革，加快建设科技强国，发展新质生产力，充分调动一切积极因素，做强做优做大国有资本和国有企业，支持鼓励引导民营经济发展壮大，持续增强高质量发展的内在动力，加快推进乡村振兴和农业现代化，深入实施区域协调发展战略，发挥重点区域先行先试作用，建设中国特色社会主义先行示范区，建设共同富裕示范区，努力推进全体人民共同富裕，物质文明和精神文明协调发展，人与自然和谐共生，不断把中国式现代化的鲜明特色转变为独特优势。同时，面对百年未有之大变局加速演进，中国顶住外部的强权霸凌和围堵打压，克服新冠肺炎疫情造成的反复冲击，经受经济发展方式转型带来的持续阵痛，迎难而上，一往无前，坚持统筹国内国际两个大局，坚持统筹发展和安全两件大事，加快构建更高水平开放型经济新体制，持续拓展对外开放范围、领域和层次，推动共建"一带一路"高质量发展，防范化解金融风险，守住不发生系统性风险底线，坚持金融服务实体经济的宗旨，努力为经济社会高质量发展提供金融支撑，重点确保产业链供应链安全，不断强化实体经济基础，为经济持续健康发展筑牢安全屏障和产业根基。

第一节　向第二个百年奋斗目标迈进

中国共产党团结带领全国人民，全面建成小康社会，完成了第一个百年奋斗目标，走出了一条中国式现代化道路。2021年，中国开启了全面建设社会主义现代化国家的新征程。在新发展阶段，中国着力构建以国内大循环为主体、国内国际双循环相互促进的新发展格局，以中国式现代化推进强国建设和民族复兴伟业。

一、"十四五"规划的制定和实施

"十四五"时期是中国全面建成小康社会、实现第一个百年奋斗目标之后，乘势而上开启全面建设社会主义现代化国家新征程、向第二个百年奋斗目标进军的第一个五年。2020年10月，党的十九届五中全会审议通过《中共中央关于制定国民经济和社会发展第十四个五年规划和二〇三五年远景目标的建议》。2021年3月，十三届全国人大四次会议批准了《中华人民共和国国民经济和社会发展第十四个五年规划和2035年远景目标纲要》，为中国全面建设社会主义现代化国家确立了宏伟蓝图。

中国已转向高质量发展阶段，制度优势显著，治理效能提升，经济长期向好，物质基础雄厚，人力资源丰富，市场空间广阔，发展韧性强劲，社会大局稳定，继续发展具有多方面优势和条件。同时，中国发展不平衡不充分问题仍然突出，重点领域关键环节改革任务仍然艰巨，创新能力不适应高质量发展要求，农业基础还不稳固，城乡区域发展和收入分配差距较大，生态环保任重道远，民生保障存在短板，社会治理还有弱项。

"十四五"时期推动高质量发展，必须立足新发展阶段、贯彻新发展理念、构建新发展格局。必须坚持深化供给侧结构性改革，以创新驱动、高质量供给引领和创造新需求，提升供给体系的韧性和对国内需求的适配性。必须建立扩大内需的有效制度，加快培育完整内需体系，加强需求侧管理，建设强大国内市场。必须坚定不移推进改革，破除制约经济循环的制度障碍，推动生产要素循环流转和生产、分配、流通、消费各环节有机衔接。必须坚定不移扩大开放，持续深化要素流动型开放，稳步拓展制度型开放，依托国内经济循环体系形成对全球要素资源的强大引力场。必须强化国内大循环的主导作用，以国际循环提升国内大循环效率和水平，实现国内国际双循环互促共进。

展望2035年，中国将基本实现社会主义现代化。经济实力、科技实力、综合国力将大幅跃升，经济总量和城乡居民人均收入将再迈上新的大台阶，关键核心技术实现重大突破，进入创新型国家前列。基本实现新型工业化、信息化、城镇化、农业现代化，建成现代化经济体系。基本实现国家治理体系和治理能力现代化，人民平等参与、平等发展权利得到充分保障，基本建成法治国家、法治政府、法治社会。建成文化强国、教育强国、人才强国、体育强国、健康中国，国民素质和社会文明程度达到新高度，国家文化软实力显著增强。广泛形成绿色生产生活方式，碳排放达峰后稳中有降，生态环境根本好转，美丽中国建设目标基本实现。形成对外开放新格局，参与国际经济合作和竞争新优势明显增强。人均国内生产总值达到中等发达国家水平，中等收入群体显著扩大，基本公共服务实现均等化，城乡区域发展差距和居民生活水平差距显著缩小。平安中国建设达到更高水平，基本实现国防和军队现代化。人民生活更加美好，人的全面发展、全体人民共同富裕取得更为明显的实质性进展。

二、党的二十大与中国式现代化

2022年10月，党的二十大在北京举行。大会指出，在新中国成立特别是改革开放以来长期探索和实践基础上，经过党的十八大以来在理论和实践上的创新突破，中国共产党成功推进和拓展了中国式现代化。中国式现代化，是中国共产党领导的社会主义现代化，既有各国现代化的共同特征，更有基于自己国情的中国特色。中国式现代化是人口规模巨大的现代化、全体人民共同富裕的现代化、物质文明和精神文明相协调的现代化、人与自然和谐共生的现代化、走和平发展道路的现代化。中国式现代化的本质要求是：坚持中国共产党领导，坚持中国特色社会主义，实现高质量发展，发展全过程人民民主，丰富人民精神世界，实现全体人民共同富裕，促进人与自然和谐共生，推动构建人类命运共同体，创造人类文明新形态。

大会强调，从现在起，中国共产党的中心任务就是团结带领全国各族人民全面建成社会主义现代化强国、实现第二个百年奋斗目标，以中国式现代化全面推进中华民族伟大复兴。

大会指出，全面建成社会主义现代化强国，总的战略安排是分两步走：从2020年到2035年基本实现社会主义现代化；从2035年到本世纪中叶把中国建成富强民主文明和谐美丽的社会主义现代化强国。未来五年是全面建设社会主义现代化国家开局起步的关键时期，主要目标任务是：经济高质量发展取得新突破，科技自立自强能力显著提升，构建新发展格局和建设现代化经济体系取得重大进展；改革开放迈出新步伐，国家治理体系和治理能力现代化深入推进，社会主义市场经济体制更加完善，更高水平开放型经济新体制基本形成；全过程人民民主制度化、规范化、程序化水平进一步提高，中国特色社会主义法治体系更加完善；人民精神文化生活更加丰富，中华民族凝聚力和中华文化影响力不断增强；居民收入增长和经济增长基本同步，劳动报酬提高与劳动生产率提高基本同步，基本公共服务均等化水平明显提升，多层次社会保障体系更加健全；城乡人居环境明显改善，美丽中国建设成效显著；国家安全更为巩固，建军一百年奋斗目标如期实现，平安中国建设扎实推进；中国国际地位和影响进一步提高，在全球治理中发挥更大作用。

在经济建设领域，大会提出加快构建新发展格局，着力推动高质量发展。大会要求坚持以推动高质量发展为主题，把实施扩大内需战略同深化供给侧结构性改革有机结合起来，增强国内大循环内生动力和可靠性，提升国际循环质量和水平，加快建设现代化经济体系，着力提高全要素生产率，着力提升产业链供应链韧性和安全水平，着力推进城乡融合和区域协调发展，推动经济实现质的有效提高和量的合理增长。

三、党的二十届三中全会与进一步全面深化改革

2024年7月，党的二十届三中全会在北京举行。党的二十届三中全会肩负着重大的历史使命。早在2022年，党的二十大就确立了以中国式现代化全面推进中华民族伟大复兴的中心任务，阐述了中国式现代化的中国特色、本质要求、重大原则等，对推进中国式现代化作出了战略部署。党的二十届三中全会的任务则是研究如何进一步全面深化改革，从而把这些战略部署落到实处，为推进中国式现代化提供制度保障，把中国式现代化蓝图变为现实。

全会审议通过了《中共中央关于进一步全面深化改革　推进中国式现代化的决定》（以下简称《决定》）。《决定》锚定2035年基本实现社会主义现代化目标，以经济体制改革为牵引，全面系统部署经济、政治、文化、社会、生态文明、国家安全、国防和军队等各方面改革，共提出300多项重要改革举措，为中国式现代化擘画了更加清晰的蓝图。

从经济角度来看，《决定》的显著特点之一是注重发展经济体制改革牵引作用，将深化经济体制改革作为进一步全面深化改革的重点，系统部署了五方面改革。

第一，围绕处理好政府和市场关系这个核心问题，把构建高水平社会主义市场经济体制摆在突出位置，对经济体制改革重点领域和关键环节作出部署。着眼增强国有企业核心功能、提升核心竞争力，提出增强各有关管理部门战略协同，推进国有经济布局优化和结构调整，推动国有资本和国有企业做强做优做大；着眼推动非公有制经济发展，提出制定民营经济促进法，加强产权执法司法保护，防止和纠正利用行政、刑事手段干预经

济纠纷。提出加强公平竞争审查刚性约束，清理和废除妨碍全国统一市场和公平竞争的各种规定和做法，完善要素市场制度和规则，等等。这些举措将更好激发全社会内生动力和创新活力。

第二，对健全推动经济高质量发展体制机制、促进新质生产力发展作出部署。围绕发展以高技术、高效能、高质量为特征的生产力，提出加强新领域新赛道制度供给，建立未来产业投入增长机制，以国家标准提升引领传统产业优化升级，促进各类先进生产要素向发展新质生产力集聚。

第三，对健全宏观经济治理体系作出部署。提出完善国家战略规划体系和政策统筹协调机制；统筹推进财税体制改革，增加地方自主财力，拓展地方税源，合理扩大地方政府专项债券支持范围，适当加强中央事权、提高中央财政支出比例；完善金融机构定位和治理，健全投资和融资相协调的资本市场功能，完善金融监管体系。

第四，对完善城乡融合发展体制机制作出部署。提出健全推进新型城镇化体制机制；巩固和完善农村基本经营制度；完善强农惠农富农支持制度；深化土地制度改革。

第五，对完善高水平对外开放体制机制作出部署。提出稳步扩大制度型开放；深化外贸体制改革；深化外商投资和对外投资管理体制改革；优化区域开放布局；完善推进高质量共建"一带一路"机制。

《决定》的显著特点之二是注重构建支持全面创新的体制机制。《决定》统筹推进教育、科技、人才体制机制一体改革，强调深化教育综合改革、深化科技体制改革、深化人才发展体制机制改革，提升国家创新体系整体效能。

在教育体制改革方面，提出分类推进高校改革，建立科技发展、国家战略需求牵引的学科设置调整机制和人才培养模式，超常布局急需学科专业；完善高校科技创新机制，提高成果转化效能。

在科技体制改革方面，提出加强国家战略科技力量建设，优化国家科研机构、高水平研究型大学、科技领军企业定位和布局，改进科技计划管理，强化基础研究领域、交叉前沿领域、重点领域前瞻性、引领性布局；

强化企业科技创新主体地位，建立培育壮大科技领军企业机制；允许科研类事业单位实行比一般事业单位更灵活的管理制度，探索实行企业化管理；深化职务科技成果赋权改革。

在人才发展体制机制改革方面，提出加快建设国家战略人才力量，提高各类人才素质；完善青年创新人才发现、选拔、培养机制，更好保障青年科技人员待遇；强化人才激励机制，坚持向用人主体授权、为人才松绑；完善海外引进人才支持保障机制。

"为者常成，行者常至。"全会指出，进一步全面深化改革的总目标是继续完善和发展中国特色社会主义制度，推进国家治理体系和治理能力现代化。到2029年中华人民共和国成立八十周年时，完成《决定》提出的改革任务。到2035年，全面建成高水平社会主义市场经济体制，中国特色社会主义制度更加完善，基本实现国家治理体系和治理能力现代化，基本实现社会主义现代化，为到本世纪中叶全面建成社会主义现代化强国奠定坚实基础。

在新的发展阶段，中国坚定不移深化改革，推进重点领域和关键环节改革攻坚，充分发挥市场在资源配置中的决定性作用，更好发挥政府作用，营造市场化、法治化、国际化一流营商环境，推动构建高水平社会主义市场经济体制。

深化财税体制改革。在保持宏观税负和基本税制稳定的前提下，进一步完善税收制度、优化税制结构，研究健全地方税体系，推动消费税改革，完善增值税制度。深化税收征管改革，依法依规征税收费。推进财政资源统筹，提高预算管理完整性。优化财政资源配置机制，打破支出固化僵化格局，集中财力办大事。完善财政转移支付体系，加强转移支付定期评估和退出管理，优化资金分配，研究建立完善促进高质量发展的转移支付激励约束机制。落实落细已出台的中央与地方财政事权和支出责任划分改革相关方案，稳步推进省以下财政体制改革。

深化金融体制改革。2023年，中央金融委员会组建，负责金融稳定和发展的顶层设计、统筹协调、整体推进、督促落实。同时，中央金融工作委员会组建，统一领导金融系统党的工作。在中国银行保险监督管理委员会基础上，组建国家金融监督管理总局，作为国务院直属机构。深化地方金融监管体制改革，建立以中央金融管理部门地方派出机构为主的地方金融监管体制，中国证券监督管理委员会调整为国务院直属机构，统筹推进中国人民银行分支机构改革，完善国有金融资本管理体制，加强金融管理部门工作人员统一规范管理。金融系统坚持服务实体经济的根本宗旨，努力做好科技金融、绿色金融、普惠金融、养老金融、数字金融五篇大文章，着力疏通资金进入实体经济的渠道，以金融"活水"润泽实体经济。

此外，中国还深化电力、油气、铁路和综合运输体系等改革，健全自然垄断环节监管体制机制，深化收入分配、社会保障、医药卫生、养老服务等社会民生领域改革，着力建设更高水平社会主义市场经济体制。

四、贯彻新发展理念和构建新发展格局

近年来，经济全球化遭遇逆流，国际经济循环格局深度调整，新冠肺炎疫情也加剧了逆全球化趋势，各国内顾倾向上升。全球产业链供应链发生局部断裂，直接影响中国国内经济循环。这表明大进大出的环境条件已经变化，必须根据新的形势提出引领发展的新思路。2020年4月，习近平提出要建立以国内大循环为主体、国内国际双循环相互促进的新发展格局，党的十九届五中全会对构建新发展格局作出全面部署。这是把握未来发展主动权的战略性布局和先手棋，是新发展阶段要着力推动完成的重大历史任务，也是贯彻新发展理念的重大举措。

中国作为一个人口众多和超大市场规模的社会主义国家，在迈向现代化的历史进程中，必然要承受其他国家都不曾遇到的各种压力和严峻挑战。我们只有立足自身，把国内大循环畅通起来，努力炼就百毒不侵、金刚不坏之身，才能任由国际风云变幻，始终充满朝气生存和发展下去，没有任何人能打倒我们、卡死我们。加快构建新发展格局，就是要在各种可以预见和难以预见的狂风暴雨、惊涛骇浪中，增强我们的生存力、竞争

力、发展力、持续力,确保中华民族伟大复兴进程不被迟滞甚至中断。

构建新发展格局的关键在于经济循环的畅通无阻。在中国发展现阶段,畅通经济循环最主要的任务是供给侧有效畅通,有效供给能力强可以穿透循环堵点、消除瓶颈制约,可以创造就业和提供收入,从而形成需求能力。因此,我们必须坚持深化供给侧结构性改革这条主线,继续完成"三去一降一补"的重要任务,全面优化升级产业结构,提升创新能力、竞争力和综合实力,增强供给体系的韧性,形成更高效率和更高质量的投入产出关系,实现经济在高水平上的动态平衡。

构建新发展格局最本质的特征是实现高水平的自立自强。当前,中国经济发展环境出现了变化,特别是生产要素相对优势出现了变化。劳动力成本在逐步上升,资源环境承载能力达到或接近上限,旧的生产函数组合方式已经难以持续,科学技术的重要性全面上升。在这种情况下,我们必须更强调自主创新。因此,中共中央在制定"十四五"规划建议时,第一条重大举措就是科技创新,第二条就是突破产业瓶颈,把这个问题放在能不能生存和发展的高度加以认识,全面加强对科技创新的部署,加强创新链和产业链对接,加快研发原创技术,培育现代产业链。

充分利用和发挥市场资源优势,不断巩固和增强市场资源优势,可以形成构建新发展格局的雄厚支撑。扩大内需并不是应对金融风险和外部冲击的一时之策,也不是要搞大水漫灌,更不是只加大政府投入力度,而是要根据中国经济发展实际情况,建立起扩大内需的有效制度,释放内需潜力,加快培育完整内需体系,加强需求侧管理,扩大居民消费,提升消费层次,使建设超大规模的国内市场成为一个可持续的历史过程。

构建新发展格局,实行高水平对外开放,必须具备强大的国内经济循环体系和稳固的基本盘,并以此形成对全球要素资源的强大吸引力、在激烈国际竞争中的强大竞争力、在全球资源配置中的强大推动力。既要持续深化商品、服务、资金、人才等要素流动型开放,又要稳步拓展规则、规制、管理、标准等制度型开放。要加强国内大循环在双循环中的主导作用,塑造中国参与国际合作和竞争新优势。要重视以国际循环提升国内大循环效率和水平，改善中国生产要素质量和配置水平。要通过参与国际市场竞争，增强中国出口产品和服务竞争力，推动中国产业转型升级，增强中国在全球产业链供应链创新链中的影响力。

第二节　大力发展新质生产力和实现高质量发展

在全面建设社会主义现代化国家的新征程上，中国一体推进科教兴国、人才强国、创新驱动发展三大战略，深化科技体制改革，加快建设科技强国，发展新质生产力，充分调动一切积极因素，做强做优做大国有资本和国有企业，促进民营经济发展壮大，持续增强高质量发展的内在动力。

一、充分发挥科技创新动力的举措

2021年以来，科技创新在党和国家事业全局中的地位提升前所未有。基础研究得到空前重视。2023年2月，中央政治局就加强基础研究进行集体学习，习近平强调，加强基础研究是实现高水平科技自立自强的迫切要求，是建设世界科技强国的必由之路，要加强统筹协调，加大政策支持，推动基础研究实现高质量发展。2012年至2023年，基础研究投入从499亿元提高到2212亿元，年均增长16%，是全社会研发投入增速的2倍，占全社会研发经费比重由4.8%提升至6.65%。基础研究取得一系列突破，建成了FAST、稳态强磁场、散裂中子源等一批国之重器，在量子信息、干细胞、脑科学、合成生物学等领域部署了一批重点项目，在量子计算机原型机、人工合成淀粉、纳米限域催化等方面取得了一批重大原创成果。

科研激励机制改革深化。《关于完善科技激励机制的意见》出台，强化使命激励、贡献激励。持续开展减负行动，推出了减表、解决报销繁、精简牌子、检查瘦身等十多项具体措施。进一步加强对青年科技人才的培养，支持他们挑大梁、当主角，国家重点研发计划参研人员中45岁以下的占比超过80%。人才培养实现量质齐升，2022年，中国研发人员总量超过600万人年，连续多年保持世界第一。人才队伍结构进一步优化，领军人才和高水平创新团队不断涌现，更多青年科技人才脱颖而出。

企业科技创新主体地位进一步提升。党的二十大对企业的定位由"技术创新的主体"转变为"科技创新的主体"，支持企业在全链条创新中发挥更大作用。强化企业在科技创新决策方面的主体地位，支持企业参与国家科技创新决策，吸纳更多企业界科技专家进入国家科技专家库，引导企业围绕国家重大战略开展研发。强化企业在研发投入中的主体地位，加大企业研发费用加计扣除等政策落实力度，建立金融支持企业创新的工作机制，打通科技、产业、金融的链条。强化企业在科研组织中的主体地位，支持企业牵头组织国家科技计划项目，鼓励企业提出科技需求，发挥企业出题人、答题人以及阅卷人的作用，国家重点研发计划中企业参加或牵头的占比已接近80%。强化企业在成果转化中的主体地位，推动技术交易市场和技术转化机构的互动，构建高质量高标准的技术要素市场，使得各种成果在企业端能够汇聚，2022年全国技术合同成交额达到4.8万亿元，企业贡献了超过80%的技术吸纳。

扩大国际科技交流合作，形成具有全球竞争力的开放创新生态。中国积极推动双多边政府间合作取得新进展，与160多个国家和地区建立了科技合作关系，签订了116个政府间科技合作协定，构建起全方位、多层次、广领域的科技开放合作新格局，在科技抗疫、生物多样性、气候变化和清洁能源等多个领域与多个国家开展了深入务实且卓有成效的合作，在科技扶贫、创新创业、技术转移和空间信息服务等方面惠及了更多国家和人民。

中国科技事业取得了历史性成就、发生了历史性变革，实现了从自主创新到自立自强、从跟跑参与到领跑开拓、从重点领域突破到系统能力提升的跨越式发展。中国全球创新指数排名从2012年的第34位上升至2022年的第11位，成功进入创新型国家行列，开启了实现高水平科技自立自强、建设科技强国的新阶段。

二、发展新质生产力成效明显

2023年9月，习近平在黑龙江考察调研期间首次提到"新质生产力"。它是指创新起主导作用，摆脱传统经济增长方式、生产力发展路径，具有高科技、高效能、高质量特征，符合新发展理念的先进生产力质态。2024年1月，习近平在政治局集体学习时强调，发展新质生产力是推动高质量发展的内在要求和重要着力点，必须继续做好创新这篇大文章，推动新质生产力加快发展。

改造提升传统产业。传统产业是现代化产业体系的基底，在制造业中占比超过80%。中国大力推进企业技术改造和设备更新，推广先进适用技术，促进工艺现代化、产品高端化。实施制造业"增品种、提品质、创品牌"行动，提升产品质量和品牌效益。深入实施智能制造工程，加快发展服务型制造，大力发展生产性服务业。落实工业领域碳达峰实施方案，全面推行绿色制造。鼓励采用市场化法治化的办法，推动重点行业加快兼并重组，提高产业集中度。

巩固延伸优势产业。中国的高铁、船舶、电力装备、工程机械、通信设备等领域已经形成特色优势，为巩固延伸这些优势，中国大力实施产业基础再造工程和重大技术装备攻关工程。产业基础和重大技术装备在中国制造业中分别起着"立地"的支撑作用和"顶天"的引领作用。在推动产业基础再造工程方面，聚焦产业基础高级化，发展一批核心基础零部件、基础元器件、基础材料、关键基础软件和先进基础工艺；通过"揭榜挂帅"等方式，攻克一批关键共性技术，突破一批基础产品，有力地支撑工业体系创新升级；创建一批产业基础共性技术中心，依托龙头企业、转制科研院所，长期稳定地支持开展共性技术研究、产品创新以及推广应用；发挥产业政策引领作用，充分发挥国家制造业转型升级基金和中小企业发展基金的作用，带动社会资金的投入，更加有力地支持产业基础再造工作，着力培育一批专精特新企业。在重大技术装备攻关工程方面，围绕国家重大战略产品的需求，加快重大技术装备体系化和高端化、智能化、绿色化发展，特别是在大飞机、航空发动机、燃气轮机、电力能源装备、船舶与海工装备、工业母机、高端医疗装备和现代农机装备等领域，努力突破一批带有创新性、标志性的装备。

培育壮大新兴产业。新兴产业是引领未来发展的新支柱新赛道。聚焦5G、人工智能、生物制造、工业互联网、智能网联汽车、绿色低碳等重点领域，不断丰富和拓展新的应用场景。扩大国家制造业创新中心在新兴产业领域的建设布局。实施"机器人＋"应用行动，推动物联网产业规模化、集约化发展。

前瞻布局未来产业。未来产业是抢抓新一轮科技革命和产业变革的机遇、实现引领发展的重要抓手。中国正在研究制定未来产业发展行动计划，加快布局人形机器人、元宇宙、量子科技等前沿领域，全面推进6G技术研发，并鼓励地方先行先试，布局未来产业。

加快构建现代化基础设施体系。以5G、千兆光网、移动物联网为代表的新型基础设施建设取得显著成效。中国已经建成全球规模最大、技术领先的5G网络。5G基站超过231万个，5G网络覆盖全国所有地级市、所有县城城区，对构建涵盖系统、芯片、终端的完整产业链发挥了重大引领作用。千兆光网已经具备覆盖超过5亿户家庭的能力，实现了全国的"市市通千兆""村村通宽带""县县通5G"。截至2023年3月，"东数西算"工程全面启动，逐步构建了"算、存、运"一体化的算力基础设施应用体系，在用的数据中心机架总规模已经超过650万标准机架，服务器规模超过2000万台，算力总规模位居全球第二。中国还建成了全球规模最大的移动物联网，连接数达到18.45亿户，占全球总连接数的70%以上，成为全球主要经济体中率先实现"物超人"的国家。移动物联网在数字城市建设、智能制造、智慧交通、移动支付等领域实现了较大规模应用。

推动制造业绿色化转型。中国出台了工业领域及钢铁、有色金属、石化化工、建材等重点行业的碳达峰实施方案，初步建立起促进工业绿色发展的政策框架体系，并实施了绿色制造推进工程、工业节能降碳专项行动和资源综合利用提质增效行动。中国还着力培育绿色增长新动能，壮大新能源汽车产业，创新发展绿色航空器，推进内河船舶电动化绿色化智能升级，全面提升光伏、锂电供给能力，加快行业标准体系建设，推动智能光伏在工业、建筑、交通、通信等领域的创新应用。2023年，绿色新能源产品成为新增长点，新能源汽车、太阳能电池、汽车用锂离子动力电池"新三样"相关产品产量比上年分别增长30.3%、54.0%、22.8%，水轮发电机组、风力发电机组、充电桩等绿色能源相关产品生产保持高速，产量分别增长35.3%、28.7%、36.9%。水电、核电、风电和太阳能发电等清洁能源发电量为2.7万亿千瓦时，比2022年增长3.1%。全国水电、风电和太阳能发电等可再生能源发电装机规模再创新高，超过14亿千瓦，占比过半。

三、优化和提升国有企业作用

2020年6月，中央全面深化改革委员会审议通过《国企改革三年行动方案（2020-2022年）》，新一轮国有企业改革开展，国资国企领域发生了全局性、根本性、转折性变化。

中国特色现代企业制度更加成熟定型。推动国有企业加强党的领导与完善公司治理相统一，中央企业和地方企业集团公司及其重要子企业全面落实党委（党组）前置研究讨论重大经营管理事项清单，推动党委（党组）把方向、管大局、保落实的领导作用制度化、规范化、程序化。完善董事会建设制度体系，截至2023年2月，全国各层级3.8万户国有企业实现董事会应建尽建，实现外部董事占多数的比例达99.9%，董事会运作逐步规范高效。中央企业子企业和地方国有企业建立董事会向经理层授权管理制度的户数占比均超过97%，普遍健全授权后的定期跟踪、评估调整机制。

国有经济布局结构实现整体性优化。完成中国电科与中国普天、中化集团与中国化工、鞍钢与本钢等4组7家中央企业战略性重组，新组建和接收中国星网、中国稀土集团等8家中央企业，推动电力、检验检测、医疗等领域30余个中央企业专业化整合项目，全国省属国有企业116组347家实施重组，开展专业化整合2150次。中央企业涉及国家安全、国民经济命脉和国计民生领域营业收入占比超70%，国有经济主导作用有效巩固。打造现代产业链"链长"步伐加快，先后分两批遴选16家"链长"企业，主动在重要行业、关键领域布局，提升产业链供应链韧性和安全水平，2020年至2022年，中央企业战略性新兴产业年均投资增速超过20%。"两非"（非主业、非优势）、"两资"（低效、无效资产）清退既定任务基本完成，中央企业从事主业的户数占比达到93%，"僵尸企业"处置和特困企业治理全面完成，剥离国有企业办社会职能和解决历史遗留问题全面扫尾。

国有企业科技创新体制机制不断完善。加大对国企科技创新支持，创新激励政策"能给尽给、应给尽给"，实施科技研发投入在业绩考核中全部视同利润加回、重点核心研发团队工资总额单列等政策。推行"揭榜挂帅""赛马"机制，激发科研人员创新创造潜能。研发投入强度进一步加大，中央企业2022年研发投入经费超1万亿元，工业企业研发投入强度超过3%，重点企业研发投入强度超过5.6%。加快打造原创技术策源地，遴选首批29户"重点支持类"原创技术策源地企业先行先试，推动中央企业成为科学新发现、技术新发明、产业新方向的重要策源地。关键核心技术攻关取得重要进展，实施"央企攻坚工程"一期并圆满收官，一批关键核心技术攻关取得重大突破。

市场化经营机制改革深化。推进人事、劳动、分配三项制度改革，转换内部经营机制。将经理层成员任期制和契约化管理作为深化三项制度改革的"牛鼻子"，在各级国有企业全面推行，截至2023年2月，与2020年底相比，开展任期制和契约化管理的中央企业和地方各级子企业比例从23%左右提升至99.6%以上，覆盖全国超8万户企业、22万人。市场化用工机制深入推进，中央企业和地方国有企业新进员工公开招聘比例由2020年底的88.9%、87.6%均提升到99.9%以上，末等调整和不胜任退出的管理人员比例分别由 2.5%、1.9% 提升到 5.7%、4.5%。混合所有制企业经营机制深度转换，70% 的混合所有制企业中有外部投资者派出的董事，2020 年以来累计推动 92 户国有股权超过 50% 的上市公司引入持股比例 5% 以上战略投资者作为积极股东，85.7% 的重要领域混改试点企业营业收入实现增长。

以管资本为主的国资监管体制更加健全。强化各级国资委履行国有企业出资人职责、专司国有资产监管职责和负责国有企业党的建设"三位一体"职能配置。国资监管效能切实增强，建立"一利五率"（利润总额和净资产收益率、研发经费投入强度、资产负债率、全员劳动生产率、营业现金比率）高质量发展指标体系，统筹稳增长、抓改革、强创新、促发展、防风险等多重监管目标。公益性业务分类核算、分类考核在中央企业试行取得重要阶段性成果。深化自然垄断行业改革，组建中国电气装备集团、国家管网集团，电力油气体制改革取得新成果。中央企业 5 家国有资本投资公司、2 家资本运营公司在支持国资国企重大改革落地、促进国有资本布局优化和结构调整等方面发挥了重要作用。国资监管大格局加快构建，建立中央、省、市三级国资监管机构联动工作机制，建成全国国资国企在线监管系统，省级经营性国有资产集中统一监管比例提升至 99%。

四、鼓励和规范民营经济发展

党的二十大报告提出，优化民营企业发展环境，依法保护民营企业产权和企业家权益，促进民营经济发展壮大。2023 年 7 月，中共中央、国务院印发《关于促进民营经济发展壮大的意见》，针对民营企业的痛点难点提出八个方面、31 条举措。围绕该意见，各部门出台一系列举措，迅速完善促进民营经济发展的政策体系。国家发展改革委内部增设民营经济发展局，作为促进民营经济发展壮大的专门工作机构，加强相关领域政策统筹协调，推动各项重大举措早落地、见实效。

为民营经济发展壮大营造公平竞争的市场环境。全面落实公平竞争政策制度，认真贯彻新修订的《中华人民共和国反垄断法》，制定《制止滥用行政权力、排除限制竞争行为规定》等五部反垄断配套规章。加强反垄断和反不正当竞争监管执法，聚焦工程建筑、公用事业、政府采购、民生领域，深入开展反垄断执法，集中查处了一批重大典型垄断案件。强化知识产权保护，出台《关于新时代加强知识产权执法的意见》，进一步完善知识产权执法机制，2023 年上半年，共查处相关案件 1.71 万件。重点打击假冒知名品牌以及"傍名人""搭便车"等虚假宣传类违法行为。完善涉企收费行为的监管办法，分领域制定了涉企收费执法指南，积极破除根源性、深层次的违规收费问题。

促进民营中小微企业发展。强化政策扶持，延续小微企业税收优惠、扩大中小企业政府采购份额等政策，支持中小微企业提振信心、恢复发展。加强服务供给，开展"一起益企"中小企业服务行动，截至 2023 年 7 月末，全国服务机构共服务企业近 800 万家，签订技术成果转化项目 2.4 万个、举办供需对接活动 1.2 万次。提升中小企业核心竞争力，开展数字化赋能、科技成果赋智、质量标准品牌赋值中小企业"三赋"专项行动，举办 2023 全国专精特新中小企业发展大会，累计培育五批专精特新"小巨人"企业。发挥中小企业特色产业集群作用，推动中小企业集聚化、专业化发展。举办中国国际中小企业博览会，推进中外中小企业合作区建设。

积极开展促进中小微企业融资工作。扩大中小微企业间接融资规模，引导银行业金融机构加大对中小微企业的信贷投放力度，扩大首贷、信用贷、无还本续贷和中长期贷款规模，实现了"面扩、量增、费降"政策效果。促进中小企业上市融资，在北京、浙江等 9 个区域性股权市场建成"专精特新"专板，对拟上市企业开展分类指导、精准服务、投融资对接。截至 2023 年 6 月底，已累计有 1446 家专精特新中小企业在 A 股上市，占 A 股已上市企业的 27.7%。发挥政府投资基金带动作用，引导国家中小企业发展基金聚焦国家战略开展投资业务，吸引带动更多社会资本，加大对种子期、初创期成长型中小企业投资力度。截至 2023 年 6 月底，国家中小企业发展基金已累计设立 31 只子基金，募资总规模近 900 亿元，完成投资项目1100多个。

依法保护民营企业产权和企业家权益，促进民营经济人士健康成长。一体推进守法诚信教育与法商素养提升，持续开展"法律三进""法治体检""企业家学法"等活动，引导民营企业增强法治意识、契约精神和守约观念。一体推进产权平等保护与优化法治环境，依法保护民营企业产权和企业家合法权益。一体推进民营企业合规与防治内部腐败，引导守法合规经营。一体推进依法维权与商会调解，建立健全维权服务网络，推进商会调解培育培优行动，提升依托商会化解涉企纠纷的能力。一体推进支持民营企业自主创新和保护创新权益，加大知识产权宣传和保护，深化民营经济标准化工作，举办民营经济标准创新大会、标准创新周等活动。"万家民企评营商环境"显示，民营企业对法治环境满意度位列五大环境要素评价的第一位。

第三节　进一步扩大开放和保障国家经济安全

新发展阶段，中国坚持对外开放的大门越开越大，加快构建更高水平开放型经济新体制，持续拓展对外开放范围、领域和层次，推动共建"一带一路"高质量发展。同时，中国坚持统筹发展和安全两件大事，防范化解金融风险，守住不发生系统性风险底线，坚持金融服务实体经济的宗旨，努力为经济社会高质量发展提供金融支撑，重点确保产业链供应链安全，不断强化实体经济基础，为经济持续健康发展筑牢根基。

一、建设更高水平对外开放新体制

自2018年美国发动对华经贸摩擦以来，逆全球化暗流汹涌，贸易战、科技战此起彼伏，西方国家遏制中国发展的意图完全暴露，中国面临的国际环境日趋复杂严峻。面对充满机遇而又危机四伏的百年未有之大变局，中国全面提高对外开放水平，推动贸易和投资自由化便利化，完善自由贸易试验区布局，健全促进和保障境外投资的法律、政策和服务体系，用实际行动诠释了"中国开放的大门不会关闭，只会越开越大"。

稳住外贸发展势头。中国从政策、主体、市场等多方面入手，靠前发力、精准发力，推动外贸运行总体稳定，2023年进出口规模达到41.76万亿元，在2022年的高基数上，进出口规模实现了0.2%的正增长，比疫情前的2019年增长30%以上，实现了"促稳提质"的目标，展现了较强的韧性。外贸结构优化，实现两个"首次突破"：一是"新三样"（新能源汽车、光伏产品、锂电池）出口首次突破1万亿元，增长了近30%；二是有进出口实绩的经营主体首次突破60万家，达到64.5万家，外贸经营主体壮大和优化。在外贸领域，跨境电商异军突起，进出口达到2.38万亿元人民币，增长15.6%，比全国进出口增长速度高出15.4个百分点。跨境电商的主体在不断增长。初步统计，现在全中国有外贸进出口实绩的企业达64.5万家，其中跨境电商主体超过10万家。跨境电商生态圈不断优化，中国跨境电商平台的App下载量位居全球前列。中国的海外仓到2023年底已经达到1800个，比2022年增加了200多个；全货机达到255架，比2022年增加了32架。品牌建设也取得进展，从2022年到2023年底，中国注册的海外商标从2万个增至3万个以上。

稳住外商投资势头。2023年，国务院印发《关于进一步优化外商投资环境 加大吸引外商投资力度的意见》，提出24条、59项政策措施。超六成政策举措已经落实或者已经取得积极进展。例如，外籍个人津补贴免税、外资研发机构采购国产设备退税等政策延续到2027年底；新版外国人永久居留身份证正式启用，《外国商务人士在华工作生活指引》发布，提升了外国朋友在华交通、生活、消费的便利度。超九成外资企业给出积极正面评价。2023年，中国实际使用外资1632.5亿美元，折合人民币是1.13万亿元，虽然同比出现了下降，但是规模仍处于历史第三高。引资结构持续优化，高技术产业引资占比达到37.4%，比2022年提高1.3个百分点，比重创历史新高。制造业领域，引资占比提升1.6个百分点，达到了27.9%。2024年3月，国务院办公厅印发《扎实推进高水平对外开放更大力度吸引和利用外资行动方案》，提出了力度更大的吸引外资的24条政策，进一步解决外资企业的关切。

二、推动共建"一带一路"高质量发展

2021年以来，中国坚持共商共建共享原则，秉持开放、绿色、廉洁理念，以高标准、可持续、惠民生为目标，巩固互联互通合作基础，拓展国际合作新空间，扎牢风险防控网络，努力实现更高合作水平、更高投入效益、更高供给质量、更高发展韧性，推动共建"一带一路"高质量发展不断取得新成效。

"硬联通"方面，中老铁路、雅万高铁、匈塞铁路、比雷埃夫斯港等一批标志性项目陆续建成并投运，中欧班列开辟了亚欧陆路运输新通道，"丝路海运"国际航线网络遍及全球，"六廊六路多国多港"的互联互通架构基本形成。其中，2021年12月开通的中老铁路，到2023年9月初累计发送旅客超2090万人次，运输货物超2536万吨，使老挝从"陆锁国"变成"陆联国"，累计招聘老挝员工3500多人，在物流、交通、商贸、旅游等行业间接为老挝增加10万余个就业岗位。又如，作为共建"一带一路"标志性品牌的中欧班列，完善了亚欧陆路运输网络，构建起了全天候、大运量、绿色低碳、畅通安全的亚欧物流新通道，形成了"海陆互联、多向延伸"的空间布局，截至2023年9月底，已通达欧洲25个国家217个城市，累计开行超过7.8万列，运送货物超过740万标箱；运送货物占中欧贸易总额比重从2016年的1.5%提高到2022年的8%，运输货物品类由开行初期以数码产品为主，扩大到53个大类、5万多个品种产品。

"软联通"方面，中国与共建国家持续深化规则标准等领域合作，搭建起了以"一带一路"国际合作高峰论坛为引领，以双边、三方、多边合作机制为支撑的复合型国际合作架构，取得了丰硕的合作成果。中国于

2017年、2019年、2023年成功举办三届高峰论坛，与会各方进行深入交流，就共建"一带一路"合作方向和重点领域等达成广泛共识。双边合作机制不断巩固，中国同150多个国家、30多个国际组织签署了"一带一路"合作文件，"一带一路"倡议同30多个国家的发展战略及联合国2030年可持续发展议程有效对接，同东盟、非盟、欧亚经济联盟等地区组织的发展规划协同增效，"一带一路"全球伙伴关系网络逐年扩大。各领域多边合作平台提质升级，中国与各方在能源、税收、金融、人文、绿色发展等领域搭建起20多个"一带一路"多边合作平台，同步推进政策沟通和务实合作。

"心联通"方面，教育、文化、体育、旅游、考古等领域合作不断深化，中国已与45个共建国家和地区签署高等教育学历学位互认协议，与144个共建国家签署文化和旅游领域合作文件，设立了"丝绸之路"政府奖学金，打造了"鲁班工坊"、"光明行"、菌草等一批"小而美"合作品牌。"一带一路"朋友圈越来越大，充分证明了"一带一路"不搞封闭狭隘的小圈子，超越了地缘博弈的旧思维，开创了国际合作的新范式，是真正惠及各国人民的"发展带""幸福路"。

贸易投资方面，从2013年到2022年这十年间，中国与共建国家进出口总额累计达到19.1万亿美元，年均增长6.4%，这个增速既高于同期中国外贸整体增速，也高于同期全球贸易增速。中国与共建国家双向投资累计超过3800亿美元，其中中国对外直接投资超过2400亿美元。中国在共建国家的承包工程年均完成营业额大约1300亿美元，有效改善了东道国的基础设施条件，大幅提升了互联互通水平。中国还持续打造共建"一带一路"贸易投资平台，成功举办了进博会、广交会、服贸会、投洽会、消博会以及一系列区域性展会，促进了共建国家之间的经贸合作。

三、优化提升区域开放格局

持续扩大自由贸易试验区范围。2021年7月，中央全面深化改革委员会审议通过《关于推进自由贸易试验区贸易投资便利化改革创新的若干措施》。2022年上半年，中国21个自贸试验区实际使用外资1198.5亿元，增长16.8%，以不到千分之四的面积吸引了近16.6%的外资。2023年11月，中国第22个自贸试验区——新疆自贸试验区挂牌成立。中国的自由贸易试验区（港），基本形成了覆盖东西南北中的改革开放创新格局，为高水平对外开放提供新动力，为中国式现代化建设注入新活力。

扩大面向全球的高标准自贸区网络。中国与更多国家签署自贸协定，自贸朋友圈不断扩大。2023年，中国新签的协定达到4个，和厄瓜多尔、尼加拉瓜、塞尔维亚签署自贸协定，与新加坡签署自贸协定进一步升级议定书，在自贸协定谈判和签署方面创造新的历史纪录，中国还和洪都拉斯实质性完成了自贸协定早期收获谈判。在尼加拉瓜的自贸协定、新加坡的自贸协定的升级方面，中国都按照负面清单的模式作出了高水平跨境服务贸易和相互投资开放承诺，这是在中国自贸协定谈判中的第一次。2023年，《区域全面经济伙伴关系协定》（RCEP）全面生效，中国和RCEP其他14个成员国进出口额达到12.6万亿元人民币，比2021年协定生效之前增长5.3%，其中，中国对RCEP其他成员国出口增长了16.6%，比同期中国对全球出口增速高4.6个百分点。在关税减免方面，2023年中国企业在RCEP项下享受到进口减让税款达到23.6亿元人民币。

四、保障产业链和国家金融安全

产业链供应链是工业经济的命脉，其稳定畅通对工业经济平稳运行至关重要。近年来，百年变局和世纪疫情交织，地缘政治冲突频发、经济全球化遭遇逆流、能源资源供应紧张、大宗商品价格上涨，世界经济的不稳定性、不确定性日益突出，全球产业链供应链体系面临重构。

中国产业体系规模庞大、门类齐全，但也存在不少卡点、堵点和断点，这既需要产业政策部门的引导，也需要企业特别是产业链龙头企业主动发力，牵引带动上下游高效联动、产供销循环畅通。2023年9月，中国发起中央企业产业链融通发展"共链行动",搭建合作交流、供需对接平台,推动中央企业与产业链企业深化合作,加快构建大中小企业有序竞合、融通发展的新格局。一方面,着力构建产业链协同合作新机制。通过合资建设、增资扩股、投资并购等方式,加强同产业链企业深度合作,建立供需对接、项目共建、成果共享等机制,提升产业链协作效率。发挥龙头企业优势,构建开放共享、相融共生、互利共赢的新生态。另一方面,着力筑牢产业链安全发展的新基础。加强同产业链企业的创新合作,共同开展强基补短工程、产业基础能力再造工程,着力解决产业体系"缺基少核"问题。主动开放中央企业应用场景,以首台套、首批次、首版次为重点,推动更多产业链企业的产品和服务进入采购名录,为新产品新技术规模化应用创造条件,加快推进新型工业化。截至2023年底,中央企业围绕机床、移动信息、轨道交通、低碳冶金等领域,在北京、上海、广州、沈阳等地举办了13场共链行动,累计发布供需清单1000余项,签订合同超过5000余项,与多家企业建立了深层次合作关系。例如,国家电投以"契约化合作"模式稳步推进"国和一号"产业链建设,截至2023年底,已实现整机100%国产化替代能力。中国中车集团轨道交通装备产业链累计带动6900余家企业协同发展,基本建成了株洲、青岛两个世界级产业集群,全球新车销售市场占比超过30%。

当今世界,各国经济相互依赖,利益深度交融,形成了"你中有我、我中有你"的共同体和地球村。全球产业链供应链是构建和支撑这一格局的重要载体,打造稳定、安全、畅通的全球产业链供应链体系,推动经济全球化朝着更加开放、包容、普惠、平衡、共赢的方向发展,不仅是推动世界经济走出危机、实现复苏的重要途径,更是人类命运共同体发展演进的根本要求。面对当前经济全球化遭遇的困难和挑战,中国始终重视践行多边主义,持续扩大高水平对外开放,坚持同世界分享发展机遇。2021年10月,习近平在二十国集团罗马峰会上提出了举办产业链供应链韧性与稳定国际论坛的倡议。

在促进全球产业链供应链稳定方面,中国采取了一系列措施,支持企业更加积极地参与国际分工，更加主动地扩大对外交流合作，同世界各国一道，共建富有韧性和稳定性的产业链供应链。一是推动制造业更广范围、更大力度开放。中国全面推行外商投资准入前国民待遇加负面清单管理模式，大幅放宽市场准入，不断缩减外商投资的准入限制，推动一般制造业领域全面开放，实现自贸试验区负面清单制造业条目全面清零。二是打造稳定畅通的产业链供应链。针对疫情全球肆虐、海运航运不畅的问题，积极会同相关部门出台支持政策，采取有力措施，全力保障产业链供应链畅通。例如，中国最短时间建成全球最大规模新冠病毒疫苗生产线，不仅充分保障国内接种需求，也为支援全球抗疫作出积极贡献。搭建"汽车产业链供应链畅通协调平台"，加强中央地方工作协同联动，为汽车企业提供反映问题的快捷通道，及时了解中外合资、外商独资在内的重点整车企业需求，推动解决包括大众、宝马、特斯拉等众多外资品牌在内的汽车产业链企业物流运输和复工复产问题6000多批次，有效帮助企业打通堵点卡点。三是着力增强企业发展活力。出台落实各项惠企稳企政策，形成了支持中小企业发展的政策"组合拳"。例如，针对中小企业当前面临的突出困难和问题，制定一揽子纾困减负政策，保护重点产业链上的中小微企业，这些政策有效地改善了企业发展环境、稳定了市场主体信心。

2023年10月，中央金融工作召开。会议提出了中国特色金融发展之路，即坚持党中央对金融工作的集中统一领导，坚持以人民为中心的价值取向，坚持把金融服务实体经济作为根本宗旨，坚持把防控风险作为金融工作的永恒主题，坚持在市场化法治化轨道上推进金融创新发展，坚持深化金融供给侧结构性改革，坚持统筹金融开放和安全，坚持稳中求进工作总基调。这次会议明确了新时代新征程金融工作怎么看、怎么干，为金融发展指明了方向。根据中央金融工作会议部署，中国坚持金融服务实体经济的宗旨，全面加强金融监管，防范化解金融风险，守住不发生系统性风险底线，努力为经济社会高质量发展提供金融支撑。稳妥防范化解重点机构、重点领域金融风险。强化金融机构的公司治理和风险管理，加强金融监管，宏观审慎管理、微观审慎监管、行为监管等各司其职、相互配合、形成合力。推动金融安全网建设，提升风险监测、评估和预警能力，健全具有硬约束的金融风险早期纠正机制，建立权责对等、激励相容的风险处置责任机制，发挥好行业保障基金、金融稳定保障基金的作用，强化存款保险专业化风险处置职能。各部门和地方政府采取有效措施，积极化解房地产和地方债务风险。从全国范围看，中小银行经营稳健，资产质量都保持稳定，资本实力显著增强。对于少数风险较高的中小银行，实施高强度监管，逐步使其风险收敛，同时，金融监管部门还与地方党委政府和相关部门一起"一行一策"，谋划实施改革化险的路径，多措并举，稳妥有序化解和处置存量风险，严控增量风险，相当部分银行的风险已大幅收敛，实现可持续经营，改革化险成效正在显现。

第四节 中国式现代化下的经济发展

在以中国式现代化全面推进中华民族伟大复兴的新征程上，中国坚持以人民为中心的思想，增强科技创新的驱动作用，加快推进乡村振兴和农业现代化，深入实施区域协调发展战略，发挥重点区域先行先试作用，建设中国特色社会主义先行示范区，建设共同富裕示范区，努力推进全体人民共同富裕，物质文明和精神文明协调发展，人与自然和谐共生，不断把中国式现代化的鲜明特色转变为独特优势。

一、大力推进乡村振兴与城乡融合发展

2021年以来，农业农村工作守住保障国家粮食安全和不发生规模性返贫两条底线，全面推进乡村振兴，加快农业农村现代化。

粮食和农业生产连续丰收，保障国家粮食安全的基础巩固向好。落实粮食安全党政同责要求，制定出台省级党委政府粮食安全责任制考核办

法，落实主体责任。重点做到"两稳两扩"，稳口粮、稳玉米；扩大豆、扩油料。2021年至2023年，粮食产量由13657亿斤增至13908.2亿斤，连创历史新高，中国人的饭碗端得更牢了。2022年，启动实施大豆和油料产能提升工程，多策并施扩大豆，多油并举扩油料。2022年，大豆面积达到1.54亿亩，增加2743万亩，这是1958年以来面积最高的年份，产量首次迈上了2000万吨台阶，创历史新高。2022年，大豆自给率提高了3个百分点，食用植物油自给率提高了1.6个百分点。2023年，大豆油料扩种成效明显，大豆面积1.57亿亩，连续两年稳定在1.5亿亩以上，产量416.8亿斤，创历史新高。油料作物种植面积迈上2亿亩台阶。

脱贫攻坚成果得到巩固，守住不发生规模性返贫底线。易返贫致贫人口和突发严重困难户全部纳入监测范围，落实帮扶措施，超过65%的监测对象消除返贫风险，其余也都落实了帮扶措施，没有发生规模性返贫现象。中央层面确定的衔接政策全部出台，确定160个国家乡村振兴重点帮扶县并出台支持政策，易地搬迁后续扶持、东西部协作、定点帮扶不断深化，启动"万企兴万村"行动。产业就业带动效果明显，中央财政衔接推进乡村振兴补助资金用于产业发展的比重截至2023年已达到50%，每个脱贫县都形成了2-3个优势突出、带动力强的特色主导产业，脱贫人口人均实现产业增收2200元以上。脱贫劳动力务工规模达到3145万人，超额完成年度目标任务。龙头企业引领、农民合作社和家庭农场跟进、脱贫人口广泛参与的产业带动格局基本形成。

耕地保护建设持续加强。2021年，国务院批复实施《全国高标准农田建设规划（2021-2030年）》，明确到2025年建成10.75亿亩高标准农田，同时改造提升1.05亿亩高标准农田，以此稳定确保1.1万亿斤以上的粮食产能。2021年，新建成高标准农田1.05亿亩，同步发展2825万亩高效节水灌溉，实施东北黑土地保护性耕作7200万亩。2022年，1亿亩高标准农田建设任务超额完成，如期实现10亿亩累计建设目标，实施保护性耕作面积8300万亩，第三次全国土壤普查试点任务总体完成。2023年，完成新建和改造提升高标准农田8611万亩，建成高效节水灌溉2462万亩。建成后的高标准农田农业生产条件显著改善，抗灾减灾能力明显提升。

科技和装备支撑稳步增强。2021年，农机装备转型升级迈出新步伐，预计农作物耕种收综合机械化率超过72%，三大主粮机收损失率平均降低1个百分点。2022年，农机装备创制实现突破，240马力无级变速拖拉机、油菜移栽机等短板机具成功量产，粮食机收损失率控制在3%以内。短板农机装备取得突破，320马力无级变速拖拉机、山地玉米播种机等短板机具陆续量产，大型大马力农机、丘陵山区小型农机等部分机具初步实现了"有好农机用"。总体判断，中国农业科技创新整体水平已经迈入世界第一方阵。2022年，全国农业科技进步贡献率达到62.4%，可以说农业科技自立自强迈出坚实的一步。

全面推进乡村振兴取得新进展。2021年，中国制定乡村建设行动实施方案，启动农村人居环境整治提升五年行动。农村人居环境持续改善，全国农村卫生厕所普及率超过73%，农村生活污水治理（管控）率达到40%以上，生活垃圾得到收运处理的行政村比例保持在90%以上。乡村治理效能稳步提升，新认定100个全国乡村治理示范乡镇、1001个全国乡村治理示范村，清单制、积分制等治理方式覆盖面不断扩大，农村社会保持和谐稳定。

在推进乡村振兴的同时，中国着力破解城乡发展过程中的不平衡不充分难题，通过新型城镇化和乡村全面振兴的有机结合，促进各类要素双向流动，加大以工促农力度，创新以城带乡举措，努力构建工农互促、城乡互补、全面融合、共同繁荣的新型工农城乡关系，使中国式现代化建设成果更多更公平地惠及城乡全体居民。

二、构建全国统一大市场和区域经济协调发展

超大规模国内市场是支撑中国经济高质量发展的巨大优势之一。然而，中国市场体系仍存在着制度规则不统一、要素资源流动不畅通、地方保护"画地为牢"等突出问题，影响了市场功能及规模效益的发挥。特别是部分地方以"内循环"名义搞地区封锁，一些地方甚至以疫情防控为由

设置区域壁垒、限制商品流动，给加快建设全国统一大市场带来了阻碍。

2022年4月，中共中央、国务院印发《关于加快建设全国统一大市场的意见》，明确提出要建立统一市场制度规则、打破地方保护和市场分割、打通经济循环关键堵点、促进商品要素资源畅通流动等，建设高效规范、公平竞争、充分开放的全国统一大市场。

针对统一大市场建设中出现的堵点和卡点，中国坚持立破并举，以高质量供给创造和引领需求，进一步巩固和扩展市场资源优势。具体来看，一手抓"立"，从制度建设着眼，明确阶段性目标任务，强化公平竞争市场规则建立，压茬推进统一市场建设，着力推动产权保护、市场准入、公平竞争、社会信用等方面制度规则统一；另一手抓"破"，坚持问题导向，聚焦市场垄断和不当竞争行为，瞄准地方保护和区域壁垒等顽疾，清理妨碍统一市场和公平竞争的各种规定和做法，专项治理地方保护、市场分割、招商引资不当竞争等突出问题，加强对招投标市场的规范和管理，着力拆除有形无形的"篱笆""围墙"，让形形色色的封闭小市场、自我小循环无处遁形。

京津冀协同发展进入全方位、高质量深入推进的阶段。北京非首都功能疏解取得突破性进展，北京成为全国首个减量发展的超大城市。首批高校、医院、央企总部在雄安新区落地建设，关于户籍、投资，以及疏解到雄安的职工或者企业的工资收入等政策出台。雄安新区进入大规模建设和承接北京非首都功能疏解并重的阶段，城市框架已经基本显现，对外骨干路网全面建成。北京城市副中心功能日趋完善，北京市四套班子以及70多个市级部门、近3万工作人员已经迁至副中心办公，北京艺术中心、城市图书馆、大运河博物馆等文化建筑建成亮相，副中心的生活品质不断提升。

区域高质量发展成效明显。北京和河北联合成立了通州区与北三县一体化高质量发展示范区理事会、执委会，10多家北京医院与北三县医疗机构开展合作。天津滨海新区改革开放取得实效，2023年天津港集装箱吞吐量突破了2200万标箱，比2014年增长58%。张家口首都水源涵养功能区和生态环境支撑区加快建设，成为区域空气质量最优城市。唐山提前完成了单位GDP能耗下降"十四五"目标任务。交通一体化网络加快构建，主要城市1—1.5小时交通圈基本形成。产业链上下游协作持续强化，中关村企业在天津、河北设立分支机构已经达到1万多家，北京流向天津、河北的技术合同成交额超过2800亿元。公共服务共建共享加快推进，9900余家医疗机构实现跨省异地就医门诊费直接结算。

长江经济带已成为推动中国经济高质量发展的重要引擎。沿江省市和有关部门不断推进生态环境整治，促进经济社会发展全面绿色转型。2021年3月，中国首部流域法《中华人民共和国长江保护法》正式施行，长江沿线各部门认真推进制度落实，全力打好长江保护修复攻坚战，长江流域生态文明建设取得显著成果。2022年，长江流域国控断面优良水质比例达98.1%，较2015年上升16.3个百分点，长江干流连续3年全线达到Ⅱ类水质。2020年，沿江11个省市森林面积9047.53万公顷，森林覆盖率44.08%，比2013年增长了2.83个百分点。

在经济发展和科技创新方面，长江经济带11个省市经济总量占全国的比重，从2015年的45.1%提高到2023年的46.7%。2020年长江经济带规模以上工业企业R&D经费投入7724.2亿元，占全国的50.6%，投入和占比分别比2015年提高68.1%和4.7个百分点；长江经济带专利授权量达164.7万件，比2015年增长98.1%，占全国的46.8%。交通网络通达能力将持续优化，沿江大通道建设稳步推进，城市群交通一体化水平不断提升，"轨道上的长三角"日渐成型。

长三角一体化发展强劲，增长极功能不断巩固提升。2023年，上海、江苏、浙江和安徽的经济总量突破30万亿元大关，三省一市以4%的国土面积，创造了全国近1/4的经济总量。2023年，长三角科技创新共同体建设全面推进。上海联合苏浙皖启动实施第二批28个联合攻关项目，由国家实验室、国家重点实验室、重大科技基础设施等构成的长三角战略科技力量稳步壮大。长三角世界级产业集群加快打造。上海三大先导产业规模达1.6万亿元，引领带动长三角集成电路、生物医药、人工智能产业规模提升；持续推进产业链补链固链强链，汽车芯片等关键零部件研发和产业化取得积极进展；国产大飞机长三角产业链配套率持续提升，跨区域产业合作载体建设加快推进。

区域市场一体化建设不断完善。三省一市联合印发《促进长三角生态绿色一体化发展示范区高质量发展条例》，长三角统一地方标准累计达17个；"满意消费长三角"行动进一步深化，培育放心消费单位34万余家；上海与南京、杭州、合肥、嘉兴获批共建科创金融改革试验区，科创板长三角地区上市企业270家，占全国的48%。公共服务便利共享，加快推进，上海会同苏浙皖推动152项政务服务事项实现跨省通办，以社会保障卡为载体实现52个居民服务事项"一卡通用"，异地就医门诊费用直接结算深入推进。

粤港澳大湾区建设向着纵深推进。2021年9月，《横琴粤澳深度合作区建设总体方案》和《全面深化前海深港现代服务业合作区改革开放方案》发布，依托前海、横琴两个合作区，以广深港、广珠澳科技创新走廊为主干架的区域创新格局初步形成。广州实验室挂牌启动，惠州加速器驱动嬗变装置正式开工建设，"鹏城云脑Ⅱ"重大科学设施正式上线运行，散裂中子源等大科学装置运行顺利，服务超220项粤港澳大湾区科研实验，涵盖超导材料、新型储氢材料等多个领域；500多家生命健康和人工智能企业集聚广州南沙，深圳精准推进集成电路、生物医药、新能源汽车等8条重点产业链，佛山建成26个国家级特色产业基地。粤港澳大湾区正在加速打造成为全球科技创新高地和新兴产业重要策源地。世界知识产权组织发布的全球创新指数报告显示，"深圳—香港—广州科学技术集群"连续两年居全球创新指数第二，超过美国硅谷所在的圣何塞—旧金山地区。

2023年，粤港澳大湾区经济总量突破14万亿元，以不到全国0.6%的国土面积，创造了全国1/9的经济总量，综合实力再上台阶。2023年，大湾区有25家企业进入世界500强。在胡润研究院发布的《2024全球独角兽榜》的1453家企业里，粤港澳大湾区共有70家独角兽登榜。

黄河流域生态保护和高质量发展稳步推进，沿黄地区按照"共同抓好大保护，协同推进大治理"要求，因地制宜、分类施策，统筹谋划流域生态环境保护工作。2023年4月1日,《中华人民共和国黄河保护法》正式实施,为推进黄河流域生态保护和高质量发展提供了有力法治保障。黄河流域在生态环境改善方面取得积极进展,河湖库生态面貌持续向好。水利部黄河水利委员会依法加强黄河流域河湖库生态保护治理,通过强化生态流量管控,10条重点河流20个主要控制断面生态流量全部达标。相继实施重点区域生态补水,累计向乌梁素海、河口三角洲、华北地下水超采区等生态补水14.48亿立方米,实现黄河干流连续24年不断流。首次调度支流水库在黄河调水调沙集中排沙期下泄清水,减少了对水生生物和栖息地的影响,实现排沙、减淤、生态保护多赢目标。突出抓好水土流失综合治理,实现流域水土流失面积和强度"双下降",2023年新增水土流失治理面积1.25万平方千米。

三、发挥重点区域先行先试作用

苏南地区包括江苏的南京、无锡、常州、苏州和镇江五市,地处长江三角洲核心区。苏南是近代中国民族工业发祥地,是中国经济社会最发达、现代化程度最高的地区之一,肩负着率先基本实现现代化的重任,在全国现代化建设中具有重要地位。

为促进苏南率先实现现代化,发挥对全国现代化建设的示范引领作用,2013年,国家发展改革委正式印发《苏南现代化建设示范区规划》,标志着中国第一个以现代化建设为主题的区域规划正式颁布实施。

党的十八大以来,苏南地区积极推进现代化建设,完善现代化建设指标体系,充分发挥苏南现代化建设示范区在全国现代化建设中的示范引领作用,基本建立起以创新为发展动力的科学发展方式,基本形成了现代服务业为主体的现代产业体系,基本实现了城乡发展一体化,人民生活更加富足安定,社会更加繁荣和谐,生态环境更加宜居优美,民主法治制度更加完备。

2019年,中共中央、国务院印发《关于支持深圳建设中国特色社会主义先行示范区的意见》，揭开了深圳建设先行示范区的历史大幕。深圳对标高质量发展高地、法治城市示范、城市文明典范、民生幸福标杆、可持续发展先锋"五大战略定位"，加快打造更具全球影响力的经济中心城市和现代化国际大都市，在推进中国式现代化建设中勇当尖兵。

2019年至2022年，深圳地区生产总值从2.69万亿元增长到3.24万亿元，经济总量跃居全国城市前三、亚洲城市第四，全球城市接近前十。2023年上半年，深圳地区生产总值16297.60亿元，同比增长6.3%。

在产业领域，深圳坚持制造业当家，加快建设现代化产业体系。国家级专精特新"小巨人"企业排名全国城市第二，国家级制造业单项冠军数量排名全国城市第二。2022年，全市规模以上工业总产值超过4.5万亿元，全部工业增加值超过1.1万亿元，首次成为规模以上工业总产值、全部工业增加值"双第一"城市。

在创新领域，深圳加快打造具有全球重要影响力的产业科技创新中心。高标准建设综合性国家科学中心主阵地。首届光明科学城论坛成功举办，深圳医学科学院和深圳湾实验室院区永久场地一体化推进规划建设，鹏城实验室在智能算力互联生态建设等多方面取得标志性成果。出台实施基础研究"深研"规划，164个关键核心技术攻关项目加快推进，首台国产ECMO、开立生物血管内超声等高端新品陆续获批。完善的产业体系和强大的科技创新能力相结合。深圳高质量建设国家高性能医疗器械创新中心、国家5G中高频器件创新中心、国家超高清视频创新中心。国家高新技术企业超过2.3万家，深港穗科技集群连续3年排名全球第二，技术创新全球策源力排名全球第5位、中国第一。获评首批国家知识产权强市建设试点示范城市，专利合作条约（PCT）国际专利申请量连续19年稳居全国城市首位，全社会研发投入占GDP比重提高到5%以上。

在改革领域，深圳以综合改革试点牵引全面深化改革向纵深推进。首批综合改革事项清单已全面落地见效，4方面18条典型经验和创新举措向全国推广，示范引领作用充分显现。重要领域和关键环节改革突破成势。截至2023年8月，放宽市场准入24条特别措施加快落地，深圳数据交易所累计交易金额超 27.7 亿元，电子元器件和集成电路国际交易中心等揭牌成立。全市累计发行 67 期知识产权证券化产品，发行规模超 154 亿元。深交所科技成果与知识产权交易中心累计为 342 项科技成果和知识产权提供挂牌交易、投融资服务。

2021 年 6 月，中共中央、国务院发布《关于支持浙江高质量发展建设共同富裕示范区的意见》，赋予浙江重要示范改革任务，先行先试、作出示范，为全国推动共同富裕提供省域范例。该意见紧扣推动共同富裕和促进人的全面发展等，围绕构建有利于共同富裕的体制机制和政策体系，提出 6 方面、20 条重大举措。

浙江高质量发展建设共同富裕示范区的战略定位是：高质量发展高品质生活先行区，城乡区域协调发展引领区，收入分配制度改革试验区，文明和谐美丽家园展示区。浙江高质量发展建设共同富裕示范区的发展目标是：到 2025 年，浙江省推动高质量发展建设共同富裕示范区取得明显实质性进展。到 2035 年，浙江省高质量发展取得更大成就，基本实现共同富裕。

浙江坚持以高质量发展为首要任务，坚决扛起经济大省勇挑大梁的责任担当。实施数字经济创新提质"一号发展工程"，营商环境优化提升"一号改革工程"，"地瓜经济"提能升级"一号开放工程"，以三个"一号工程"为总牵引，启动实施"千项万亿"等"十项重大工程"为具体工作抓手和切口，加快打造浙江特色现代化产业体系，推动经济实现质的有效提升和量的合理增长。2023 年，全省生产总值82553 亿元、增长6%，以占全国 1.1% 的土地、4.7% 的人口，创造了全国 6.5% 的生产总值；一般公共预算收入 8600 亿元、增长 7%，总量居全国第 3 位。

浙江坚持以缩小"三大差距"为主攻方向，共同富裕示范区建设迈出坚实步伐。为了缩小区域差距，浙江制定了"一县一策"，推动山区海岛县走共同富裕特色之路。比如，丽水市景宁县是全国唯一的畲族自治县，支持当地做大做好茶叶、绿色农产品等区域特色品牌，打造山区县公共服务优质共享样板。又如，浙江最远的海岛县嵊泗，结合资源禀赋，做好

"渔旅港"三篇文章,打造了海岛县发展的一个样本。近两年,浙江山区海岛县的主要经济指标和居民收入增速,均高于全省平均水平。为了缩小城乡差距,浙江全景式推进城乡融合发展,加快打造居民幸福共同体。以村(居)委会为圆心,在"城市步行15分钟、乡村骑行15分钟"服务半径范围内,老百姓就能享受到看病、养老、上学等公共服务。全省90%以上村庄建成新时代美丽乡村。为了缩小收入差距,努力实现"人人有事做,家家有收入",深入推进"扩中""提低"行动,努力扩大中等收入群体规模,提高低收入群体收入,打响"就业创业在浙江"品牌,更加注重促进低收入群体增收。全省建成党建引领的"共富工坊"超万家,引导有条件的企业把适合的生产加工环节布局到基层,方便更多群众特别是低收入群体在家门口就业,累计吸纳就业近50万人,人均月增收约2600元。2023年,浙江城镇和农村居民人均可支配收入分别达74997元、40311元,连续23年和39年居各省区第1位,城乡居民收入倍差缩小到1.86;地区之间的差距也在持续缩小,设区市之间居民人均可支配收入最高与最低的倍差缩小到1.56。

作为中国式现代化的先行者,浙江坚持把满足人民美好生活向往作为奋斗目标,奋力谱写中国式现代化浙江新篇章,为强国建设、民族复兴作出新的更大贡献。

四、大力推进创新型国家和治理能力现代化建设

党的二十大坚持创新在中国现代化建设全局中的核心地位,把教育、科技、人才作为全面建设社会主义现代化国家的基础性、战略性支撑,并首次进行专章部署。大会强调,必须坚持科技是第一生产力、人才是第一资源、创新是第一动力,深入实施科教兴国、人才强国、创新驱动发展战略,开辟发展新领域新赛道,不断塑造发展新动能新优势。

2023年2月,党的二十届二中全会通过《党和国家机构改革方案》,调整党和国家机构的设置和职能,使其更加适应全面建设社会主义现代化

国家的要求，更加适应国家治理体系和治理能力现代化的要求。

这次改革新组建了中央科技委员会。加强党中央对科技工作的集中统一领导，统筹推进国家创新体系建设和科技体制改革，研究审议国家科技发展重大战略、重大规划、重大政策，统筹解决科技领域战略性、方向性、全局性重大问题，研究确定国家战略科技任务和重大科研项目，统筹布局国家实验室等战略科技力量，统筹协调军民科技融合发展等，作为党中央决策议事协调机构。

在国家机构改革方面，重新组建科学技术部。加强科学技术部推动健全新型举国体制、优化科技创新全链条管理、促进科技成果转化、促进科技和经济社会发展相结合等职能，强化战略规划、体制改革、资源统筹、综合协调、政策法规、督促检查等宏观管理职责，保留国家基础研究和应用基础研究、国家实验室建设、国家科技重大专项、国家技术转移体系建设、科技成果转移转化和产学研结合、区域科技创新体系建设、科技监督评价体系建设、科研诚信建设、国际科技合作、科技人才队伍建设、国家科技评奖等相关职责，仍作为国务院组成部门。

在科技创新领域，新型举国体制的作用进一步发挥。面对西方的打压遏制，以习近平同志为核心的党中央围绕发挥新型举国体制优势、推进科技自立自强作出一系列重大决策部署。2022年9月，中央全面深化改革委员会审议通过《关于健全社会主义市场经济条件下关键核心技术攻关新型举国体制的意见》。该意见指出，健全关键核心技术攻关新型举国体制，要把政府、市场、社会有机结合起来，科学统筹、集中力量、优化机制、协同攻关。要加强战略谋划和系统布局，坚持国家战略目标导向，瞄准事关我国产业、经济和国家安全的若干重点领域及重大任务，明确主攻方向和核心技术突破口，重点研发具有先发优势的关键技术和引领未来发展的基础前沿技术。要加强党中央集中统一领导，建立权威的决策指挥体系。要构建协同攻关的组织运行机制，高效配置科技力量和创新资源，强化跨领域跨学科协同攻关，形成关键核心技术攻关强大合力。要推动有效市场和有为政府更好结合，强化企业技术创新主体地位，加快转变政府科技管理职能，营造良好创新生态，激发创新主体活力。

面对激烈的国际竞争，中国坚持"四个面向"的要求，面向世界科技前沿，面向经济主战场，面向国家重大需求，面向人民生命健康，推动有组织科研，形成系统布局，充分调动发挥科研主体积极性，和相关部门形成合力，实施减负、"赛马制"、"揭榜挂帅"等措施，支持科研人员真正持之以恒投身科技。国家创新体系更加高效，高质量创新成果加快产出，高温气冷堆实现商业化，神舟十六号、神舟十七号成功发射，C919商业首航，6G网络架构创造长距离传输世界纪录，直驱海上风电机组达到世界领先水平，一批关键材料、基础零部件、基础软件取得重要突破。

新的发展阶段，科技创新在党和国家事业全局中的地位提升前所未有，作用发挥前所未有，科技赋能成为高质量发展的显著标志。在日益强劲的科技创新驱动之下，中国式现代化道路正在持续深化和拓展，引领中华儿女向着建设社会主义现代化强国、实现中华民族伟大复兴的中国梦阔步前进。

附录

新中国经济大事记

附录　新中国经济大事记

1949 年

10 月 1 日　中华人民共和国中央人民政府成立。
10 月 21 日　中央人民政府政务院成立。
10 月 25 日　中央人民政府海关总署成立。
11 月 7 日　陇海铁路（宝鸡至连云港）全线通车。
11 月 13 日　中央财政经济委员会发出《关于制止物价上涨的指示》。
11 月 17 – 30 日　全国首届煤矿会议在京举行。
11 月 24 日 – 12 月 10 日　首届全国税务会议在京举行。
12 月 8 日　农业部在京举行全国农业生产会议。
12 月 10 日 – 28 日　首届全国邮政会议在京举行。
12 月 11 日　长江上游重庆—汉口通航。至此，长江全线通航。
12 月 16 日 – 25 日　全国钢铁会议在京举行。
12 月 21 日　财政部召开全国粮食工作会议。

1950 年

1 月 30 日　政务院颁布《关于统一全国税政的决定》。
2 月　中国人民解放军遵照《关于一九五〇年军队参加生产建设工作的指示》，先后有三十个师参加农业生产建设，建立军垦农场。
3 月 3 日　政务院作出《关于统一国家财政经济工作的决定》。
6 月 6 日 – 9 日　中共七届三中全会举行。毛泽东提交《为争取国家财政经济状况的基本好转而斗争》书面报告，并发表《不要四面出击》讲话。

6月29日　中央人民政府公布施行《中华人民共和国工会法》。

6月30日　中央人民政府公布施行《中华人民共和国土地改革法》。

9月6日　新中国的第一批出国留学生启程赴波、捷、罗、匈、保五国。

10月上旬　应朝鲜党和政府的请求，中共中央作出抗美援朝、保家卫国的战略决策。

10月14日　政务院作出《关于治理淮河的决定》。

1951年

2月19日　中苏双方达成苏联援助中国建设航空工业的协议。

2月26日　政务院公布《中华人民共和国劳动保险条例》。

4月17日　人民革命军事委员会航空工业管理委员会成立。

9月20—30日　中共中央召开全国第一次互助合作会议。

12月1日　中共中央作出《关于实行精兵简政、增产节约、反对贪污、反对浪费和反对官僚主义的决定》。

1952年

1月26日　中共中央发出《关于首先在大中城市开展"五反"斗争的指示》。

2月3日　中共中央发出《关于"三反"运动应和整党运动结合进行的指示》。

4月5日　治理开发长江的第一个大型工程——荆江分洪第一期工程全面开工。

4月21日　中央人民政府公布施行《中华人民共和国惩治贪污条例》。

6月6日　毛泽东在《关于民主党派工作的决定（草稿）》中批示：在打倒地主阶级和官僚资产阶级以后，中国内部的主要矛盾即是工人阶级和民族资产阶级的矛盾，故不应再将民族资产阶级视为中间阶级。

7月1日　成渝铁路建成通车。

7月8日　中共中央发出《关于目前开展增产节约运动中应注意的问题的指示》。

1953 年

2 月 15 日　中国共产党中央委员会通过《关于农业生产互助合作的决议》。

4 月 3 日　中共中央下发《当前农村工作指南》。

5 月 15 日　中苏两国政府签订《关于苏维埃社会主义共和国联盟政府援助中华人民共和国中央人民政府发展中国国民经济的协定》。

6 月 15 日　中共中央政治局召开会议，毛泽东在会上第一次比较完整地阐述了党在过渡时期总路线和总任务的基本内容。

9 月 19 日　引黄灌溉济卫工程全部修建完成。

10 月 16 日　中共中央作出《关于实行粮食的计划收购与计划供应的决议》。

10 月 26 日－11 月 5 日　中共中央召开第三次农业互助合作会议。

11 月 15 日　中共中央作出《关于在全国实行计划收购油料的决定》。

11 月 16 日　中共中央作出《关于成立国家计划委员会及干部配备方案的决定》。

11 月－12 月　中华全国合作社联合总社召开了第三次全国手工业生产合作会议。

12 月 16 日　中共中央作出《关于发展农业生产合作社的决议》。

12 月　中共中央批准中央宣传部《为动员一切力量把我国建设成为一个伟大的社会主义国家而斗争——关于党在过渡时期总路线的学习和宣传提纲》。

1954 年

7 月 13 日　中共中央发出《关于加强市场管理和改造私营商业的指示》。

7 月 20 日－25 日　中华全国合作社第一次代表大会在京举行。会议决定将中华全国合作社改名为中华全国供销合作总社，通过《中华全国供销合作总社章程》。

9 月 15 日－28 日　第一届全国人民代表大会第一次会议举行。会议通过《中华人民共和国宪法》。

10 月 7 日　新疆生产建设兵团成立。

10 月 10 日－31 日　中共中央农村工作部召开第四次互助合作会议。

12 月 25 日　康藏（后改为川藏）公路和青藏公路全线通车。

1955 年

1月10日　中共中央发出《关于整顿和巩固农业生产合作社的通知》。

1月15日　中共中央召开书记处扩大会议，作出发展原子能事业、研制原子弹的决定。

2月25日　中共中央发出《关于在少数民族地区进行农业社会主义改造问题的指示》。

8月31日　国务院发布《关于国家机关工作人员全部实行工资制和改行货币工资制的命令》。

10月10-20日　第一次全国水土保持工作会议举行。

1956 年

1月1日　乌兰巴托—集宁铁路建成通车。

1月15日　北京各界20多万人在天安门广场举行大会，庆祝北京市农业、手工业全部实现合作化和在全国第一个实现资本主义工商业的全行业公私合营。

1月18日　中共中央发出向科学进军的号召。

1月23日　中共中央政治局提出《1956年到1967年全国农业发展纲要（草案）》。

3月14日　国务院成立科学规划委员会。

3月17日　国家主席毛泽东发布命令公布《农业生产合作社示范章程》。

4月25日　毛泽东在中共中央政治局扩大会议上作《论十大关系》报告。

4月30日-5月10日　全国先进生产者代表会议在京举行。

5月25日　中国第一台电子计算机研制成功。

6月20日　《人民日报》发表社论《既要反对保守主义，也要反对急躁情绪》。

7月13日　长春第一汽车制造厂试制成功第一批国产"解放"牌载重汽车。

9月8日　沈阳飞机厂试制成功中国第一种喷气式歼击机歼-5。

9月15日-27日　中国共产党第八次全国代表大会举行。

11月6日　国务院发布《关于严格审查与控制1956年基本建设的紧急指示》。

11月10日–15日　中共八届二中全会举行。全会在坚持综合平衡的思想指导下，调整了1957年的国民经济计划。

1957年

2月18日–26日　全国农业模范代表会议在京举行。20日，第一次全国农业展览会在京举行。

2月27日　毛泽东在最高国务会议上发表《如何处理人民内部的矛盾》。

4月8日　武钢（武汉钢铁联合企业）正式开工。

4月12日　鹰潭—厦门铁路全线通车。

4月13日　黄河三门峡水利枢纽开工建设。

4月25日　第一届中国出口商品交易会在广州举行。

5月24日　国务院第四十九次全体会议通过《水土保持暂行纲要》。

9月14日　中共中央发出《关于整顿农业生产合作社的指示》。

9月20日–10月9日　中共八届三中全会举行。全会基本通过了《1956年到1967年全国农业发展纲要（草案）》以及关于工业、商业、财政的管理体制和关于劳动工资、劳保福利问题的几项规定草案。

10月5日　新藏公路建成通车。

10月5日　中国第一座现代化无线电工厂——华北无线电器材厂建成投产。

10月15日　武汉长江大桥举行通车典礼。

10月27日　《人民日报》发表社论《建设社会主义农村的伟大纲领》。

12月16日–26日　中华全国手工业合作社第一次社员代表大会在京举行。

12月24日　中国制造成功第一架多用途民用飞机"安–2"型。

1958年

1月1日　宝（鸡）成（都）铁路正式通车。

1月11日–22日　中共中央在南宁召开部分中央领导人和部分省市委书记参

加的工作会议。

3月8日-26日　中共中央在成都召开有中央有关部门负责人和各省市自治区党委第一书记参加的工作会议。

3月11日　中国第一架半导体收音机在上海制造成功。

3月17日　中国第一套电视发送设备在北京研制成功。

4月7日　中共中央、国务院发出《关于在全国大规模造林的指示》。

4月20日　中国第一个人民公社——河南省遂平县嵖岈山卫星人民公社成立。

5月5日-23日　中共第八届全国代表大会二次会议在京举行。

5月12日　中国第一部国产轿车——"东风"牌轿车在第一汽车制造厂试制成功。

5月25日　中共八届五中全会召开。

6月1日　中共中央发出《关于加强协作区工作的决定》。

6月2日　中共中央发出《关于企业、事业单位和技术力量下放的规定》。

6月30日　中国建成第一座原子反应堆。

7月19日　中国最大的电力电容器厂——西安电力电容器厂投产。

7月26日　中国第一架自行研制的喷气式飞机——歼教-1教练机首飞。

8月4日-13日　毛泽东视察河北、河南、山东、天津等地的一些农村。

8月17日-30日　中共中央政治局扩大会议在北戴河召开。

9月9日　中国第一台内燃机车试制成功。

9月13日　武钢一号高炉炼出第一炉铁水。

9月25日　中共中央、国务院发布《关于干部参加体力劳动的决定》。

11月2日-10日　毛泽东在郑州召集有部分中央领导人、大区负责人和部分省市委书记参加的中央工作会议。

11月21日-12月10日　中共中央在武昌先后召开政治局扩大会议和中共八届六中全会。

1959 年

1月4日　中国第一台高温高压5万千瓦汽轮机试制成功。

1月10日　中国第一条输油管线——新疆克拉玛依油田到独山子输油管线建成输油。

2月7日　黔（贵阳）桂（柳州）铁路正式通车。

2月27日-3月5日　中共中央在郑州举行政治局扩大会议。

4月2日-5日　中共八届七中全会举行。全会通过了《1959年国民经济计划草案》、《关于人民公社的18个问题》的会议纪要和《关于国家机构和人事配备的方案》。

4月18日-28日　二届全国人大一次会议在京举行。

4月29日　毛泽东针对浮夸风，给全国生产小队长以上干部写了一篇《党内通信》。

6月13日　中共中央发出《关于调整1959年主要物资分配和基本建设计划的紧急指示》。

7月2日-8月1日　中共中央政治局扩大会议在庐山召开。

8月2日-16日　中共八届八中全会在庐山召开。

8月13日　全国多地发生旱灾、洪涝、台风灾害，中共中央发出《关于展开救灾斗争的紧急指示》。

9月14日　中国第一台每秒万次的通用电子数字计算机试制成功。

9月23日　中共中央、国务院发出《关于组织农村集市贸易的指示》。

11月1日　第一拖拉机制造厂在河南洛阳建成投产。

11月12日　青岛四方机车车辆厂试制成功中国第一台液力传动内燃机车。

11月21日　重庆长江大桥建成通车。

12月13日　国防工业委员会成立。

12月26日　丹江口水利枢纽工程一期工程竣工。

1960年

1月1日　中国当时最大的水利枢纽工程——黄河刘家峡水利枢纽截流成功。

1月7日-17日　中共中央政治局扩大会议在上海举行。

2月20日　中共中央批转石油部报告，决定在大庆地区举行石油勘探开发大会战。

3月9日　中共中央发出《关于城市人民公社问题的批示》。

3月22日　中共中央批转鞍山市委《关于工业战线上的技术革新和技术革命运动开展情况的报告》。

3月30日-4月10日　二届全国人大二次会议在京举行。

4月21日　黄河上最大的铁路复线桥——郑州黄河大桥建成通车。

5月28日　中共中央发出《关于调运粮食的紧急指示》。

7月5日-8月10日　中共中央在北戴河举行工作会议。

7月16日　苏联政府单方面决定召回在中国的全部苏联专家，废除经济合作合同和终止科学技术合作项目，停止供应物资和设备。

7月底-8月初　辽宁、吉林遭受历史上最大的特大洪水。

9月10日　中国第一枚导弹在西北导弹试验基地试射成功。

10月4日　中共中央发出关于在企业中发展"两参一改三结合"制度的指示。

11月3日　中共中央发出《关于农村人民公社当前政策问题的紧急指示信》。

11月15日　中共中央发出毛泽东起草的《关于彻底纠正"五风"问题的指示》。

12月24日-1961年1月13日　中共中央工作会议在京举行。

1961 年

1月14日-18日　中共八届九中全会召开。会议通过对国民经济实行"调整、巩固、充实、提高"的方针。

1月15日　中共中央批转财政部规定，要求财政大权集中于中央、大区和省、市、自治区三级。

3月15日-23日　中共中央工作会议在广州举行。

3月23日　中共中央发出《关于认真进行调查工作问题给各中央局，各省、市、区党委的一封信》。

4月9日　中共中央转发中央精简干部和安排劳动力五人小组《关于调整农村劳动力和精简下放职工问题的报告》。

5月21日-6月12日　中共中央工作会议在京举行，通过《农村人民公社工作条例（修正草案）》。

6月17日　财政部经中央批准，对农业税税率进行调整降低。

6月19日　中共中央发出《关于改进商业工作的若干规定（试行草案）》《关于城乡手工业若干政策问题的规定（试行草案）》《关于坚决纠正平调错误、彻底退赔的规定》。

7月16日　中共中央发出《关于加强原子能工业建设若干问题的决定》。

8月23日-9月16日　中共中央在庐山举行工作会议。

9月16日　中共中央批转试行《国营工业企业工作条例（草案）》。

10月7日　中共中央根据毛泽东的意见，发出《关于农村基本核算单位问题给各中央局，各省、市、区党委的指示》。

1962 年

1月11日-2月7日　中共中央在京举行扩大的工作会议。

2月13日　中共中央发出《关于改变农村人民公社基本核算单位问题的指示》。

2月21日-23日　中共中央政治局常委扩大会议在中南海西楼召开。

3月10日　中共中央、国务院发出《关于切实加强银行工作、集中统一、严格控制货币发行的决定》。

3月14日　中共中央、国务院发出《关于厉行节约的紧急规定》。

3月20日　中共中央发出《关于严禁各地进行计划外工程的通知》。

3月27日-4月16日　二届全国人大三次会议在京举行。

5月4日　中共中央决定恢复全国供销合作总社。

5月5日　国务院发出《关于商业部系统恢复和建立各级专业公司的决定》。

5月27日　中共中央、国务院发出《进一步精简职工和减少城镇人口的决定》。

6月22日　由江南造船厂和上海重型机器厂制造的12000吨自由锻造水压机开工投产。

9月24日-27日　中共八届十中全会召开。

9月26日　中国自己设计和制造设备的大型化肥厂——上海吴泾化肥厂首期

工程完成。

10月11日　中共中央发出《关于进一步巩固人民公社集体经济、发展农业生产的决定》。

1963 年

1月29日　周恩来在上海科学技术工作会议讲话，提出要实现农业、工业、国防、科学技术的现代化。

2月11日-28日　中共中央工作会议举行。会议决定在农村开展以"四清"为主要内容的社会主义教育运动，在城市开展"五反"运动。

3月1日　中共中央发出《关于厉行节约和反对贪污盗窃、反对投机倒把、反对铺张浪费、反对分散主义、反对官僚主义运动的指示》。

5月2日-12日　毛泽东在杭州召集部分中央政治局委员和大区书记的会议。会议制定了《关于目前农村工作中若干问题的决定（草案）》。

5月27日　国务院发布施行《森林保护条例》。

9月6日-27日　中共中央工作会议在京举行，决定再用三年时间继续进行国民经济调整。

9月16日　中共中央和国务院召开第二次全国城市工作会议。

11月17日-12月3日　二届全国人大四次会议在京举行。

12月2日　中共中央、国务院原则批准中央科学小组、国家科学技术委员会党组关于1963年-1972年科学技术发展规划的报告、科学技术发展规划纲要及科学技术事业规划。

12月10日　中国第一台350吨门式起重机制造成功。

1964 年

1月28日-2月9日　全国农业工作会议在京举行。

2月5日　中共中央发出《关于传达石油工业部〈关于大庆石油会战情况的报告〉的通知》。

2月10日　《人民日报》发表社论和通讯，介绍山西省昔阳县大寨大队艰苦奋斗、发展生产的事迹。

4月24日　中共中央批转共青团中央《关于组织城市知识青年参加农村社会主义建设的报告》。

5月10日-12日　国家计委领导小组向毛泽东汇报第三个五年计划设想。

5月15日-6月17日　中共中央工作会议举行。会议讨论了"三线"建设问题。

8月17日　中共中央、国务院批转国家经济委员会党组《关于试办工业、交通托拉斯的意见的报告》。

9月30日　中国第一个火车车轮轮箍厂建成投产。

10月16日　中国第一颗原子弹爆炸成功。

10月30日　中央工作会议通过国家计委提出的《1965年计划纲要（草案）》。

12月21日-1965年1月4日　三届全国人大一次会议举行。周恩来在《政府工作报告》中提出"四个现代化"蓝图。

1965年

2月26日　中共中央、国务院作出《关于西南三线建设体制问题的决定》。

3月21日　中共中央批准罗瑞卿关于国防工业在二、三线地区新建项目布局方案的报告。

3月24日　中共中央决定成立国家基本建设委员会。

4月5日　河南林县红旗渠实现总干渠通水。

4月12日　中共中央发出《关于加强备战工作的指示》。

4月13日　中共中央同意新技术引进小组《关于引进新技术工作几个问题的报告》。

4月30日　中国自行设计制造的第一座维尼纶工厂——北京维尼纶厂建成投产。

5月11日　中共中央发布《关于在全国工业交通系统建立政治工作机关的决定》。

9月5日　中共中央、国务院发出《关于大力发展农村副业生产的指示》。

9月17日　中国在世界上首次人工合成结晶牛胰岛素。

9月18日-10月12日　中共中央工作会议在京举行，通过《关于第三个五年计划安排情况的汇报提纲》。

9月23日　中国第一座现代化胶片厂——保定电影胶片厂建成投产。

12月8日-15日　中共中央政治局常委扩大会议在上海举行。

12月31日　中国自主设计建造的第一艘万吨级远洋货轮"东风"号成功交付。

1966 年

1月6日　中国第一枚地地中程导弹在酒泉卫星发射中心发射成功。

1月11日　中共中央批准成立西北三线建设委员会。

1月27日-3月5日　全国工业交通工作会议和全国工业交通政治工作会议在京举行。

2月21日　中共中央发出关于增加对资本主义国家出口任务的指示。

2月22日　中共中央、国务院批复贵州省同意设立六枝、盘县、水城三个特区。

3月4日　贵（阳）昆（明）铁路全线建成通车。

4月17日　国家计委党组向中央提出关于修改"三五"计划草案的设想汇报提纲。

5月4日-26日　中共中央政治局扩大会议举行。

5月20日　中共中央、国务院批准国家计委、国家建委提出的《关于老基地、老企业支援新厂建设的几点建议》。

8月1日-12日　中共八届十一中全会在京举行。

8月5日　西藏雅鲁藏布江上第一座现代化大桥——曲江大桥建成通车。

9月20日　巴黎—上海航线通航。

10月9日-28日　中央工作会议在京举行。

11月8日　西安电力电容器厂试制成功中国第一台100万伏超高压标准电容器。

11月17日–12月23日　全国计划、工交会议在京举行。

12月9日　中共中央发出《关于抓革命、促生产的十条规定（草案）》。

1967 年

3月16日　中共中央、国务院、中央军委发布《关于保护国家财产、节约闹革命的通知》。

4月15日　中国春季出口商品交易会在广州开幕。

4月29日　国家计委向国务院提出《关于建议少进口粮食而进口一些国家急需的钢材问题的报告》。

6月17日　中国第一颗氢弹空爆试验成功。

8月10日　中共中央、国务院、中央军委、中央文革小组发出《关于派国防军维护铁路交通的命令》。

9月5日　中国政府和坦桑尼亚、赞比亚两国政府在北京签订关于修建坦桑尼亚—赞比亚铁路的协定。

11月15日　1967年秋季中国出口商品交易会在广州开幕。

12月2日　中共中央发出《关于整顿、恢复、重建党的组织的意见和问题》。

12月26日　宁夏青铜峡水利枢纽工程大坝建成，第一台水轮发电机组投入运行发电。

1968 年

1月8日　国家计委提出《关于1968年计划轮廓的汇报要点（草稿）》。

2月6日　国务院国防工业办公室提出小三线建设汇报提纲。

2月20日　国防部空间技术研究院成立。

3月6日–5月8日　国家计委、国家建委和国防工办联合召开全国小三线建设工作会议。

6月18日　中共中央、国务院、中央军委、中央文革小组发出《关于建立沈阳军区黑龙江生产建设兵团的批示》。

6月19日　中共中央转发国务院《关于1968年度收购农村副产品奖售标准的通知》。

8月5日　国家计委编制出《1968年基本建设计划（草案）》。

9月29日　国家计委、财政部军管会，水电部军管会，物资部军管会发出《关于安排今冬明春农田水利建设的通知》。

10月13日－31日　中共扩大的八届十二中全会举行。

12月5日　《人民日报》刊登调查报告《深受贫下中农欢迎的合作医疗制度》。

12月16日　国家计委、国家建委军管会发出《关于贵州六盘水工业区作为国家综合项目的几项规定》。

12月29日　南京长江大桥全面建成通车。

1969 年

2月16日－3月24日　全国计划座谈会在京举行。

4月1日　刘家峡水电站第一台22.5万千瓦发电机组开始发电。

4月1日－24日　中国共产党第九次全国代表大会举行。

5月31日　财政部向国务院呈交《关于下放工商税收管理权限的报告》。

6月26日　国务院批准石油工业部《关于在湖北省江汉地区组织石油勘探会战的报告》。

7月1日　丹汉输变电工程建成送电。

8月1日　国家计委发出《关于企业体制下放情况简报》。

9月23日　中国成功进行首次地下核试验。

9月26日　中国第一台12.5万千瓦双水内冷汽轮发电机组由上海汽轮机厂制成。

9月27日　北京东方红炼油厂一期工程建成。

10月1日　中国第一条城市地铁线路——北京地下铁道一期工程正式建成通车。

11月5日　国务院、中央军委转发铁道部军管会、交通部军管会、邮电部军管会、通讯兵部《关于邮电体制改革的意见》。

11月20日　国务院、中央军委批准中共民航总局党委《关于进一步改革民航体制和制度的报告》。

12月25日　中共中央批转成都军区党委、四川省革命委员会提交的关于加速四川地区三线建设的请示报告。

1970年

2月15日–3月21日　全国计划会议在京举行。

3月5日　中共中央决定大庆油田、长春汽车厂等2600多个中央直属企事业单位下放地方管理。

4月13日　国务院批准财政部军管会《关于下放工商税收管理权的报告》。

4月24日　中国第一颗人造地球卫星发射成功。

6月29日　攀枝花钢铁公司炼铁厂一号高炉建成投产。

7月1日　成（都）—昆（明）铁路通车。

8月7日　长庆油田钻出第一口出油井。

8月16日　具有世界先进水平的11万伏铝线塑料电流互感器由沈阳变压器厂研制成功。

8月23日–9月6日　中共九届二中全会在庐山举行。

8月25日–10月5日　国务院主持召开全国北方农业会议。

8月25日–10月5日　商业部召开全国商业工作会议。

8月26日–10月5日　外贸部在京举行全国对外贸易计划会议。

8月31日　国务院召开全国生产建设兵团会议。

10月1日　酒泉钢铁公司第一号高炉出铁，六盘水水城钢铁厂第一号高炉出铁。

12月8日　中共中央发出《关于西藏社会主义改造问题的指示》。

12月16日–次年2月19日　1971年全国计划会议在京举行。

12月25日　中共中央批准兴建长江葛洲坝水利枢纽工程。

1971年

3月1日　财政部发出《关于实行财政收支包干的通知》。

3月3日-30日　国务院在京举行全国棉花、油料、糖料生产会议。

3月29日-5月31日　全国基本建设财务会议在京举行。

4月12日　中共中央批转中央军委国防工业领导小组《关于国防工业管理体制的报告》。

4月16日　国务院批转国家计委、财政部《关于开展清产核资工作的报告》。

4月19日　国家计委向国务院提出《关于改革物资管理体制意见的报告》。

5月26日-7月初　全国冶金矿山工作会议举行。

6月27日　上海江南造船厂制造的中国第一艘两万吨级货轮"长风"号下水。

7月14日　国务院发出《关于内迁职工家属安置问题的有关规定》。

8月20日-9月21日　国家计委召开全国统计工作会议。

8月21日　中共中央发出《关于继续实行粮食征购任务一定五年的通知》。

9月8日　中国人民银行召开全国银行工作会议。

11月30日　国务院发出《关于调整部分工人和工作人员工资的通知》和《关于改革临时工、轮换工制度的通知》。

12月16日-次年2月12日　全国计划会议在京举行。

12月26日　中共中央作出《关于农村人民公社分配问题的指示》。

1972 年

2月5日　中共中央、国务院批准国家计划委员会《关于进口成套化纤、化肥技术设备的报告》。

2月21日-28日　美国总统尼克松访问中国。28日，中美双方在上海发表《联合公报》。

3月30日　国务院发布《中华人民共和国工商税条例（草案）》。

3月31日　财政部发出《关于改进财政收支包干办法的通知》。

4月18日　国务院批转财政部《关于恢复建设银行的报告》。

5月30日　国务院批转国家计委、国家建委、财政部《关于加强基本建设管理的几项意见》。

6月5日-16日　中国代表团参加在斯德哥尔摩召开的联合国第一次环境

会议。

6月30日　刘家峡水电站——陕西眉县的刘天关输电线建成输电。

9月3日-次年1月27日　全国工艺美术展览会在北京民族文化宫举办。

9月25日-30日　日本国内阁总理大臣田中角荣访问中国，双方发表《中日联合声明》，实现中日邦交正常化。

10月13日　湘黔铁路建成通车。

12月10日　中共中央转发国务院《关于粮食问题的报告》。

1973年

1月2日　国家计划委员会提出从国外引进43亿美元成套工业设备和单机的方案。

1月7日-3月30日　全国计划会议在京举行。

2月15日　国务院发出经中共中央批准的《关于口岸工作的情况和改进意见》。

5月20日-31日　中共中央工作会议在京举行。

6月4日　国务院批准国家计委《关于计划外从资本主义国家进口情况和意见的报告》。

6月20日　国家计委向中共中央提出《关于国民经济计划问题的报告》。

6月22日-8月8日　全国知识青年上山下乡工作会议在京举行。

8月5日-20日　国务院召开首次全国环境保护会议，制定《关于保护和改善环境的若干规定（试行草案）》。

8月20日　国务院、中央军委发出《关于小三线军工厂归地方领导的若干问题的通知》。

9月27日-10月17日　全国首次港口建设会议在京举行。

10月1日　新疆克拉玛依至乌鲁木齐输油管道建成投产。

10月6日　秦皇岛港油码头第一期重点工程基本建成交付使用。

11月22日-12月5日　国务院召开黄河下游治理工作会议。

12月7日　财政部召开全国税务工作座谈会。

1974 年

1月22日　国务院批转国家计委、国家建委、财政部《关于做好进口成套设备项目建设工作的报告》。

3月20日　我国第一艘2.5万吨级浮船坞"黄山号"在上海建成投产。

3月25日　北京卫星地面站2号站在京郊建成投入使用。

4月2日　中国代表在联合国亚洲及远东经济委员会第30届会议上重申沿海资源主权。

4月22日　中共中央基本同意并批转国家计委《关于1974年国民经济计划（草案）的报告》。

7月1日　中共中央发出《关于抓革命促生产的通知》。

7月13日　中华人民共和国展览会在日本大阪举行。

8月1日　中央军委发布命令，将中国自行设计制造的第一艘核潜艇命名为"长征一号"，正式编入海军战斗序列。

9月26日　中国科学院上海生物化学研究所首次人工合成八核苷酸成功。

10月31日　东方汽轮机厂在四川德阳建成投产。

11月30日　毛泽东在同李先念谈话时指示：把国民经济搞上去。

12月21日-29日　全国计划会议举行。

12月30日　中国第一艘海洋地质勘探浮船"勘探一号"出海试钻成功。

1975 年

1月13日-17日　四届全国人大一次会议举行。周恩来在政府工作报告中重申四个现代化的目标。

2月17日　国家计委、国防科委向中共中央提出《发展我国卫星通信问题的报告》。

2月23日　全国海关工作会议在京举行。

2月25日-3月8日　中共中央召开解决铁路问题的各省、市、自治区党委主管工业的书记会议。

3月15日-4月25日　国家计委召开长远规划工作会议。

5月8日-29日　中共中央在京举行全国钢铁工业座谈会。

5月18日　国务院环境保护领导小组提出《关于环境保护十年规划的意见》。

6月16日-8月11日　国务院召开计划工作务虚会。

7月1日　我国第一条全线电气化铁路宝（鸡）成（都）铁路建成交付运营。

7月20日-8月4日　中共中央、国务院在京举行国防工业重点企业会议。

7月25日　国务院发出《关于加速发展电力工业的通知》。

9月15日-10月19日　国务院召开全国"农业学大寨"会议。

10月26日-次年1月23日　全国计划会议在京举行。

11月26日　中国成功发射一颗返回式遥感人造地球卫星，并按计划顺利回收。

1976年

2月29日　中国第一艘海底布缆工作船"邮电1号"建成。

3月3日　财政部通知，从1976年起试行"定收定支，收支挂钩，总额分成，一年一变"财政管理体制。

3月30日-5月22日　万吨远洋科学调查船"向阳红5号"和"向阳红11号"在太平洋海域成功进行首次远洋科学调查。

6月29日　黄浦江上第一座公路、铁路双层钢铁大桥——黄浦江大桥建成通车。

7月6日-8月1日　中共中央召开全国计划工作座谈会。

7月14日　中国援助建设的坦赞铁路竣工，交接仪式在赞比亚举行。

9月23日　"西湖"号5万吨级远洋油轮由大连红旗造船厂建成下水。

12月10日-27日　第二次全国农业学大寨会议在京举行。

1977年

1月19日　中共中央转发国务院《关于1980年基本上实现农业机械化的

报告》。

2月25日-3月10日　全国基本建设会议在京举行。

3月3日-16日　全国计划会议在京举行。

3月10日-22日　中共中央工作会议举行。

4月20日-5月13日　中共中央召开全国工业学大庆会议。

7月6日-8月5日　全国农田基本建设会议分两个阶段在山西昔阳县和北京举行。

7月30日　中共中央转发国务院《关于1977年上半年工业生产情况的报告》。

8月10日　国务院发出《关于调整部分职工工资的通知》。

8月12日-18日　中国共产党第十一次全国代表大会举行。

9月18日　中共中央发出《关于召开全国科学大会的通知》。

9月25日　中共中央转发外经部党组《关于进一步做好援外工作的报告》。

11月24日-12月11日　全国计划会议在京举行。

12月1日　中共中央、国务院批准下达国家计委《关于1976—1985年发展国民经济十年规划纲要（修订草案）》。

1978 年

3月18日-31日　全国科学大会召开。大会制定了《1978-1985年全国科学技术发展规划纲要（草案）》。

5月2日-6月6日　中国派出考察团访问法国、联邦德国、瑞士、丹麦、比利时等西欧国家。

7月6日-9月9日　国务院召开务虚会议，研究加快四个现代化建设问题。会议提出了经济体制改革问题。

9月5日　国务院召开全国计划会议。

9月13日-20日　邓小平视察本溪、大庆、哈尔滨、长春、沈阳、鞍山等地并发表一系列重要谈话。

10月22日-29日　邓小平访问日本。

10月31日-12月10日　国务院召开全国知识青年上山下乡工作会议。

11月10日-12月15日　中共中央工作会议举行。

11月25日　三北（西北、华北、东北）防护林体系工程建设启动。

12月2日　国务院批转财政部《关于减轻农村税收负担问题的报告》。

12月18日-22日　中共十一届三中全会举行。全会作出把党和国家的工作重心转移到经济建设上来，实行改革开放的伟大决策。

12月23日　上海宝山钢铁总厂举行动工典礼。

1979年

1月17日　邓小平接见工商界领导人，听取他们对搞好经济建设的意见建议。

1月28日-2月5日　邓小平应邀对美国进行正式访问。

1月31日　中共中央、国务院决定建立全国第一个对外开放工业区——蛇口工业区。

4月5日-28日　中共中央召开工作会议，决定对国民经济实行调整、改革、整顿、提高的方针。

4月13日-20日　国家经委召集首都钢铁公司、天津自行车厂等八家企业和有关部门负责人召开座谈会，决定在这八个企业进行扩大经营管理自主权的改革试点。

7月1日　五届全国人大二次会议通过《中华人民共和国中外合资经营企业法》等法律。

7月13日　国务院印发《关于按照五个改革管理体制文件组织试点的通知》，扩大国营企业生产经营活动的自主权。

7月15日　中共中央、国务院批转广东省委、福建省委的两个报告，同意在深圳、珠海、汕头和厦门试办出口特区。

9月25日-28日　中共十一届四中全会举行。全会通过《中共中央关于加快农业发展若干问题的决定》。

12月6日　邓小平在会见日本首相大平正芳时提出"小康"的概念。

1980 年

2月1日　国务院印发《关于实行"划分收支、分级包干"财政管理体制的通知》。

2月9日　国务院印发《关于改革海关管理体制的决定》。

4月17日　中国恢复在国际货币基金组织的合法席位。

5月15日　中国恢复在世界银行的合法席位。

5月16日　中共中央、国务院批转《广东、福建两省会议纪要》，正式将出口特区改称为经济特区。

8月2日-7日　中共中央在北京召开全国劳动就业工作会议。

9月2日　国务院批转国家经委《关于扩大企业自主权试点工作情况和今后意见的报告》。

9月10日　五届全国人大三次会议通过《中华人民共和国中外合资经营企业所得税法》《中华人民共和国个人所得税法》。

9月14日-22日　中共中央召开省、市、自治区党委第一书记座谈会，讨论加强和完善农业生产责任制的问题。

11月18日　国务院批转国家计委等部门《关于实行基本建设拨款改贷款的报告》。

12月7日　国务院印发《关于严格控制物价、整顿议价的通知》。

12月16日-25日　中共中央召开工作会议。会议主要讨论经济形势和经济调整问题。

1981 年

1月7日　国务院印发《关于加强市场管理打击投机倒把和走私活动的指示》。

2月24日　国务院印发《关于在国民经济调整时期加强环境保护工作的决定》。

3月3日　国务院印发《关于加强基本建设计划管理、控制基本建设规模的若干规定》。

7月2日-4日　中共中央召开省、市、自治区党委书记座谈会。

7月7日　国务院印发《关于城镇非农业个体经济若干政策性规定》。

9月5日　国务院批转财政部《关于改革工商税制的设想》。

10月17日　中共中央、国务院作出《关于广开门路,搞活经济,解决城镇就业问题的若干决定》。

10月29日　国务院转发国家经委、国务院体制改革办公室《关于实行工业生产经济责任制若干问题的意见》。

11月30日-12月13日　五届全国人大四次会议通过《中华人民共和国经济合同法》《中华人民共和国外国企业所得税法》。

12月5日-21日　全国农村工作会议举行。

12月15日-23日　中共中央召开省、市、自治区党委第一书记座谈会。

1982 年

1月1日　中共中央批转《全国农村工作会议纪要》。

1月2日　中共中央、国务院作出《关于国营工业企业进行全面整顿的决定》。

3月8日　五届全国人大常委会第二十二次会议通过《关于国务院机构改革问题的决议》。

3月16日　国务院印发《关于全国性专业公司管理体制的暂行规定》。

4月13日　中共中央、国务院作出《关于打击经济领域中严重犯罪活动的决定》。

9月1日-11日　中国共产党第十二次全国代表大会举行。大会提出分两步走,在20世纪末实现工农业年总产值翻两番的目标。

9月16日　国务院批转国家物价局等部门《关于逐步放开小商品价格实行市场调节的报告》。

12月10日　五届全国人大五次会议批准《中华人民共和国国民经济和社会发展第六个五年计划》。

12月3日　中共中央、国务院批转《当前试办经济特区工作中若干问题的纪要》。

12月4日　国务院印发《关于改进"划分收支、分级包干"财政管理体制的通知》。

1983 年

1月2日　中共中央印发《当前农村经济政策的若干问题》。

2月3日　国务院批转国家计委《关于对商品粮基地建设进行改革试点的报告》。

3月16日　国务院批转国家经委、对外经贸部《关于进一步办好中外合资经营企业的报告》。

3月21日-4月1日　国务院召开全国工业交通会议。

4月1日　中共中央、国务院批转《关于加快海南岛开发建设问题讨论纪要》。

4月13日　国务院印发《关于城镇劳动者合作经营的若干规定》和《〈关于城镇非农业个体经济若干政策性规定〉的补充规定》。

4月14日　国务院印发《关于城镇集体所有制经济若干政策问题的暂行规定》。

4月24日　国务院批转财政部制定的《关于国营企业利改税试行办法》。

9月3日　中共中央、国务院印发《关于加强利用外资工作的指示》。

9月5日-9日　中共中央纪委召开全国打击经济领域严重犯罪活动工作会议。

9月17日　国务院印发《关于中国人民银行专门行使中央银行职能的决定》。

11月28日-12月15日　中共中央召开农村工作会议。

1984 年

1月22日-2月17日　邓小平视察深圳、珠海、厦门3个经济特区和上海，充分肯定试办经济特区和对外开放的决策。

2月10日-23日　国务院召开全国经济工作会议。

2月27日　国务院印发《关于农村个体工商业的若干规定》。

3月1日　中共中央、国务院转发农牧渔业部和部党组《关于开创社队企业新局面的报告》。

3月12日　六届全国人大常委会第四次会议通过《中华人民共和国专利法》。

5月4日　中共中央、国务院批转《沿海部分城市座谈会纪要》。

5月10日　国务院印发《关于进一步扩大国营工业企业自主权的暂行规定》。

7月14日　国务院批转商业部《关于当前城市商业体制改革若干问题的报告》。

9月15日　国务院批转对外经济贸易部《关于外贸体制改革意见的报告》。

10月4日　国务院批转国家计委《关于改进计划体制的若干暂行规定》。

10月13日　国务院发出《关于农民进入集镇落户问题的通知》。

10月20日　中共十二届三中全会通过《关于经济体制改革的决定》。

12月3日　中共中央、国务院印发《关于严禁党政机关和党政干部经商、办企业的决定》。

12月8日　国务院印发《关于国营企业厂长（经理）实行任期制度的通知》。

1985 年

1月1日　中共中央、国务院印发《关于进一步活跃农村经济的十项政策》。

1月5日　国务院印发《关于国营企业工资改革问题的通知》。

2月7日　国务院印发《关于严格控制社会集团购买力的紧急通知》。

2月18日　中共中央、国务院批转《长江、珠江三角洲和闽南厦漳泉三角地区座谈会纪要》。

3月13日　中共中央作出《关于科学技术体制改革的决定》。

3月21日　国务院印发《关于实行"划分税种、核定收支、分级包干"财政管理体制的规定》。

4月1日　我国开始实行出口退税制度。

5月23日　中共中央、国务院印发《关于禁止领导干部的子女、配偶经商的决定》。

5月　中共中央、国务院批准实施旨在依靠科学技术促进农村经济发展的"星火计划"。

6月4日　中共中央、国务院印发《关于国家机关和事业单位工作人员工资制度改革问题的通知》。

8月20日　国务院印发《关于进一步清理和整顿公司的通知》。

9月18日　国务院印发《关于口岸开放的若干规定》。

9月18日-23日　中国共产党全国代表会议举行,通过《中共中央关于制定国民经济和社会发展第七个五年计划的建议》。

1986 年

3月10日-16日　国务院召开第一次全国城市经济体制改革工作会议。

3月23日　国务院印发《关于进一步推动横向经济联合若干问题的规定》。

3月25日-4月12日　六届全国人大四次会议原则批准《中华人民共和国国民经济和社会发展第七个五年计划(1986-1990)》,通过《中华人民共和国民法通则》《中华人民共和国外资企业法》等。

7月4日　国务院印发《关于加强工业企业管理若干问题的决定》。

7月9日　国务院印发《关于促进科技人员合理流动的通知》。

7月9日　国务院印发《关于控制固定资产投资规模的若干规定》。

7月12日　国务院发布《国营企业实行劳动合同制暂行规定》《国营企业招用工人暂行规定》《国营企业辞退违纪职工暂行规定》《国营企业职工待业保险暂行规定》。

10月11日　国务院发布《关于鼓励外商投资的规定》。

11月18日　中共中央、国务院转发《高技术研究发展计划纲要》。

12月2日　六届全国人大常委会第十八次会议通过《中华人民共和国企业破产法(试行)》。

12月5日　国务院作出《关于深化企业改革增强企业活力的若干规定》。

1987 年

2月6日-10日　全国经济特区工作会议在深圳举行。

4月17日　国务院印发《关于扩大征集国家能源交通重点建设基金的规定》。

6月10日　国务院批转国家体改委、商业部、财政部《关于深化国营商业体制改革的意见》和《关于深化供销合作社体制改革的意见》。

6月25日　国务院印发《关于坚决落实粮食合同定购"三挂钩"政策的紧急通知》。

8月19日　国务院印发《关于整顿市场秩序加强物价管理的通知》。

8月31日　国家经委、国家体改委印发《关于深化企业改革完善承包经营责任制的意见》。

9月22日–29日　全国计划会议和全国经济体制改革工作会议举行。

9月26日　中共中央、国务院印发《关于建立海南省及其筹建工作的通知》。

10月25日–11月1日　中国共产党第十三次全国代表大会举行。

10月30日　国务院印发《关于加强贫困地区经济开发工作的通知》。

12月1日　深圳经济特区启动全国首次国有土地使用权拍卖。

12月11日　国务院印发《关于做好当前粮食工作的通知》。

1988年

2月25日　国务院印发《关于在全国城镇分期分批推行住房制度改革的实施方案》。

3月4日–8日　国务院召开沿海地区对外开放工作会议。

3月18日　国务院发出《关于扩大沿海经济开放区范围的通知》。

3月25日–4月13日　七届全国人大一次会议通过《中华人民共和国全民所有制工业企业法》《中华人民共和国中外合作经营企业法》等；决定设立海南省、建立海南经济特区；批准国务院机构改革方案。

5月3日　国务院印发《关于科技体制改革若干问题的决定》。

5月4日　国务院印发《关于深化物资体制改革的方案》。

5月10日　我国第一个高新技术产业开发试验区——北京市新技术产业开发试验区成立。

8月　国务院批准实施旨在发展高新技术产业的"火炬计划"。

9月5日　邓小平在会见外宾时指出，科学技术是第一生产力。

9月12日　邓小平在听取工作汇报时，提出"两个大局"思想。

9月26日-30日　中共十三届三中全会举行。全会批准中共中央政治局提出的治理经济环境、整顿经济秩序、全面深化改革的指导方针和政策、措施。

10月3日　中共中央、国务院印发《关于清理整顿公司的决定》。

10月24日　国务院印发《关于加强物价管理严格控制物价上涨的决定》。

1989年

3月13日　中国贫困地区发展基金会成立。

6月23日-24日　中共十三届四中全会举行。

8月17日　中共中央、国务院印发《关于进一步清理整顿公司的决定》。

10月31日　邓小平在会见美国前总统尼克松谈到美国对华制裁问题时指出，结束过去，美国应该采取主动，也只能由美国采取主动。要中国来乞求，办不到。哪怕拖一百年，中国人也不会乞求取消制裁。

11月6日-9日　中共十三届五中全会举行。全会通过《中共中央关于进一步治理整顿和深化改革的决定》。

11月27日　国务院印发《关于依靠科技进步振兴农业加强农业科技成果推广工作的决定》。

12月20日-26日　七届全国人大常委会第十一次会议通过《中华人民共和国环境保护法》《中华人民共和国城市规划法》等。

1990年

1月4日-8日　国务院召开全国经济体制改革工作会议。

2月5日-8日　国务院在深圳召开经济特区工作会议。

3月9日-12日　中共十三届六中全会举行。

3月26日　国务院印发《关于在全国范围内开展清理"三角债"工作的通知》。

4月12日　中共中央政治局会议原则通过国务院提交的浦东开发开放方案。

5月23日　国务院批转国家体改委《在治理整顿中深化企业改革强化企业管

理的意见》。

7月2日　国务院印发《关于加强国有资产管理工作的通知》。

8月19日　国务院印发《关于鼓励华侨和香港澳门同胞投资的规定》。

9月1日　中国大陆兴建最早的高速公路——沈大高速公路（沈阳至大连）正式通车。

9月16日　国务院印发《关于建立国家专项粮食储备制度的决定》。

11月10日　国务院印发《关于打破地区间市场封锁进一步搞活商品流通的通知》。

11月10日-15日　国务院召开全国粮食工作会议。

11月26日　上海证券交易所正式成立。

12月25日-30日　中共十三届七中全会举行。全会通过《中共中央关于制定国民经济和社会发展十年规划和"八五"计划的建议》。

1991 年

1月12日　国务院印发《关于调整粮食购销政策有关问题的通知》。

2月25日-3月1日　国务院召开全国经济体制改革工作会议。

3月3日　全国扶贫开发工作会议举行。

3月6日　国务院印发《关于批准国家高新技术产业开发区和有关政策规定的通知》。

4月4日　国务院《关于调整粮油统销价格的决定》。

5月16日　国务院印发《关于进一步增强国营大中型企业活力的通知》。

6月7日　国务院印发《关于继续积极稳妥地进行城镇住房制度改革的通知》。

6月26日　国务院印发《关于企业职工养老保险制度改革的决定》。

7月3日　深圳证券交易所正式开业。

8月31日-9月4日　国务院召开全国清理"三角债"工作会议。

10月17日　国务院住房制度改革领导小组提出《关于全面推进城镇住房制度改革的意见》。

11月25日-29日　中共十三届八中全会举行。全会通过《中共中央关于进一步加强农业和农村工作的决定》。

12月15日　我国第一座自行设计、自行建造的核电站——秦山核电站并网发电。

1992年

1月6日-10日　国务院召开全国经济体制改革工作会议。

1月18日-2月21日　邓小平视察武昌、深圳、珠海、上海等地并发表谈话。

3月8日　国务院颁布《国家中长期科学技术发展纲领》。

4月28日　国务院批转国家体改委、国务院生产办《关于股份制企业试点工作座谈会情况的报告》。

5月16日　中共中央政治局会议通过《中共中央关于加快改革，扩大开放，力争经济更好更快地上一个新台阶的意见》。

6月9日　江泽民在中央党校省部级干部进修班上作《深刻领会和全面落实邓小平同志的重要谈话精神，把经济建设和改革开放搞得更快更好》的讲话。

6月16日　中共中央、国务院作出《关于加快发展第三产业的决定》。

6月24日-27日　国务院召开长江三角洲及长江沿江地区经济规划座谈会。

8月30日　国务院印发《关于实施新国民经济核算体系方案的通知》。

9月5日　中共中央、国务院印发《关于加强对固定资产投资和信贷规模进行宏观调控的通知》。

10月12日-18日　中国共产党第十四次全国代表大会举行。大会确定经济体制改革的目标是建立社会主义市场经济。

1993年

2月15日　国务院印发《关于加快粮食流通体制改革的通知》。

3月5日-7日　中共十四届二中全会举行。全会通过《关于调整"八五"计划若干指标的建议》和《关于党政机构改革的方案》。

6月24日　中共中央、国务院印发《关于当前经济情况和加强宏观调控的意见》。

7月5日-7日　全国金融工作会议举行。

7月20日-23日　全国财政工作会议和全国税务工作会议同时举行。

8月25日-9月2日　八届全国人大常委会第三次会议通过《中华人民共和国反不正当竞争法》。

11月4日　国务院印发《九十年代中国农业发展纲要》。

11月5日　中共中央、国务院印发《关于当前农业和农村经济发展的若干政策措施》，提出在原定的耕地承包期到期之后，再延长30年不变。

11月11日-14日　中共十四届三中全会举行。全会通过《中共中央关于建立社会主义市场经济体制若干问题的决定》。

12月15日　国务院印发《关于实行分税制财政管理体制的决定》。

12月20日-29日　八届全国人大常委会第五次会议通过《中华人民共和国公司法》。

12月25日　国务院印发《关于金融体制改革的决定》。

1994 年

1月11日　国务院印发《关于进一步深化对外贸易体制改革的决定》。

1月26日-27日　国务院召开全国粮棉油及"菜篮子"工作会议。

2月28日-3月3日　全国扶贫开发工作会议举行，部署实施"国家八七扶贫攻坚计划"。

3月10日-22日　八届全国人大二次会议举行。会议通过《中华人民共和国预算法》。

3月25日　国务院常务会议审议通过《九十年代国家产业政策纲要》，通过《中国二十一世纪议程——中国二十一世纪人口、环境与发展白皮书》，确定实施可持续发展战略。

4月23日　中共中央组织部颁布《关于加强股份制企业中党的工作的几点意见》。

7月5日　八届全国人大常委会第八次会议通过《中华人民共和国劳动法》。

7月5日　国务院印发《关于进一步加强知识产权保护工作的决定》。

7月18日　国务院印发《关于深化城镇住房制度改革的决定》。

7月20日－23日　中共中央、国务院召开第三次西藏工作座谈会，决定对口支援西藏。

10月25日　国务院印发《关于在若干城市试行国有企业破产有关问题的通知》。

11月2日－4日　国务院召开全国建立现代企业制度试点工作会议。

11月2日－6日　全国国有资产管理暨全国清产核资工作会议举行。

1995年

2月24日－28日　中共中央和国务院召开农村工作会议。

2月27日　中共中央、国务院印发《关于深化供销合作社改革的决定》。

3月1日　国务院印发《关于深化企业职工养老保险制度改革的通知》。

5月5日－10日　八届全国人大常委会第十三次会议通过《中华人民共和国商业银行法》《中华人民共和国票据法》等。

5月6日　中共中央、国务院作出《关于加速科学技术进步的决定》，确定实施科教兴国战略。

5月22日、6月26日　江泽民分别在上海、长春主持召开企业座谈会。

5月26日－30日　中共中央、国务院举行全国科学技术大会。

6月6日－9日　国务院召开全国扶贫开发工作会议。

8月30日　国家体改委、林业部公布《林业经济体制改革总体纲要》。

9月25日－28日　中共十四届五中全会举行。全会通过《中共中央关于制定国民经济和社会发展"九五"计划和2010年远景目标的建议》。

1996年

2月16日　国务院住房改革领导小组召开会议，决定全面建立住房公积金制度。

3月5日—17日　八届全国人大四次会议举行。会议批准《中华人民共和国国民经济和社会发展"九五"计划和2010年远景目标纲要》。

3月18日　国家科技领导小组成立暨第一次会议在中南海举行。

4月1日—3日　国务院经济特区工作会议在广东珠海举行。

4月8日—11日　国务院办公厅在镇江召开全国职工医疗保障制度改革扩大试点工作会议。

8月3日　国务院印发《关于环境保护若干问题的决定》。

9月15日　国务院印发《关于"九五"期间深化科技体制改革的决定》。

9月23日—25日　中央扶贫工作会议举行。

10月23日　中共中央、国务院印发《关于尽快解决农村贫困人口温饱问题的决定》。

10月29日　八届全国人大常委会第二十二次会议通过《中华人民共和国乡镇企业法》。

11月21日—24日　中央经济工作会议举行。

12月30日　中共中央、国务院印发《关于切实做好减轻农民负担工作的决定》。

1997 年

4月11日—13日　国家体改委在杭州主持召开现代企业制度试点暨原有股份公司规范工作会议。

4月15日　中共中央、国务院印发《关于进一步加强土地管理切实保护耕地的通知》。

5月23日　国务院批转国家经贸委《关于1997年国有企业改革与发展工作的意见》。

6月4日　国家科技领导小组第三次会议决定制定和实施《国家重点基础研究发展规划》。

7月16日　国务院印发《关于建立统一的企业职工基本养老保险制度的决定》。

9月2日　国务院印发《关于在全国建立城市居民最低生活保障制度的通知》。

9月12日–18日　中国共产党第十五次全国代表大会举行。大会提出党在社会主义初级阶段的基本纲领，通过关于《中国共产党章程修正案》的决议，把邓小平理论载入党章。

11月8日　长江三峡水利枢纽工程成功实现大江截流。

11月17日–19日　中共中央、国务院召开全国金融工作会议。

12月6日　中共中央、国务院印发《关于深化金融改革，整顿金融秩序，防范金融风险的通知》。

12月9日–11日　中央经济工作会议举行。

12月24日　江泽民在会见全国外资工作会议代表时，提出"引进来"和"走出去"的大战略。

1998 年

1月20日　中共中央、国务院转发国家计委《关于应对东南亚金融危机、保持国民经济持续健康发展的意见》。

3月5日–19日　九届全国人大一次会议举行。会议批准国务院机构改革方案。

5月10日　国务院印发《关于进一步深化粮食流通体制改革的决定》。

6月9日　中共中央、国务院印发《关于切实做好国有企业下岗职工基本生活保障和再就业工作的通知》。

7月3日　国务院印发《关于进一步深化城镇住房制度改革加快住房建设的通知》。

10月12日–14日　中共十五届三中全会举行。会议通过《中共中央关于农业和农村工作若干重大问题的决定》。

11月8日　中共中央办公厅、国务院办公厅印发《关于中央党政机关与所办经济实体和管理的直属企业脱钩有关问题的通知》。

11月26日–27日　全国城镇职工医疗保险制度改革工作会议举行。

12月7日–9日　中央经济工作会议举行。江泽民在提出扩大国内需求，把经济发展建立在主要依靠国内市场的基础上。

12月14日　国务院印发《关于建立城镇职工基本医疗保险制度的决定》。
12月28日-30日　中央农村工作会议举行。

1999年

3月13日　中共中央召开人口、资源、环境工作座谈会。
4月22日　江泽民在成都主持召开四省市国有企业改革和发展座谈会。
5月13日-14日　全国粮食流通体制改革工作会议举行。
6月17日　江泽民在西安主持召开国有企业改革和发展座谈会。
6月25日-26日　江泽民在青岛主持召开华东7省市国企改革发展座谈会。
6月28日　中共中央、国务院印发《关于进一步加强扶贫开发工作的决定》。
7月15日　中共中央、国务院召开省部长经济工作座谈会。
8月11日-12日　江泽民在大连主持召开东北和华北八省区市国有企业改革和发展座谈会。
8月20日　中共中央、国务院印发《关于加强技术创新,发展高科技,实现产业化的决定》。
8月23日-26日　中共中央、国务院召开全国技术创新大会。
9月19日-22日　中共十五届四中全会举行。全会通过《中共中央关于国有企业改革和发展若干重大问题的决定》。
11月15日-17日　中央经济工作会议举行。

2000年

1月5日-6日　中央农村工作会议举行。
1月24日　国务院西部地区开发领导小组召开西部地区开发会议。
2月25日　江泽民在听取广东省委工作汇报时明确提出"三个代表"要求。
3月2日　中共中央、国务院印发《关于进行农村税费改革试点工作的通知》。
3月12日　中央人口资源环境工作座谈会举行。
5月8日-15日　江泽民在江苏、浙江、上海考察工作,进一步阐述了"三个代表"重要思想。

6月13日　中共中央、国务院印发《关于促进小城镇健康发展的若干意见》。

9月25日　国务院决定建立全国社会保障基金。

10月9日-11日　中共十五届五中全会举行。全会通过《中共中央关于制定国民经济和社会发展第十个五年计划的建议》。

10月26日　国务院印发《关于实施西部大开发若干政策措施的通知》。

11月8日　西电东送工程全面启动。

11月28日-30日　中央经济工作会议举行。

12月26日-27日　全国社会保障工作会议举行。

2001 年

1月3日-5日　中央农村工作会议举行。

2月9日　国务院印发《关于2000年度国家科学技术奖励的决定》，设立国家最高科学技术奖。

2月27日　首届"博鳌亚洲论坛"在海南博鳌举行。

3月5日-15日　九届全国人大四次会议举行。会议批准《中华人民共和国国民经济和社会发展第十个五年计划纲要》。

4月11日　国务院印发《关于进一步加快旅游业发展的通知》。

4月27日　国务院印发《关于整顿和规范市场经济秩序的决定》。

5月24日-25日　中央扶贫开发工作会议举行。

6月13日　国务院印发《中国农村扶贫开发纲要（2001-2010年）》。

6月15日　上海合作组织正式建立。

6月29日　青藏铁路开工典礼在青海格尔木和西藏拉萨同时举行。

7月1日　庆祝中国共产党成立80周年大会举行。江泽民发表讲话，阐述了"三个代表"重要思想。

11月27日-29日　中央经济工作会议举行。

12月11日　中国正式成为世界贸易组织成员。

12月30日　中共中央印发《关于做好农户承包地使用权流转工作的通知》。

2002 年

1月6日–7日　中央农村工作会议举行。

1月10日　国务院西部开发办公室召开退耕还林工作电视电话会议，全面启动退耕还林工程。

2月5日–7日　第二次全国金融工作会议举行。

2月11日　国务院印发《指导外商投资方向规定》。

4月11日　国务院印发《关于进一步完善退耕还林政策措施的若干意见》。

6月29日　九届全国人大常委会第二十八次会议通过《中华人民共和国中小企业促进法》。

7月4日　西气东输一线工程（新疆轮南至上海）开工典礼举行。

8月29日　九届全国人大常委会第二十九次会议通过《中华人民共和国农村土地承包法》。

9月30日　中共中央、国务院印发《关于进一步做好下岗失业人员再就业工作的通知》，提出实施积极的就业政策。

11月4日　中国和东盟在柬埔寨签署《中国与东盟全面经济合作框架协议》。

11月8日–14日　中国共产党第十六次全国代表大会举行。大会提出全面建设小康社会的奋斗目标，把"三个代表"重要思想载入党章。

12月9日–10日　中央经济工作会议举行。

12月27日　南水北调工程开工典礼举行。

2003 年

1月7日–8日　中央农村工作会议举行。胡锦涛指出，必须统筹城乡经济社会发展，把解决好农业、农村和农民问题作为全党工作的重中之重。

3月5日–18日　十届全国人大一次会议批准《国务院机构改革方案》。

3月27日　国务院印发《关于全面推进农村税费改革试点工作的意见》。

6月25日　中共中央、国务院印发《关于加快林业发展的决定》。

8月12日　国务院印发《关于促进房地产市场持续健康发展的通知》。

8月28日－9月1日　胡锦涛在江西考察工作时明确提出科学发展观。

10月5日　中共中央、国务院印发《关于实施东北地区等老工业基地振兴战略的若干意见》。

10月11日－14日　中国共产党十六届三中全会举行。全会通过《中共中央关于完善社会主义市场经济体制若干问题的决定》。

10月13日　国务院印发《关于改革现行出口退税机制的决定》。

11月27日－29日　中央经济工作会议举行。

12月24日－25日　中央农村工作会议举行。

12月31日　中共中央、国务院印发《关于促进农民增加收入若干政策的意见》。

2004 年

1月9日　国务院印发《关于进一步加强安全生产的决定》。

1月31日　国务院印发《关于推进资本市场改革开放和稳定发展的若干意见》。

3月10日　胡锦涛在中央人口资源环境工作座谈会上，全面阐述科学发展观的深刻内涵和基本要求。

3月11日　国务院印发《关于进一步推进西部大开发的若干意见》。

3月23日　国务院召开全国农业和粮食工作会议。

7月16日　国务院印发《关于投资体制改革的决定》。

10月21日　国务院印发《关于深化改革严格土地管理的决定》。

12月3日－5日　中央经济工作会议举行。

12月28日－29日　中央农村工作会议举行。

12月31日　中共中央、国务院印发《关于进一步加强农村工作提高农业综合生产能力若干政策的意见》。

2005 年

2月19日　国务院印发《关于鼓励支持和引导个体私营等非公有制经济发展

的若干意见》。

3月12日　胡锦涛主持召开中央人口资源环境工作座谈会。

5月31日　中共中央、国务院作出《关于进一步加强民族工作加快少数民族和民族地区经济社会发展的决定》。

6月9日　国务院印发《关于促进流通业发展的若干意见》。

10月8日-11日　中共十六届五中全会举行。全会通过《中共中央关于制定国民经济和社会发展第十一个五年规划的建议》。

11月29日-12月1日　中央经济工作会议举行。

12月3日　国务院印发《关于落实科学发展观加强环境保护的决定》。

12月3日　国务院印发《关于完善企业职工基本养老保险制度的决定》。

12月24日　国务院印发《关于深化农村义务教育经费保障机制改革的通知》。

12月24日-29日　十届全国人大常委会第十九次会议通过关于废止《中华人民共和国农业税条例》的决定。

12月28日-29日　中央农村工作会议举行。

12月31日　中共中央、国务院印发《关于推进社会主义新农村建设的若干意见》。

2006 年

1月9日-11日　中共中央、国务院召开全国科学技术大会。

1月26日　中共中央、国务院印发《关于实施科技规划纲要,增强自主创新能力的决定》。

1月31日　国务院印发《关于解决农民工问题的若干意见》。

2月13日　国务院印发《关于加快振兴装备制造业的若干意见》。

3月5日-14日　十届全国人大四次会议批准《国民经济和社会发展第十一个五年规划纲要》。

4月15日　中共中央、国务院印发《关于促进中部地区崛起的若干意见》。

5月26日　国务院印发《关于推进天津滨海新区开发开放有关问题的意见》。

7月1日　青藏铁路全线建成通车。

8月6日　国务院作出《关于加强节能工作的决定》。

8月31日　国务院印发《关于加强土地调控有关问题的通知》。

10月8日　国务院印发《关于做好农村综合改革工作有关问题的通知》。

10月8日–11日　中共十六届六中全会举行。

11月4日–5日　中非合作论坛北京峰会举行。

12月5日–7日　中央经济工作会议举行。

12月14日–15日　首次中美战略经济对话举行。

12月22日–23日　中央农村工作会议举行。

2007 年

1月19日–20日　第三次全国金融工作会议举行。

3月5日–16日　十届全国人大五次会议通过《中华人民共和国物权法》《中华人民共和国企业所得税法》。

3月19日　国务院印发《关于加快发展服务业的若干意见》。

4月14日　国务院印发《关于鼓励和规范企业对外投资合作的意见》。

6月24日–29日　十届全国人大常委会第二十八次会议通过《中华人民共和国劳动合同法》和关于修改《中华人民共和国个人所得税法》的决定。

7月10日　国务院印发《关于开展城镇居民基本医疗保险试点的指导意见》。

7月11日　国务院印发《关于在全国建立农村最低生活保障制度的通知》。

8月9日　国务院印发《关于完善退耕还林政策的通知》。

8月30日　十届全国人大常委会第二十九次会议通过《中华人民共和国反垄断法》和《中华人民共和国就业促进法》。

10月15日–21日　中国共产党第十七次全国代表大会举行。大会通过关于《中国共产党章程（修正案）》的决议，把科学发展观写入党章。

12月3日–5日　中央经济工作会议举行。

12月18日　国务院印发《关于促进资源型城市可持续发展的若干意见》。

2008 年

1月3日　国务院印发《关于促进节约集约用地的通知》。

2月3日　国务院印发《关于做好促进就业工作的通知》。

2月25日-27日　中共十七届二中全会举行。全会通过《关于深化行政管理体制改革的意见》和《国务院机构改革方案》。

6月5日　国务院印发《国家知识产权战略纲要》。

6月8日　中共中央、国务院印发《关于全面推进集体林权制度改革的意见》。

8月1日　我国第一条拥有完全自主知识产权、具有世界一流水平的高速铁路——京津城际铁路通车运营。

10月9日-12日　中共十七届三中全会举行。全会通过《中共中央关于推进农村改革发展若干重大问题的决定》。

11月5日　国务院常务会议部署进一步扩大内需促进经济平稳较快增长的措施，确定进一步扩大内需、促进经济增长的10项措施。

11月15日　胡锦涛出席在美国华盛顿举行的二十国集团领导人首次峰会。

12月8日-10日　中央经济工作会议举行。

12月27日-28日　中央农村工作会议举行。

2009年

1月1日　增值税转型改革开始在全国推行。

1月14日　国务院常务会议原则通过汽车产业、钢铁产业调整和振兴规划。此后，又通过纺织、装备制造、船舶、电子信息、轻工、石化、有色金属、物流等重点产业调整和振兴规划。

2月3日　国务院印发《关于做好当前经济形势下就业工作的通知》。

3月13日　国务院印发《关于发挥科技支撑作用促进经济平稳较快发展的意见》。

6月16日　胡锦涛出席在俄罗斯举行的金砖国家领导人首次正式会晤。

7月22日　国务院常务会议通过《文化产业振兴规划》。

9月1日　国务院印发《关于开展新型农村社会养老保险试点的指导意见》。

9月9日　国务院印发《关于进一步实施东北地区等老工业基地振兴战略的若干意见》。

9月15日-18日　中共十七届四中全会举行。

9月19日　国务院印发《关于进一步促进中小企业发展的若干意见》。

12月1日　国务院印发《关于加快发展旅游业的意见》。

12月5日-7日　中央经济工作会议举行。

12月27日-28日　中央农村工作会议举行。

2010年

1月1日　中国-东盟自由贸易区全面启动。

4月6日　国务院印发《关于进一步做好利用外资工作的若干意见》。

4月17日　国务院印发《关于坚决遏制部分城市房价过快上涨的通知》。

5月7日　国务院印发《关于鼓励和引导民间投资健康发展的若干意见》。

6月29日　中共中央、国务院印发《关于深入实施西部大开发战略的若干意见》。

8月28日　国务院印发《关于促进企业兼并重组的意见》。

8月31日　国务院印发《关于中西部地区承接产业转移的指导意见》。

9月16日　中共中央、国务院印发《关于加强和改进新形势下工商联工作的意见》。

10月10日　国务院印发《关于加快培育和发展战略性新兴产业的决定》。

10月15日-18日　中共十七届五中全会举行。全会通过《中共中央关于制定国民经济和社会发展第十二个五年规划的建议》。

10月28日　十一届全国人大常委会第十七次会议通过《中华人民共和国社会保险法》。

12月10日-12日　中央经济工作会议举行。

12月21日-22日　中央农村工作会议举行。

12月31日　中共中央、国务院印发《关于加快水利改革发展的决定》。

2011年

1月21日　国务院印发《关于加快长江等内河水运发展的意见》。

1月26日　国务院办公厅印发《进一步做好房地产市场调控工作有关问题的通知》。

3月5日-14日　十一届全国人大四次会议举行。会议批准《中华人民共和国国民经济和社会发展第十二个五年规划纲要》。

5月27日　中共中央、国务院印发《中国农村扶贫开发纲要（2011-2020年）》。

6月7日　国务院印发《关于开展城镇居民社会养老保险试点的指导意见》。

7月1日　城镇居民社会养老保险试点在全国范围内启动，与新型农村社会养老保险试点同步推进。

9月28日　国务院办公厅印发《关于保障性安居工程建设和管理的指导意见》。

10月15日-18日　中共十七届六中全会举行。

11月26日　国务院印发《关于坚持科学发展安全发展促进安全生产形势持续稳定好转的意见》。

11月29日-30日　中央扶贫开发工作会议举行。

12月12日-14日　中央经济工作会议举行。

12月27日-28日　中央农村工作会议举行。

12月30日　国务院印发《工业转型升级规划（2011-2015年）》。

2012年

1月6日-7日　第四次全国金融工作会议举行。

1月12日　国务院印发《关于实行最严格水资源管理制度的意见》。

1月13日　国务院印发《全国现代农业发展规划（2011-2015年）》。

2月6日　国务院印发《质量发展纲要（2011-2020年）》。

3月6日　国务院印发《关于支持农业产业化龙头企业发展的意见》。

4月19日　国务院印发《关于进一步支持小型微型企业健康发展的意见》。

4月30日　国务院印发《关于加强进口促进对外贸易平衡发展的指导意见》。

7月2日　中共中央、国务院印发《关于深化科技体制改革加快国家创新体系建设的意见》。

7月6日-7日　全国科技创新大会举行。

8月27日　国务院印发《关于大力实施促进中部地区崛起战略的若干意见》。

11月8日-14日　中国共产党第十八次全国代表大会举行。

12月15日-16日　中央经济工作会议举行。

12月21日-22日　中央农村工作会议举行。

12月29日-30日　习近平到河北考察工作，强调没有农村的小康，特别是没有贫困地区的小康，就没有全面建成小康社会。

2013 年

2月26日-28日　中共十八届二中全会举行。全会通过《国务院机构改革和职能转变方案》。

4月24日　国务院常务会议决定先行取消和下放71项行政审批事项。

4月25日　中共中央政治局常委会召开会议，研究当前经济形势和经济工作。

8月17日　国务院正式批准设立中国（上海）自由贸易试验区。

9月7日　习近平在哈萨克斯坦纳扎尔巴耶夫大学发表演讲，提出共同建设"丝绸之路经济带"的倡议。

9月25日　中共中央、国务院印发《关于地方政府职能转变和机构改革的意见》。

10月3日　习近平在印度尼西亚国会发表演讲，提出共同建设"21世纪海上丝绸之路"的倡议。

10月6日　国务院印发《关于化解产能严重过剩矛盾的指导意见》。

11月3日-5日　习近平到湖南考察工作，提出"精准扶贫"的理念。

11月9日-12日　中共十八届三中全会举行，通过《关于全面深化改革若干重大问题的决定》。

12月10日-13日　中央经济工作会议举行。

12月12日-13日　中共中央召开首次城镇化工作会议。

12月23日-24日　中央农村工作会议举行。

2014 年

1 月 22 日　中央全面深化改革领导小组召开第一次会议。

2 月 7 日　国务院印发《注册资本登记制度改革方案》。

2 月 21 日　国务院印发《关于建立统一的城乡居民基本养老保险制度的意见》。

2 月 27 日　习近平主持召开中央网络安全和信息化领导小组第一次会议。

3 月 12 日　中共中央、国务院印发《国家新型城镇化规划（2014－2020年）》。

4 月 15 日　习近平主持中央国家安全委员会第一次会议，提出总体国家安全观。

8 月 31 日　十二届全国人大常委会第十次会议通过修改后的《中华人民共和国预算法》。

9 月 21 日　国务院印发《关于加强地方政府性债务管理的意见》。

10 月 20 日－23 日　中共十八届四中全会举行。全会通过《关于全面推进依法治国若干重大问题的决定》。

11 月 6 日　中共中央办公厅、国务院办公厅印发《关于引导农村土地经营权有序流转发展农业适度规模经营的意见》。

12 月 2 日　中共中央、国务院印发《丝绸之路经济带和 21 世纪海上丝绸之路建设战略规划》。

12 月 9 日－11 日　中央经济工作会议举行。

12 月 22 日－23 日　中央农村工作会议举行。

12 月 29 日　丝路基金有限责任公司成立。

2015 年

4 月 25 日　中共中央、国务院印发《关于加快推进生态文明建设的意见》。

5 月 8 日　国务院印发《中国制造 2025》。

6 月 9 日　中共中央、国务院印发《京津冀协同发展规划纲要》。

7月21日　金砖国家新开发银行开业。

8月24日　中共中央、国务院印发《关于深化国有企业改革的指导意见》。

9月18日　中共中央、国务院印发《生态文明体制改革总体方案》。

10月12日　中共中央、国务院印发《关于推进价格机制改革的若干意见》。

10月26日-29日　中共十八届五中全会举行。全会通过《关于制定国民经济和社会发展第十三个五年规划的建议》。

11月10日　习近平在中央财经领导小组会议上讲话指出，要着力加强供给侧结构性改革。

11月27日-28日　中央扶贫开发工作会议举行。

11月29日　中共中央、国务院作出《关于打赢脱贫攻坚战的决定》。

12月6日　国务院印发《关于加快实施自由贸易区战略的若干意见》。

12月18日-21日　中央经济工作会议举行。

12月20日-21日　中央城市工作会议举行。

12月24日-25日　中央农村工作会议举行。

12月25日　亚洲基础设施投资银行正式成立。

12月20日-21日　中央城市工作会议举行。

2016 年

1月5日　习近平在重庆主持召开推动长江经济带发展座谈会。

1月16日　亚洲基础设施投资银行开业。

1月18日　中共中央、国务院印发《国家创新驱动发展战略纲要》。

3月5日-16日　十二届全国人大四次会议举行。会议批准《中华人民共和国国民经济和社会发展第十三个五年规划纲要》。

2月1日　国务院分别印发《关于钢铁行业化解过剩产能实现脱困发展的意见》《关于煤炭行业化解过剩产能实现脱困发展的意见》。

5月1日　我国全面实施营业税改征增值税试点。

5月30日　中共中央、国务院印发《长江经济带发展规划纲要》。

7月5日　中共中央、国务院印发《关于深化投融资体制改革的意见》。

7月20日　习近平在银川主持召开东西部扶贫协作座谈会。

8月17日　推进"一带一路"建设工作座谈会举行。

10月1日　人民币正式加入国际货币基金组织特别提款权货币篮子。

10月10日-11日　全国国有企业党的建设工作会议举行。

11月4日　中共中央、国务院印发《关于完善产权保护制度 依法保护产权的意见》。

12月14日-16日　中央经济工作会议举行。

12月26日　中共中央、国务院印发《关于稳步推进农村集体产权制度改革的意见》。

2017年

1月3日　国务院印发《全国国土规划纲要（2016-2030年）》。

1月9日　中共中央、国务院印发《关于加强耕地保护和改进占补平衡的意见》。

1月12日　国务院印发《关于扩大对外开放积极利用外资若干措施的通知》。

3月28日　中共中央、国务院印发通知，决定设立河北雄安新区。

4月26日　中国第一艘自主设计建造的航空母舰出坞下水。

5月5日　中国自主研制的C919大型客机首飞成功。

5月14日-15日　首届"一带一路"国际合作高峰论坛在北京举行。

6月23日　习近平在太原主持召开深度贫困地区脱贫攻坚座谈会。

7月1日　全国海关通关一体化正式实施。

7月8日　国务院印发《新一代人工智能发展规划》。

7月14日-15日　全国金融工作会议举行。

9月8日　中共中央、国务院印发《关于营造企业家健康成长环境弘扬优秀企业家精神更好发挥企业家作用的意见》。

10月18日-24日　中国共产党第十九次全国代表大会举行。大会通过《中国共产党章程（修正案）》，把习近平新时代中国特色社会主义思想载入党章。

12月18日-20日　中央经济工作会议举行。

12月28日-29日　中央农村工作会议举行。

2018年

1月2日　中共中央、国务院印发《关于实施乡村振兴战略的意见》。
2月12日　习近平在成都主持召开打好精准脱贫攻坚战座谈会。
2月18日　中共中央、国务院印发《粤港澳大湾区发展规划纲要》。
2月26日-28日　中共十九届三中全会举行。全会通过《关于深化党和国家机构改革的决定》和《深化党和国家机构改革方案》。
3月5日-20日　十三届全国人大一次会议举行。会议通过关于国务院机构改革方案的决定。
3月28日　习近平主持召开中央全面深化改革委员会第一次会议。
4月2日　习近平主持召开中央财经委员会第一次会议。
4月26日　习近平在武汉主持召开深入推动长江经济带发展座谈会。
5月18日-19日　全国生态环境保护大会举行。大会总结并阐述了习近平生态文明思想。
5月23日　习近平主持召开中央审计委员会第一次会议。
6月15日　中共中央、国务院印发《关于打赢脱贫攻坚战三年行动的指导意见》。
6月30日　中共中央、国务院印发《关于完善国有金融资本管理的指导意见》。
9月28日　习近平在沈阳主持召开深入推进东北振兴座谈会。
10月23日　港珠澳大桥开通仪式在广东省珠海市举行。习近平出席仪式。
11月1日　习近平主持召开民营企业座谈会。
11月5日-10日　首届中国国际进口博览会在上海举行。
12月18日　庆祝改革开放40周年大会举行。
12月19日-21日　中央经济工作会议举行。

2019年

1月16日-18日　习近平在京津冀考察，并主持召开京津冀协同发展座谈会。

3月5日-15日　十三届全国人大二次会议通过《中华人民共和国外商投资法》。

4月15日-17日　习近平在重庆主持召开解决"两不愁三保障"突出问题座谈会。

4月25日-27日　第二届"一带一路"国际合作高峰论坛在北京举行。

5月21日　习近平在江西南昌主持召开推动中部地区崛起工作座谈会。

8月9日　中共中央、国务院印发《关于支持深圳建设中国特色社会主义先行示范区的意见》。

9月18日　习近平在郑州主持召开黄河流域生态保护和高质量发展座谈会。

10月28日-31日　中共十九届四中全会举行。全会通过《关于坚持和完善中国特色社会主义制度、推进国家治理体系和治理能力现代化若干重大问题的决定》。

11月26日　中共中央、国务院印发《关于保持土地承包关系稳定并长久不变的意见》。

12月1日　中共中央、国务院印发《长江三角洲区域一体化发展规划纲要》。

12月4日　中共中央、国务院印发《关于营造更好发展环境　支持民营企业改革发展的意见》。

12月10日-12日　中央经济工作会议举行。

2020 年

2月23日　统筹推进新冠肺炎疫情防控和经济社会发展工作部署会议举行。

3月6日　习近平出席决战决胜脱贫攻坚座谈会并发表重要讲话。

3月30日　中共中央、国务院印发《关于构建更加完善的要素市场化配置体制机制的意见》。

5月11日　中共中央、国务院印发《关于新时代加快完善社会主义市场经济体制的意见》。

5月17日　中共中央、国务院印发《关于新时代推进西部大开发形成新格局的指导意见》。

5月22日-28日　十三届全国人大三次会议通过《中华人民共和国民法典》。

7月31日　北斗三号全球卫星导航系统建成暨开通仪式举行。

10月14日　深圳经济特区建立40周年庆祝大会在深圳隆重举行。

10月26日-29日　中共十九届五中全会举行，审议通过《中共中央关于制定国民经济和社会发展第十四个五年规划和二〇三五年远景目标的建议》。

11月14日　习近平在南京主持召开全面推动长江经济带发展座谈会。

11月15日　东盟10国和中国、日本、韩国、澳大利亚、新西兰共15个亚太国家正式签署《区域全面经济伙伴关系协定》（RCEP）。

12月16日-18日　中央经济工作会议举行。

2021年

1月11日　习近平在省部级主要领导干部学习贯彻党的十九届五中全会精神专题研讨班开班式上强调，准确把握新发展阶段，深入贯彻新发展理念，加快构建新发展格局。

2月25日　全国脱贫攻坚总结表彰大会举行。

2月25日　国家乡村振兴局正式挂牌。

4月23日　中共中央、国务院印发《关于支持浦东新区高水平改革开放打造社会主义现代化建设引领区的意见》。

4月23日　中共中央、国务院印发《关于新时代推动中部地区高质量发展的意见》。

5月20日　中共中央、国务院印发《关于支持浙江高质量发展建设共同富裕示范区的意见》。

9月3日　北京证券交易所注册成立。

9月22日　中共中央、国务院印发《关于完整准确全面贯彻新发展理念做好碳达峰碳中和工作的意见》。

10月22日　习近平在济南主持召开深入推动黄河流域生态保护和高质量发展座谈会。

11月2日　中共中央、国务院印发《关于深入打好污染防治攻坚战的意见》。

11月8日-11日　中共十九届六中全会举行。全会通过《中共中央关于党的百年奋斗重大成就和历史经验的决议》。

12月8日-10日　中央经济工作会议举行。

2022年

1月30日　国务院办公厅印发《关于全面实行行政许可事项清单管理的通知》。

3月25日　中共中央、国务院印发《关于加快建设全国统一大市场的意见》。

6月21日-24日　十三届全国人大常委会第三十五次会议通过关于修改《中华人民共和国反垄断法》的决定。

9月6日　中央全面深化改革委员会第二十七次会议审议通过《关于健全社会主义市场经济条件下关键核心技术攻关新型举国体制的意见》等。

9月30日　习近平会见C919大型客机项目团队代表并参观项目成果展览。

10月12日-22日　中国共产党第二十次全国代表大会举行。

11月14日-19日　习近平赴印度尼西亚出席二十国集团领导人第十七次峰会，赴泰国出席亚太经合组织第二十九次领导人非正式会议并对泰国进行访问。与会期间，习近平应约同法国总统、美国总统等多国领导人举行双边会见。

12月7日-10日　习近平赴沙特出席首届中国—阿拉伯国家峰会、中国—海湾阿拉伯国家合作委员会峰会并对沙特进行国事访问。

12月15日-16日　中央经济工作会议举行。

2023年

2月26日-28日　中共二十届二中全会举行。全会通过《党和国家机构改革方案》。

4月21日　习近平主持召开二十届中央全面深化改革委员会第一次会议。

5月5日　习近平主持召开二十届中央财经委员会第一次会议。

5月10日　习近平主持召开高标准高质量推进雄安新区建设座谈会。

5月18日-19日　中国—中亚峰会在西安举行。

5月23日　习近平主持召开二十届中央审计委员会第一次会议。

7月14日　中共中央、国务院印发《关于促进民营经济发展壮大的意见》。

7月17日–18日　全国生态环境保护大会举行。

9月7日　习近平在哈尔滨主持召开新时代推动东北全面振兴座谈会。

10月12日　习近平在南昌主持召开进一步推动长江经济带高质量发展座谈会。

10月17日–18日　第三届"一带一路"国际合作高峰论坛在北京举行。习近平在开幕式上宣布，中国将全面取消制造业领域外资准入限制措施。

10月30日–31日　中央金融工作会议举行。

11月28日–12月2日　首届中国国际供应链促进博览会在北京举行。

11月30日　习近平在上海主持召开深入推进长三角一体化发展座谈会。

12月11日–12日　中央经济工作会议举行。

2024年

1月16日　习近平在省部级主要领导干部推动金融高质量发展专题研讨班开班式上强调，坚定不移走中国特色金融发展之路，推动我国金融高质量发展。

1月31日　中共中央政治局就扎实推进高质量发展进行第十一次集体学习。

3月20日　习近平在长沙主持召开新时代推动中部地区崛起座谈会。

4月23日　习近平在重庆主持召开新时代推动西部大开发座谈会。

5月17日　中国人民银行发布关于调整商业性个人住房贷款利率政策的通知。

5月23日　习近平在济南主持召开企业和专家座谈会。

6月24日　全国科技大会、国家科学技术奖励大会和中国科学院第二十一次院士大会、中国工程院第十七次院士大会举行。习近平出席大会并发表重要讲话。

7月15日–18日　中共二十届三中全会举行。全会通过《中共中央关于进一步全面深化改革、推进中国式现代化的决定》。

7月28日　国务院印发《深入实施以人为本的新型城镇化战略五年行动计划》。

7月30日　中共中央政治局召开会议，分析研究当前经济形势，部署下半年经济工作，审议《整治形式主义为基层减负若干规定》。

7月31日　中共中央、国务院印发《关于加快经济社会发展全面绿色转型的意见》。

8月1日　中共中央办公厅、国务院办公厅印发《关于完善市场准入制度的意见》。

9月15日　中共中央、国务院出台《关于实施就业优先战略促进高质量充分就业的意见》。

9月22日　习近平在兰州主持召开全面推动黄河流域生态保护和高质量发展座谈会。

9月26日　中共中央政治局召开会议，分析研究当前经济形势，部署下一步经济工作。

后　　记

2024年是中华人民共和国成立75周年。共和国经济的75年，既有意气风发、凯歌行进的辉煌年华，也有曲折探索、扼腕叹息的失误岁月。但是很庆幸，在中国共产党的领导下，我们找到了一条中国式现代化的光明大道，实现了第一个百年奋斗目标。古人说："物有本末，事有终始。知所先后，则近道矣。"习近平总书记指出"历史是最好的教科书"。新中国75年的历史，给我们留下了太丰富的精神财富和历史经验，今天我们已经迈入实现中国式现代化和全面建设社会主义现代化强国的新征程中，更需要我们回顾和总结新中国75年经济发展和制度变迁的历史，以史为鉴，坚定"四个自信"、增强历史主动性。

我们作为新中国经济史研究的工作者，感到在新中国成立75周年之际，有责任编写一本深入浅出、简明扼要的大众理论读物，加上中宣部出版局、中国社会科学院、中国人民大学、经济科学出版社等有关单位领导和专家学者的鼓励，组成了这个编写组，从2023年下半年开始着手编写这本书。本书在共同讨论、分工合作、集中统稿的原则下，大致分工如下：武力、贺耀敏负责提纲设计和统稿，武力负责前言，肖翔负责第一章，赵学军负责第二章，石建国负责第三章，陈东林负责第四章，王爱云负责第五章、第六章，郭旭红负责第七章，郑有贵负责第八章，李扬负责第九章、第十章。出版社的陈迈利总编和王娟、罗一鸣、徐汇宽等同志全程参与了书稿的工作，包括编写原则和提纲的讨论，初稿、二稿、三稿的修改，直至最后的编审校订书稿和封面设计等工作。经过编写组成员和出

后 记

版社的同志们一年多的齐心协力和广泛征求意见，三易其稿，终成此书。

此外还需要说明的是，书中大量数据主要来自中共中央文件、"五年计划（规划）"、国务院政府工作报告、国家统计局编写的统计年鉴，以及国家发展改革委等部门在《人民日报》等权威刊物公开发表的文章。考虑到作为大众通俗理论读物，文内的每个数据都标明出处，略感烦琐，因此，凡是没有注明出处的数据，均来自上述文献。

本书在编写过程中，得到中共中央宣传部、中央党史和文献研究院、中国社会科学院、中国人民大学、中国财经出版传媒集团等诸多单位的领导和专家大力支持，著名经济学家张卓元老师审定提纲并欣然作序，章百家、顾海良、刘伟、郭义强、董志凯、许正明、黄如军等专家审读书稿并提出很多宝贵意见，在这里对他们表示诚挚的谢意。

由于新中国 75 年的经济发展历史变化剧烈、丰富多彩、博大精深，现在还处于正在进行时，并且其中的非经济因素和国际环境因素影响甚大，以我们编写组的眼光、能力和材料积累，常常感到难识"庐山真面目"，力有不逮，因此难免有片面和不当甚至错漏之处，在这里恳请各位读者批评指正，以便我们今后不断修改和完善。

本书编写组

2024 年 9 月